JN261453

商品スポーツ事故の法的責任

商品スポーツ事故の法的責任

潜水事故と水域・陸域・空域事故の研究

信 山 社

本書刊行についての序

弁護士　財団法人日本法律家協会常任理事
藤　田　耕　三

　この度，中田誠氏が多くの困難を乗り越えて，本書を出版する運びとなった。私が同氏と知り合ったのは，本書でも引用されているスクーバダイビングによる潜水作業中の死亡事故についての調査に関与した際であった。その事故は，平成17年7月4日東京都八丈島ナズマドにおいて起きたもので，国立大学大学院のリサーチフェローが標本採集するためのスクーバダイビング中に溺死したものであった。事故の原因や背景を究明し，二度とこのような悲惨な事故が発生しないための防止策を提言するために，全学調査委員会が設置され，同年10月から翌18年3月30日まで調査，審議を行ったのである。この委員会には，学内委員のほか，学外委員として，システム科学の専門家である教授，法律家の私とともに，スクーバダイビングの専門家として，ダイビング全般について研究している中田氏が加わった。同委員会は，平成18年3月30日，事故原因究明及び再発防止のための報告書を大学総長に提出したが，それまでの間に，6回にわたり調査委員会を開催し，事故関係者からの事情聴取，犠牲者が着用していたジャケットの2度にわたる漏洩調査，そして八丈島現地における調査を行った。

　私は，スクーバダイビングをした経験も一度もないし，それに関する知識も皆無のど素人であったが，事故原因を解明するとなれば，そうも言っておられない。中田氏の著書を読んだり，プロのインストラクターと接触した際に疑問を質したりして，スクーバダイビングの何たるかを知るように努めたのである。その結果知りえたことは，驚くべきことに，海底の楽園を思うがままに遊泳する楽しいスポーツというイメージとは裏腹に，スクーバダイビングがいかに高度の危険を内包したものであるかということであった。実際に中田氏らを含む現地調査の際に現地のインストラクターとともに試みたダイビングを撮影したビデオを見ると，周囲の美しさの隣り合わせに，一瞬のうちに命が奪われる危険が付きまとっていることがよく理解できた。練達のダイバーであっても，ごく些細なきっかけでパニックに陥ることもあるという。まして経験の浅い素人ダイバーでは，ちょっと呼吸がうまくいかなくて水を飲んでしまったり，魚にマスクを突かれたりしただけでパニックに陥り，命を繋ぐ大事な呼吸に必要なレギュレーターを自分で口から外してしまうこともあるという。余談であるが，後日，娘が大学生の折に時々スクーバダイビングに出かけていたことを思いだし，妻ともども胸をなでおろした次第である。

この事故の原因については，スクーバダイビングの鉄則であるバディシステム（常に２人一組で行動し，相互に安全を確認しあうシステム）をとっていなかったことや，安全管理体制，安全教育の欠如などが指摘されたが，その重大な背景として，そもそもスクーバダイビングによる潜水作業の危険性に関する認識が欠如していたこと，それは国内外で重大なダイビング事故が数多く発生していながら，その情報が社会に発信されず，スクーバダイビングのスポーツとしての魅力のみが喧伝されていること，ダイビング業界の商業性のゆえに，潜水講習のレベルの低下，ダイビングのレベルを示すいわゆるＣカードの安易な発行，これらに伴うインストラクター，ガイドの技量未熟などが指摘され，商業スポーツ化の結果としてこのような事故の多発をもたらした業界の責任，このような現象に対する国などの公的機関の対応の欠如などが指摘されたのである。この作業に際して，中田氏は，終始，技術的な問題のみならず，ダイビング事故についての統計的情報や，内外の裁判例に至るまで，熱心に調査，収集されただけでなく，犠牲者やその遺族との面接，援助にも尽力されていた。二度とこのような悲惨な事故を起こさないために，スクーバダイビングの危険性とそれに対する対応の仕方を周知させるべく，情報を社会に発信することに専念しておられるのに感銘を受けた。

　本書は，潜水事故分析を中心とするものであるが，商品スポーツ事故一般として，水域・陸域・空域における事故を取り扱っている。これらについての記述全体に通じて脈打っているのは，中田氏の悲惨な事故の被害者を少しでも減らしたいという願いと，商品スポーツ事故発生の背景となっている商業性への警告及びこれに対する国あるいは公的機関の規制への期待である。同氏の豊富な経験と卓抜した知識に裏付けられた願望が実を結ぶことを願うや切である。なお，本書はその地味な性格上，中田氏の懸命な努力にも拘らず，容易に刊行の運びに至らず，一時はその成否が危ぶまれたのであるが，それにも拘らず，敢えてこの出版を引き受けた信山社の卓見に敬意を表する次第である。

2008年3月

藤田耕三
　前職：法務省公安審査委員会委員長，国土交通省中央建設工事紛争審査会会長，
　　　東京都労働委員会会長，元学習院大学法学部特別客員教授，元広島高等裁判所長官

はしがき

　スポーツには，教育の一環として行うもの，また一般のアマチュアが趣味や娯楽，また競技として行うもの，アマチュアといっても高額の出場料などを受領して競技に参加するプロ的アマチュア，企業に所属して，そのスポーツを行うことを実質的な業務としてその企業の宣伝に貢献するセミプロ，そして何らかの興行を前提とした商業スポーツであるプロのスポーツがある。またこれとは別に，スポーツを体験したりその技術などの習得を講習プログラムという役務商品としてそれを市場で流通させて販売することを目的とした「商品スポーツ」がある※。

　　※　道場やジムなどで行うスポーツでは，その立場の違いにおいて，商業スポーツ，教育，ダイエットなどを目的とした「商品スポーツ」が混在する。本書は野外を実行環境とする「商品スポーツ」を論ずるものとする。

　「商品スポーツ」とは，水域・山域・空域を実行環境とし，一般市場において民間業者から販売されているレクリエーション（レジャー）スポーツである。その具体的な商品は，それを体験するプログラムや技量講習のプログラムで，リゾート地などではアクティビティと呼ばれることもある。こられは直接店舗やインターネットで，あるいは旅行会社経由のオプショナルツアーとして販売される。そして「商品スポーツ」はインストラクターやガイドという形での指導者や引率者を伴う場合が多い。

　「商品スポーツ」とは，消費者がスポーツをレクリエーション（レジャー，娯楽）として非日常を体験することを目的とする役務商品である。消費者は，その商品の消費によって損害を負うことなく，またその終了後は遅滞なく日常に復帰することを前提として購入している。

　しかし「商品スポーツ」では実際，消費者がその実行中（消費中／役務契約が実行されている最中）に死亡したり，あるいは後遺障害を負う例が後を絶たない。また「商品スポーツ」では，その講習による習得技量がその商品の結果としてその後も消費者において機能し続けるが，その習得技量の品質に問題があると死亡事故などが発生している。

　たとえば代表的な「商品スポーツ」であるスクーバダイビングでは，記録に残されただけでも毎年数十人から時に100人を超える人々が事故に遭遇し，毎年のように10数～30人程度が死亡・行方不明となっている。その数は平成時代に限ってみても，判明しているだけで数百人にも達している。さらにこれに数倍する受傷者たちがおり，その中には植物状態などを含む後遺障害に苦しむ人々が少なか

らずいる。

　安全で誰でもできると宣伝されて一般に販売されていながら，これほどの人的損害が継続して発生している産業は他に考えつかない。

　現在のレジャーにおける最優先の社会的要求品質とその価値は"安全"である。そこでは"安全"の達成とその維持は不可欠の要素であり，販売者にとって最優先の社会的責任である。そしてその社会的責任の達成の度合いは，その産業の成熟度と社会的存在価値を決定する。

　ある特定の産業の現状を維持するために，そこに数百人の犠牲の存在と，ある種人為的な致死性のリスクがあっても，これを社会が受容すべきレベルのリスクとして一般国民に直接間接に負担させることが本当に必要なことかどうかを検討することは，現代社会における最優先課題の1つであると言っても過言ではないであろう。

　本書では，この問題の解決の道を探るために，主に潜水（レクリエーションダイビング）事故の問題の研究を通して，そこから他の「商品スポーツ」に共通して内包するリスクと法的問題を，消費者の視点と立場で検証と考察をしている。私は，役務商品の責任にかかわる合理的な解決法の1つとして，かねてより役務商品にもＰＬ法の適用をと主張しているが，本書はその主張の方向性が誤っていなかったことを証明するものとなるであろう。

　ところで本書は，千葉正士博士から提唱（「スポーツ法学から応用法学へ—新世紀の法学のために—」東海法学第28号1頁　2002年※，以下，千葉論文）された，スポーツ実行者（私の研究では基本的に消費者となる）のための予防法学の実効ある成熟に向けた応用法学樹立の一助となることも願っている。具体的には，法の施行や司法判断が必要となる「商品スポーツ産業災害」の実情を調査・研究・分析し，問題を抱える「商品スポーツ」のビジネスモデルとその収益システムの抜本的な改革のきっかけとなることを通じて，消費者の生命・身体の安全とその権利保護および損害の救済に有用たりたいと願っている。

> ※　千葉論文は，スポーツ実行者のための「予防法学を成熟させる」ためには，「予防しきれなかった事故・紛争の処理を担当する法解釈学に十分の情報を提供しておくことも必要であるが，より根本的な目標は，意思ある者のすべてがスポーツを安全かつ公正に享受できることに奉仕する総合的かつ実践的な法学，具体的には事の危険の可能性および事故の現実性を観察・分析しこれらに対する実践的対策を提供する法学，言ってみれば応用法学を樹立することである。」と論じている。

　なお本書は新分野の学問として，また最高裁判決にある，「物事の価値，善悪，優劣についての批評や論議などは，意見ないし論評の表明に属する」「意見ないし論評を表明する自由が民主主義社会に不可欠な表現の自由の根幹を構成するものである」「法的な見解の表明それ自体は，それが判決等により裁判所が判断を

示すことができる事項に係るものであっても，そのことを理由に事実を摘示するものとはいえず，意見ないし論評の表明に当たるものというべきである。」(平成16年7月15日第一小法廷判決，平成15年(受)第1793号，1794号) や，名誉毀損にかかる最高裁の判断 (平成17年6月16日第一小法廷判決，平成15年(受)第900号) を踏まえて研究と考察を行っている。

　本研究のための複数の研究事業と各種器材の購入にあたっては，財団法人倶進会よりの貴重な助成があった。ここに深く感謝するものである。
　また本書は，出版委員会の委員の方々及び一般の助成者の方々のご厚情と助成，そして信山社の格別の理解を得たことで出版が実現したものである。

　　　2008年3月10日

中田　誠

注1：自給式呼吸装置を使った潜水 (Scuba Diving) は，一般社会においてはスキューバダイビングという言い方が浸透しているが，ダイバーたちの多くはスクーバダイビングと，本来の発音により近い発音で呼んでいることから，本書では特に引用元が"スキューバ"としていない場合にはその呼び名を採用している。また娯楽のためのスクーバダイビングは，英語で言う場合には，正確にはレクリエーショナルダイビング (Recreational Diving) であるが，日本人により理解しやすいようにレクリエーションダイビング (必要に応じてレジャーダイビング) と表記している。

注2：本書では，エンジンのついた機材などを使用して行うスポーツ (熱気球を除く気球なども) や，他の研究者たちによって施設管理責任などと合わせた研究が進んでいるスキーやスノーボードなどについては扱わない。またジェットスキーやヨットなど (カヤック類は除く) の単独・同種同士の事故も除いている。

注3：本書で使用している略語→　・判時：判例時報　／　・判タ：判例タイムズ

注4：裁判例で各裁判所のホームページに掲載されている事例は平成18年当初までは各裁判所のホームページに収蔵されていたが，18年後半からは統一した判例検索システムによって検索可能となっている。

目　次

本書刊行についての序　＜藤田耕三＞
はしがき

第Ⅰ部　商品スポーツ概論

第1章　商品スポーツ産業とは……………………………………………2
　　1　定　義（2）
　　　(1)　商品スポーツ産業（2）
　　　(2)　商品スポーツ（2）
　　2　商品スポーツの特性（2）
　　3　商品スポーツ販売者の義務（2）
　　4　商品スポーツの種類（3）
　　5　商品スポーツにおける共通諸問題（3）
　　　(1)　消費者のリスク情報の非開示（3）
　　6　イメージコントロール（4）
　　　(1)　イメージコントロールとその目的（4）
　　　(2)　「正常化の偏見」の商業利用の問題（7）
　　　(3)　静岡県のレジャー（リクリエーション）スポーツ事故事例（8）
　　7　社会と業界の関係（9）
　　　(1)　社会の自己防衛（9）
　　　(2)　商品スポーツ産業のビジネスモデル比較（10）

第2章　商品スポーツにおける安全配慮義務（注意義務）……………18
　　1　安全配慮義務（注意義務）の定義（18）
　　2　水域・陸域・空域における商品スポーツ（18）
　　　(1)　水域における商品スポーツ（18）
　　　(2)　商品スポーツの法的問題へのアプローチ（19）

第Ⅱ部　スクーバダイビングの事故

　　①　事故情報へのアクセスコントロール（64）
　　②　他のマリンスポーツのとの致死性比較（65）

第1章　注意義務（安全配慮義務）の二原則 …………………………………66
　　1　商品構成と法的義務 (66)
　　　(1)　商品構成 (66)
　　　(2)　プロの法的義務二原則 (66)
　　　(3)　ダイビングにおける注意義務 (66)
　　　(4)　免責同意書の内容に対する司法の見解（⇒商品スポーツ共通）(68)
第2章　事故の実態と分析 ……………………………………………………70
　　1　事故統計 (70)
　　　(1)　業界が持つ致死性の認識 (70)
　　　(2)　統合データの性質 (70)
　　2　ダイビング事故の実態の研究 (71)
　　　(1)　事故件数と事故遭遇者数 (71)
　　　(2)　事故分析 (76)
　　　(3)　海外での日本のダイバーの地域別事故者数 (90)
　　　(4)　ダイビング業界の売上・利益と事故の相関性 (93)
　　　(5)　ダイビング業者の法的義務 (105)
　　　(6)　ダイビング業者に求められる安全対策 (108)
　　3　「商品スポーツ」としての事故の分析 (110)
　　　(1)　講習中の事故 (110)
　　　(2)　商品及び役務 (111)
第3章　予見可能性 ……………………………………………………………113
　　1　「環境の激変境界域」の問題 (114)
　　　(1)　スクーバ・ダイビング実行段階別の脈拍及び血圧変化の傾向調査の試み (114)
　　2　漂流事故の分析とリスク対策の考察 (120)
　　　(1)　漂流事故が事故全体に占める比率と傾向 (121)
　　3　洞窟ダイビングのリスクと安全な潜水計画 (134)
　　4　スクリュー（船舶のプロペラ）への接触 (136)
　　　(1)　スクリュー接触事故とは (136)
　　　(2)　事故の背景 (137)
　　5　突然の心停止の問題 (139)
　　6　安全ダイビングの仕様試案 (140)
　　7　講習品質の実態調査 (141)
　　　(1)　3つの調査対象分析 (142)
　　　(2)　3つの調査サンプルから見られる状況 (146)
　　　(3)　総　括 (146)
　　8　危険の予見と予防法学 (146)
　　　(1)　予見可能性の範囲 (146)
　　　(2)　リスクを予防する法学の要請〜予防法学〜 (147)

第Ⅲ部　ダイビング事故における法的責任

第1章　民事責任 …………………………………………………………150
　1　判例検証―類型別事例―（150）
　　(1)　講習における業者の責任（150）
　　(2)　技術レベルの異なるパーティにおけるインストラクターの責任（159）
　　(3)　ツアーガイドとツアー主催者の法的責任－その1
　　　　潜水計画責任と危険の予見回避義務（160）
　　(4)　ツアーガイドの法的責任－その2
　　　　潜水計画責任の根拠とその及ぶ範囲（161）
　　(5)　講習受講生の溺死事件（講習における溺死が，
　　　　事故者の既往症が原因だとする主張が排除された事例）（163）
　　(6)　参考：ファンダイビング中のスクリュー巻き込み死亡事件（166）
　　(7)　他の判決から見る責任論（168）
　　(8)　PTSDに陥った人に対する責任（170）
　　(9)　履行補助者（171）
　2　説明責任（172）
　　(1)　危険情報の開示（172）
　　(2)　情報提供と説明責任の重要性（172）
　　(3)　ブリーフィングと説明責任（174）
　　(4)　提供される危険情報の種類（175）
　　(5)　商品スポーツにおける資格商品の品質保証（欠陥・不良品排除）責任（176）
　3　引率・指導・監督型のスポーツの責任（185）
　　(1)　ボランティアの責任（185）
　　(2)　潜水計画の範囲（186）
　4　販売責任（未確定判決からの参考）（188）
　　(1)　電気ストーブによる化学物質過敏症と販売責任（189）
　　(2)　商品ダイビングの販売責任（190）

第2章　刑事責任 …………………………………………………………193
　1　判例検証（194）
　　(1)　業者の注意義務とその責任（194）
　　(2)　刑事責任が問われる要因と条件（210）
　　(3)　海難審判庁裁決と刑事判決の関係（211）
　　(4)　海難審判庁裁決に見る，中止の義務（212）
　2　引率・指導・監督型のスポーツの責任（214）
　　(1)　ボランティアの刑事責任（214）

第 3 章　その他の諸問題 ……………………………………………………216
　　1　ビジネス上の課題 (216)
　　　(1)　安全に至るために対処しなければならない課題 (216)
　　　(2)　懸案事項 (218)
　　2　人数比の問題 (221)
　　　(1)　インストラクターマニュアルの人数比設定責任 (221)
　　　(2)　条例による人数比設定基準の課題 (222)
　　3　商品ダイビングの関与とその手法の採用が不可避の学術潜水について (224)
　　　(1)　学術潜水におけるリスクマネジメント (224)
　　4　予見可能性の整理 (229)
　　　(1)　危険の予見が可能である立場 (229)
　　　(2)　「指導団体」の予見可能性 (229)
　　5　事故抑止につながる法的対策の効果の考察 (229)
　　　(1)　最高裁の判断を受けた業法の制定と役務商品への
　　　　　 PL法の適用をした場合の効果 (229)
　　　(2)　ダイビング指導者資格の，更新制度を持つ国家資格化 (229)
　　6　その他の方法と現在の延長としての将来の考察 (230)
　　　(1)　現行法の改正 (230)
　　　(2)　法による規制以外の選択肢 (230)
　　　(3)　現状のままで予想される未来 (230)

第 4 章　ダイビングを除いた，水域で行う商品スポーツの責任 ………………231
　　1　ラフティング (231)
　　　(1)　刑事判決 (231)
　　　(2)　海難審判庁裁決 (231)
　　2　カヌー（カヌーツアー）(232)
　　　(1)　海難審判庁裁決 (232)
　　3　水域における商品スポーツの法的責任 (233)
　　　(1)　安全配慮義務（注意義務）(233)
　　　(2)　危険の予見とその回避義務 (233)
　　　(3)　今後の課題 (233)

第Ⅳ部　山域と空域における商品スポーツ

第 1 章　山域での商品スポーツ ……………………………………………236
　　1　法的責任 (236)
　　　(1)　民事責任 (237)
　　　(2)　刑事責任 (239)
　　　(3)　散策登山時の責任の整理 (243)

第2章　空域における商品スポーツ ……………………………………… 245
　　1　種類と特徴（245）
　　　(1)　空域商品スポーツの特徴（246）
　　　(2)　パラグライダー事故に関する裁判（民事）（247）
　　　(3)　スカイダイビング（248）
　　　(4)　熱気球（249）
　　　(5)　空域商品スポーツの販売側の義務（256）
　　　(6)　空域での商品スポーツの法的責任の整理（256）

第Ⅴ部　総括─予見と責任

　　1　フェイルセーフ（258）
　　　(1)　フェイルセーフと予備計画（258）
　　　(2)　正常化の偏見（259）
　　2　責　　任（259）
　　　(1)　商品スポーツにかかわる責任の概要（259）
　　　(2)　事業者責任（259）
　　　(3)　商品スポーツ事業者に求められる責任の展望（260）
　　　(4)　商品スポーツを販売する旅行会社（旅行代理店や旅行社とも言う）の責任（261）
　　3　結　　語（263）

資　料 ……………………………………………………………………… 265
　　1．スクーバダイビングの平成14年から18年の国内事故一覧と分析（266）
　　2．スクーバダイビングの平成12年から18年にかけての海外邦人事故一覧（295）
　　3．海外の水域レクリエーションスポーツ中の事故一覧（300）
　　4．「ダイビング・サービス提供者に係る安全対策」（304）
　　5．「スキューバダイビング中の事故防止にかかる安全対策について」（320）
　　6．「潜水者・遊泳者の死傷海難防止のために」（322）
　　7．パラグライダーという商品スポーツの仕組み（323）
　　8．パラグライダーの事故事例（328）
　　9．ハングライダーの事故事例（332）
　　10．熱気球の事故事例（332）
　　11．「東京大学における潜水作業中の死亡事故について
　　　　　　事故原因究明及び再発防止のための報告書」抜粋（333）
　　12．東京大学「安全の日」　安全シンポジウム　発表資料　1，2（339）
　　13．「商品スポーツを販売する旅行会社の説明責任」（362）

参考文献 …………………………………………………………377
参考ホームページ（平成18年4月時点まで存在を確認）…………377
本書刊行についてのあとがき ……………………………………379
謝　辞 ………………………………………………………………381
　　　　○本書出版委員会（382）
　　　　○本書の出版のための助成者（382）

第Ⅰ部

商品スポーツ概論

第1章　商品スポーツ産業とは

1　定　義

(1) **商品スポーツ産業**　商品スポーツ産業とは，企業，グループないしは個人が，営利を目的として，室内や屋外におけるスポーツの体験や，その実行技能の習得に至る過程をレジャー商品として販売する役務及びその周辺事業のことである。

　商品スポーツ産業は，商品スポーツの販売と一体となった各種民間（自主・任意）資格販売事業を含む。

(2) **商品スポーツ**　一般人に対して，その指導や案内（ガイド），または相手などをすることで経済的利益を得ることを目的として販売されるスポーツプログラムと役務を商品スポーツと言う。

　商品スポーツは，消費者がその実行後に，支障なく日常に復帰できることを前提とした一般向けの役務商品である。つまり商品スポーツは，その対象市場を不特定多数の一般消費者としており，その購入者は，主としてそれを日常生活におけるレジャーなどとして楽しむことを主たる目的としている。したがって商品スポーツの製造・流通・販売者には，消費者に対して商品の安全性を，明示的及び黙示的に保証する義務があり，危険（リスク）を正しく開示する義務がある。

　なお商品スポーツを普及ないしは宣伝するために，一般商品のサンプルの試供と同様の無料のスポーツ体験を提供する場合もある。

2　商品スポーツの特性

　商品スポーツは，特別な訓練や適性を要するようなピッケル登山，同山壁登山，大深度減圧潜水，地下水脈探検潜水，未整備地でのグライダー飛行などという，実行者が「致死性」を引き受けた上で行うことが社会通念となっている「冒険スポーツ」や，観客を消費者とする「興行スポーツ」（通常は「商業スポーツ」と言う）とは本質的に異なる。

3　商品スポーツ販売者の義務

　商品スポーツを企画・販売する側は，業者として，その商品の危険やその他の諸問題を熟知する優越した立場にあることから，その危険が消費者において顕在化しないように，予見されるすべての危険に対して，十分な情報の開示と，周到な安全対策を講ずる義務がある。そしてその安全対策が不十分だったことで消費

者に損害が生じた場合，その責任を「自己責任」という文言を利用して消費者に転化することは許されない。なお，優越した立場にある業者における危険情報の不知は，その結果の免責の根拠とはなり得ない。

また商品スポーツの危険性に関わる情報は消費者の生命・身体の安全にかかわる重要な情報であることから，その説明責任と情報開示義務は厳格に履行されねばならない。そして十分な説明と情報開示によって消費者の「正常化の偏見」を排除することが業者の義務であり，商品スポーツの債務を構成する重要な要素である（後述6(2)参照）。

平成16年6月2日に施行された消費者基本法では，役務商品（商品スポーツは役務の提供である）の販売業者に対して，消費者の安全を確保して公平な取引を行い，必要な情報を明確かつ平易に提供し，消費者の知識や経験に配慮し，消費者からの苦情を適切かつ迅速に処理しなければならないとしている（特に第2，5，6条）。

これは商品スポーツ産業関係者に，事業規模にかかわらず社会的責任経営（CSR）の実現を求めていることを示している（CSRについては，第Ⅲ部第3章2(1)の※を参照）。

4　商品スポーツの種類

▶本書では，熱気球を除いて，エンジンを使用する商品スポーツは基本的に扱わない。

① 水域：スクーバダイビング，ラフティング，カヌーなど。なお，ビーチスポーツを行ったり，波打ち際でのスポーツ的散策を行う可能性のあるプライベートビーチなどの利用権の販売はこれに準ずる。
② 山域：散策登山など（専門的訓練が必要な登山用具の使用を伴わない）
③ 空域：パラグライダー，ハングライダー，スカイダイビング，熱気球など

5　商品スポーツにおける共通諸問題

(1) **消費者のリスク情報の非開示**　商品スポーツ産業では，消費者の危険（リスク）情報を，時に意図的に，正確かつ十分に公開しない場合がある。その結果，情報を正確かつ十分に開示されていれば避けられたであろう消費者の損害が発生している。その場合でも，業者側は，事故は消費者の自己責任であるとの主張を展開して免責を要求する場合が多い。消費者契約法や消費者基本法の施行後もこの傾向は大きくは変わっていない。そして商品における致死性の高い業界ほど，業界の影響下にない第三者によるビジネスシステムやその商品に対する評価を拒んだり，あるいは無視する傾向が強く見られる。

■商品スポーツ購入・実施時の消費者リスク（現場の業者自身を含む場合もある）
① 死亡ないしは受傷リスク。⇒その結果としての後遺障害及び精神的障害。
② ビジネスモデル及びそのビジネスシステム上の欠陥から生じるリスク。⇒技量を習得させるための役務契約（講習など）に対する契約違反（未熟者による指導や手抜きなど）による，消費者の技量の未熟や正常化の偏見の浸透による事故遭遇リスク。
③ ビジネス文化のリスク
　ａ．営利目的の事業を，あたかも公的な事業かのように消費者の印象を誘導することで，債務不履行にあたる手抜きや，その不履行などがあっても契約完全履行時の金銭を徴収する場合に，その行為を正当化されることによる，消費者の安全と経済的リスク。
　ｂ．ビジネスシステムの支配責任を無視した責任転嫁性向※によってもたらされる，消費者の権利侵害リスク。
　ｃ．「正常化の偏見」の商業利用にともなうリスク。
※ 業界の中には，その事業の結果として発生した消費者の損害に対して，その責任を消費者に転化しようと力を尽くすところがある。

■事故の実態が消費者や社会に公開されない場合の理由
① 商品に高い致死性があることを社会と消費者に知らせたくないため。
② 説明責任を果たす意思がないため。
③ 消費者からより高い安全対策を求められると利益が減るため。
④ 資格ビジネスの欠陥やからくりが露見しないようにするため。
⑤ 「正常化の偏見」の浸透[※1]を妨げるため。
⑥ これまで消費者の致死性リスクの情報を隠蔽してきたことが社会に知られるため[※2]。
※1 「正常化の偏見」を利用して利益を確保しやすくしようとすることを「正常化の偏見」の商業利用という。
※2 事故の背景が，三菱ふそうの問題やパロマなどの問題と同じような性質を持っているばかりか，その死者などの数がそれらをはるかに凌ぐ場合がある。

6　イメージコントロール

(1)　イメージコントロールとその目的

① 虚構の安全

「そのスポーツの安全性は厳しく見定めなければならない[1]。」

「調べに調べた結果，行きついた果ては，まるで無法状態といってよい，ダイビング業界の実情であった。」

商品スポーツ産業の1つであるダイビング業界に対して，日本を代表する識者

---

1) 弁護士　元検事総長　土肥孝治（中田誠『ダイビング事故とリスクマネジメント』大修館書店，2002年，iii頁）。
　当時帝塚山学院学院長，その後，京都市立芸術大学学長　中西進博士「命の尊さのために」（前掲書iv頁）。

の中では以上のような評価もある。

　ダイビング業界において，1社で市場シェアの60〜70％を占めるという最大手のPADI（株式会社パディジャパン）のインストラクターマニュアル[2]の76頁には「リスク・マネージメント」という項目があり，そこには次のように書かれている。

　「広報活動とイメージのコントロール―　一般社会や政府から安全と認められていなければ，ダイバー人口は増えないし，様々な規制を受けることになる。」
　このインストラクターマニュアルには，消費者の安全を最優先とするための，筆者が望むレベルでの具体的かつ合理的な指示や，消費者が直面する致死性リスク情報の徹底開示の具体的方法，販売する役務（サービス）と任意資格（Cカードなど）の品質の厳格な維持・管理の義務と責任（業界と利害関係のない者による評価に耐えられるような），およびその検証方法，さらにインストラクター資格やダイバー資格の品質の維持と管理のための講習プログラムという役務商品のリコールを行う基準設定とリコールの具体的方法，またこの資格販売の結果に対する最終認定者（販売者）として，PADI自身がその社会的責任を達成するための方法などについては記されていない。
　企業には，特に消費者の生命・身体の安全にかかわる事業を行う企業においては，一般社会や政府への広報活動やイメージコントロールよりも，まず消費者に危険に関する事実を広くかつ徹底して開示し，その予防に最大限の努力をすることを最優先とする社会的義務がある。そのためには，その商品の根幹となる，消費者の生命・身体の安全に直接的間接的にかかわるあらゆる品質から致死性の欠陥を排除しなければならない。さらに消費者に対する役務契約を通して任意資格の販売をする場合には，その欠かせない安全品質には特に厳格性を追求すべきである。
　危険に関する情報を非開示あるいは不十分なレベルのまま危険性の結果に消費者の自己責任を主張することは，昨今の社会情勢から見れば反社会的ですらとも言える。特に商品販売の結果に消費者の死が含まれるのであれば，そのリスク情報の非開示や不誠実な開示の姿勢はその事業の正当性を問う要因（ビジネスモデルやビジネスシステム自体の欠陥）ともなる。
　一般消費者の死を伴う商品に関しては，社会がその製造・販売側に対して徹底した説明責任の履行と情報の開示，そしてその事業の結果責任を求めることに不自然さはない。つまりこういった事業への社会的評価は，事業者の社会や消費者に対するイメージコントロール（印象操作）によってではなく，消費者の安全の

2）「General Standards and Procedures, PADI 一般規準と手続きインストラクター・ガイド」改訂第4版，PADIジャパン，2004年8月。

Cカード協議会における平成13年からの新規ダイバー数の増加推移

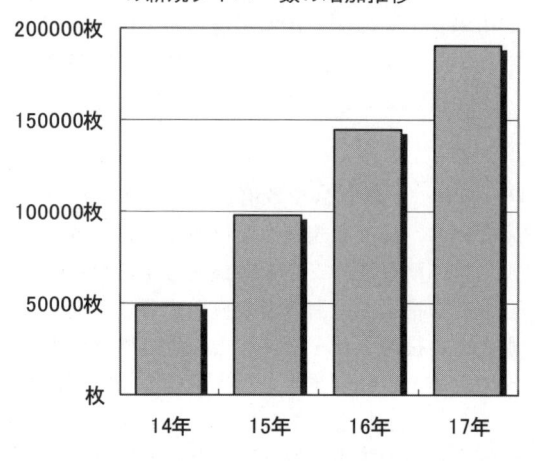

（グラフ：14年 約50000枚、15年 約95000枚、16年 約145000枚、17年 約190000枚）

達成という事実をもってなされるべきである。しかしイメージコントロールを主たる事業運営手法に選んだ業種は，合理的な安全の証明や危険情報の正直な開示より，その結果消費者と社会に植えつけた「正常化の偏見」を商業利用する傾向が強く見られる。

ここに示したグラフは，ダイビング事業の最上位に位置してビジネスモデルを形成する「指導団体[3]」の大手4社で構成していた頃のCカード協議会がホームページで発表したデータから，平成13年を基準年として，その後の4年間の新規ダイバーの累積増加状況を示した。これは，4年間で20万人近い人たちが新規にダイバーとなったことを示している。このことは，ダイビングに係わる一定の時間，自らを致死的なリスクが高い環境に置く人々の増加を意味している。

昨今のダイビング業界の状況からは，消費者に対して危険（リスク）情報が十分かつ正確に開示されないまま，イメージコントロールの展開による「正常化の偏見」が浸透している[4]）が見られる。この状況に対し，土肥は次のように警告を発した。

「レジャー・スポーツの世界では商業主義がはびこり，そのスポーツが持つ危険性を厳しく詮議されないまま，安全と囁かれることがままある。人々がそれをたやすく信ずるようでは恐ろしいことが起こりかねない。」（前掲書ⅲ頁）

実際にその後も絶えない多数の人身事故の発生によって，この警告と危惧は現実のものとなっている（本書第Ⅱ部参照）。

3）「指導団体」とは，現在の商品ダイビング事業のビジネスモデルである，階層的な事業構造を取るビジネスユニット（ブランド事業単位）を支配している事業体のことである。彼らはダイビングビジネスにおいて決定的な影響力を有している。彼らはその事業においてさまざまな保証や認定を与える最高権限者（団体など）として力を行使し，それによって利益を得ることを目的としている。なお「指導団体」は営利目的の私的な事業体（会社や任意団体など）であるが，個人かそれに近い小数人数が「指導団体」を運営している場合もある。別の項でもこれを説明しているので参照のこと。

4）危険（リスク）に関する情報の独占とその非開示は，法による監視や利害を共にしない第三者による評価を経ない場合，社会のイメージコントロールを容易にする。実際に商品スポーツ産業には，一般に安全確保や情報公開を厳しく規定する「業法」が存在しない。

② リスクに関する入口情報と奥行き情報　商品スポーツのリスクに関する最初の情報は，カタログやチラシ，あるいはテキスト（商品スポーツの講習テキストなど）の1面かどこかに記述してあるという体裁で存在する入り口情報である場合が多い。それがさらに詳しくリスクを分かりやすく説明した奥行き情報につながるものであればよいが，現実はこの種の情報は入口部分で終了する場合が少なくない。

　このような情報は，消費者がその先の情報への欲求を持ちにくいように，また「見た」という程度の認識以外は持たないように，そのデザインや書き方が工夫されていることがある。そして実際に事故が起きた時に業者側は，自分たちは消費者にリスクに関する情報を提供しており，また消費者もそれを読んで（自分が事故に遭ったり死ぬことも）理解していたのだから危険を引き受けていたのだと主張して免責を要求する傾向を示す。

　この将来の要求のために，この種の入口情報とは，消費者が商品スポーツ購入の前中後のあらゆる時点で，その商品を選択することで発生するリスクの内容やその結果の重大性について，またそのようなリスクが発生する背景について，熟考や検証させない，あるいはその欲求を持たないように思考誘導することが容易となるような，慎重に調整やデザインがなされている。

　一般に，消費者の安全にとって本当に必要な情報とは入口部分には存在しない。真に必要な情報は入り口の奥に入らないと手に入れられない。それを奥行き情報という。

　この奥行き情報とは，商品の購入前及び購入した後の任意の時点で，具体的な危険の内容やその結果の重大性について熟考・検証したり，あるいはより詳しい情報を得ることやその欲求の発生を容易にしたり，または第三者に相談することが容易となるような，具体的かつ十分な量の，分かりやすく整理された情報のことである。

　現行法では，奥行き情報の提供を求める法の規定は，消費者契約法では義務ではなく努力事項となっている。消費者基本法ではこれは義務としているが違反しても罰則はない。ただ最近では，入り口情報の提供だけでは説明責任が果たされたとは言えないとする判決も出てきており，法の不備の問題を提起している（本書第Ⅲ部第1章2，総括　商品スポーツ全般の責任論参照）。

　　※1．平成16年に出された商品スポーツ事故の刑事裁判判決では，事故を起こした被告人が所属していたツアー会社に対して，事故原因の1つとして，「利益優先の企業体質」があると判決文で指摘している（本書第Ⅳ部第1章1③を参照）。
　　※2．「この世界で商業的利益をひたすら求める者は，「スクーバダイビング」の安全性を唱え，快適なレジャーであることを宣伝する。」（土肥孝治『ダイビング事故とリスクマネジメント』ⅲ頁）

(2)　「正常化の偏見」の商業利用の問題　致死性を内包する商品スポーツの消費者（実行者）が最も避けなければならないことは，合理的な理由なしに事故

第1章　商品スポーツ産業とは　　7

の可能性を「自分だけは大丈夫」，あるいは「今回は大丈夫」などと考えることである。このような認識を社会心理学用語で「正常化の偏見」という。

商品スポーツの事故防止のためには，業者には危険の実態を知る者として，消費者の「正常化の偏見」，いわゆる危険（リスク）の存在を認識させることと，それを軽視して事態を甘く見るような油断を排除する義務がある。したがって業者には商品の販売にあたって消費者が油断しないように啓蒙する義務がある。つまり「正常化の偏見」の排除は商品スポーツを構成する不可分の一部である。

商品スポーツの1つである商品ダイビングの業界内の多くが一般消費者向けに行っている「ダイビングは安全」という宣伝は，一般には「本質的に安全」かのように聞こえる。しかし累積した事故の実態から見ると，この宣伝は"虚構の安全"であるとも言える。このような宣伝には，消費者に「正常化の偏見」を浸透させる，あるいはその浸透を妨げない効果が見える。この結果消費者には，業者が販売する商品ダイビングの安全管理やその運用手法が緩くても気にならない思考傾向が生まれる。また実際に目の前でトラブルが起こっていても，「正常化の偏見」が浸透した消費者はそれでも油断の認識を排除しにくい傾向（いわゆる人事(ひとごと)と見る）が見られるようになる。つまり「正常化の偏見」の浸透は，消費者自らの安全性確保のために必要な危険の予見に通ずる想像力を奪う。

この手法が事業者にもたらすメリットとは，消費者の安全管理コストの低減である。他には浮ついた宣伝でも誘客が可能となる状況，高いレベルのスタッフを必要としないビジネス環境の維持などである。

これが業者に「正常化の偏見」の商業利用への依存をもたらしている要因であると考えられる。

ただしこの手法の展開は，業者自身にも人身事故に対する事業者リスクを軽く見るという弊害をもたらすことがある。それは事業者自身が事故当事者となって刑事責任や民事責任が問われる事態に直面して初めてその意味を理解する状況をもたらす。このような事業手法は企業の社会的責任を果たす要素とはならない（第Ⅱ部参照）。

(3) 静岡県のレジャー（リクリエーション）スポーツ事故事例　平成16年に静岡県内で発生した水域と空域における商品スポーツ分野の事故状況の一部を紹介し，1つの県でも想像以上の事故が起きている実態を知る材料とする。なおここでの資格保持者とは商品スポーツの民間資格保持者のことである。

■静岡県警作成「平成16年　レジャー事故発生状況」から
　▽水域
　　・スクーバ（スキューバ）ダイビング
　　　事故者数　　男性9人　内2人死亡　内資格保持者9人。
　　　　　　　　　女性4人　内3人死亡・行方不明

　　　　　　内資格保持者3人　無し1人
　　　　計13人※　内5人死亡・行方不明5人
　　　　　　事故者中資格保持者数12人
▶筆者が調査した分を加味すると，同県でのダイビング事故発生件数は20件，人数で21人となっており，うち死亡・行方不明事件が5件で，人数では6人となっている。

▽空域
・ハングライダー　男性1人　死亡者なし（ただし事故者は重傷）　資格有り。
・パラグライダー　男性5人　内死亡1人（他に重傷者1人）　資格有り。

　静岡県警の資料では，他に水域での商品スポーツ事故として，手漕ぎボート（事故遭遇3人，内1人死亡），ボードセーリング（事故遭遇3人，内1人死亡），水上オートバイ（事故遭遇8人，内1人死亡），サーフィン（事故遭遇3人，内2人死亡），ボディボード（事故遭遇1人），ウェイクボード（事故遭遇2人），カヌー（事故遭遇1人，内1人死亡），モーターボート（事故遭遇4人）の事故が報告されており，さらに空域での事故として，熱気球（事故遭遇2人）の事故の報告もある。

7　社会と業界の関係

(1)　**社会の自己防衛**　どの商品スポーツ業界であろうと，その事業に関係した人身事故の存在を，業界利益のフィルターにかけて加工せずに消費者に直ちに公開し，過去の情報も整理して保管し，常時一般社会からアクセス可能な状況にしておくことは，人命に関わるビジネスを行っている業界の最低限の社会的義務である。特にこのような重要な情報を隠蔽したり，またその再発防止策を消費者と共に立案して実行して結果を出していない場合や，情報操作に結びつく可能性のある，事故の事実を過小評価したり無視することで正しい情報を開示しない行為などや不作為があった場合，その業界自身には自浄能力がないと見るべきである。この場合，社会は自衛上，彼らの活動を法の下に規制して監視することが必要となる。

　消費者の死亡という事実が継続して発生している商品を，その欠陥の根本的改善がないままに，あたかも公的なものかのような装いで販売を継続するビジネスは，社会的責任と義務を無視していると見なすべきである。またこのような業界から出された事故防止にかかわる宣伝には，事実として，劇的な消費者被害減少や被害者救済があったかどうかを検証することが重要である。実際に消費者被害減少や被害者救済に結びつかない，一般マスコミを利用しやすい，見栄えの良い，いわゆる環境保護活動などに集中した，社会的責任と義務の履行の不作為から目をそらすための宣伝などには注意を要する場合もある。

　さらに，ビジネス上の欠陥に起因する事故が発生し続ける状況がある場合には，

それはそのビジネスモデル自体に，利益を消費者の損害（致死的リスク）より上位に扱うという構造的欠陥を有していると見るべきである。このようなビジネスモデルには，法によって，既存利権の保護を偏らない抜本的な改革を強制するか，より社会的なビジネスモデルに置き換える必要がある。

これは，社会に対して緊急に求められる自己防衛策である。

一般に，事業の自由を規制する法律などは，経済活動において弊害をもたらすというイメージがあるが，消費者の安全を優先する視点から見ると，このような規制以外に，利益を至上とする強い意思から逃れる方法がない場合がある。

(2) **商品スポーツ産業のビジネスモデル比較**　商品スポーツには見方にもよるが大きく分けて2つのビジネスモデルが存在し，他はこの中間に位置する。その一方のビジネスモデルは空域の商品スポーツである熱気球であり，一方は水域の商品スポーツであるスクーバダイビングである。

熱気球は現在約2,000人の愛好家（財団法人日本航空協会監修『スカイスポーツにチャレンジ！』イカロス出版，75頁）がいる。それに対してスクーバダイビングの活動的な愛好者は30〜50万人（受講者累計は100万人以上）と推定[5]されている。この2つは規模の差こそあるが，その最大のリスクは死亡という点で一致している。

これらの業界では，一方は技能証を，一方は認定証を，有料の講習を行ってから有償で発行している。

加えて両方の業界とも，事故が起きれば現場から最上部の組織に対して事故報告書を上げさせる仕組みを持っている。熱気球の業界ではそれを機関誌やホームページで公開し，また重大な事故時には，事故調査報告書を公開している。さらに団体で話し合われた会合の議事録も公開している。これは事故を自らのものとして直視し，さらにその事実や情報は公益性の高いものとして共有化しようとする姿勢の現われとも見られる。

他方スクーバダイビング業界では，事故報告書数やその内容は基本的に公開しない。こうした状況を，業界団体であるCカード協議会[6]のホームページでは，

---

5)　参考：「潜水経験年数とCカード発行枚数からダイバーの人口動態を調べた結果，年間を通じて活動しているダイバー数がRD（recreational diver）で30万人前後，PD（professional diver）で6万人前後，合計すると35〜40万人存在し，ここ10年間の変化は認められなかった。」小宮正久『第9回 安全潜水を考える会 研究集会 予稿集 2006.11.18』10頁。

▶筆者は，合計実働ダイバー数に関しては推定値として可能性のある数字と考えるが，プロダイバーがそのうち6万人というのは多すぎると考えた（本書第2章2(2)④参照のこと）。ここには「指導団体」が，営利目的で，任意の判断と責任でプロ活動ができるとしているダイブマスターやインストラクター（共に営利目的で販売された私的資格）自身が実際に"商売"をしているのではなく，単に彼らが自らの娯楽などのために潜水している数も含んでいるのではないかとも考えたからである。この点について平成18年11月18日，東京医科歯科大学で行われた第9回安全潜水を考える会研究集会で質問したところ，筆者の考えが正しいことが確認できた。

6）平成19年9月現在,「指導団体」の有力2社は「レジャーダイビング認定カード普及協議会」と言う,一般にCカード協議会とする業界団体を作っている。この協議会はダイバーの安全普及の啓蒙活動など（ただし安全率向上のために最も重要と考えられているビジネスモデル自体やそれによって収益を追及する「指導団体」のビジネスシステム上の問題（★）に係わること,消費者がインストラクターの技量の欠陥から生じるリスクから逃れるために必要な情報の提供などは行っていない。）を行っているという。またこの会の名称からも分かるように,この協議会の最大の目的は,現在のCカードビジネスシステムの維持とその強化拡大にあると見られている。

　平成18年当時に見た協議会各社は,より大きな利益が望めるインストラクター養成プログラムの販売に重心を移しつつあったようである。ただしこのビジネスモデルは,その結果,市場にもたらしている現象（国民生活センターへの相談件数（後述）とその内容）から見ても,事業者と資格商品の品質の問題を解決できていないと見られる。

　なおCカード協議会が推進している海岸や海洋のゴミ清掃のイベント活動などは社会的に大変有意義なものであるが,それはダイビングビジネスにおける最重要課題である,消費者の死を防ぎ得ないそのビジネスシステムの構造的欠陥（「正常化の偏見」の商業利用や役務商品の低品質や契約違反＝債務不履行の結果としての人身事故で有罪判決や賠償責任を問われるような能力の者へのプロ資格販売や販売後の放置の問題など）の解決につながるものではない。

　Cカード協議会の構成企業は,平成19年9月時点でPADI（株式会社PADIジャパン：パディ）とSSI（株式会社FUN CORPORATION：エスエスアイ）の2社となっている。平成18年初頭時点では,これにNASDS（エヌエーエスディーエス）とNAUI（ナウイ）が加わっていた。

　市場において1社で60〜70％の占有率を持つとされるPADIを含む事実上の業界上位2社が参加して構成する協議会の動向や意思は業界全体のそれと見ても良いであろう。したがってこの協議会はダイビングビジネスの頂点にある「指導団体」（あるいは「指導団体」的役割を果たすNPOや任意団体など）各社の中核的業界組織としての役割を担っていると考えられる。

　ダイビングの講習商品や私的資格を販売する事業を行っている事業者は,多くの場合自らを「指導団体」や「指導機関」または「教育機関」などと称している。このように,基本的には一般の営利目的の事業体（一部に非営利を標榜しながら,その実質的なビジネスは「指導団体」としてのシステムで運営し,またそこに関係している大学教授などが,そこに集まった金銭を,使途を明示しないまま持ち出したりしながら事業を行っているところがあるなどの事例も聞く）が自らを非営利の公的組織と誤解されやすい用語を使用したりそれを宣伝する背景には,社会の彼らに抱くイメージをあたかも公的な組織に対するものかのように操作（コントロール）したいという目的があるとも考えさせられる。

　例えばレクリエーションダイビングの専門誌「ダイバー」2005年12月号77〜76頁にある,NHK潜水研修に参加したというNHKのアナウンサーへのインタビュー記事では,このアナウンサーがインストラクターの資格を得たことを「2年前にはインストラクター免許も取得した。」と語ったと書いており,NHKが,インストラクターという商品化された任意の民間資格を,あたかも公的な「免許」と承認（民間の営利目的の商品の利益を増大させることに貢献する,このような不正確な根拠付けは,公益性の高いNHKが行うべきではない）しているかのように受け取れる表現をしている。「ダイバー」誌はダイビング専門誌であることから,当然この表現が適切ではないことは熟知している（後述の「■業界文書の記述から」を参照されたし）と考えられる。したがってこの表現を用いていることは意図的とも考えられ,読者のイメージコントロールを目的としている可能性があると見られても止むを得ないかもしれない。またNHKのダイビングに対する認識レベルの問題として,筆者がこれまでNHKのニュースなどでダイバーの使用する空気タンク（圧搾空気をつめたタンク,あるいはボンベ）を「酸素ボンベ」と表現していたことを何度も聞いた（あのよ

第1章　商品スポーツ産業とは　　*11*

「詳細な事故情報の開示が出来ず，事例の十分な学習を行えないのが実情。」であるとしている。

事故の詳細は，拙著などで数百にも及ぶ相当数の事例を公開[7]しており，業界と密接な関係があるとされる学会などでさえもその事例がいくつも報告されている。これは事故「事例の十分な学習」が可能な環境にあることを示している。しかしそれでも「事例の十分な学習」が困難な状況にあるとしている背景には，「困難」な状況を必要とする理由が存在することを示唆している。イメージコントロールの手法の研究において，このような事例は大変興味深い（詳しくは，第Ⅱ部①事故情報へのアクセスコントロール参照）。

ところで熱気球の業界はその講習規準による講習を行い，登録料や更新料を受け取って技能証として交付しているが，現時点ではそれを利潤目的の商品としていないと見られる。対してダイビング業界では認定証を資格商品として主要な利益源としている。

現状のような，資格の高収益商品化は，必ずしも消費者に相当の利益（「正常化の偏見」の排除，その結果としての安全管理体制の充実，講習時の技量習得後の確認の厳格化，人命に関わる高度な技量を有する指導者の養成と技量未達者の排除，そして商品に関係する事故犠牲者の保障や救済の充実など）をもたらすものとは考えられていない。

産業は消費者なしには存在し得ない。また一般消費者向けの娯楽（レクリエー

うなタンクは全て酸素ボンベと表現する表現の規定があるとも聞いているが確認はできていない。これが事実ならば重大な問題である）ことがある。酸素は医師法や薬事法によって規制されるガスであり，これでは事故者があたかも違法に酸素ボンベを使用していたかのごとく受け取られかねない表現である。このように，事故者が違法行為を行っていたと受け取られる可能性のある報道を続けていることは，単なる誤報の域を超えた重大な問題表現ではないだろうか。筆者は数年前から取材に訪れた何人かのNHKの記者にも直接このことを告げているが，いまだに誤報を訂正したりその表現が改められたりという状況を見聞きしていない。なおNHKは，潜水取材や水中番組制作を通じて，ダイビング業界と密接な関係にあると見られている。

7) 例えば筆者は自らのホームページ（http://www.hi-ho.ne.jp/nakadam/diving/index.htm）や複数の著書の他にも，ダイビング業界と密接な関係にある学会の場やその他の機会にも事故の実態を何度も報告している。
　　〇日本高気圧環境医学会における研究発表（▶事故事例やその発生数に言及した発表）
　　　2001年11月『人為的なスクーバダイビング事故発生要因の分析』
　　　2004年11月『平成11年から15年の5年間の潜水事故の実態と分析』
　　〇日本旅行医学会における研究発表（▶事故発生数に言及した発表）
　　　2005年4月『海外を含む日本のレジャーダイバーの事故の実態』
　　□講演・講義
　　　2004年11月『スクーバダイビングの事故及びリスクマネジメント』（日本旅行医学会セミナー）
　　　2006年5月『潜水事故とその防止』（東京大学）
　　　2006年7月『潜水事故事例紹介』（東京大学安全シンポジウム）
　　▶これに関連したものは，本書第2部①を参照のこと。

ション／レジャー）産業は，一定数の消費者の事故や精神的傷害による犠牲を容認することでビジネスモデルと収益システムを運営することを前提としてはならない。したがって一般消費者向けの産業には安全を最優先とするビジネスモデル及びシステム[8]が義務とされる。

■重要文書の内容から
　※他の頁で重複して引用している部分もあるが，これらの資料は予算の出所やその参加委員などから見ても大変重要であるので，重複を承知で主な部分をまとめて引用・紹介する。

①「21世紀・日本のダイビング業界はどうあるべきか」（平成10年度，中小企業活路開拓調査・実現化事業補助事業，平成11年，スクーバダイビング事業共同組合，から）
　以下は，商品ダイビングの業者側から見た重要な内容である。
　業界がその商品の危険性（消費者の致死的リスク）をどう見ているかを見る。
　次に紹介する部分は25～26頁における，「致死的な危険性について」からである。

　「「**ダイビングは安全だ**」とは何の制約・条件もなければ一般的に言明することはではない。
　ダイビングの本質に危険性は深く関与している。一呼吸を間違えばパニックになって，その対処を誤れば生命の危機に直面する。」
　「やはり積極的に危険であると言うべきであろう。」

　ここは，「ダイビングは安全」と宣伝されている背景にある，異なった認識を知ることができる部分である。

　「危険の程度にも致死的であるということは他とは質的に異なるものである。たとえば，アイスホッケーやラグビー等も生傷が絶えないある意味で危険な活動であるかもしれないが，致死的であるとは一般的には言えないと思う。しかしながら，スクーバダイビングはハードとは実際には言えないと思うが，致死的な危険性が潜在するということは確かである。」

　この部分は，特に消費者にとってダイビングの致死性の情報が不可欠である理由を知らしめるところである。

---

8)　「東京大学における潜水作業中の死亡事故について　事故原因究明及び再発防止のための報告書」東京大学農学部潜水作業事故全学調査委員会，平成18年3月30日，39頁の「7) 同様の事故を防ぐために大学が社会に発信すべき事項」以降を参照のこと。ここには最終認定者の責任や明示と黙示の品質保証の問題などについて具体的な見解が記されている。この報告書は本書の資料部分に抜粋を掲載しているので参照されたい。
　この報告書でも，「指導団体」は，その商品が消費者の生命身体の安全に重大な影響を与えているので，その社会的責任は大きいとし，その事業や商品の結果に対する最終責任があるとしている。
　「ダイビングに関する役務商品を中心とした一連の事業は「指導団体」の実質的な指導・監督下にあると言える。従って会員個々の事業の結果に対する最終的な責任は「指導団体」にあると考えるのが自然である。」（39頁）

第1章　商品スポーツ産業とは　　13

「この致死的な危険性がダイビング・ビジネスにおいても重要なポイントとなってくる。」
　「事業者（教師）側は消費者（生徒）側に対して，非常に優位な人間関係を構築できることになるが，同時にそのプロフェッションとしての倫理性や節度を強く求められることを意味する。この関係をどのようにビジネスに結びつけるかということについては，よく考えておかなければならないことである。」
　「致死性を相当高い確度で回避できるというのが，ダイビングビジネスのポイントなのである。」

　ここではダイビングビジネスでは，致死性を"相当高い確度で回避"できなければならないとしているが，実際に消費者に課すことになる致死性許容レベルについて具体的には言及していない。

　次に27頁の，「「Cカード」という両刃の剣」という部分を見る。

　「ダイビングの講習ビジネスの成功の鍵はCカードにある。」
　「CカードはCカード機関（団体・会社）だけの問題ではなく，ダイビングに関係する業界全体の問題である。」
　「Cカードシステムが適正に機能するか否かということは，ダイビング業界が適正に機能するかどうかということに等しいとさえ言えることである。」
　ここから，ダイビング業界におけるCカードビジネスの重要さが分かる。

　「Cカードは講習の修了結果を保証するものであるから，講習の「結果」に対する徹底した品質保証が行われる必要がある。」
　「品質保証がなされるべきは講習の「結果」に対してである。」
　「その結果をより厳正に保証するために「内容（過程）」についての品質管理を行うのである。製造工程に対するISO9000の基準のようなものである。求められるのは「結果」なのである。」
　「その結果を保証できなければCカードはその存在理由を失ってしまう。」

　この部分は，現状のCカードシステムの問題を示している。またここからは，このビジネスシステムの最終的責任がCカードの発行の最終権限者にあることが分かる。

②「レジャーダイビング　ビジネス・ガイドライン」（平成6年度活路開拓ビジョン実現化事業（ゆとりと豊かさ枠）補助，スクーバダイビング事業協同組合）
　このガイドライン制定のための委員会には，委員長として成蹊大学法学部教授が，さらに複数のダイビング業界団体からの代表などと，社団法人海中開発技術協会専務理事で株式会社バディジャパン代表取締役社長やその他の「指導団体」からの代表，株式会社サンエイテイの月刊ダイバー誌広告主幹などのダイビングマスコミ各社の代表，さらに複数の保険会社の代表とPADIの『The Law and the Diving Professional』の翻訳者の弁護士など多数が委員として参加した。
　またこのガイドラインはその作成予算に公的な側面が強く，事業者側のダイビングビジネスに対する認識と見解を知る上で非常に有意義である。ただしこの冊子はその

重要性にもかかわらず業界以外の一般消費者などが目にする機会はない。
　以下に重要部分の引用を行うが，このガイドラインでは部節ごとにそれぞれ独自に頁番号が振られていることでそれが一貫していないので注意されたい。
　まずこの内容の保証のレベルへの権威付けともなる内容が記されている部分を紹介する。「第2部　レジャーダイビングに関するサービス提供にあたっての契約文書及び広告文書についてのガイドライン」では，Cカードビジネスにおける「Ⅱ．サービスの広告に関する文書　②Cカードに関する虚偽表示の禁止」事項が次のように示されている。

　「講習の修了認定証（Cカード）を，公的な許可証・免許証であるかのような誤認を与える表示をしてはならない。

　例「ライセンス」「ダイビング免許」といった表示。
　「ライセンス」「免許」等という言葉は，自動車の運転免許や小型船舶の海技免状を類推させ，あたかも何らかの公的な制度による許可・免許であるかのような誤認を利用者（消費者）に与える可能性がある。したがって，契約文書にはもちろんのこと，原則として広告文書にも使用を禁止する。」

　この部分をまとめて，ここでは次のように示している。

　「特に，「ライセンス取得コース」という表示は，「取得」という表現がライセンス（免許）の意味をさらに強化し利用者に誤認を与える可能性が高いと考えられるので，不適切である（使用禁止とする）。」
　「Cカードは単なる講習の修了認定証であるので，その範囲を超える機能・効用等を表示・強調してはならない。」（18頁）

　次に，現状ではよく見られる，ダイビングの安全にかかわる宣伝についての業界の本来の認識を表している部分を紹介する。これは特に講習やガイドダイビングのときの人数比の指示の根拠の妥当性を求める声が正しい要求であることを示している。

　「安全性を示す表示は，その内容が客観的事実に基づき証明できるものであり，かつその事実・根拠を同時に表示するのでなければ，おこなってはならない。」（21頁）

　ここでは，「安全」「安心」「無事故」等の表示を前記内容の具体的文言として示して，事例を示している。

　「例「××年間無事故」といった表現
　事故の定義が明確でない。「直接の管理下においての死亡事故は昭和50年よりありません」というような具体的な表現なら可。」

　「例「とにかく安心」といった表現
　何が安心なのか，その根拠を明示する必要がある。心情的に表現したい気持ちはわからないでもないが不適切である。」（22頁）

第1章　商品スポーツ産業とは　　　15

さらに，料金についての禁止事項，特にときおり見かける，「講習料金無料」というビジネスの行い方については次のように記述している。

「サービス提供を業とするものが，そのサービス料金を無料としたのでは経営が成り立たない。期間や参加者条件に制限を加えるものであれば，その条件を同時に明示しなければならない。
　また，継続的におこなっているとすれば，ダイビング器材販売との「抱き合わせ商法」等の詐欺的商法の可能性があるので，表示のみならず販売方法そのものをチェックする必要がある。」(25頁)

ここでは，「Cカード発行料」についての問題の認識も示されている。

「「Cカード」は，講習修了の認定証であり，なんら公的な資格を証明するものではない。したがって，認定証の発行のみを別途料金を表示ないしは徴収して行うことが適切かという問題を含んでいる。」(26頁)

「なお，「Cカード申請料」という表現は，「申請」という表現が公的機関に対してなされるという印象を与え，Cカードが公的な資格であるかのような誤認を与えるので不適切である。」(27頁)
　この部分は，Cカードビジネスの重大な問題について，本来は業界自身が十分に認識していることを示している。

■**平成18年における使用禁止用語使用事例**
　上記ガイドラインで使用禁止（「ライセンス」「ライセンス取得コース」という表現について）とされている表現の使用事例を1つ紹介する。
　ガイドラインの委員として，当時のPADIの社長で社団法人海中開発技術協会専務理事でもあった人物（Cカード協議会のホームページによると平成18年では会長）は重要な役割を担っていた。そのPADIが「5 Star Instructor Development Center」という高い格付け（PADIグループ内のみで通用）をしている，国内のみならず太平洋地域も合わせて10店舗以上を展開しているショップが一般に配布していた平成18年7月時点のチラシセット（4枚）の1枚では，「PADI初心者ダイビングライセンス取得コースパターン」として，「お申し込みからライセンス取得まで」としてPADIのゴールドカードを得ることができるとしている（カードイメージの下に付した「認定！」という文字を見ると，全員にCカードが配布されるようにも受け取れる）。
　もう1枚の「Let's Try！ 体験ダイビング！ すっごく楽しいヨ！」と言うチラシでは，「POOLで自信が付いたら，そのまま続けて（その日に）ダイビングライセンス取得コースにエントリーできます！」とある。そしてその後には，「午後まで延長すれば，そのまま国際ダイビングライセンス取得コースに進むことができます！ なんと，ライセンス取得コースに進むと割引特典があります！」
　このチラシには他にも「ライセンス受講」という表現もされている。
　もう1枚のチラシは両面コピーでスタッフを紹介するものであるが，それぞれがプロとなってからの経験年数とプロとしての経験本数の記載，また救難能力（CPRの能力，AED／自動体外式除細動器の使用能力や，事故時の酸素投与能力を持っているかなど，

またフル装備の事故者をボートや浜まで曳航できる能力があるかどうかなどについての記載）についての記載はない。また得意な海洋状況やポイントの専門性についての記載もない。このチラシでは，各スタッフの面白い人物紹介の読み物だけとなっている。つまり消費者がインストラクターを技量によって選択するために必要な情報は記されていない（能力スペックやその品質レベルが分からない）。

このことからも，「5 Star Instructor Development Center」という格付けが，社会や消費者のためのものというより，PADIグループ内向けのものであることがわかる。

なおこのセットの最後の1枚は，「憧れの海へ」という表現でイメージ的なチラシとなっており，そこでも「ライセンス」という表現がなされている。

■使用用語に見るイメージコントロールの目的

禁止用語の使用事例は，現在に至るもショップやその広告，記事中の表現で絶えないが，いみじくもこのガイドラインは，その用語を使用する者がどのようなイメージを求めているのか，つまり，イメージコントロールの目的が分かるという点で興味深い。

イメージコントロールにつながる用語例
○「ライセンス」「免許」等という言葉や表示。
　・使用者が求めているイメージ→講習の修了認定証（Cカード）が何らかの公的な制度による許可・免許であるかのような誤認。
○「100％合格」「全員合格」「必ずCカードがもらえます」などというという表現。
　・使用者が求めているイメージ→全員に自動的に修了証が発行されるような誤認。
○「ダイビングは安全」などと言う表現。
　・使用者が求めているイメージ→いちいち事実やその根拠を示さなくても，あたかもダイビングが「本質的に安全」であることが客観的事実としての既知の常識であるかのような誤認。
○「Cカード申請料」という表現（本書では止むを得ずこの表現を使用しているが，それは"申請料"という集金根拠の代替用語として適切な表現が見つからなかったからである。ただしその背景や意味は本文中に明確に示している）。
　・使用者が求めているイメージ→"申請料"の集金が公的機関に対して「申請」するためかのような誤認とそれを発行する「指導団体」があたかも公的機関であるかのような誤認，そしてCカードが公的な資格であるかのような誤認。

一般消費者がこういった用語が使用されている状況に直面した場合には，その使用者がその状況でどんなイメージをどのような理由で求め，どのような結果を欲しているかを類推し，その妥当性を判断して対応を考えることがリスクマネジメントとなる。

第2章　商品スポーツにおける安全配慮義務(注意義務)

1　安全配慮義務（注意義務）の定義

■「安全配慮義務は，ある法律関係に基づいて特別な社会的接触の関係に入った当事者間において，当該法律関係の付随義務として当事者の一方又は双方が相手方に対して信義則上負う義務」（最高裁第三小法廷判決昭和50年2月25日，昭和48年(オ)388号，民集第29巻2号143頁）

■「安全配慮義務とは，ある法律関係に基づいて特別な社会的接触の関係に入った当事者間において，当該法律関係の付随義務として当事者の一方又は双方が相手方に対して信義則上負う義務であって，その内容は，当該法律関係の性質，当事者の地位及び安全配慮義務が問題となる具体的状況によって決せられるべきものである。」（広島地裁平成6年3月29日，平成4年(ワ)572号，判時1506号，133頁）

2　水域・陸域・空域における商品スポーツ

(1)　**水域における商品スポーツ**　　水域とは，陸上からその実行水域に至る経過とそこから陸上に戻る一連の過程も含む。

● **商品スポーツ例**
　(a)　スクーバダイビング：海・川・湖などで行われる。
　(b)　ラフティング：河川などで行われる。
　(c)　カヌー（カヤックも含む）：河川・湖沼・海域などで行われる。
　(d)　サーフィン・ボディボード・水上スキーなど：今回本書では扱わない。
　(e)　船舶（ヨット・水上バイクなど）：今回本書では扱わない。
　(f)　スノーケリング：今回本書では扱わない。
　(g)　参考：排他的管理地域の利用権としてのプライベートビーチ：
　※　一般に，特定のビーチを排他的に管理し，消費者にその利用権やそこで行われるスポーツなどのイベントを商品ないしは商品の一部として提供しているのがプライベートビーチである。そこでは消費者がビーチバレーや各種マリンスポーツなどを行う可能性（商品スポーツの提供）があり，時にそれが誘客の手段ともなっている。しかもパラソルやテーブルの施設を提供し，また各種飲食物のサービスなども附属することもあるので，そのビーチは商業的施設として

の「場」でもある。そのためその管理者は消費者が危険にさらされないように，過去の事故の情報の開示，危険な生物の存在の有無の情報，波打ち際から沖に至るまでの離岸流の状況の情報などを開示し，さらにビーチから続く海底地形の調査（ビーチ際の海底地形は変化が激しいので定期的に継続して調査を続ける必要がある）を行ってその情報を開示し，かつ消費者に分かりやすく説明し，必要な警告を具体的に行わなければならない。さらに消費者がリスクにさらされないように監視する義務もある。またこうした危険の予見に基づいて事故を防止するために，優秀なライフセーバーの配置や救命装置の準備は不可欠である。

　子供を対象とした事例であるが，ビーチの安全に係わる管理者の注意義務の内容について参考となる判決例がある。なおここの「引率者」は管理者と同義と考えてよいであろう。

　▶「小学生を海岸で遊ばせる場合，引率者としては，児童が海で溺れることのないよう，海の深さ，海底の起伏，潮の流れの向き及び強弱等につき事前に十分な調査をし，その調査結果を踏まえて児童に対する注意と指導を徹底しておくこと及び児童が危険な行動に出ることのないよう常に監視と救助の体制を整えておくべき注意義務がある」（札幌地裁昭和60年7月26日，昭和57年㈦1013号（控訴），判時1184号97頁）

(2) **商品スポーツの法的問題へのアプローチ**　商品スポーツの安全に関する法的責任の問題は共通する部分が多い。したがって事故の事例が多いレクリエーションダイビングビジネスを中心に検証・考察し，それを踏まえてそれぞれの商品スポーツの状況を検証する。

① **スクーバ・ダイビング業界がもつ階層的事業構造**　概要：スクーバダイビング業界とは，「指導団体」（基本的に営利目的の事業体）ごとのピラミッド型の事業ユニットによって成り立っている。「指導団体」は自らのブランド（看板）の使用権を認める会員契約を通じ，任意規準（基準・規定）を通して会員（法人，個人）の事業活動を指導・監督し，その階層的事業構造を維持・運営している。

　なおNPOなどの形態をとった非営利団体をトップに置く組織もある。この場合，全体の統一ブランドの諸権利・権限と，そのブランドを管理するNPOは，実質的にそれら「指導団体」と密接に関係し，そのブランドの諸権限を通じて事業の核心部分を支配している。このような仕組みの組織の中には，NPOなどの代表者と同一人物が個人的に「指導団体」を設立して経営しながら全体への管理権限を行使している組織もある。このような組織では，個々の「指導団体」がそのユニットの権限の一部を委託されて事実上のブランド行使の代理人として事業を行っていることから，最高権限者であるNPOには，最高権限者として，これら個別の「指導団体」の事業の結果に連帯責任があると見ても不自然ではない。

　業界内関係（次のⅰ～ⅲは一体となり，全体の利益のために活動する）

i.「指導団体」とインストラクター（ショップ）や講習生の関係

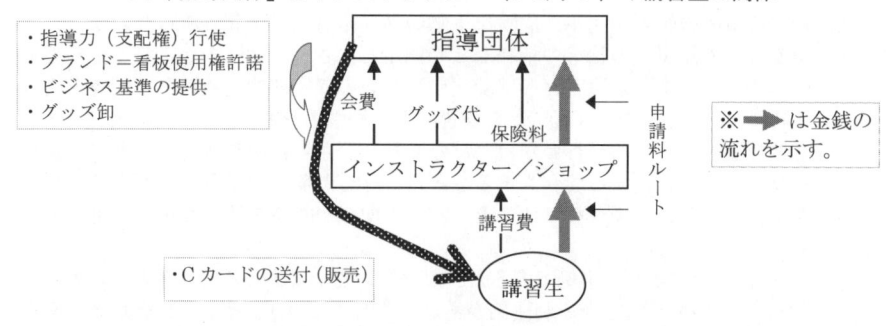

- 指導力（支配権）行使
- ブランド＝看板使用権許諾
- ビジネス基準の提供
- グッズ卸

指導団体

会費　グッズ代　保険料　申請料ルート

インストラクター／ショップ

講習費

・Cカードの送付（販売）

講習生

※ ➡ は金銭の流れを示す。

　インストラクターやショップなどは「指導団体」に会費を支払い，かつその商品の販売窓口となる。また「指導団体」の代理として講習生から申請料を徴収し，それを「指導団体」に送金する。これが"申請料ルート"と呼ばれる仕組みである。

　階層的事業構造のトップにある「指導団体」は，全体を指導・監督し，その秩序において維持されている"申請料ルート"から主たる利益を得る。

ii.「指導団体」とダイビングマスコミの関係の一例

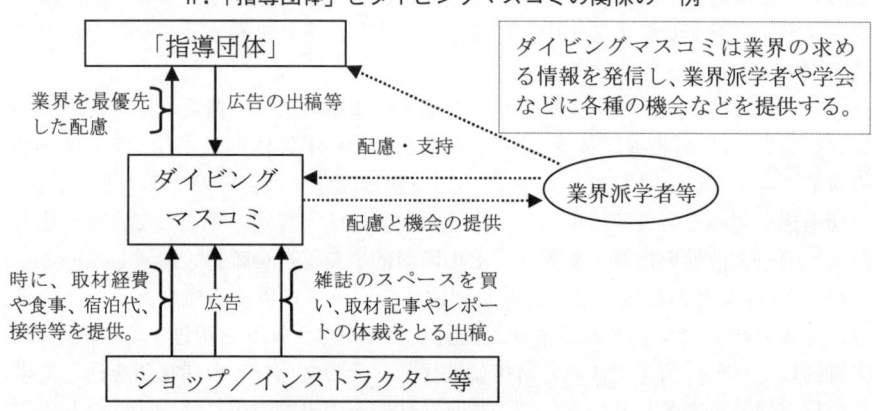

「指導団体」

業界を最優先した配慮　広告の出稿等

ダイビングマスコミ

配慮・支持

業界派学者等

配慮と機会の提供

ダイビングマスコミは業界の求める情報を発信し、業界派学者や学会などに各種の機会などを提供する。

時に、取材経費や食事、宿泊代、接待等を提供。　広告　雑誌のスペースを買い、取材記事やレポートの体裁をとる出稿。

ショップ／インストラクター等

　両者は，消費者をターゲットとした相互補完関係にあることで利益源を共有している。この状況は必ずしも消費者にとっても利益となる場合ばかりとは言えない。

ⅲ．広義の業界域（三位一体の業界領域）

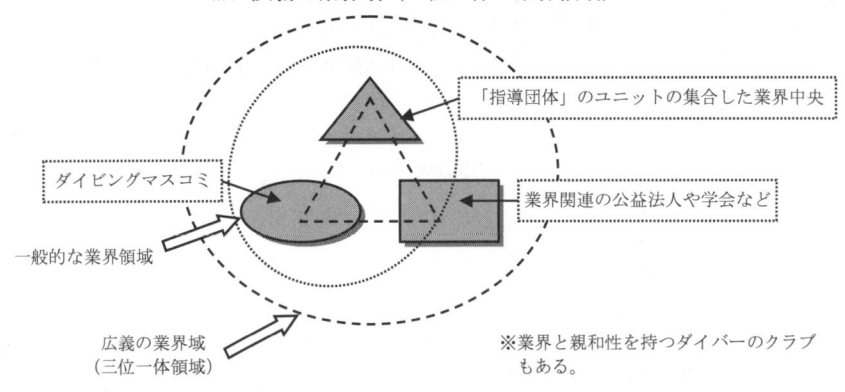

- 「指導団体」のユニットの集合した業界中央
- ダイビングマスコミ
- 業界関連の公益法人や学会など
- 一般的な業界領域
- 広義の業界域（三位一体領域）
- ※業界と親和性を持つダイバーのクラブもある。

　広義の業界域とは，関係官庁から組織の要職に人材を受け入れている組織と，業界と密接な関係を有する組織や公益団体あるいは学会や学者などによって形成されている。このシステムには，業界関係団体に用意されたしかるべき地位を通じて，そこから有力政治家につながる道筋がつけられている。

● 消費者

　現在，消費者の権利の擁護，事故被害者の相談や支援，及び事故原因調査やその情報公開，また「指導団体」の認定行為の品質の評価などを行って消費者保護を目的とする，業界外第三者組織は存在しない。公益団体などの体裁をとる組織はあるが，その実態は業界の収益構造と密接な人的・経済的そして便宜供与にかかわる関係があり，消費者の権利擁護は業界の収益構造の擁護とその維持拡大より低く扱われる傾向にある。

②「指導団体」によるビジネスモデル

ⅰ．一般的な「指導団体」のビジネスユニットの状況

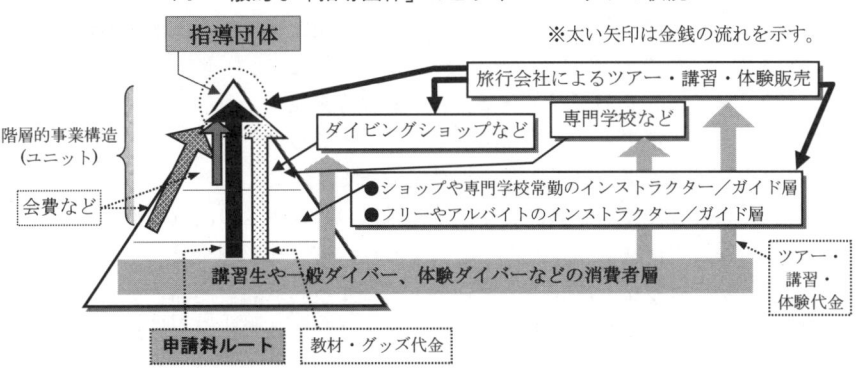

※太い矢印は金銭の流れを示す。

- 指導団体
- 階層的事業構造（ユニット）
- 会費など
- ダイビングショップなど
- 専門学校など
- 旅行会社によるツアー・講習・体験販売
- ショップや専門学校常勤のインストラクター／ガイド層
- フリーやアルバイトのインストラクター／ガイド層
- 講習生や一般ダイバー、体験ダイバーなどの消費者層
- 申請料ルート
- 教材・グッズ代金
- ツアー・講習・体験代金

第2章　商品スポーツにおける安全配慮義務（注意義務）　21

これが「指導団体」を頂点とした階層的事業構造をとるビジネスユニットの一般的構造である。この業界には市場の過半以上を占有するユニットがある反面，個人レベルで作られたユニットもある。「指導団体」の数は年によって増減し，多いときは40程度となる。
　このビジネスモデルでは，Cカード（後述⑥(a)参照）の権限を独占して "申請料ルート"を手にしたものが最大の利益を得る。なお専門学校などの中には，自ら「指導団体」となっている（Cカードの発行業務＝各種認定行為）ところもある。

ⅱ．「指導団体」ユニット相互の関係の概略図
（1つの三角形が1ユニット）

独占的大手「指導団体」

「指導団体」の従業員規模は最大手でも30人程度で，他は準大手でも数人または1人である場合がある。

グループ管理組織（NPOなどの形態）

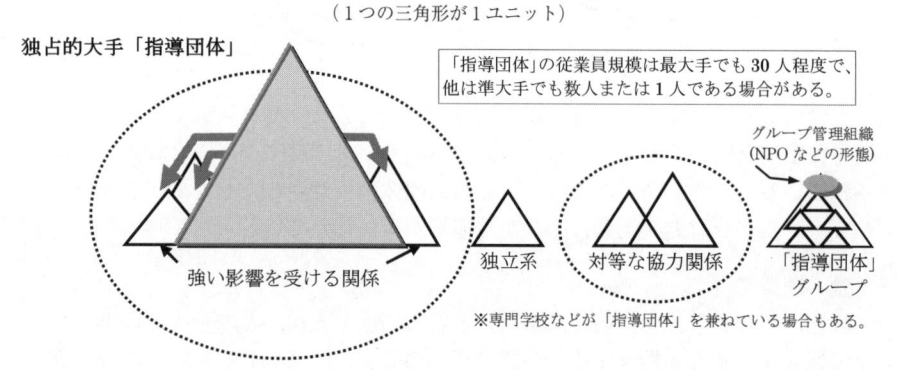

強い影響を受ける関係　　独立系　　対等な協力関係　　「指導団体」グループ

※専門学校などが「指導団体」を兼ねている場合もある。

　商品ダイビング業界は，その製造・流通・販売・販売後の品質保証などの各段階に第三者からの評価や検査を受け入れないという閉鎖性を強く持つ。そのため，販売した資格商品に関係して消費者が死亡を含めた重大な損害を被ったり，その業界関係者（インストラクターやショップ経営者など。日本では「指導団体」が訴えられるのはまだまれだが，アメリカでは講習中の死亡事故で「指導団体」の連帯責任が認められている）が業務上過失致死罪に問われる刑事事件が多発しても，一般社会がそのビジネスや商品の品質上の問題を指摘することが困難となっている。

　③　**商品ダイビングのビジネスモデルにおける欠陥**　商品ダイビングビジネスの入り口として消費者と密接に関係しているところは，いわるゆるダイビングショップやダイビングスクールという存在である。
　この入り口部分のビジネス品質は，それ以後のビジネスの品質，消費者が受け取る商品の品質（消費者の致死性を左右する）に重大な影響を及ぼす。
　そこで，独立行政法人国民生活センターに寄せられている商品スポーツの入り口部分の問題に関する相談状況からダイビングビジネスの状況を見る。

▼商品スポーツのスクール・教室・クラブの対消費者ビジネスに関する相談件数

抽出した商品スポーツ：スクーバダイビング，水泳教室・クラブ，サッカー教室・クラブ，テニス教室・クラブ，その他（体操，空手，柔道，剣道，合気道，野球，エアロビクス，ゴルフ，太極拳，スキー，スノーボード，スケート，サーフィン，スカイダイビング，スカッシュ，卓球，バスケット，乗馬，ボクシング，その他各種格闘技など）

	H10	H11	H12	H13	H14	H15	H16	H17	H18	累計
ダイビング	40件	58件	63件	69件	88件	98件	63件	63件	81件	623件
水泳	14件	20件	25件	33件	30件	27件	22件	39件	38件	248件
サッカー	3件	3件	3件	2件	8件	19件	13件	37件	19件	107件
テニス	2件	2件	3件	3件	10件	8件	15件	22件	17件	82件
その他	4件	12件	12件	23件	23件	26件	28件	29件	52件	209件
計	63件	95件	106件	130件	159件	178件	141件	190件	207件	1269件

※ 平成19年8月開示資料から。キーワード：「スポーツ・健康教室」の「価格・料金」または「販売方法」または「デート商法」に関するPIO-NETの全国の消費生活相談情報（期間 97年4月～07年6月）

これを見ると，ダイビングに関する相談件数が群を抜いて多いことが分かる。

なお，この統計を取る際に，明らかにダイビングの問題の相談と分かる内容のものがいくつもあったが，国民生活センターより提供された資料の各タイトルに「ダイビング」という文字がなかった（本文の詳細にはあるはずであるが，その部分は非公開となっている）ことから，それらは件数として計上していない。したがってダイビングの相談件数は，さらに増加する可能性がある。

次のグラフは，この件数の割合を示したものである。

商品スポーツスクールビジネスへの相談件数推移

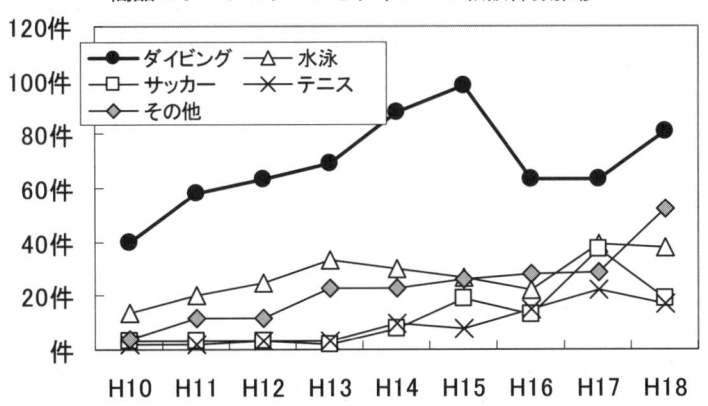

第2章　商品スポーツにおける安全配慮義務（注意義務）

累計(H10-H18)での相談件数割合

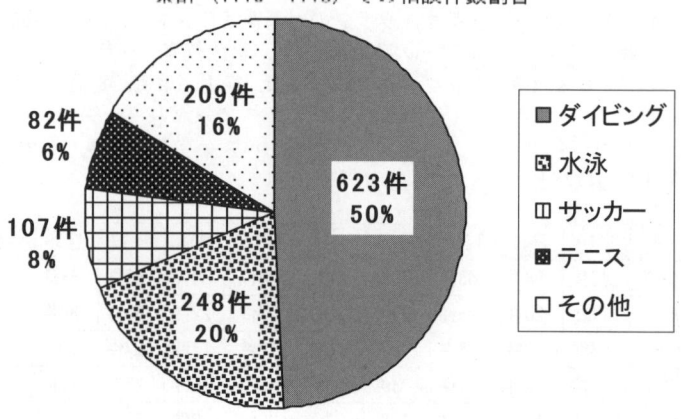

- ダイビング 623件 50%
- 水泳 248件 20%
- サッカー 107件 8%
- テニス 82件 6%
- その他 209件 16%

▼商品ダイビングに関する相談内容
―略称―

略称	内容
解約	解約関係(解約拒否,クーリングオフ妨害など)
友人	友人関係商法(友人関係を利用した勧誘・紹介販売。販売目的隠匿を含む)
路上	キャッチセールス(路上勧誘,アンケート商法,アポイントメント商法)
デート	デート商法(男女関係利用)
当選	当選商法(イベント会場・アンケート・ネット上での"当選"を口実に)
求職	おとり求人(就職商法。就職情報誌,求人,面接などを販売手段としている)
雇用	雇用者への強要販売(スクール・ショップ店員・バイトに対し,仕事に必要として強引に販売)
軟禁	長時間勧誘(昼間,夜間,酔わせての拘束,事実上の軟禁状態(例えば8時間に及ぶなどを含む),条例違反)
講習	講習の強引販売(次々販売)
器材	器材の強引販売(次々販売)
債務	債務不履行(契約器材など渡さず,講習や体験の一部ないしは全部の未実施)
詐欺	虚偽契約(詐欺,契約書のでっち上げ,騙し)
他	その他(説明不足,不当広告,おとり広告,抱き合わせ販売,不当請求,無料商法,シップへの不信,他)

	H10	H11	H12	H13	H14	H15	H16	H17	H18	累計
解約	29件	47件	52件	49件	67件	75件	56件	44件	53件	472件
友人	11件	18件	11件	12件	36件	38件	7件	12件	11件	156件
路上	1件	7件	13件	8件	6件	6件	7件	12件	3件	63件
デート	0件	3件	3件	4件	5件	4件	3件	0件	2件	24件
当選	0件	0件	1件	1件	3件	1件	4件	1件	0件	11件
求職	0件	2件	2件	4件	2件	6件	2件	1件	1件	20件
雇用	0件	3件	3件	2件	4件	5件	0件	1件	1件	19件
軟禁	2件	2件	5件	6件	6件	7件	2件	4件	5件	39件
講習	3件	10件	9件	12件	14件	11件	7件	6件	12件	84件
器材	5件	10件	6件	10件	23件	15件	9件	9件	20件	107件
債務	0件	2件	2件	1件	1件	1件	1件	3件	2件	13件
詐欺	1件	3件	7件	8件	5件	3件	1件	1件	0件	29件
他	20件	19件	17件	28件	19件	32件	56件	44件	53件	288件

※　1つの相談で，内容が複数となるケースが多々ある。

　これはあくまで商品ダイビングの入り口部分の問題に過ぎない。より深刻なのは，こういったビジネス感覚とモラルによって消費者が提供されるダイビングの講習やファンダイビングの品質である。それらは消費者の致死性の危険のレベルに直接関係する。

　このようなビジネス環境で販売される講習（Ｃカード発行ビジネス）で，「Ｃカードは講習の修了結果を保証するものであるから，講習の「結果」に対する徹底した品質保証が行われる必要がある。」「品質保証がなされるべきは講習の「結果」に対してである。」（『21世紀・日本のダイビング業界はどうあるべきか』平成11年　スクーバダイビング事業共同組合）という，受講者の生命身体の安全に関わる結果を正しく提供することは容易ではない。

　以上のデータから，商品ダイビングに内包する危険とそのビジネスモデルの持つ問題の深刻さが分かる。この入り口部分の状況は，後述する，ダイビング事故による消費者の致死的損害の多さという結果に結びつく。

　よって，本書においては，商品ダイビングのビジネスモデルを研究することで，他の商品スポーツの問題を比較評価することとする。

■ダイビングビジネスが展開するブランドビジネスの構造
　ダイビングビジネスは「指導団体」を頂点とした階層的事業構造をとっている。ダイビング事業者は，ダイビングビジネスが，致死的要因のあるビジネスと認識しながら，一般にその十分な告知や警告につながる十分な情報開示は行わない傾向にある。

ダイビングビジネスの中で事故が発生し，消費者が死亡したり，生き残っても後遺障害に苦しんでいる事例を分析し，またそのような事故に関係した裁判の判決の理由を検討すると，そこには保証されている，あるいはそのように思わされている品質が実現されていないことで事故が発生している状況が分かる。この事実を社会が真剣に取り上げると，現在のビジネスモデルの抜本的改革が求められる可能性がある。それは階層上層の利益を圧迫する要因となり得る。

　ダイビングビジネスによる「正常化の偏見」の浸透は，あるいは浸透を妨げないようなビジネス手法の展開は，このような商品品質への関心の高まりを抑止する上での効果を期待しているように見える。

　このビジネス手法の展開のために用いられるイメージコントロール手法の一つが，"権威の創造"である。

　事業者自身は自らを「指導団体」と称し，他に「指導機関」とか「教育機関」などとも称している。現在これにはマスコミの一部も追従している。業界がこのような呼称の浸透を目指す背景には，こられの呼称が喚起する公的なイメージを目的としているように見える。

　ダイビング業界は，官僚の天下りポストが用意された公益団体などと密接な関係を推進したり，ダイビング事故に対処する関係者などとの密接な関係も築いていった。こうしたことを基礎に人工的権威（支配の理由）をピラミッド型の階層的構造を持つ事業ユニットをもって創造していったと考えられている。

　人は，自らが所属する，あるいは所属しようとする世界で，支配者に何らかの権威があると思い込むと，それが本当に権威に値するかどうかの検証をするよりも，そこからの指示に服従する傾向がある。人間にこのような心理傾向があることは，俗にアイヒマン実験とも言われている実験に見ることができる。

　この，服従の心理に関する実験を行ったスタンレー・ミルグラム（Stanley Milgram）という心理学者は，その著書『服従の心理—アイヒマン実験』（河出書房，岸田秀訳，1995）で，「服従は，（略）人々を権威の体系に縛りつける素質的要素である。」としている。このレポートは大変興味深い。これは，商品ダイビングの現場で「正常化の偏見」の商業利用が展開されている背景との関係性をイメージさせるからである。

　これが，商品ダイビングビジネスにおいて，人工的な，あるいは自称であっても権威が必要とされてきた要因であろう。

　なお「正常化の偏見」の商業利用は，これまでそれを行う者に多大な利益をもたらしていることから，これを受益者側から止めることは困難と考えられる。

　「正常化の偏見」を商業利用する現場の業者から次のような発言をよく聞く。「そんなこと（事故についての正確な情報の開示）を言ったら客が怖がって来なくなる。」

　例えは平成19年1月に某菓子メーカーが賞味期限切れの原料を使って商品を作ったり，社内の衛生管理が国の基準の10倍緩かったり，衛生管理がなってなかったり，商品に蛾が入っていたりしていたことなどの情報を隠していたということで大きな社会問題となった。これは消費者の健康にかかわる情報を開示していなかったこと自体が問題であった。こういう社会感覚は，商品ダイビング業者の誰でも自分のこととして，あるいは家族の安全にかかわることとして

持っているであろう。しかしその彼らが「そんなこと言ったら客が怖がって来なくなる。」と言っているのである。

これは現在のビジネスモデルに何らかの欠陥があることを示唆している。

商品ダイビングでは，1人のインストラクターが一度に複数人の講習生を指導できる（ガイドに関しても同じ）とする人数基準は，ヒエラルキーの頂点に位置する「指導団体」が任意に決めてその実行を指示する。これは，現場に一度の講習ビジネスの機会で複数の講習生を扱うようにさせることでもある。

このような基準の理由の中には，1回の講習の結果で複数人分の申請料の送金が得られるからであるという部分があると考えられている。しかし「指導団体」は，この人数比率で，実際に講習生などの安全がどれだけ確保できるかなどの，消費者にとって極めて重要な，この基準の科学的根拠を示していない。そのしない理由はできないからであり，これを行うと人工的権威が揺らぐ可能性があるからと考えられている。

しかし実際は，1人の指導者が2人以上の複数人の相手をすれば，当然割かれる注意力や動静監視は分散し減退する。後述するが，1対1の人数比でも死亡事故が発生している現状のビジネスシステムの中で養成されてくるインストラクターの能力（少数の優秀なインストラクターを除く）では，彼らが一度に複数人の相手をするということは，消費者の安全のおろそかにするのみならず，その指導者自身のリスク（そのリスクの発現の結果，業務上過失致死傷罪や，損害賠償の責任が問われる状況となる可能性が生じる）をも増大させている。それでも現場のショップやインストラクターたちは，人工的権威を受け入れている，あるいは望んでいるかのような場合が少なくない。そして「指導団体」が作った基準だから，という理由で，その指示の下に同時に複数人に対する講習を実行し，その講習生からの申請料を「指導団体」に送金する。

この送金数や金額が一定のレベルを超えると，そのショップは「指導団体」が定めた上位の"格"の付与を受けることにもなる。これは，消費者に対する本質的な商品品質とは異なる基準で適用されている内向けの評価であるが，消費者がこれをそのショップの提供する商品の評価かのように誤解をすることについては特に対応をしていない。

こういった行動心理についてミルグラムの言を借りると，
「彼は，自分の行為に対して道徳感覚をもって反応しない。むしろ，今や彼の道徳的関心は，権威が自分に期待していることをどれほどうまくなし遂げるかという点に向けられる。」
ということになる。

以上から，現在のビジネスモデルが収益の手段の1つとしている「正常化の偏見」の商業利用は，人工的権威への服従の心理の演出とその強化によって実現されていると言っても過言ではないであろう。

■ダイビングの楽しみ

ダイビングは適切な訓練を受けた上で，安全に行うための事前の準備と十分な対策を打つことで楽しく行うことができる。特に水中世界の楽しみは格別である。「正常化の偏見」を排除した上での正しい講習の受講と，適切なアドバイスに基づく器材の購入は，自己管理の訓練ともなる。

○適切な講習と器材はダイバーの安全性を確保する。

写真は冬の装備（ドライスーツ）と器材一式に身を包んだ女性ダイバー。彼女は実際にマンツーマンの講習を受け、また適切な器材の扱いの訓練を受けた。

・モデル・沢井美優（株式会社ボックスコーポレーション所属）

※彼女があるべき姿の講習を受けた模様は、拙著『忘れてはいけない ダイビングセーフティブック』（太田出版，2008年）に詳しい。

④ 「指導団体」システムによるビジネスの規模
　(a) 「指導団体」の収入内訳

現在「指導団体」という事業体は，業界最大手会社のPADI（パディ）でも有価証券報告書を公開していない。

そこで業界の収益構造を見るために，若干古いデータになるが『'91レジャー・ダイビング年報レジャー・ダイビング産業実態基礎調査報告書』（「＜第Ⅰ－9表＞Ｃカード発行機関の部門別売上」から作成）からその売上構成を見ることにする（なおこのグラフは平成2年のデータである）。

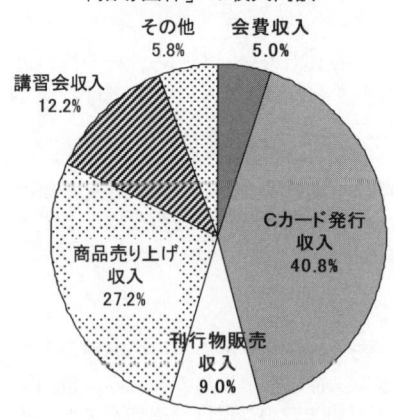

「指導団体」の収入内訳

- その他 5.8%
- 会費収入 5.0%
- 講習会収入 12.2%
- 商品売り上げ収入 27.2%
- 刊行物販売収入 9.0%
- Ｃカード発行収入 40.8%

※1. 変わっているとしたら，高額のインストラクター講習販売増加によって，講習会収入の割合増加が考えられる。

※2. 「Ｃカード発行収入」は申請料収入のことである。「会費収入」とは，インストラクターやショップが「指導団体」へ会費を支払って，その支配と・指導の下で活動することを契約内容として，そのブランドを使用する権利を与えられ，さらにその客からの申請料を「指導団体」の代理人として徴収・送金する役割を果たしながら活動することを許可される会員となるために支払われた会費のこと。

・参考：中田誠「ダイビングの事故・法的責任と問題」杏林書院，2001年，13頁

「指導団体」の収益構造は当時からあまり変わっていない[1]と考えられるので，現在の状況もこのデータの延長線上にあるものと見られる。

Ｃカードの発行収入（"申請料"）は粗利率が非常に高い。そのため "申請料"の徴収窓口とその実行者となる会員数（基本的にインストラクター）の拡大は，"申請料"徴収の代理人の獲得数の増大と同義であり，「指導団体」の主たる事業目標であると考えられている。

インストラクター資格の販売は，その資格を得た者が活動するために必要な「指導団体」のブランド使用権のために，その会員となることで，「指導団体」に会費収入をもたらす。その会員は，「指導団体」の刊行物や各種の商品の売上窓口（ルート）となる。

「指導団体」はインストラクターに商品（講習カリキュラムなど）を販売（卸）し，その客からＣカード発行のために，"申請料"を徴収させて送金させる。彼らの代理人活動に対しては，一般に，一定のコミッション（歩合相当）を支払っており，それを代理人業務の対価としている。

インストラクター資格の販売を促進することは，その資格商品自体の高い売上額と高い利益率に加え，さらに利益率の高い会費収入や，その者が代理人として講習生から徴収して送金してくる申請料収入に結びつく。したがってインストラクター資格の販売促進の成功は，その結果として総売り上げが減少しながらも税引き後の利益額が大きく伸張する減収増益という事業構造の構築をも可能とさせていると考えられる。

(b) 商品構成の上級資格販売へのシフトによる高収益事業構造への転換

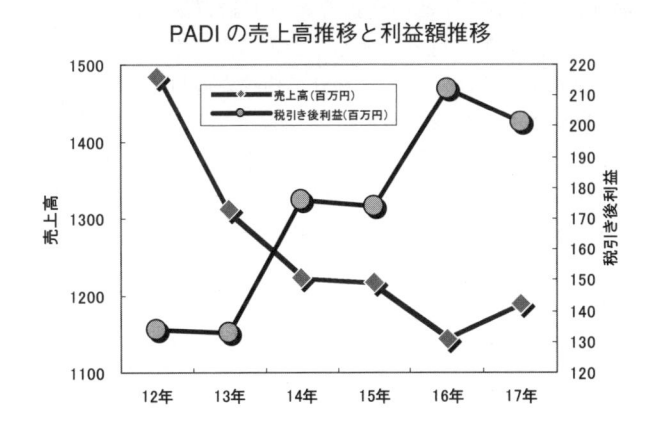

これはPADIの減収増益体制を示すグラフである。

２年サイクルの規則性を示して，利益率を全体として押し上げている。

Cカード種別発行枚数推移

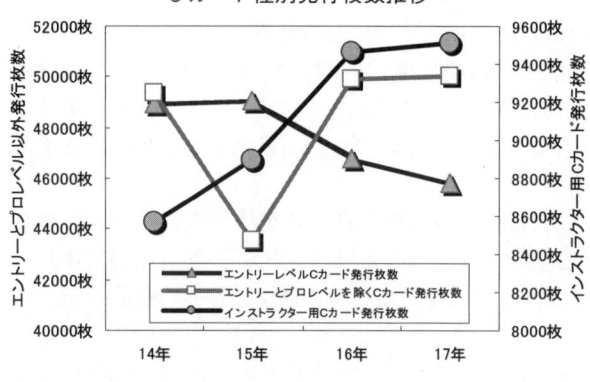

PADIが減収増益という企業体質へ変わった転換の要因は，左のグラフにあるようにインストラクター資格とダイバーレベル資格の拡販にあると見られる。

ⓐ 「指導団体」本体の規模

市場シェアが60～70％に上るというPADIのシェアを，仮に65％として推定すると，「指導団体」群の事業規模は1829百万円となる。なおPADIの従業員規模は平成17年で30人程度であり，従業員1人あたりの税引き後利益は約670万円であった。

ⓑ 利益の構造

エントリーレベルの講習から得られるPADIの利益は，基本的に"申請料"（Cカード発行料）と，認定システムなどに関係した各種商品の販売によるところが多いと見られる。

近年，現場のショップでは，ダイバーの安全にかかわる情報が記されている講習用のテキストなどを，学科講習時に貸与という形をとって講習後に回収するケースが多々見られる。これは講習生が，自ら受講した講習の内容を後日復習したり，あるいはその内容が十分であったか，契約どおりに債務が履行されているかなどを検証するための機会を奪うものでもある。

現在業界は，全体で場合によっては数百万円の売り上げともなるインストラクター資格の販売促進に力を入れているようである。その1人当たりの売り上げや利益は，エントリーレベル資格販売から得られる金額の比ではない。

しかもインストラクター資格を得た者が自ら指導者として活動したいと考えた場合には，年間数万円の会議を支払うことになる。この事業の利益率も高い。

このように「指導団体」を頂点としたビジネスユニットは，インストラクター資格販売後でも，その資格を購入した者が実際にプロ活動をしなくても利益を得ることができる仕組みを持っている。

また会員となったインストラクターが実際に講習ビジネスを行えば，彼らは"申請料"を集金して「指導団体」に送金する。つまり1人のインストラクター資格の販売は，その後に何人分もの"申請料"の送金が続くビジネスの基礎となる[1]～[4]。

最近の傾向は，市場シェアで圧倒的優位にあるPADIブランドに業者が集中する傾向が見られ，それはまたPADIの優位性をさらに強める原動力となっている[5]。

　なお今後は団塊の世代と言われる人々が中心になって，中高年者がリクリエーション（レジャー）市場に出てくると考えられている。ダイビング産業でも彼ら向けの商品（講習やガイドダイビング＝役務商品と器材などの物質的商品）の販売が伸びる可能性は大いに考えられる。しかし体力的・知的に明らかに若者と異なる彼らに対する適切な指導法などは確立してはおらず，特に若いインストラクターは中高年者の生理的特徴を知らないまま，若者向けの講習やガイド（引率）スタイルでダイビングを行っている傾向がある。これは時に客のリスクとなる。

　⑤　**業界の事業規模**　　これも少し古いデータからになるが，社団法人日本機械工業連合会と社団法人レジャー・スポーツダイビング産業協会の「平成12年ダイビング器材の開発・普及に関する調査研究報告書」（平成13年4月）によると，ダイビングショップ一事業所あたりの年間のエントリーレベルのCカード発行枚数（実際の発行は「指導団体」）は，平成11年（1999年）で58.3枚，12年で55.8枚であった（つまりこれとほぼ同数の講習生が存在する）。またエントリーレベルと上位のダイバーレベルの各レベルの枚数までも含めたCカード総数では，11年は107.9枚，12年は110.7枚であった。これらは"申請料"が送金された，つ

1） PADI（パディジャパン）の株式（株主4，資本金8000万円）の主要株主であるクレディセゾン（持株数　平成18年4月時点で115784株）の平成16年度と17年度の連結損益計算書の営業外収益の受取配当金は，平成17年の458（百万円）から579（百万円）へと増額している。この明細は同計算書に記載されていないため不明である。このような配当金の増加は，連結対象会社に増配の要請をした結果という可能性も考えられる。そういう前提があれば，この状況は，PADIにも同様の要請がなされた可能性を示している。そうであれば，例えばその金額が，実質的なダイビングの安全率向上に投入されていればと願う者は少なくないと考えられる。

2） クレディセゾンの連結損益計算書によると，株式会社パディジャパンを連結の範囲から除いた理由を，「小規模会社であり，合計の総資産，売上高（営業収益），当期純損益（持分に見合う額）及び利益剰余金（持分に見合う額）等は，いずれも連結財務諸表に重要な影響を及ぼさないためであります。」としている。

3） 平成13年12月末日をもってBSACがCカード協議会を脱退した。その結果，それ以前のCカード発行数にはBSACの分が含まれていたことで，その合計の枚数推移に継続性がなくなった。そのためCカード発行枚数推移を見る基点を平成14年からにした。

4） 平成14年5月時点での帝国データバンクの資料では，平成14年（2002年）12月決済での売上高を1310（百万円）と発表していたが，平成18年4月時点では平成14年の売上高を1222（百万円）と下方修正されていた。この理由は不明である。

5） 産業における集中と独占の問題について長崎哲也は，日経BPの，「ネット・エコノミー解体新書」の「第3回　イーベイと「ネットワーク外部性」オークションサイトに見る「一人勝ち」の構図」（平成18年8月24日　http://www.nikkeibp.co.jp/style/biz/net/economy/060824_ebay/）で，「「商売というのは，経済の教科書を逆手にとって，「いかに競争が働かないような，"ゆがんだ"おいしい市場を獲得できるか」が肝になるのである。」と語っている（経済原理の見えざる手の排除の欲求）。

まり1事業所当りの「指導団体」の収入基盤の1つを示している。

この他には、体験ダイビングが11年で61.4人、12年で53.8人、ツアーの客は11年が568.6人、12年が584.4人ということである（同報告書5〜6頁）。

また活動しているダイバーが、年間に支出する金額は、器材関係では5万円までが31.5％で最も多く、ツアーや講習関係への支出は50〜99万円が27.9％で最も多かった。なおツアーや講習関係への支出で100万円以上は17.2％であった（同報告書8頁）。

ダイビング器材とダイビングスーツを合わせたこれらの製造業界の売上高の合計は、11年で約79億円、12年は約78億6千万円であった（同報告書「図Ⅴ－1 ダイビング器材とダイビングスーツの売上高の推移」より）。

同報告書には記載されていないが、この他にダイビングマスコミによる各種出版物の売り上げ、タンクを貸し出す事業の売り上げ、ダイビングポイントの"使用料"（漁協などへの"協力金"など）の売り上げ、ダイビングや旅行関連の保険料（ショップや「指導団体」が代理店となっているケースが少なくない。特にインストラクターなどに対しては「指導団体」が代理店として保険商品を販売しているケースが多い）売り上げ、ダイビング講習やツアーを旅行商品として販売する旅行業者（「指導団体」やショップも企画販売している。ただし全てが旅行業法に適う営業を行っているとは限らない）の売り上げなどがある。

この他に潜水漁業や作業潜水、海上保安庁、自衛隊などへの売り上げもあるが、それはここでは除いている（ただし器材販売総額にはこれらが含まれていると考えられる）。

ダイビングに関係するショップ数であるが、パディジャパン（PADI）が発行した「PADI Dive Center and Resort Member DIRECTORY 2005」における平成17年（2005年）1月現在のデータによると、PADIのいわゆるダイビングショップ（ダイブセンターとPADIインターナショナル・リゾート・アソシエーション）数が393店、専門学校が7店（PADIは「店」という単位でカウントしている）の計400店であった。

PADIのシェアを65％と見てそれを店舗数に当てはめてみると全国で615店が系列のショップ数となるが、1店で複数の「指導団体」のブランドを扱っているところもあることから、ざっと500〜550店程度が全国のダイビングショップ数（専門学校を含む）ではないかと推定される。これにPADIの会員となってフリーの活動をして（プロ活動はしないが会員権だけ持っているインストラクターもいると見られている）いる者もいることから、これらが消費者に対してダイビングを行う際の窓口となっている。

またさらに推定すると、全国で活動しているインストラクター数は、常勤として生活している人や、バイトとして年に数回程度の遊びの延長のダイビングから、トップシーズンの季節労働者的なプロ活動をしている人を入れても、その数は

2000人から3000人程度ではないかと考えることができる。

　この状況では，年間1万人の新規インストラクターをこの産業が雇用者や新規参入者として毎年吸収することはできない。

　インストラクターの資格を得ようとする場合，その総経費が結果的に数百万円にまで達する場合もあることから，それに耐えられる経済的余裕がある者がその資格購入者の中心となる。しかしその後のこの産業における就業機会は十分ではなく，就労条件も一般に良くない。

　このことから，本来はダイビングが好きで，若いうちにできるだけダイビングを行う機会を得るため，安い賃金でも現場で働くという人材と，ダイビングができること自体に魅力を感じている者が，例えば若い時代の数年間は低賃金でも，いわゆる"ガンガン"潜れる環境に居たいと考えて，買い手市場で賃金水準が低くい条件を受け入れて就業しているのではないかとも考えられる。これが労働者としてのインストラクターの定着率の低さの原因とも考えられ，このビジネスシステムにおいて，インストラクターの質の向上が望みにくい背景の1つであると考えられる。

⑥　現状のCカードビジネスがもたらす問題
　(a)　Cカードと「指導団体」
　インストラクター資格を含むCカードとは，それの示すレベルの講習を正しく修了し，必要な技量を十分に習得したとして発行される※証明である，Certification-Card（認定証）のことであり，認定ビジネスの商品の1つである。これの最終認定権者は「指導団体」であり，このビジネスに根源的責任がある。なお「指導団体」自体の設立やその事業遂行には規制（業法はない）はなく，消費者の安全確保のために必要な特段の準備や中立的第三者による事業評価システムもない。

　　※　本来の目的であるダイビングの技量とは，潜水を行う際の，技術的・体力的・知識的（法的知識も含む）・及び人間が生存不能な水中環境やその変化に対応できる精神力（自己のパニックコントロール力は特に重要）のことである。また本来のインストラクターの能力には，リーダーとしての基本的能力，高度の潜水技術，危険の予見能力とそれに基づいた正しい潜水計画立案能力（複数の予備計画[※2]，危険の予見能力などを含む），注意義務の履行能力とその意思（潜水計画の実行能力，自己と客のパニック予防能力），トラブル時の冷静な対応能力（自己のパニック抑止・コントロール能力とパニックを起こした者のコントロール能力は特に重要），事故者への救命措置技術，法的問題の正しい認識，死者や遺族に対しての礼儀などが最低限要求される（本書第V部総括1(1)を参照）。

　(b)　"申請料"の利益率
　Cカードの発行権は"申請料"とリンクしている。"申請料"とは講習という商品を購入してその役務の提供を受けた消費者を，「指導団体」がダイバーの技量の習得を認定するためとして，講習修了者に要求する数千円から1万円程度の

金銭のことである。

"申請料"は，プラスチック製のカード本体と郵送費などの事務経費の原価（一般に500円程度とも言われている）を除き，残りが粗利となる。インストラクターのプロ活動もこのシステムの下で私的に認定されている。

(c) "取得"ビジネスのシステム上の弊害

消費者が正しい技量の確実な習得がなくCカードを手にすれば，それはその後の高い致死性のリスクを背負うことになる。これは主に業者の債務不履行によってもたらされるが，これを消費者が避けるために必要な，具体的な商品差別化の判断をするための情報の開示や高リスク商品に対する警告などは，現状では十分になされていない。

"申請料"獲得ビジネスの最大化の近道は，より多くの講習生＝消費者の獲得と，それらへのCカード発行である。これには，本人のダイビングへの適性やその求めるところとは関係がなかったり薄くても，積極的に上位の資格講習とインストラクター講習の販売活動を行うという行為を含む。このようなビジネスは，ダイビング適性のないものや無理なステップアップの意志のないものにとってはリスク要因ともなり得る。したがって消費者の安全を考慮したならば，過剰な販売行為は適切な商行為とは言いがたい部分がある。

こういった背景を持つCカードの取得を謳う講習の広告では，各「指導団体」が自らのCカードの優越性を，誰でも取得できるというイメージや，世界で使えるからとするような自らのブランドの優越性を訴え，その普及率，ファッション性，カードの色ないしは種別（リゾート用などとするカードのデザインの差異など）などで競っていることが多い。消費者が講習商品購入を判断するためには，指導者の技量（品質）レベルや，実際に自分が習得できる技量のレベル，またそれらの検証方法の知識，講習プログラムのレベルを判断するために必要な，ブランド別（「指導団体」別）の事故発生状況の情報などが不可欠（消費者基本法の主旨）であるが，そのような情報の提供は，現状ではなされていない（例えばこれが自動車の販売などでは入手可能な情報かも知れない）。

(d) 人権制限の可能性の問題

一般の国民は，国民の共有財産である海洋などでダイビングを行う場合に，Cカードを提示しないと現地の業者から空気を入れたタンクを貸してもらえないなど，不利（スクーバ用のタンクがなければスクーバダイビングそのものができない）に扱われることが少なくない。

ダイビングとは本質的に危険を有することから，Cカードが講習実施者と認定者の責任の下に正しく提供され，安全のために要求されている正しいダイバーの技量の習得ができていることを保証できているなら，それを示す目安として有用であることは言うまでもない。しかし現在の状況は，Cカードビジネスという営利事業の発展を求めるがゆえに，国民の権利（公共財である水域での自由な活

動)に私的に制限をかけているようにも見える。こういった，国民の自然な権利を，あたかも公的な背景があるかのようなイメージを醸成して，事実上私的に制限し，そこから排他的に利益を得ようとする事業を行うためには，それに見合う相当に高く厳しいビジネスモラルが要求されるべきである。少なくともそのビジネスに支配的権限を有する者が，その事業の結果から生じるあらゆる責任から自由であると主張することは不適切である。

(e) 「指導団体」の認定ビジネスによって販売された資格の品質問題
ⓐ 「認定」の商品評価

一般に，私的な資格そのものの評価基準は，まず受験者のレベルであり，そしてその内容の難易度にある。

特に一般消費者の安全にかかわるインストラクター資格では，他に抜きん出てダイビングとリーダーとしての適性が優れている者が選抜され，高度な訓練を受けた上で受験資格を得，そして難関の試験を経て合格に至り，その技量維持のために日々の経験と訓練，そして技量の第三者による検証が継続されていることが求められる。しかしながら現状は，インストラクター資格が遊びの延長で得られる※として販売されていることもあることからも，その資格の品質は，このような評価基準で判断できないと言わざるを得ない。

> ※ インストラクター養成コース受講者はそのほぼ100％が合格する傾向にある。これはインストラクター資格が客の安全にかかわるプロとしての適性の有無と関係が薄いことを示している。またダイビング未経験者でも初めからインストラクターになれるかのように宣伝して誘客している業者も少なくない。加えて「指導団体」業務を，生徒の募集のための手段として自ら運営している学校(「指導団体」が専属契約で入っている場合もある)が，プロコースを単位として認定して資格を与えるビジネスがあるが，現状ではそれが潜水技量とプロの適性を持っていることを示すものとは必ずしも言えない。

現状のインストラクター資格保持者の中には，一部ではあるが卓越した資質の持ち主がいる。彼らは厳しい受験者資格の選別にさらされても合格するであろう資質を持ち，何より資格獲得後も高度の自助努力によって自らの技量をさらに高めている。現在はこの自助努力を行うかどうかがその後のインストラクターの実質的品質を決定づけていると言っても過言ではない。これが，インストラクター間の品質格差を劇的に拡大させている理由の1つである。また現在，一般消費者が高い品質のインストラクターとそうではない者の区別を容易にできるようにするための情報は十分に開示されていない※ため，ダイビングビジネスにおいて消費者は不利な立場におかれている。

> ※ 平成16年に設立された，沖縄県のダイビング業者による「特定非営利活動法人　沖縄県ダイビング安全対策協議会」(http://www.antaikyo.com/npo/)では，「指導団体」と，そこと利益を共有しているダイビングマスコミの現状について「ダイビング事業者の皆様へ」というメッセージの中でこう述べていた。「今，

国内のダイビング業界は最大の危機を迎えていると感じます。無責任かつ低レベルのインストラクターを量産する指導団体，無責任な情報を垂れ流すダイビング業界紙。」（平成17年4月と18年4月確認時もこの掲示がなされていた。）

● Cカード協議会（http://c-card.org/index.html）によると，インストラクター用のCカード発行数（4社合計）は，14年は8568枚，15年は8900枚，16年は9465枚，17年は9513枚となっている。

「指導団体」はこの4社の他に数十もあるので，全体で見ると，毎年1万人を超える人々がインストラクター資格を購入していると考えられる。しかもインストラクター資格購入者の全てがプロ活動を行う訳ではなく，単にダイビングが好きで，かつ若く，家族を養う必要のないプロ初心者は，常勤でもアルバイトでも低賃金で働くことを受け入れる傾向があり，その結果，インストラクターがプロとして成熟期（プロとして5000本＝10年程度の実務経験。通常なら30歳代前半から40歳代前半）を迎える前に職業として成り立たずに廃業していくケースが少なくない。これが，消費者が成熟した一人前のプロと出会える機会が少ない1つの理由である。

沖縄県では一定の事業者基準を満たした業者をダイビングの優良事業者と指定する制度があるが，同県の水上安全対策室（平成18年当事）によると，その数は平成18年6月の時点で全事業者数の1割程度であるという。また東京都下の某島の指導的ダイビング業者によると，同島にいる30以上の業者で一人前と言えるレベル者は数人であるという。一般の消費者には，このように10分の1程度の確率でしかプロレベル（そこにも品質の差があるが）がいないという現実や，さらにこの中から優良な業者を選定するための情報が十分に開示されていないのである。

ⓑ 「手抜き」を排除できないビジネスシステムとそれをもたらすビジネスモデル

消費者が個別の適性や目的に沿って，正しい技量を確実に習得するために必要な水中での実習時間はそれぞれ異なる。現実にはこういった要因をあまり考慮に入れない利益優先のビジネスが多く行われている。

たとえば消費者が宣伝にあるような講習品質が損なわれないものと想定して契約した講習契約は，一般にインストラクターと講習生の人数比が1対1という正常な状況であって始めて実現する（インストラクターに能力的欠陥がない場合）。筆者は以前，この人数比を，条件によっては1対3でも十分安全が保たれるだろうという内容を書いたことがあったが，現在はそれでは十分な安全性が保たれないことが分かった）。

講習契約後，その履行時（実際の講習の時）になってこの人数比が1対3（この人数費では，司法で判断されたインストラクターの義務である「常時監視義務」と「監督責任」を果たせる可能性は低い）であった場合，3人の異なった適正などを無視して単純に時間を均等に分配したとしても，消費者が契約によって得るはずだった役務商品の権利が3分の1に減ってしまう。さらに水中ではタンク内の空気の量が限られていることもあり，それに合わせるために自分の適正に

沿った教授を受けられない可能性が生じる。加えて共に講習を受ける人数が増えることでリスク（業者の監視義務履行低下のリスクと，技量の習得不足によって将来事故に遭遇する確率の増加，あるいは事故の回避能力の不足やパニックコントロール能力などの非常時の対応能力の欠如などのリスクが致死性を伴うことなど）が増大する。しかもこのリスクについての説明もされないのが一般的である。例えば水中の強い潮の流れで3人がばらばらに流された場合，インストラクターは，幸運でもない限り，基本的に1人しか助けに行けない。同時に3人はできないのである。そしてインストラクターがこのような場面に直面した場合に，何を基準として助ける人を決め，その他を見捨てるのか，またその後，次の救助に向かう条件ができた場合にどのような順序付けで救助に向かうか，という，危険を予見した上での合理的かつ十分な説明は，一般になされていない。

またこの問題の深刻なところは，業者が契約した消費者の了解もないままに消費者の権利を一方的に削るような人数比に変更することがあることにある。さらにインストラクターが講習やガイドとして消費者の経費負担で潜水したときに，業者側が自分の趣味や，業務で使う水中写真などの撮影のために客から目を離すというような，消費者の安全を脅かす，債務不履行（不法行為）が見られる[6]場合すらある。しかもこういった問題を消費者の立場から指摘して一般に公開したり是正を求める第三者機関は存在しない[7]。

(f) 「指導団体」のユニットに見る階層的事業構造の内容

業界で指導的な役割を果たしているPADI[8]のインストラクターマニュアル[9]は業界で最も優れたものの1つと言われている。ここではインストラクターやショップの業務を行う場を「ダイブセンター」とし，業務を行う者を「ダイビングのプロとして器材の販売とダイビング教育を行う企業」と定義づけている。そして「ライセンス契約期間中，PADIの名称とロゴを使用して，PADIが提供するサービス，資格認定，商品の宣伝広告や販促を行うことができる。」（「資格認定」

---

6) 実際にあるインストラクターが荒れた海で1対2で客をガイドしているとき，まさにこのような態度をとったために客の2人を見失い，1人を死亡させた事例がある。このインストラクターは後に業務上過失致死罪で有罪となっている。他にもベテランダイバーが初心者とバディを組みながら自らは写真撮影に夢中になっていたことでバディへの監視義務を放棄し，そのバディがトラブルに遭遇している時に自分の役目を果たさずに，事故が起きているという事例もある。

7) ダイビングマスコミや業界と関係の深い学会の場などでは，「ダイバーの質が低下している。」「未熟なダイバーが多い。」などと揶揄され，だから事故の責任はダイバー側にあるとする主張も見られる。このような論理の主張と展開は，ビジネスの実態を知らない社会から，なぜ消費者が講習契約で約束された技量を習得できていないのか，なぜそのような債務不履行状態で本来発行されるべきではないはずのCカードが発行されていたのか，という本質的問題から目をそらすのに効果がある。このような主張は，債務不履行の結果責任を転嫁・回避するためのイメージコントロールの一環であるとも見られている。

8) （株）パディジャパン『Diving Paradise 2005』2004年11月，70頁

9) 「Retail Association Standards GENERAL STANDARDS AND PROCEDURES」

事業はPADIと会員契約をしなければできないが、この事業＝認定を商品として完結するためには、自分の講習生から"申請料"を徴収して「指導団体」に送金する義務がある）としている。

　これは、PADIのブランドを使用する商品ダイビングの事業が、「ライセンス契約」でPADIに会費を支払ってそのユニットの一員（会員）となり、PADIの代理人として消費者から"申請料"を徴収してPADIに送金しながら、PADIをそのヒエラルキーの頂点として、その指導の下に現場で事業を行う者たちを最も基礎的な位置にいるとする階層的事業構造となっていることを示している。

　[PADIメンバーシップ登録同意書]では、次のように定めている。

　「1．私は、PADIのプログラムを実施する時には、私の現在のメンバー資格レベル（類別）が許容する範囲において、PADIインストラクターマニュアル及びトレーニングブリテン、並びにその他改訂版で発行されたPADI規準と手続きを遵守し、PADIメンバーとして名乗るときにはそれらの内容から逸脱いたしません。」

　次に、PADIの下で事業を行う「必要条件」の項目からのいくつか引用紹介する。

　「3．PADIインストラクター・マニュアルに記載されているPADIの諸規準に従って、PADI資格認定コースとエクスペリエンス・プログラムを実施すること。

　5．PADIの教材を規定通りに使用して、PADIのコースやプログラムを実施すること。

　7．受講生の資格申請や、PADIのコースやプログラムを修了した参加者の登録を行う際は、PADIのPIC、該当するPADI認定申請書、参加者登録用紙を使用する。PADIインストラクター・マニュアル、PADIトレーニング・ブリテン、その他PADI教材で述べられている規準と手続きに従い、資格認定に必要な条件をすべて満たしている人物に関してのみ、資格認定請求を行い、請求書類を提出する。」

　以上から、PADIのメンバーとしての事業活動とは、PADIの指導・管理下で、その事実上の代理人または表見代理人として活動することを意味している。そしてこれが、講習を受けた消費者に対するCカードの発行の最終権限者がPADIであることを示している。

　(g)　業界内部における問題の認識

　ダイビング業者向けの『レジャーダイビングビジネス・ガイドライン』（スクーバダイビング事業協同組合）第2部18頁では、"ライセンス"や"免許"と呼ばれることも多いCカードの呼称の問題を認識している。

　「「ライセンス」「免許」等という言葉は、自動車の運転免許や小型船舶の海技免状を類推させ、あたかも何らかの公的な制度による許可・免許であるかのような誤認を利用者（消費者）に与える可能性がある。」

　同27頁では、講習を終了すると「指導団体」がインストラクターを代理人として消費者に要求するCカードの申請料の根拠について次のように述べている。

　「「Cカード申請料」という表現は、「申請」という表現が公的機関に対してなされる

という印象を与え，Ｃカードが公的な資格であるかのような誤認を与えるので不適切である。」

次に，平成11年に出された『21世紀・日本のダイビング業界はどうあるべきか』（スクーバダイビング事業協同組合）の25～26頁にある，商品ダイビングで消費者が直面する危険（リスク）への認識を見る。

「致死的な危険性について
致死性（ないしは危険性）については，いまさら説明の必要はないかもしれない。」

「ダイビングの本質に危険性は深く関与している。一呼吸を間違えばパニックになって，その対処を誤れば生命の危機に直面する。」

「危険の程度にも致死的であるということは他とは質的に異なるものである。たとえば，アイスホッケーやラグビー等も生傷が絶えないある意味で危険な活動であるかもしれないが，致死的であるとは一般的には言えないと思う。しかしながら，スクーバダイビングはハードとは実際には言えないと思うが，致死的な危険性が潜在するということは確かである。」

「この致死的な危険性がダイビング・ビジネスにおいても重要なポイントとなってくる。」

このような情報は消費者の安全に直接かかわるものであるにもかかわらず開示されていない。

「海に潜ることがどんなに魅力的なことであっても，非日常的で致死的だというだけでは多くの人がダイビングをしようとは思わない。それは比較的簡単な講習によってあまり体力のない人でも安全にダイビングを楽しむことができるようになる，致死性を相当高い確度で回避できるというのが，ダイビングビジネスのポイントなのである。」

これが，「致死性を相当高い確度で回避できる」ことが常時実現されているかのようなイメージが必要とされている背景と考えられる。

(h) 「指導団体」の認定責任

「東京大学潜水作業事故全学調査委員会報告書」（平成18年3月，東京大学，巻末資料11. を参照のこと）の7），①と②にも具体的に示されているが，「指導団体」には，その認定事業に伴う責任がある。

一般ダイバーからインストラクターの資格の認定（技量レベルの保証）というビジネスは，ダイビングを行う一般消費者の生命身体の安全を左右する要素を含んでいる。

人命にかかわるような資格は，例えば医師免許や自動車免許などがある。これらは国家が管理しているが，国家は医療過誤や自動車事故で保証責任を負わない。これをもってダイビングビジネスの認定資格でも，認定者が責任を負う必要はないという主張の根拠とされることがある。この主張は明らかに誤りである。ダイビングの認定資格がこれら「免許」ではないことは，業界内部で自らが認めてい

るからである。

「免許」は法令に基づいて国家が実施する試験などによって受験者の技量のレベルの達成段階を判断し，行政が合格者に対して，その権限に基づいて一定の範囲内で行う行為を許可するものである。そして資格保持者には，医師の資格なら医師法など，自動車免許なら日常的な交通取締り，免許更新制度，免許停止や取り消しなどを通じて不断の監視が行政よりなされ，資格保持者の能力を監視し続けている。しかしダイビングビジネスにおける認定資格とは，自由な意思による民間の団体や個人による自由な認定である。しかも人命に関わる行為を行うことを許可する資格にもかかわらず，行政による徹底した監視もない。さらに資格認定試験の合否の判断も，「指導団体」が定める細則の適用の是非をも含めて自由に行える。実際に現在のダイビングビジネスではこの自由が相当程度に発揮されている。さらにこの資格保持者が実際にどのようなレベルの活動を行っても，それを監視し，取り締まり，罰則を与える業法もない。

ダイビングビジネスにおいては，このような認定資格保持者，特にインストラクターの地位やその指導は絶対的で，常にそれに従うようにとの指示や教育を一般消費者たるダイバーなどに行っている。これはPADIの『The Law and the Diving Professional』第四刷（松田政行／早稲田裕美子訳，PADIジャパン，1993年，118頁以降）や先の東京大学の報告書（63頁）からも分かるように，「指導団体」の責任（資格の内容とその結果に対する品質保証。認定のための申請料と認定証の付与の関係は，この品質保証のための契約行為）につながるものである。

以上から「指導団体」には，そのダイビングビジネスにおける認定ビジネス（Cカード発行）に伴う責任があるのである。

(i) 旅行会社が関与する講習やガイドの商品品質

旅行会社が販売する商品ダイビングでは販売手数料が売上の20%となる契約形態などもあり，実際に送客されて商品を実行するショップでは，利益の確保のために経費の削減が迫られ，その結果手数料の発生しない追加の商品販売を半ば強引に行う場合が少なくない。

ある事例では，旅行会社の送客によって講習を受ける客1人当たりからのショップの利益が1,000円から2,000円程度であるともいう。3～4日の講習を行っての利益である。この場合にショップ側が減らした利幅を回復しようとすれば，一度に扱う客数を多くしたり（1人当たりの受講時間や適性に合わせた配慮を受ける機会は，一度に受ける受講人数に合わせて確実に減る），その必要性の度合いとは関係なく，利益率の高い器材の販売に過度に熱心となったり，また実際の講習日数を減らしたり（リゾート地では学科講習も入れて2日で講習が終了するショップもある。明らかに手抜きである），品質に問題のあっても人件費の安いインストラクターやガイド（一般に彼らは未熟である。彼らは他の仕事をしながら休日に行うだけのアルバイトが少なくない。ここから発生する問題は，常

勤のプロでないことから，プロとしてのレベルが低い，または十分な指導者適性がないことでトラブルに十分に対処できなかったり，事故を予防したり事故者を確実に救助できなかったりして消費者を死に至らしめた例は幾例もある。海外では不法就労者をアルバイトとして雇用する場合も少なくない）を使ったり，インストラクターでもなく，ショップにお金を払ってインストラクターやダイブマスターという資格講習の一環として経験を積む訓練を受けている生徒を，正規の労働許可を得たインストラクターをつけずに消費者に黙ってガイドや講習の指導をさせることもある（これも不法就労）。このような状況では，販売時に消費者に示した（約束・契約した）商品の品質は保てないばかりか，明らかに契約違反，場合によっては詐欺となる。

また旅行会社の中には，「あなたもダイバーになれる」などという宣伝などで誘客し（「なれる」ことを事実上旅行会社が講習前に保証している），ウラではショップに必ず彼らにCカードが渡るようにと要求する場合がある。そこでは講習の目的であり商品そのものである「技量の習得という結果」は二次的なものとなっている。これは業界のビジネスシステムとモラルの現状を示すケースであり，消費者の安全にかかわる講習の品質がもたらした結果には旅行会社も共同責任があると考えるべきビジネスの背景である。つまり，旅行会社の手数料比率とCカード発行に係わる要求は，消費者に致死性に至るリスクを高いレベルで負わせることになる可能性かあり，この場合，講習やガイド付きのファンダイビングという商品ダイビングの致死性の増減に，旅行会社が重大な影響を与えている可能性があるのである。

こういった状況は，現在のビジネスモデルでシステム化されて販売されている講習商品では，正しい債務が常時履行できる状態には至っていないことを示している[10]。

10）　ハインリッヒの法則（ヒヤリハットの法則）から見る現在の講習商品と一般ダイバーのリスク及び社会がこれを容認すべきかどうかの基準
　■1件の重大災害の陰には，29件のかすり傷程度の軽災害があり，その陰には，300件の，怪我はないがヒヤリとした体験がある。→1：29：300の法則
　□事例：平成11年に発生したエントリーレベルの講習中の事故発生率は，講習生数を50000人という東京ドームの満員の観客数を想定して算出した結果，彼らがこの場所にいる1〜2時間の間に約3.9人が死亡する確率になった（『ダイビングの事故・法的責任と問題』12頁）。ここから，観客の死亡確率という問題が生ずる。
　この数字をハインリッヒの法則に照らすと，3.9人の死亡者の背景には，113人もの事故者（海上保安庁，全国各地の警察，全国の消防の記録などに残された事故者数からの換算では約5.2人となるが，自分で病院に行ったり，あるいは病院に行くまでもない軽傷者などはこういった記録に残らないためこの数字となったと考えられる。）がおり，さらにその背後に1170人ものヒヤリやハッとした人がいたことになる。
　社会が安全（safety = freedom from unacceptable risk 受け入れ不可能なリスクがないこと。）と見る数値について，日科技連 R-Map 実践研究会では，例えば家電において死亡という最悪の結果をもたらす確率で社会が受け入れ可能とする数字は，ヘアドライヤーで年

したがって旅行社から送客された先のダイビングショップが手抜きや不法行為を行って消費者が十分な技量を習得できなかった，あるいは事故に遭遇した場合には，少なくともその販売した責任[11]から，旅行会社は消費者の損害に対して，ショップやインストラクターと共同して補償すべきである。

　旅行会社が免責を主張する場合に，彼らは妥当な調査を元にダイビングショップを選んだと主張する。そのとき理由として，「「指導団体」が付けた格付け」を挙げる。しかし，旅行会社からの送客を受けることでショップの経営環境が変わり[12]，それが原因として手抜き（講習内容や手順の手抜き，設備と人員による

間10^{-8}，つまり1億分の1の確率としている。テレビなどの部品点数の多い商品では1千万分の1程度とされている。なお一般家庭製品とは危険効用基準（米国の欠陥判断基準では，Risk-utility testという。その製品に危険があっても，その効果を考えると一定の危険の引き受けは止むを得ないとう基準）の下，2桁ほど要求水準が異なる医療機器（X線画像診断機器など）は年間で100万分の1の確率が受け入れ可能な数値としている。（『製品のリスクアセスメント』松本浩二，明治大学リバディ・アカデミー，平成18年度経済産業省委託事業「製品の安全学」2006年10月28日）

　なおこのセミナーでは，リスク（risk）のことを combination of the probability of occurrence of harm and the severity of that harm（危害の発生確率及びその危害の重大さの組み合わせ），ハザード（hazard）は potential source of harm（危害の潜在的な源），危害（harm）は physical injury or damege to the health of people, or damage to property or the environment（人の受ける身体的障害若しくは健康障害，又は財産若しくは環境の受ける害）と定義されていることを示した。

　実際のダイビングの初級者講習での重大事故発生比率は約1000分の1の確率であり，医療機器との比較においてさえ1000倍の危険性を有している。

　なお，ダイバー全体で概算を見ると，例えば年間40万人が年に1本以上ダイビングを行ったとして，最近の平均値に近い年間20人の死亡（行方不明者を含む）が発生するとしてみると，ダイバーが重度の危険に遭遇する確率は10万分の5であり，講習中の確率よりはいいが，それでも医療機器の10倍となる（ハインリッヒの法則では，この背景に580人もの，軽傷から入院治療を受けているダイバーが存在し，6000人のヒヤリやハッとした験があることを示している）。

　以上から見ると，ダイビングは明らかに危険である。この事実をしっかりと社会に開示して娯楽としてのリスクを明示した上で，業界システムの改革も含めてその安全性を高める努力が継続して行われていかねばならないことは明らかである。

11)　第Ⅳ部第2章1(4)②参照。
12)　旅行会社の要求手数料比率は，ショップに利益を確保するために手抜きビジネスを選択させる要因ともなり得る。この事態は容易に予見可能である。したがってこのような事態の回避義務がある旅行会社は，自らの要求手数料比率でも手抜きをしないことが保証できるショップを選ぶ販売責任[13]があり，あるいは手数料比率を下げても優良ショップを選定する責任がある。この責任は，実際にショップの商品履行状況やそのビジネス品質を確認する義務に通ずる。ダイビング商品を扱う旅行会社の中には，人身事故があって面倒になると会社を解散し，その後また同じメンバーが集まって別法人の旅行会社を起こして次の事故が起こるまで同じように事業を行っているところがあるという話は，このような会社や同じ業界で働いていた方々から何度か聞く機会があった。海外の日本人向けの現地ツアー会社でも，被害者を無視するこのような手法がよく取られているという話を現地公館筋から直接聞いている。このような手法を取る者たちは同じような人々であることが多いことから，彼ら個人がまた同じような業務につけないようにする立法の必要性があること

安全管理の手抜きなどの他に，経験の浅いインストラクターやガイドを雇うことで人件費削減をすることは役務遂行能力の低下となる品質上の手抜きである）を行う動機となることは業界では知られていることである。したがって取引条件によっては商品の質が変化する可能性があることは予見可能であり，その結果が消費者に大きな損害を与えることになることも予見可能である。したがってこの予見に基づいた経営環境（特に従業員や請負社員の品質や労働環境）の調査を正しく行って，その結果を受けて必要な対処を行えば，消費者の損害はほぼ回避可能なのである。

　目を転じてダイビングショップの側から見ると，旅行会社に自ら高い手数料率を申し出るケースがある。その場合は将来の固定客の確保と器材販売での利益を考えてのケースが少なくない。こういった申し出の背景に，消費者の安全にかかわる品質を下げるリスクがあったり，半ば強引かつ必ずしも適切ではない器材の選定とその販売で利益を確保するという計画が存在する可能性もあるので注意を要す。

- ▶ 良心的なショップが，講習生が技量不足とならないようにと講習をやり直したり追加講習を行った場合，一般に旅行会社は習得適性が十分でない消費者を送客した責任に伴う分の経費は支払わない。都市型ショップでは，海洋実習前に行うダイビングプールでの講習の施設料は講習生の分だけでなくインストラクターの分の料金もかかるため，それを行うと通常の送客の契約では赤字となる場合もある。そのため，このような消費者の安全率を上げる行為は，よほどの経営余力があるショップでないかぎり行いにくい。

- ▶ 平成17年に，筆者は海外の某リゾート地で，日本を代表する大手旅行会社の現地オプショナルツアーの選定責任者と話をする機会を得た。しかしその方は，現に紹介や取次ぎ販売をしている商品ダイビングの品質把握のために，ダイビングマスコミなどでももてはやされている有名な現地ショップの事業の実態を把握するための十分な努力を行わず（あるいは知る機会を回避していた可能性も否定できない）に，選定のための調査のレベルを「視察」で十分だとしていた。しかしこの旅行会社が紹介・取次ぎ販売していたダイビングショップに，死亡を含む過去の事故の履歴の隠蔽や，他に既婚スタッフなどと他の従業員が連携して女性客への強引な性的関係を迫るトリックを設定したり，不法就労者の雇用疑惑や，消費者の生命・身体の安全にかかわることまでを含む講習・ガイドの手抜きなどの実態があることを，筆者は現地での聞き取り調査や実際の被害者支援活動を通じて知っていた。これは地元の業者間では良く知られていたことである。さらに現地の公館筋でもこのショップの事故履歴は把握していた。つまりはこの「視察」のレベルとは，こういった重要事実を把握できないレベルでしかなかったのである。

　を行政府は理解すべきである。
13）　本書第Ⅲ部第1章4を参照。

⑦　消費者の救済を阻む判断基点の問題

　次に紹介する2つの判決例は特異なものである。現在はこのような判決は出されていない。しかし「指導団体」の私的基準を判断の基点とした場合にそれが判決に不適切な影響を与える典型的事例としての意味で重要であることから紹介する。

　またこれらの判断の基点から，ダイビングビジネスの下層部にある現場が，「指導団体」の私的な規準や規定によって活動を支配される階層的事業構造の一部であるという，その実体の一部が垣間見られるが，これも重要である。

(a)　初級者溺死事件

> ▶平成8年7月に初級者ダイバーが溺死した事故で，裁判所は参加者に僅かにダイビング経験があったことで，「指導団体」の規準の妥当性を検証しないまま判断基点として遺族からの損害賠償請求を棄却した。
> 　これは裁判所が「指導団体」の規準（これが消費者の安全を保証できる内容であることの証明はされていない）を判断基点とした典型的な事例である（大阪地判平成11年⑺2006号，判時1750号114頁，判タ1085号235頁，『ダイビング事故とリスクマネジメント』77頁⑦）。

　事故者A（当日事故前に1本潜っている）のダイビング経験は11本（水に潜った回数）であったにすぎない。ダイビングの常識からすれば完全な初心者であることが分かる。

　この事故における判断では，全体の責任者であるインストラクターがその能力では安全を確保できない（実際に初級者を溺死させている）人数比でこのダイビングを行ったことと，事故当日の1本目に事故者のバディが水中で勝手な行動をとって，それを監督者であるインストラクターがコントロールできずに，バディシステムというダイバーの安全の基本となる行動（別の裁判ではダイバーの義務としている）が破綻しているにもかかわらず，初級レベルの事故者の安全確保を確実にする手を打たなかったことを（インストラクターは"説明"したと主張したが事故者のバディは聞いてないと語っていた。これはもし実際に説明があったのだとしても，その内容が確実に伝わったかどうかの確認がなされなかったこと，つまり伝達が確定していなかったことを示している）問題としていなかった。

　なおこの判断と後述するもう1つの判断が，ダイビングの実態を把握しないままに行われた不適切なものであったと筆者は以前から指摘していたが，その後の裁判ではこの指摘のように（本書第Ⅲ部第1章1⑴を参照），このような不適切な判断基点は採用されていない。

裁判所の判断：（個人名はイニシャル表記にしている）
　「被告Hが，X※の規定を越えて不相当な多人数を引率したということもでき

ない。」

　　※　Xとは某「指導団体」のこと。判例集には明記。

問題点：ダイビング経験本数が11本程度ではごく初心者の域にすぎず，それは最高裁※でも認めている。また「Xの規定」のガイド対一般ダイバーの人数比の規準は，特に初心者においては致死性を内包するさまざまなトラブル（パニックも含む）が当然に予見される中，それで初心者の安全が保てるものなのかどうかの科学的検証を行っていない。さらにXにそれを証明する科学的検証データを求めることも行っていない。これは人命の安全よりも，民間企業がこういった場合を想定して責任を回避することを前提として定めた可能性のある私的規準を，その妥当性の検証をすることもなく，人命という法益保護のための検証の必要性より上位に置いて判断の基点としたことで問題であった（第Ⅱ部第1章1(2)を参照）。

　判決では，
　「K証人（事故者のバディ。筆者注）は，被告Hから注意は受けた記憶がない旨証言している。しかし，K証人自身，被告Hの説明をきちんと聞いておらず，被告Hのした説明ないし注意を聞き逃した可能性がある」
ので被告Hは説明した，という主張を採用した。
　そして，次のように結論付けた。
　「被告Hは，本件事故現場に潜る前，ダイビング場所の説明を行う際に，午前中のダイビングでは2人一組になっておらず，バディがばらばらになっていたので，バディと一緒に行動すべき旨，バディシステム遵守の注意をしたこと，本件事故現場の入口までは2人一組となっていたことを確認したことが認められる。」
　「よって，被告Hはガイドとしての注意義務を尽くしたというべきであって，これを覆すに足りる証拠はない」

問題点：「バディシステム遵守」ができない潜水計画そのものに問題があったのではないかということの検証や言及が行われていないことは問題である。初心者が必ずしも潜水計画立案時の前提を実現できないことは予見可能であるから，これに対応した監督責任が履行できる本来の計画と，それが履行できなくなった際を予見した予備計画（バックアップ計画）が複数準備されておくべきことは，致死性のあるイベントを主催する側にとっては当然の義務である。またトラブル時の対応能力が正しく存在しているガイドが十分に用意されていなかったということでも，この潜水計画に欠陥があったことは明らかである。
　特に午前中の1回目のダイビングで前提は崩壊しているのであり，そこから予見される危険に対応できる複数の予備計画は不可欠である。したがって業者側は状況に応じて事故を予防するための予備計画に移行すべきであった（状況を常に性格に把握する監視・監督義務も忘れてはならない）。

また最初の潜水計画に基づく午前中のダイビングでは，ガイドがバディシステムを維持できていない。これはガイドの能力の問題と潜水計画に重大な問題があったことを示している。つまりこれはガイドにはパーティ全体の管理能力がなかったことを示しており，ガイドがその能力を超えた潜水計画（過大な担当人数）を立案して実行していたことを示している。それにもかかわらずこの事態に対する予備計画が単なる「注意」にすぎず，そのことすらも必要な人物に伝わっておらず，そもそも伝わったかどうか確認すら行っていない状況で業者の注意義務が果たされたとするのは乱暴な判断である。

　また例えば現在同様の事故があった場合には，事故者のバディの義務違反（相互の安全監視義務違反）が刑事・民事ともに問われる可能性があることを忘れてはならない。

(b) 講習生エアエンボリズム（空気塞栓症）溺死事件

> ▶ 講習生がエアエンボリズムを発症して溺死（直接の死因）した。遺族は業者に損害賠償を求めたが，裁判所はこれを棄却した。
> 　講習生は，事故のあった講習までに海洋実習を2日しか経験していない初心者であった。またインストラクターでもない，当時客であったダイバー（ダイブマスター。「指導団体」はこの資格保持者のプロ活動を私的に許可している）を，そのパーティの責任者のインストラクターの指示で事故者につけていたことを理由に，そのインストラクター免責した（東京地（棄却）平成12年9月6日，平成10年(ワ)23673号，判時1739号74頁，判タ1067号218頁，控訴棄却　平成13年3月28日東京高裁，平成12年(ネ)4835号，判タ1068号174頁，『ダイビング事故とリスクマネジメント』76頁⑥）。

　この判断も「指導団体」の規準という基点によって行われた。
　まず，ダイブマスターがインストラクターの補助（この場合は代理）ができるというのは「指導団体」が私的に主張している任意規準にすぎず，裁判所はこれに関した最高裁の判例※を考慮に入れずに「指導団体」の基準を採用している。

　　※　最高裁第一小法廷平成4年12月17日決定（棄却），平成4年（あ）383号，（刑集46巻9号683頁）『ダイビングの事故・法的責任と問題』76頁
　　※　ダイブマスターにインストラクターのアシスタントができるとする件については，本書の第Ⅱ部第2章1(2)①～④，同1(3)③，同3(1)①②を参照していただきたい。

　本判決は，ダイビングビジネスやその資格制度の実態を検証せずに判断することの危険を示している。
　インストラクターが自分より能力の劣るダイブマスターという資格の客である消費者を自分の代理として別の客につけた場合の結果として生じた責任がインストラクターにあるとすることは先の最高裁の判例でも示されている。
　この判決文には，

「Z※の基準によれば」という文言が目立つ（※Zとは「指導団体」の匿名。なお規準と基準は意味は多少異なるが，ここでは同議と見てよい）。

「Z」とは，某潜水器材業者が作って運営していた「指導団体」であり，この裁判が終了しないうちにこの「指導団体」は業務を止めて（廃業）いる。なお本業はその後も継続している。

さてこの「Zの基準」が，本書第Ⅱ部第1章1(2)や同第2章1(4)①などで示しているように，消費者の安全の確保ができるという十分な理由となるだけの科学的検証が示された上で採用されたものではないということが，何よりこの裁判の判断の基点の不適切さを示している。

このような不適切な基点が控訴審にも引き継がれたため，この事故被害者の訴えは控訴審でも棄却されている。

判断基点の誤りは，たとえば今後，経験豊富で良心的かつ有能なインストラクターが，「指導団体」の基準・規準の間違い[14]のままでは対応できない事態に遭遇した時に，それまでの経験からより正しい行動を選択した結果でも客の損害が防げなかった場合，そのインストラクターの判断と行動の妥当性を科学的に検証・評価するのではなく，場合によっては間違った，あるいは効果が低かった規準（基準）を作った「指導団体」の定めたところから行われる可能性を示している。これは妥当とは言えない。

(c) この2つの裁判以後の司法判断の傾向

この裁判の後に行われたダイビング事故の裁判では，これらの判断の基点となった「指導団体」の規準のうち，人命の安全にかかわる部分について無条件な採用は行わなくなる傾向が強まった。そして本書第Ⅲ部で紹介しているその後の裁判例に見るように，最高裁の示した二原則（「常時監視義務」と「安全な潜水計画」）に瑕疵がなかったかどうかを見るように修正されていった。

このように，この2つの裁判の問題部分は，その後の判断において定着することはなくなり，これは筆者の主張[15]が適切であったことが証明されたとも言える。

さらに，本書第Ⅳ部第1章1(2)③羊蹄山ツアー登山遭難事件の判決では，司法が事故を防止できるような人員の配置や優秀なガイドを付けなかった企業の利益優先の姿勢を批判しているが，これをここで紹介した2つの事件に重ねてみると，

---

14) 中田誠『誰も教えてくれなかったダイビング安全マニュアル』太田出版，1995年，263～280頁，同『新版 誰も教えてくれなかったダイビング安全マニュアル』太田出版，2002年，255～271頁参照。

15) 中田誠「スクーバダイビング事故の裁判における五秒テストの提案」日本スポーツ法学会年報第9号，(株)トスエンタープライズ，2002年，『ダイビング事故とリスクマネジメント』など参照。

ダイビング事故における刑事・民事の責任の所在と安全配慮義務のあり方を考える際に参考となる。

⑧ 旅行会社の責任にかかわる審理の妥当性
　(a) 商品ダイビング事故の審理で欠けがちな要因
　第2章2(2)⑥(g)に見るように，旅行会社はショップのビジネスの質を見てその致死性のリスクを予見可能することは可能である。
　ここで，講習中の死亡事故の裁判で，被告となったショップ，インストラクター，旅行会社のうち，ショップとインストラクターに賠償責任が認められ，しかしそのツアーを販売した旅行会社の賠償責任が問われなかった（大阪地判平成17年6月8日，平成14年(ワ)12464号，（控訴後和解），判例検索システム）事例について検討する。
　判決では，「旅行会社が安全配慮義務違反を問われるのは，旅行会社が旅行サービス提供機関の選定に際して，当該旅行サービス提供機関を選択するのが旅行者の安全確保の見地から明らかに危険であることが認識できたにもかかわらず，これを漫然と選定して，その危険が当該旅行者に発生した場合などに限られると解すべきである。」と述べている。
　この裁判の一審時の判決文を読む限りにおいては，この裁判でダイビングビジネスの特徴や問題点，事故につながる要因などの最重要点について十分に審理されていなかったことが分かる。しかも裁判関係者たちがこの重要な要点の存在を知らないままに審理が行われた可能性がある。その結果，実際には旅行会社が「漫然と選定」した可能性が高いことに誰も気づかないままに判決に至った可能性が考えられるのである。
　これまで述べたように，たとえ契約前に調査を量的に行ったとしても，調査の質に問題があった場合には，消費者には致死的なリスクが高まり，そのリスクの顕在化の結果は死亡に至る可能性が高いことは容易に予測できる。したがって契約条件などが旅行会社に大きく有利な場合，業者が利益を確保するために安全のコストを下げる可能性があることも予見可能である。つまり旅行会社の契約条件や要求が，業者が安全確保のコストを下げたいと考えるようなレベルであれば，それは業者の安全配慮義務の履行状況に決定的な影響を与えることになる。
　先に紹介した2つの判決では，判断の基点の間違いで不適切な判決が出ていた。そしてこの判決に至った過程を考えると，旅行会社が被告となった業者を選定した状況を，商品ダイビングの販売にあたっての不可欠な調査項目が質的に達せられていたかどうかの十分な審理がないままに妥当だったと思い込んでいた可能性が否定できないことが問題として挙げられる。
　(b) 判決文から見る審理過程の検証
・事故発生原因と契約違反の関係
　この事件は，販売した講習商品自体にすでに，高い確率で致死的リスクを高め

る欠陥があったことが真の原因だった可能性が高い。

　事故に遭った講習生はダイビングの講習という役務商品の契約を行っていた。これはダイビングの致死性リスクを極力低減して安全にダイビングを行えるようになる技量を消費者に正しく習得させることを約束する役務契約である。この契約[16]の下で，講習に参加していた講習生が，事故の遭った項目（海洋実習）の時点でマスククリアという重要項目の習得という結果を得ていなかったのであり，業者が契約違反を犯していたということになる。

　マスククリアという基礎的かつ最重要な技量すら習得させられていないという契約違反状態で，この講習生を，高い致死性リスクを負わせる海洋実習へと移行させた講習スタイルが当然のごとく取られていたことの問題が，この裁判では十分に認識されていなかった。

　この契約違反がもたらす重要性を裁判関係者全員が審理の過程で十分に知覚しておく必要性は，ダイビング事故の背景を究明するためには不可欠の要素である。この知覚は被害者に一方的な優位をもたらすものではなく，業者がこの契約履行を正しく行っていたことが確認できる道も開く。その場合には，被告となった業者が不必要な責任までを負わされることもなくなることになる。つまり，審理の平等がより達成されることになる。

・契約違反と旅行会社の責任との関係

　さらに判決文を読むと，消費者の致死性増大に関係する契約違反が，この事故の時に限って極めて例外的に行われたものだという確証は得られない。これはこのショップがこのような契約違反を以前から行っていた可能性を示唆している。そしてこれまでたまたま重大な人身事故が発生しなかっただけとも考えられる。付け加えれば，このショップのビジネスに契約違反があったとしたら，それによって申請料を初めとした利益を得ていた「指導団体」には，その結果に対する責任が考えられる。

　つまり過去の講習の状況をこの裁判で詳しく調査（過去の講習生のログブックの情報と本人への簡単なインタビューだけでも契約違反の実態はある程度分かる）してその情報を得ていなかったとすれば，旅行会社の責任の審理が，相当に重大な事実の検証抜きに行われたと考えられる。

　もし過去にも同様の契約違反が行われ，それがその後にＣカードの発行という形で業界が結果への品質保証を行っていた場合には，業界が全体として契約違反

16）　この契約は，講習自体を行ったというアリバイではなく，講習によってその技量各項目の習得という結果をもたらすことを内容とした役務商品契約である。この結果は，その各項目が手順どおりに各段階で達成できていなければ，結果として成り立たない。それは消費者が負っている高い致死性を排除できていないということとなるからである。これを利益確保のためのアリバイ作りのための項目進行によって，あたかも消費者がそれぞれの項目の習得を達成したかのような誤解を与えることは契約違反である。

とその事実の偽装を行っていた可能性があったとも推定できる。この結果，消費者がダイビング時の安全が誘客手段（広告や謳い文句）のとおりに保証されると誤認していた可能性が考えられ，それがもたらす結果は，消費者がダイビングを行う度に，減圧症を初めとした致死性のリスクを背負わされるということである。このようなビジネス上の問題がリスクとして発現して多数の消費者の損害と密接に関係している可能性を見落としてはならない。

したがって旅行会社には，その商品ダイビングについて安全と宣伝した場合には，調査と評価のミスや重大事項の無視による結果に責任があり，あるいは消費者に不実を告知して利益を得るというビジネスを行っていた場合には，その責任から逃れることはできないと考えられる。

以上から，この裁判で旅行会社が免責されたという判断は不当であった可能性がある。

・旅行会社の消費者リスク調査について

旅行会社を免責とした要因をさらに具体的に検証することで，旅行会社のリスク調査とはどのようにあるべきかを検討する。

ダイビングの事故の背景にあるビジネスモデルの特徴と，インストラクターから消費者であるダイバー自身までのリスクの程度については，筆者によるものだけに限ってみても，複数の拙著や学会発表論文などで10年以上前から明らかになっていることであり，他の一般に開示された情報（公開されている判例などを読むだけでも）からでも容易に分かる。

判決では，このショップにガイド歴が5年以上のインストラクターが1人以上いたことを確認したことをもって旅行会社の免責の理由としている。しかしそのガイドが常時直接に消費者全員を十分に監視できる能力を持ち，さらにそれを常時発揮していたかどうか（2つの最高裁の判例では，インストラクターやガイドには常時監視義務が定められている）は確認していない。これはただ5年以上の経験があるガイドさえ雇ってさえいればそれで足りるとする（経験年数の）数字上のトリックにつながる可能性を生じさせる。したがってこれだけを免責の事由とすることは不十分である。ダイビング事故の責任を見る場合，常に最高裁の示した監督と監視義務の履行，及び安全対策の立案と実行が常時なされていたかどうかを検証することを忘れてはならない。

他には，常勤インストラクタースタッフが2人以上いるということを確認したことを免責の理由としている。

これも先の理由と同じように，これらの人々が，その義務である役務能力を発揮していたかどうかという事実の確認は行われていなかったことで問題である。

インストラクターに最低限の能力（潜水計画立案能力，自身の潜水技量，指導能力，リーダーとしての資質など）があってこそ常勤スタッフの意味があり，初めてその人数に意味が出てくるのである。したがって常勤スタッフの人数という

単なる数字を免責の理由とすることは不適切である。

　また10億円以上の保険に加入していたことを免責理由としていたが，これはダイビングビジネスにおいては，「指導団体」が会員に対して義務付けているからであり（「指導団体」は代理店業務も行っている。これもショップやインストラクター側が事故の責任を認めるか，あるいは裁判に訴えられないと被害者に支払われないというケースが少なくない），この理由から，保険の存在それだけよりも，それが実際に被害者のすばやい救済に結びついているか，あるいはできるかどうかこそが重要なのである。

　さらに判決では，旅行会社が，過去にこのダイビングショップ側の過失が原因の重大事故が発生していないことを確認したことを免責の理由として挙げているが，これはあまりに視野が狭い見方と言わざるを得ない。

　ダイビングは，商品の本質として致死性を強く有しているのであって，これを発現させないためには，それまでの事故の経歴よりも，今何をしているかこそが重要なのである。今回の事故もヒヤリハットの法則から見れば，この重大事故に至る前に多数の「ひやり」や「はっとする」事態に多くの消費者が直面してきた可能性が推定できる。したがって旅行会社が過去の講習状況さえ正しく把握さえしておれば，このショップの講習スタイルの危険性が把握できたはずである。

　以上から，この判断は完全とは言いがたいのである。

・旅行会社の取るべき3つの方法
　この事故の事例では，旅行会社が事前調査の義務を果たして適切な対処を行っていれば，事故は防げたと考えられる。
　ここでその適切な方法と考えられる次の3つの例を示す。
　実際にこれらのどれか1つでも旅行会社が行っていれば，この事故を防げた可能性は高い。
　1つには，このショップに送客しない。
　2つ目に，このショップに契約違反をしないよう警告してそのことを送客契約の条項に入れる。
　3つ目に，このような契約違反から利益を得ている「指導団体」のブランドのショップを常に扱わない。

・この判決の影響
　この判決は，旅行会社が正しく十分な調査義務とその結果への対応を確実に果たさなくても，表面的かつ名目的な調査さえ行っていれば，消費者の安全に対して責任を果たしたと見なされるという間違った「安心」を旅行業者が持つ危険（消費者の損害の発生あるいはその増加要因となる）をもたらした。
　実際にこの裁判例を例示して平成19年に東京で行われた講演や，同年にネット上で行われた解説などでも，法律の専門家がこの裁判例を，旅行会社が免責を勝ち取る事例となるかのように発言していた。筆者は講演者にこの点を質問したが，

正面からの回答は回避された。

このような事態をもたらしている背景には，消費者から利益を得ている旅行会社が，その消費者こそが自分たちの利益を減らすビジネスリスクの原因であると見ていることから来ているのではないかと考えられる。

このような認識パターンには，本質的な商品スポーツのリスクマネジメントとは，そもそも事故を起こす要因（現場の業者の選定や，商品スポーツの利益構造上の欠陥のリスク，また個別の商品スポーツブランドの背景を知ることで把握できる）をいかに無くしていくかが最も重要であるという意識が決定的に欠けていると可能性を示している。

⑨ 免責同意書問題

商品ダイビングの契約時，一般に消費者は免責同意書への署名を要求される。

PADIはインストラクター向けのマニュアル，「一般規準と手続きガイド」（平成16年9月8日作成電子版）の「GENERAL STANDARD AND PROCEDURES」の23頁で，「新しい免責同意書（危険の告知書）に署名することによって，生徒ダイバーは危険性について理解し，自分自身で責任を負い，インストラクターを免責する必要があります。」と記述している※。

　　※　ここでは13ヵ所に渡って「免責同意書（危険の告知書）」と記述されている。

　(a)　「スクーバ・ダイビングに関する危険の告知書（日本国内での使用に限る）」（rev.2001/04 JPN Original version より）の内容。

「私※自身に生じる可能性のある傷害その他の損害のすべてについて，私自身が責任を負う」「私がPADIメンバーの指示に従わなかったこと又は私の重大な過失によって私が被った損害については，PADIメンバーに過失が存した場合においても，その賠償責任を問わないことを約束します。」（※筆者注：「私」とは消費者のこと）

この免責同意書（危険の告知書）で署名者に要求している内容はダイビング業界の主張しているところではあるが，通常，実際の裁判では採用されていない。しかも現状では，多くの場合，この事実を署名者や消費者に開示しないままこの書類への書名を求めてる。

例えばここの「PADIメンバーの指示に従わなかったこと」とある部分は，「PADIメンバー」（会員となってPADIに年会費を支払っているインストラクターなどのこと）の判断や指示が正しかったのかどうかは前提とはしていない。これは死亡・行方不明事故のときに「PADIメンバー」が，事故遭遇者が「指示に従わなかった。」と言えば全ての免責が成立することにもなる。このような内容は公序良俗に違反している疑いがある（従来の免責同意書は公序良俗に反して無効との司法判断が確立している）。

またここには「PADIメンバー」の能力という品質保証に対する責任とその保証を受け入れるように消費者に求めた結果の責任についての記述は見られない。

次に紹介する文書は，平成17年2月時点で，日本国外のリゾート地などで日本

人向けにダイビング業を営む業者の日本人客に署名を求めている文書である。これは消費者契約法施行前まで日本国内で使われていたものと事実上同じ内容である。なお日本国内では，消費者契約法施行前でもダイビング時の免責同意書は公序良俗に反して無効との判決※が出ていた。同法の施行にともなって，国内では名称と内容の一部を変更してこれを「危険の告知書」としたが，司法から"公序良俗に反する"17)とされた免責同意書を，国内法が及ばない海外で日本人に対して使用するよう指示を出している企業姿勢は大変興味深い。

(b) 「PADI 免責同意書」(G PRODUCT No.10072J (Rev.08 / 02) Version 2.0, 2002年8月改訂より)

「私に生ずる可能性のあるいかなる傷害その他の損害についても，予測可能な損害であるか否かに関わらず，その責任の全てを私が個人的に負う」

「本コースの間または認定を受けた後に生じる請求を含め，このコースへの登録および参加から生じる私と私の家族，財産，相続人または譲受人による請求または訴訟について上記コースおよび免責当事者の責任を免除し，損害を与えません。」

「私（氏名）は，本書により私の（インストラクター名およびスタッフ名），私が指導を受ける（ストア名）ならびに PADI インターナショナルおよび上記の全ての関係者について，消極的なものであれ積極的なものであれ免責当事者の過失などを含めいかなる事由によるものであれ人身傷害，財産損害または不法行為による死亡の一切の責任を免除することに同意します。」

この内容は，消費者の訴権や相続権という基本的人権の否定とも受け取れる内容と見られ，さらに業者の過失による消費者の死亡にも免責だけではなく，この内容では業者が消費者を殺害しても免責が認められるように消費者に対して要求しているとも受け取れる可能性がある。

免責同意書の効果 消費者契約法や過去の判例でも，生命身体の安全にかかわる重大な要件で一方的に免責を求める同意書は無効となっている。それにもかかわらずこの文書への署名を消費者に要求し続けている背景については，KAHO SHIMIZU 記者の署名記事である『JAPAN TIMES』2002年8月2日号「Disclaimers cause waves in scuba business」で紹介されている，インストラクターが記者に語った内容が興味深い。

「"Even though almost every instructor knows that (the waiver) is invalid in the eyes of the court," it is still used to discourage divers from filing suits, said an instructor with about 2,000 dives over nine years under his belt.」

---

17) 「身体及び生命に侵害が生じた場合にまで被告の責任を免除することを内容とする合意は，公序良俗に反し，無効である」（大阪地裁判平成12年12月14日，平成10年(ワ)9173号，(控訴)判例集未掲載，中田誠『ダイビングの事故・法的責任と問題』杏林書院，2001年，123頁，『ダイビング事故とリスクマネジメント』76,82頁）なお控訴審判決でも免責同意書は無効とされた。

ここには業者が，免責同意書（the waiver）が法廷においては無効であることを知っていながら，消費者のダイバーより情報面で有利にある立場を利用して，消費者にある種の錯誤もたらして訴訟を思いとどまらせるためにこれを使用している可能性があるという状況を窺わせる。

⑩　見舞金制度

　「指導団体」が（事実上の）代理人として活動するインストラクターの活動の結果に責任があることを認識していると考えられる文書がある。

　PADIでは，その会員（メンバー）が人身事故を起こした場合，一定の条件の下に，会員から集めている拠出金を資金（PADI自体も一部拠出しているという）として，遺族などに見舞金を支払う制度がある。この支払いと金額の査定とその決定はPADIが行っている。

　見舞金の支払にあたって受取人（遺族など）に送られてくる文書はＡ４サイズの用紙1枚である。これを「PADIジャパン見舞金受け取りに関する同意書」（平成15年使用版の名称）と言う。

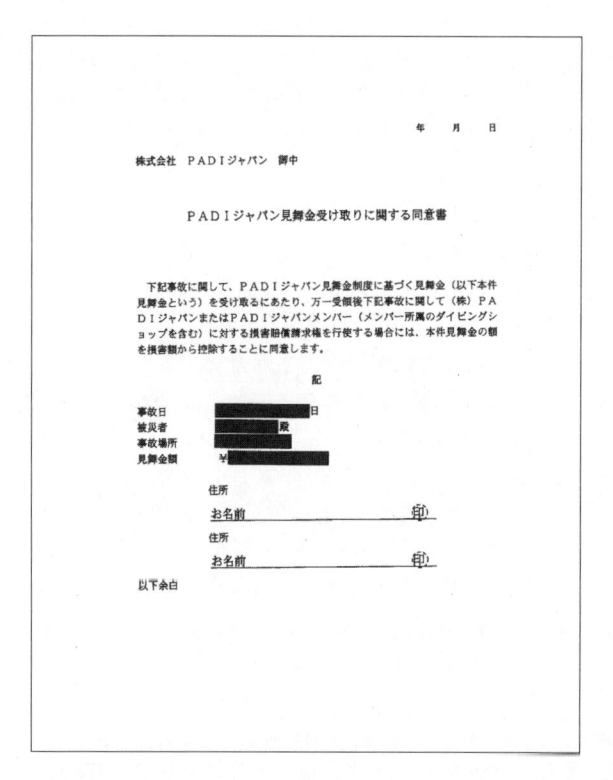

内容の紹介：
「(株)PADIジャパンまたはPADIジャパンメンバー（メンバー所属のダイビングショップを含む）に対する損害賠償請求権を行使する場合には，本件見舞金の額を損害額から控除することに同意します。」

※　本資料は遺族による提供。

　見舞金によって訴訟が回避されると，被告となる業者側には弁護士費用を含めて訴訟費用が不要となり，大きな利益をもたらす。さらに見舞金は支払い名目が

賠償ではないことから，外部に対しては責任を問われた結果ではないと主張できる。

　ここで，一方がファンダイビング中の死亡事故，一方が講習中の死亡事故の2つに対してそれぞれ支払われた見舞金の額の例を見る。

　この2つの事故では見舞金の額に2倍の差があった。それは，ファンダイビング中の事故の遺族に支払われた見舞金は2,000万円であったが，一方の講習中の事故の遺族に支払われた額が1,000万円であった事例である。

　これらの事故の発生状況を見ると，講習中の死亡者は若く，公務員という身分にあった。しかも知る限りにおいてこの講習中の事故の方がインストラクターの欠陥（技量不足）にともなう責任は重かったと見られ，付け加えれば，そもそも死亡事故を起こすような技量レベルの者をインストラクターと認定してプロ活動させていた（その活動から利益を得ていた）「指導団体」の責任が最も重かったと見られる事例であった。

　筆者が知る限り，この2つの事故の間で異なった条件とは，ファンダイビング中の事故の方のみ，事故当時，地元紙で報道されて社会に知られており，その一方，講習中の事故は，知る限りにおいては地元での報道もなかったということである。

⑪　海外事情

　ダイビングビジネスにおいて，現在の事業形態を日本に持ち込んだのはアメリカやヨーロッパの事業者である。その中で大手のアメリカのNAUI（ナウイ。アメリカのダイビング団体。日本法人もある）のインストラクターが行っていた講習中に講習生を溺死させた事件の判決は注目すべきである。この裁判を管轄したプエルトリコ連邦地裁は，NAUIはそのインストラクターの活動によって利益を得ていたことでその活動を承認していたのであり，したがって事故の責任はそのインストラクターと共同して持つとした判断を行った[18]。

　この判決では，ダイビングにおける「指導団体」とインストラクターとの関係を法的に代理関係（インストラクターは表見代理人）にあると認めて「指導団体」の責任を認めている。

　これはつまり，「指導団体」が最上位に位置する階層的事業構造をとるビジネスユニットによって行われるダイビングビジネスでは，その活動の結果の責任は，特に指導・監督者，また"申請料"などの受益者としての地位にある「指導団体」が現場と共同して負うべきであることを明らかにしている。

　言うまでもなく日本でも，このアメリカのビジネスモデルが標準のダイビングビジネスモデルとして展開されている。このため「指導団体」とメンバーの関係

18）　Figueroa v. NAUI, 928 F.Supp. 134 1996／『ダイビング事故とリスクマネジメント』，148頁

やその活動の結果に対する責任は，このアメリカの判例で示された判断と同じであると考えて差し支えない。

⑫ "教育"と思考コントロール

「指導団体」の作っているダイビング講習用のテキストは，その多くが習得すべき技術の内容について充実した記載がなされている。したがってこれらが潜水技量とプロ意識に卓越した本当のインストラクターによって正しく指導されて，かつ間違いなく「達成ベース」で講習生が習得できることが求められる。

しかし現在のテキストには，どの「指導団体」のものにも重要な問題がある。

それは，なぜ「指導団体」の基準・規準によって作られて販売されたインストラクター資格を購入した者が，実際にはインストラクターの能力欠陥による責任が認められる事故が多発している現状がありながら，それでも誰もが（新人から超ベテランまで）1人で複数の体験ダイバーや講習生，あるいは引率されるダイバーたちを十分に監視や監督ができ，その安全を確保できるのかという合理的かつ科学的説明と証明がなされていないことである。

「指導団体」は，それぞれ，1人のインストラクターが一度に4人の講習生までを指導できる，あるいは6人を，などとしている。これはガイドをする場合でも同じである。

しかし水中では，その時の環境が理想的であっても，突然の体調不良となる者が出る可能性は常にあり，また海況の突然の変化の可能性も常にある。これは過去の多くの事故事例を見れば明らかである。したがって，このような可能性を常時含んでいながら，なぜインストラクター資格購入者（被認定者）が，それだけで消費者の安全を保証できるのかの科学的根拠が明らかにすることは事業者の義務であろう。しかし筆者が知る限りにおいては，これまでそのような情報の開示は一度もない。この説明は消費者の安全にとって不可欠の最重要事項にもかかわらずである。実際にこれまで一度に複数のトラブルが同時発生したときに，時には誰かが，あるいはその全員が死亡したり入院となる事故が発生している。ここからも，この科学的根拠を示した説明を行うことは，「指導団体」の社会的責任であることに疑いはない。

またダイビング業界では，各々のインストラクターの技量には時に大きな差（それは講習生や一般ダイバーには命に係わる重大事）があることに関する情報と，消費者にとってハイリスクとなる低レベルのプロの判別の仕方やそのときの自己防衛の方法，さらにそのような欠陥インストラクターによって消費者が直面する可能性のあるリスクの内容とそこで生じた損害に対する救済方法などについて，十分かつ具体的な情報提供やノウハウは提供されていない。

このようなビジネス文化の中では，ダイバー養成のための教授という契約の履行時に，消費者の安全に関して次のような弊害をもたらすことになっている。

それは例えば，テキストでは喫煙はダイバーにとっては禁止事項であると教え

ていながら，実際には，インストラクターが講習生の前であろうと，海洋実習地に移動中の車内であろうと喫煙して客を副流煙にさらし，しかも時にはくわえタバコで講習生などの器材をセッティングしている実態が見られる状況である[19]）。

　これは，ダイバーの安全に関わる禁止事項であっても，それを軽視する意識を講習生に植え付けている実態を示している。このようなインストラクターによって行われた講習は明らかに欠陥商品である。こうした講習品質に対しても，「指導団体」の「認定」によるＣカードが良質の講習と同じように発行されていく。

　さらに事故を防止するための技量の習得のための講習のはずなのに，水中でマスクに水が入ったときにそれを排出するための技術であるマスククリアという，もっとも基礎的であり重要である技術の習得に関して十分ではなくても，それをちょっと成功しただけで，「達成ベース」で習得したなどとされることも少なくない。

　こういった講習とビジネス文化を通じて，講習という商品ダイビングを購入した消費者には，テキストの内容はそれほど重要ではなく，それは自由に無視できるとする思考が浸透する可能性が高い。これはその後，インストラクターの不正な行為に疑いを抱かなくなったり，あるいは無関心になるという傾向すら導く。

　これが「正常化の偏見」の浸透をもたらす一因になるのである。

「安全管理強化策　ダイビング・ポイントの選定
■　参加者の技量にあったポイントを選んでいますか？
■　深度は深いダイビングから浅いダイビングへ。」（「2004年リスク・マネージメント　PADIジャパンからのご提案」から引用）

●　雑誌『ダイバー』（平成18年8月号の172〜174頁）に「「逆プロフィル・ダイビング」は危ない！」という減圧症に関する記事があった。ここに興味深い記述があった。それは，1日に2回以上の潜水を行うときの水深管理の基本中の基本（鉄則）である，最初の潜水の方をより深く，次をより浅く行うべきとする潜水の仕方に反することを盛んに行っている現状を紹介している部分である。
　この記事の前半で，「配慮」に満ちた肯定的な表現がされていたビジネス手法が，実は消費者を危険なリスクにさらしているものだとも受け取れる意見を，この筆者が減圧症に関するモルモットの実験を紹介しながら穏健に主張している部分が注目された。
　この実験についての記述は174頁にあり，動物実験を通じた「逆プロフィル」ダイビングと，「さらに恐るべきマルチレベル「逆」プロフィル！」の危険について，「逆プロフィル」潜水の実験でネズミが重度の減圧症で全部死亡した実験があったことを報告していた。これはこの事実が確認できないことを差し引いても，「逆プロフィル」潜水に危険が存在し，それが予見できることを明らかに

19）　喫煙は血中の一酸化炭素濃度を高め，酸素供給能力を低下させる。また喫煙は肺の毛細血管に小さな塞栓を誘因する原因ともなる。

していることに大きな意味があった。

⑬ "教育"効果の責任

一般に消費者は,「指導団体」の看板がない者がリーダーとなってダイビングをしようとした場合には通常の危険に対する感覚の発揮はさほど阻害されず,その潜水計画や指示に疑問を抱いた場合には自由に質問や疑問を示すことができる傾向にある。しかしリーダーが「指導団体」の看板（ブランド）を冠したインストラクターという資格の保持を示した場合には,こうした通常の感覚の発揮されにくくなる傾向が見られる。これは講習を通じた"教育"が一般ダイバーの思考と行動に強い影響を与えている一例である。

したがってファンダイビング時に欠陥のある潜水計画を示されたり,その指示の間違いによって消費者である一般ダイバーに損害が発生した場合には,それは"教育"によって消費者が自らの安全のために発揮すべき通常の感覚の発揮を妨げられていたためであるという可能性が少なくない。

またこのような教育効果は,インストラクターの資格を持っている者に対しても,自分の技量に対する過剰な思い込みを誘引することにも繋がり,彼らにさえ「正常化の偏見」の浸透を促す。

⑭ 不良品としての欠陥の認識

「指導団体」は,インストラクター養成プログラムで養成した者に,プロの能力という役務商品としての側面で見た場合に不良品や欠陥があることを十分に把握しているが,それらが市場に出回ることを妨げていない。人命に関わる欠陥商品に対してコストのかかる抜本的な対策を打たずに事実上放置しているのがこの商品の側面である。これは製造物としての商品なら直ちにその商品にリコールをかけなければならないほどの重大事態である[20]。このような中,「指導団体」は,インストラクター養成などやその資格商品販売の結果生じた不良品（能力と適性の欠陥や未熟）にリコール宣言をしてその認定を取り消す形で商品（資格）を回収し,その不良品の欠陥を正すための再訓練を行って品質のレベルを社会的に必要なレベルまで持ち上げるという事業や作業はこれまで行っていない。

インストラクターの立場で行う講習という役務の品質は,それを受けた消費者の,ダイバーとなってから以降の安全にも決定的な影響を与える。したがってその講習後に生じた消費者の事故の責任から全面的には逃れられないのが本来の姿である。社会が製造物が消費者の手に渡ってからの企業の責任を当然のものとしている以上,消費者の安全にかかわる役務商品にもその当然の責任認識を適用することで法の下の平等を実現すべきである。

---

20) 参考：「日本においては,Qualityの訳に「品質」という言葉をあてましたが,欧米では,Qualityは物に対する質だけではなく,ISO 9000シリーズでは,むしろ物（商品）よりも,それを作り出すプロセスの質,人の質を問題にします。安全も,単に物の安全だけではないとの理解です。」（日科技連某研究会統括主査私信）

「指導団体」は，事故報告書や裁判への関与[21]を通じて，彼らの役務商品の欠陥が社会に与えている影響の問題を以前から知っている。事実「指導団体」は，インストラクター資格を得ようとする消費者（インストラクター養成プログラムの購入者）に対して，限定されてはいるが，プロ活動の結果重大な法的責任を問われる可能性があるという情報は提供している[22]。それでも「指導団体」が収益性を何より最優先としている可能性は否定できない。

⑮ 認定ビジネスの債務履行責任

平成18年4月21日，東京地裁において，M重工業に対して財団法人日本品質保証機構（JQA）が審査・指導する契約を結んでいたにもかかわらず，性能認証などの指導を適切に完了しなかったとしてその責任を認定し，約7400万円の賠償を命じる判決があった。

これは「指導団体」による認定ビジネスと同様のビジネス形態が，その認定を結果とする役務という債務が正しく履行されない場合には賠償責任が生じるとする可能性を開いた画期的な判決であった。なおこの判決は，全国で大きく新聞報道された周知の事例なのでここに紹介する。

裁判所はこの判決の中で次のように述べている。

まず認定を行っている法人を，

「被告は，製品，システム，環境等に関する品質保証及び証明等の事業を行うことを目的とする財団法人である。」

「製品を評価して規格への適合を証明する適合評価サービスを行っている機関」

「規格に適合すると判断した製品についてその旨の認証（以下「CSA認証」という）を行うサービスを提供している。」

としている。

これは「指導団体」が定めたダイバーとしての「基準（規準）」（インストラクターとしての「基準」も同様。）に講習生（インストラクター候補生も）が「基準」（＝規格）に適合しているかどうかを判断して「認定」（＝「認証」）する事業が，この裁判の被告の適合評価サービスと同一と考えられることを示している。「指導団体」は少なくとも自らの「基準」を達成すれば安全にダイビングをできる，あるいは指導・引率できるとしているので，ここではそれを前提に考察する。

つまり「指導団体」の事業においては，「基準」に定められているようなダイバーやインストラクター（ダイバーにとっては自分の生命身体の安全にかかわる能力（「基準」），インストラクターにとってはその指導やガイドを受ける者の安

---

21) 大手「指導団体」の中には，インストラクターが人身事故によって訴えられたときに担当する専門の弁護士と契約しているケースがある。実際に某弁護士は，ある年に同時に5件の同様の訴訟を担当していたという。
22) 第Ⅲ部第1章2(5)②を参照。また『2004年リスク・マネージメント　PADIジャパンからのご提案』参照。

全確保を可能となる能力（「基準」））としての能力の適合の是非を判断（「認定」）することが「指導団体」の商品であり，その債務である。

　昨今の裁判の判決で見られるように，インストラクターに過失（つまり役務商品としての指導者・ガイドとしての能力の欠陥から生じる事態）があった場合には，その結果の損害は，その役務商品の役務契約上の債務不履行（注意義務違反）の結果生じた損害となる。

　さてこの判決でも，被告による認証の結果が，認証という役務商品の保証する結果をもたらさなかったことになることから，それについての法的責任を，

　「CSA認証サービス提供契約上の債務不履行があったとしたならば，被告が同契約上の債務不履行責任を免れないことは明らかである。」

　「規格を満たさない点があるにもかかわらず，これを指摘せず，それらがCSAの規格を満たしている旨の報告を行ったのであるから，これが被告の前記契約上の債務の不履行に当たることは明らかである。」

　「以上から，被告は，原告に対し，債務不履行責任を負っているということができる。」（東京地裁判平成18年4月21日，平成15年(ワ)17577号(控訴)，平成18年(ワネ)1011号，平成18年4月時点で判例集未掲載）

　世界最大のダイビングビジネスの発祥の地のアメリカでは，「指導団体」に対して，その認定インストラクターの講習中に生徒が死亡した事件で連帯責任が認められている。これからも，日本でも「指導団体」の認定（認証）ビジネスの結果に対して，一刻も早くその法的責任を明確化する必要がある。そのためにも，人の安全にかかわる資格販売・認定ビジネス業の義務と責任を規定した「業法」の成立を待つだけにとどまらず，役務商品製造・販売者に対して製造業の製造物責任を負う事業者との法的平等の達成のためにも，この役務商品にＰＬ法を早期に適用すべき強い必然性が見られるのである。

　● 「東京大学における潜水作業中の死亡事故について　事故原因究明及び再発防止のための報告書」東京大学農学部潜水作業事故全学調査委員会，平成18年3月30日，40頁では，「① 役務提供商品に対する製造物責任法（PL法）の適用要求　ダイビング業界はピラミッド型の業界形態（階層的事業構造）をとっている。ダイビングビジネスの最上位にある「指導団体」は，一般ダイバーやインストラクターなどの養成プログラムの製造・販売やその結果の認定事業を下部の講習機関やインストラクターを通して実施することを目的とした事業を行っている。又養成されたインストラクターなどが講習やガイドという事業を行う場合には，通常「指導団体」と会員契約を結んだうえでないと実施できないような仕組となっている。そして会員は「指導団体」の規準や指導に従ってビジネスを行っている。このためダイビングに関する役務商品を中心とした一連の事業は「指導団体」の実質的な指導・監督下にあると言える。従って会員個々の事業の結果に対する最終的な責任は「指導団体」にあると考えるのが自然である。」としている。

● 役務商品であるダイビングの各種「資格」は，「指導団体」が任意に作成した基準・規準などによって"製造"される。またこういった基準・規準による教材や講習プログラムは，その役務商品の設計図に相当する。したがって初心者からインストラクターまでの各種講習や養成コースは，「指導団体」の作成した設計図に基づく役務商品の製造ラインそのものであると言うことができる。したがって当然その製造者責任は，全体を管理・指揮・指導し，かつ最終認定権者であり，その認定行為で利益を得ることを目的とした事業を展開している「指導団体」にあると見るべきである。そしてこの役務商品の品質上の問題で消費者の安全に係わる損害が発生した場合には，この全体の管理者が責任の外にある，とすることは法の下の平等の原則から明らかに外れている。またこの製造ラインで製造された商品である各段階のダイバーが習得したとされる能力は，それぞれにおいて十分な品質が保証されていないと命にかかわるリスクに直面することから，認定後（Cカード発行後）に能力に欠陥や不足部分があったとしたら，それらにその製品の品質を保証し，設計・製造責任者でもある「指導団体」の責任が問われるのは当然である。またこの製造ラインはビジネスシステムそのものでもあることから，この製造ラインが欠陥（指導者が業務上過失致死傷罪に問われるような事態）を発生させていたとしたら，なぜ欠陥を生じせしめるような指導者（インストラクターやガイド）を生産していたのかを徹底的に調査して根本的な改善を施す，あるいは従来の製造ラインを破棄して別途新しい設計思想に基づく全く新しい製造ラインを作る，という選択が早急に求められるであろう。もしこれをしないとしたら，それは昨今の自動車，エレベーター，ガス瞬間湯沸かし器の問題と同等以上の社会的責任が問われるべきである。

● ファンダイビング中の事故で，業者側がその過失責任についてダイバーに対して過失相殺を主張することがある。この場合，事故に遭ったダイバーが正しく契約どおりの講習を受けて，約束されたダイビングの技量を達成ベースで習得していた場合には，その求めについて考えるべき必要性があるが，そのダイバーに対する講習の契約履行に欠陥や手抜きがあった場合には，その契約履行に関係したインストラクターや「指導団体」の責任を優先的に検討すべきことを忘れてはならない。したがって事故に遭遇したダイバーに対して過失相殺を主張する者は，そのダイバーが正しく講習を受け，かつ間違いなくその技量を習得していることを証明しなくてはならない。講習の契約において，消費者であるダイバーに知らせられないまま不十分な技量しか習得させられていなかったとすれば，そもそもそのダイバーに，正しい講習契約を履行された者と同程度の責任能力がないことは，ダイビングの業者側にとっては自明のことである。これは，業者の側こそが，講習で誘客しているような習得技量の内容を策定して示しているからである。さらに契約履行過程の講習では，安全のためにこのテキストの内容を習得することの重要性を語って，これらの技量の伝承を商売としているほどだからである。

またダイビングの技量とは，狭い意味での潜水技術に加えて，ダイビングのリスクの認識とリスク情報収集の能力，毎回自分が行うダイビングの危険の予見が習得した技量のレベルの範囲内でできること，自分が相対するインストラクターやガイドの品質の判断などがある程度できるようになることを含む。こ

れらはすべてダイバーの安全にとって重要な要素であることから，その習得の度合いは厳密に評価しなくてはならない。特に習得技量のレベルを，講習時のテキストに書かれているレベル（これが契約条項の最低限の内容。これに消費者基本法第五条の特に二に定められている内容の履行が不可欠）より低く設定して，手抜き講習という契約違反などを少しでも容認することは決してあってはならない。その「少し」が消費者の死につながる事故の牽引となっていることは，これまでの多数の死亡事故の分析から明らかだからである。

第Ⅱ部

スクーバダイビングの事故

商品スポーツを購入し消費する国民は，その具体的な危険を知る権利と義務がある。

> ※　後述資料でも分かるが，平成17年（2005年）は筆者や東京大学の調査で死亡・行方不明者が前年より増加しているにもかかわらず，ダンジャパンは海上保安庁の発表データのみを限定して採用し，その会報において「平成17年は最近10年間では，平成14年に次いで少ない数値となっています。」としている。(『ダン・ジャパン会報 Vol.33, 2006.8』財団法人日本海洋レジャー安全・振興協会，2頁)

① 事故情報へのアクセスコントロール

Cカード協議会は，「レジャーダイビングの安全性向上に向けて」として，「第4回日本高気圧環境医学会関東地方会総会論文集」兼「第6回小田原セミナー論文集」に掲載された内容をホームページに掲載している（平成18年4月下旬時点確認）。その中には次のような記述がある。

事故事例学習の困難さ　事故事例を学習する事が，事故防止に大変重要である事は言うまでもない。しかしながら，事故当事者への「損害賠償請求」，「刑事責任追及」および周囲への配慮等から，詳細な事故情報の開示が出来ず，事例の十分な学習を行えない[1]のが実情。

航空機事故では，十分に事故事例を学習できるシステムがあり，同じ種類の事故は二度と起きないとされている。

ここで「および周囲への配慮」とあるが，文脈全体からは，事故情報を開示しない理由とは，事故を起こした側への責任追及を避けるためで，それらは事故の再発防止のための情報共有や，事故者やその家族への情報提供より優先されるものとしている業界理念が感じられる。さらに「学習できるシステム」がない（誰かが作ってくれていない）ということが事故事例を学習できない原因としている。そして彼らの事業では，事故事例を学習できれば，同じ種類の事故は二度と起きないものだと宣伝しているように見える。

筆者は拙著や拙稿，そしてホームページなどを通じて数百件におよぶ事故事例の概要を公開[1]している。その中には事故の重要部分を詳しく報告しているものも複数ある。さらに公開された判例の研究や，ご遺族の了解を得て研究した事例もかなり詳細に報告している。それらを見ると，事故が同じようなパターンで繰り返し起きていることが分かる。特に重要なことは，インストラクターやガイドの能力における同じような欠陥から重大な人身事故が発生し続けていることが分かる。

1）　第Ⅰ部第1章7⑵参照

この事実は，現状のビジネスモデルでは，刑事責任が繰り返し問われる品質の指導者養成プログラムの販売を阻止できないということを示している。

筆者が開示している資料は，事故捜査担当者などが参考にしたり，裁判でも証拠や参考資料として用いられることもある。つまり業界が，誰かが事故事例を勉強するシステムなどを作ってくれるまで待たずとも，実は十分に事故事例を学習できる機会は既に何年も前から整っていたというのが事実なのである。

② 他のマリンスポーツのとの致死性比較

次のグラフは，海上保安庁（以下，海保と略す）が発表した資料から作成した。

マリンスポーツとして広く行われている中から3つの代表的なものの致死性を比較できるのが次のグラフである。

海保のデータは，届け出があった認知レベルであることから，届けられないままの事故が多数あることを考えると，必ずしも事故全数を表すことはできないが，全体の傾向を比較して見るためには有用である。

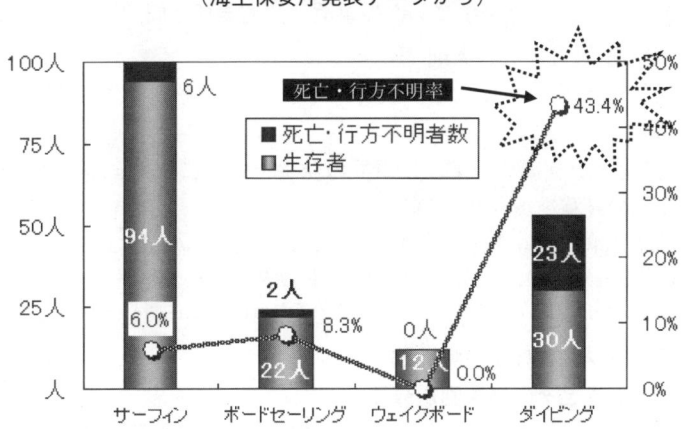

平成15年　マリンレジャー事故内容比較
（海上保安庁発表データから）

このグラフを見ても分かるように，マリンレジャーでは，商品スポーツとして安全で誰でもできると宣伝されて販売されているダイビングの致死性の高さが異常値に見える。

したがって，この部分に関わる調査と分析を最優先としなければならないことは明らかである。

これ以後は，ダイビングという「役務商品」の「契約履行現場」で発生した人身事故事例を詳しく検証し，そこにある危険やその予見可能性を検討し，さらにそこで販売されている資格商品が，社会と消費者にどのような問題をもたらしているかを考察する。

第1章　注意義務（安全配慮義務）の二原則

1　商品構成と法的義務
(1)　商品構成
(a)　スクーバダイビングという商品スポーツには，未経験者に対して販売されるものとして，体験ダイビングと初級者講習がある。

(b)　初級者講習を修了した者以上を対象とした商品ダイビングとは，業者が水中をガイドするツアーをファンあるいはガイドダイビングという。

(2)　プロの法的義務二原則
(a)　「常時監視義務」の原則
「たえず受講生らのそばにいてその動静を注視すべき注意義務」

> ※　（最高裁第一小法廷平成4年12月17日決定(棄却)，平成4年(あ)383号（刑集46巻9号　683頁）／『ダイビングの事故・法的責任と問題』76頁）

(b)　「潜水計画責任」の原則
「潜水計画の管理者として，第一次的にガイドダイバーとして責任を負う」（一審判決）

「生命等に危険が及ばないように事故の発生を未然に防止するための措置をとるべき業務上の義務を負う」（二審判決）

> ※　（那覇地判平成9年3月13日，平成4年(ワ)106号，福岡高裁那覇支部判平成10年4月9日(棄却)，平成9年(う)21号，最高裁第二小法廷平成14年6月27日決定(棄却)，平成10年(あ)550号／『ダイビングの事故・法的責任と問題』80頁）

(3)　ダイビングにおける注意義務
①　予見可能性とその結果回避義務

事故発生にかかわる予見の可能性について，平成17年2月17日に仙台地方裁判所で出された判決を紹介する。これは小学生2人がキャッチボール中に，誤ってボールを別の小学生の心臓部に当てたことで，その小学生が心臓振盪で死亡した事件で，死亡した小学生の遺族から提起された訴訟の判決である。

裁判所は，キャッチボールをしていた2人の小学生の各両親に対し，監督者責任によって計6000万円を超える損害賠償を認める判決を下した。そしてボールが当たったことによる心臓振盪が予見されるのかどうか，ということについて次のように判断している。

■「具体的死亡経過について予見できなかったとしても，ボールがそれて他人に当たること，それによって死亡することもあることの予見可能性があった

以上は，死亡の結果に対する責任も免れない」（仙台地判平成17年2月17日平成15年(ワ)1170号，判例検索システム）

ダイビングにおける安全とは，一般に販売された商品ダイビングを，その消費者（講習生，体験ダイバー，一般ダイバー）が，安全に終了できて遅滞なく日常に復帰できるという結果がもたらされることに尽きる。つまり危険への直面という結果が事前に回避されていることが前提である。

この前提があるかからこそ，次のような判決となってくるのである。

それは，ダイビングという商品スポーツの注意義務（安全配慮義務）とは，「参加者との間の契約上の債務であると同時に，一定の危険を伴うダイビングツアーを営業として行い，これにより利益を得ている者として負うべき不法行為上の注意義務でもある」（大坂地判平成12年12月14日，平成10年(ワ)9173号平成16年11月現在判例集未掲載／『ダイビングの事故・法的責任と問題』123頁）。

さらに最高裁は，平成18年3月13日，高等学校の生徒が課外のクラブ活動としてのサッカーの試合中に落雷により負傷した事故の上告審判決[2]で，その引率者兼監督である教諭に落雷事故発生の危険が迫っていることを予見すべき注意義務があり，その義務の違反があるとした判決を行っている。判決では，その行為の中止や延期の決定権を握っていた「担当教諭は，できる限り生徒の安全にかかわる事故の危険性を具体的に予見し，その予見に基づいて当該事故の発生を未然に防止する措置を執り，クラブ活動中の生徒を保護すべき注意義務を負う」とした。これは，落雷事故は全国で頻繁に発生しており，またその事故予防に関する記載がなされた文献も多く存在し，したがってそれを知らなかったという理由は免責の理由とはならないとした判決である。

ダイビング事故も多数発生し，海上保安庁のホームページや何冊かの拙著，筆者の主催ホームページなど，さらにダイビング業界の出版物でも一定の数の事故事例について毎年紹介されていることから，ダイビングの指導・引率者は，危険に対する具体的な予見は可能であると言える。

② 商品スポーツとそれ以前のスポーツの概念

レクリエーション（レジャー）としてのスポーツにおける法的責任について論ずるとき，一般の識者の中には，そこで事故が起きても自己責任ではないか，と考える人々が少なくない。また商品スポーツ販売側による免責同意書の要求にも，生命身体の重大な損害時ですら十分有効ではないかとする人もいる。

これらは，商品スポーツという概念がないために起こる考え方である。

これまで多くの研究がなされている，たとえば学校体育などの中のスポーツや部活動中の事故にかかわる責任論，同士型登山のような，社会的に，致死的な危険の存在が高い確率で認められることが周知であるスポーツにおける，その実行

---

2) 最高裁第二小法廷判平成18年3月13日，平成17年(受)76号，判例検索システム

者の危険の引受を背景とした責任論，ルール内であれば怪我や，最悪相手を死亡させても免責される可能性が高い格闘技や激しい接触型のスポーツにおける責任論，またプロ野球やプロサッカーのような商業スポーツ選手の事故の際の責任論などによって商品スポーツの法的問題が解決されるのであれば本書はそもそも必要ない。

また，従来のスポーツの概念には，予防法学や応用法学が必要とされているような安全（安心）な「場」や，そこで提供する運動の喜びを「役務商品」として商品化して販売している商品スポーツの概念には適さない。

しかし実際の社会の現場では，商品スポーツにかかわる法的責任という問題はすでに多数存在しているのである。

この商品スポーツという概念は，商品スポーツを商業スポーツと混同している限り理解できない。

そこでこの両者の違いをあらためてその違いを次のようにまとめた。

商業スポーツ（プロ選手などによる）とは，スポーツを見る側（観客）が主たる消費者として存在し，それを娯楽として見せるための環境と場の提供者（経営者）が，選手という商業スポーツ従事者に報酬を支払って行う一種の興行である。この商業スポーツの場合，リスクはルールという個別法の形で関係者相互に承認して負担しあう。そして商業スポーツ従事者（選手）はいわゆる労働者でもある。それに対して商品スポーツとは，消費者がこれを自らのレクリエーションとして楽しむ（消費する）ことを目的とし，消費後に安全に日常生活に復帰できることを前提に販売される，役務商品としてのスポーツのことである。

したがって商業スポーツでの消費者拡大のための会員資格（会員認定など）の販売には，資格そのものに消費者の生命身体の安全にかかわる項目は原則存在しない。しかし，商品スポーツ（致死性を内包するもの）やそこで販売される資格（認定行為）は，それ自体が消費者の生命身体の安全にかかわる商品であるため，そこには人命の安全という法益にかかわる重大な法的問題が存在するのである。

つまり，商品スポーツにおける注意義務を理解するには，商業スポーツのそれとは明らかに異なるものであるという認識の転換が必要となるのである。

(4) 免責同意書の内容に対する司法の見解（⇒商品スポーツ共通）

これについては，消費者契約法施行以前でも次のような判断が出されている。

■「身体及び生命に侵害が生じた場合にまで被告の責任を免除することを内容とする合意は，公序良俗に反し，無効である」（大坂地判平成12年12月14日，平成10年(ワ)9173号）

■「人間の生命・身体に対する危害の発生について，免責同意者が被免責者の故意，過失に関わりなく一切の請求権を予め放棄するという内容の免責条項は，少なくともその限度で公序良俗に反し，無効である」（東京地判平成13年6月20日，平成10年(ワ)19478号，判タ1074号220頁）参照：『ダイビング事

故とリスクマネジメント』76,83頁,中田誠「スクーバダイビング裁判における五秒テストの提案」日本スポーツ法学会年報第9号,2002年,119頁)

　以上からも,商品スポーツ実行中の事故による消費者の損害については,一般常識の範囲内(自然環境下で行われる場合の,使用器材の通常の損耗,軽微な擦り傷　切り傷程度)であれば業者の免責は当然とも考えられるが,ここで言う免責同意書のような文書による業者の消費者に対する要求は,公序良俗に反する内容と言えるのである。

　※　スキー場での事故の免責問題に関しては,福井大学の水沢利栄の研究がある。『スキー場における免責告知－パーク内の注意表示の検討－』日本スキー学会誌第15巻第1号,2005年,141頁)

第2章　事故の実態と分析

1　事故統計
(1)　業界が持つ致死性の認識

「危険の程度にも致死的であるということは他とは質的に異なるものである」(25頁)，「ダイビングの本質に危険性は深く関与している。一呼吸を間違えばパニックになって，その対処を誤れば生命の危機に直面する」(26頁)

『21世紀・日本のダイビング業界はどうあるべきか』(スクーバダイビング事業協同組合，1999年) という，事業者向けの冊子では，商品ダイビングが本質的に致死的な危険を内包しているとの認識を明確に示している。

(2)　統合データの性質
ダイビング事故の統計資料としては，海保のデータが全国をカバーする単一の統計資料としては最も事故の実数に近い。しかし海保でも，警察や消防がダイビング事故と認定していても届けられない事例は認知できない。

したがって，筆者が以前より論文や著作，また学会の報告の場などで訴えているように，国内の事故事例の研究のためには，海保データを補う調査活動が不可欠である。

さらに海外での日本のダイバーの事故の事故の多くは把握しにくく，その公的統計資料もない。このため筆者は外務省の協力を得て，『ダイビング事故とリスクマネジメント』の290～295頁に，平成11年（1999年）までの分を調査・整理し，掲載した。それ以降は，外務省提供の資料に，日本国籍はないが日本人と結婚して日本国内在住在勤の方の事故事例1件と，海外で減圧症にかかり，帰国後に重度の発症となった事例1件を加えたものを海外の事故事例として加えた。実際に海外の事故のときは，死亡などの重要事例を除くと在外公館に届けられないケースも多い。

さらに海外や国内リゾート地で発生した事故では，本人や家族が日本国内や住居地近くでの治療を希望して帰国（帰郷）する場合があるが，その人が後に後遺障害を発現したり死亡した場合でも，その事故の事実や犠牲者の存在が病院や保険会社以外に記録としても残らないことが少なくない。同じように，海外のダイビングで重度の減圧症などに罹患し，さらに後遺障害が残ったとしても外務省に届けられないケースが少なくない。こうして，実際に起きた事故が，公的な記録に残されなくなる。

これは，業者や研究者・学者が事故の実態を語るときに海保のデータのみを唯一のものとするときの危険を示している。
　筆者は平成10年までの研究の結果，海保に届けられていないデータの調査研究が不可欠であることを知り，平成11年から全国の警察や消防などにも協力を求め，ダイビング事故と記録された事例の発掘・調査を開始した。さらに平成16年と17年の分は，筆者も委員を務めた東京大学農学部潜水作業事故全学調査委員会（以降東大事故調査委員会と略）と共同で調査と検証を行った。したがって平成11年以降は，筆者の力の及ぶ範囲ではあるが，科学的かつ疫学的な調査を重ねた上での事例の分析や統計となっている。つまりこれは現在日本で最も事故の実態に近いデータであると言える。
　なお統合データには，レクリエーションダイビングと同じ条件で警官が潜水を行っていたときに発生した事例や，フリーダイビングのサポートでの待ち受け中の事例を各1例，またインストラクター自身が個別に，あるいは客と一緒に事故に遭った複数の事例を含んでいる。ただし軍事潜水及び作業潜水（水中の土木清掃工事などや原子力発電所，また水族館などでの作業など），及び潜水漁業者の業務中の事故は含んでいない。

2　ダイビング事故の実態の研究

(1) 事故件数と事故遭遇者数　これ以降示すデータは，平成元年から10年までの国内分の事故事例は海保資料を，11年から18年（18年は暫定値）までは海保資料に加え，筆者が全国の警察・消防などにダイビング事故と記録された事例（16，17年分は東大事故調査委員会と共同調査）を調査して導き出した数値（以降統合データと呼ぶ）である。海外分は在外公館に届けられたデータを外務省から提供を受け，それに先述したような事例を加えた。なお海外で心肺停止状態となって意識不明のまま日本に搬送された事例1件は，その方の帰国後の状態の確認が取れなかったが，その事故の状況から死亡とカウントした。今後も調査の過程で新たに判明した事故は適宜統計に加算していく。

① 平成11年（1999年）から18年（2006年）にかけての国内事故状況

	事故件数	死亡・行方不明件数	生存件数	事故者数	死亡・行方不明者数	生存者数
平成11年	46件	27件	19件	64人	30人	34人
12年	43件	19件	24件	47人	19人	28人
13年	39件	17件	22件	50人	17人	33人
14年	44件	16件	28件	46人	16人	30人
15年	69件	30件	39件	110人	30人	80人
16年	49件	17件	32件	78人	19人	59人
17年	47件	20件	27件	54人	21人	33人
18年	54件	12件	42件	68人	13人	55人
8年間計	391件	158件	233件	517人	165人	339人
平均死亡率と生存率		40.4%	59.6%		31.9%	68.1%

※ 死亡には事故から1ヶ月程度までの死亡を含む。事故2週間を越えた場合の死亡事例は他にも存在する可能性がある。生存者には植物状態を含む重度後遺障害者を含む。したがって事故の実態は数値以上に深刻である。ここの数値は，後日，事故の事実の判明や生存とされた者の死亡などが確認された場合には変更される。

国内8年間事故発生件数推移

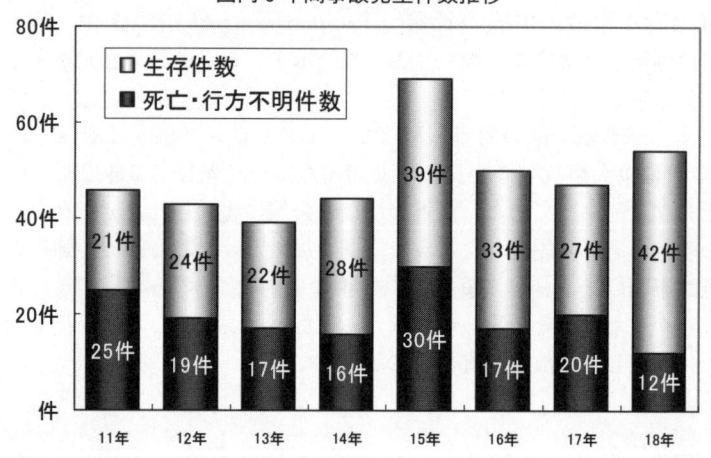

年	生存件数	死亡・行方不明件数
11年	21件	25件
12年	24件	19件
13年	22件	17件
14年	28件	16件
15年	39件	30件
16年	33件	17件
17年	27件	20件
18年	42件	12件

　本書脱稿後の平成20年1月に出された海上保安庁による平成19年のダイビング事故者速報によると，海保は42人の事故者を認知し，うち17人が死亡・行方不明であった。海保の平成18年の認知者数は47人だったので，平成19年は全体で5人減ったとしているが，死亡・行方不明者数は平成18年の11人から17人と，約55％増加している。筆者の調査では，平成18年の事故者数は55人で，うち死亡・行方不明者数は13人だった。海保の数字はこの13人と比べても多い。したがってこれまでの実態から推定すると，実際の事故者数はこれよりさらに増える可能性が高い。この事態を招いた原因は，75頁②(b)にある，平成16年問題にあると考えられる。

平成時代国内事故者数推移（海保データと統合データの合成）

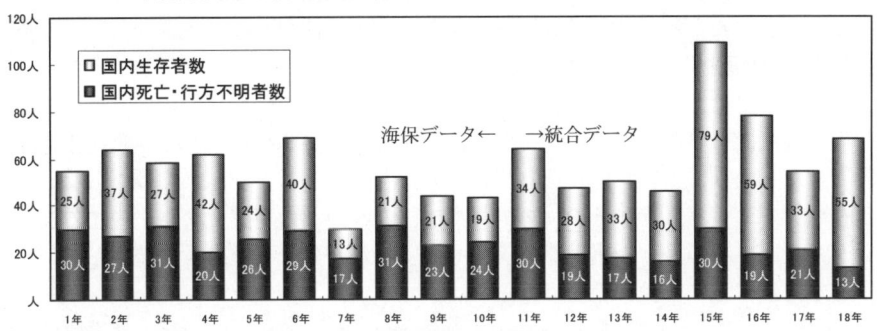

年	国内死亡・行方不明者数	国内生存者数
1年	30人	25人
2年	27人	37人
3年	31人	27人
4年	20人	42人
5年	26人	24人
6年	29人	40人
7年	17人	13人
8年	31人	21人
9年	23人	21人
10年	24人	19人
11年	30人	34人
12年	19人	28人
13年	17人	33人
14年	16人	30人
15年	30人	79人
16年	19人	59人
17年	21人	33人
18年	13人	55人

※ 漂流事故の場合は，1件の事故でも事故者数が20人を超える事例もあり，それが生存者数に影響を与えている（グラフ内の平成11年以降の「統合データ」の表記は，これ以降のデータでは略す）。

また過去の海保データは事故を件数ベースでは分からないため，人数のみをデータとした。

② 海外も含めた死亡・行方不明者数
　(a) 死亡・行方不明者数推移

日本のダイバーの海外事故者数推移

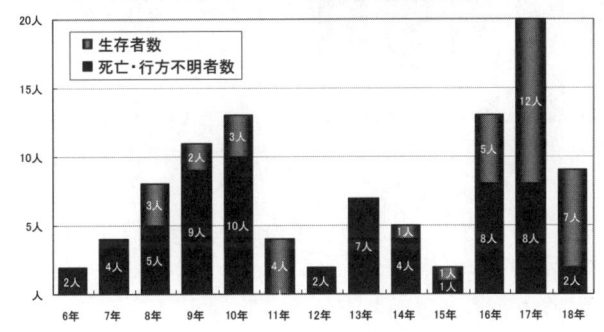

年	死亡・行方不明者数	生存者数
6年	2人	
7年	4人	
8年	5人	3人
9年	9人	3人
10年	10人	3人
11年	4人	
12年	2人	
13年	7人	
14年	4人	1人
15年	1人	1人
16年	8人	5人
17年	8人	12人
18年	2人	7人

レクリエーションダイビングは，日本沿岸の水域だけでなく，世界各地で行われている。よって海外の事故事例を無視すべきではない。海外で日本人向けに販売されている商品ダイビングも多いのでなおさらである。

このグラフでは，事故者数は，国内同様，数年ごとに波打つパターンを繰り返している。

　(b) 平成13年問題と平成16年問題

平成13年から15年前半頃にかけて，ダイビングマスコミや公益団体の事業を通じてなどで，12年〜14年は事故が大幅に減ったのでダイビングが安全になったとの宣伝がなされた。しかしそれは国内の海保データのみを根拠とし，海外での事故発生の事実を無視して行われた。この手法による「安全」の宣伝とイメージの流布及びその浸透の作業は，消費者にリスクを軽視させることで集客効果の強化を狙ったものとも考えられる。

この宣伝による印象誘導（イメージコントロール）は，「正常化の偏見」の浸透力を強化した。これが一般ダイバーやインストラクターなどの危機管理の意識の向上を阻害した可能性は高い。そして実際に平成15年に事故が多発する事態と

第2章　事故の実態と分析　73

なったことで，少なくともリスク管理が強化された結果でないことだけは明らかになった。したがってこのイメージコントロール手法を今後の教訓とし，これを「平成13年問題」として忘れてはならない。

次のグラフは，国内外の死亡・行方不明者数の推移を表したものである。ただし生き残ったとされるダイバーの中には，入院中のまま死亡したり，重度後遺障害者となったり，植物状態となっている人たちがいることを忘れてはならない。現在のダイビング業界やそのマスコミでは，こういった事実をタブー視するきらいがあるが，このような重大な事実，そしてそれが延々と継続して発生している事実を隠蔽することは，穏当ではない。

内外の日本のダイバー死亡・行方不明者数推移

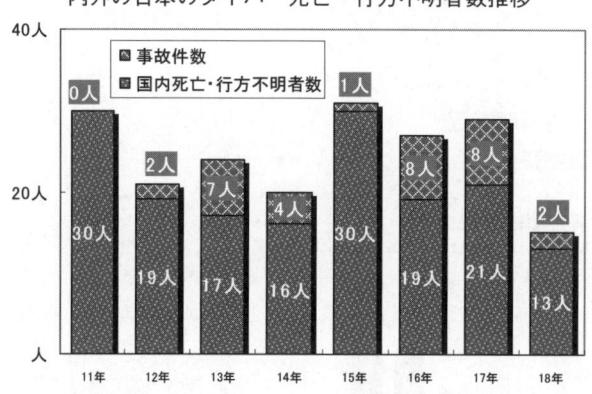

年	事故件数	国内死亡・行方不明者数
11年	30人	0人
12年	19人	2人
13年	17人	7人
14年	16人	4人
15年	30人	1人
16年	19人	8人
17年	21人	8人
18年	13人	2人

ダイビング事故は，数年単位で増減（大きな波と小さな波）するパターンがある。これは潜水器材の進歩があっても変わらない。したがって近い将来にまたこの数が増加に転じる可能性は否定できない。

こういった事態の背景には，手抜き講習でダイバーとなった世代が，低レベルの技量のままインストラクターとなり，その負の遺産（技量不足や事故への認識不足）を次の世代のダイバーに継承していく，いわゆる負の連鎖が1つの要因として考えられる。

ここで，平成17年に，海保データのみを限定的に使用して，16年に続いて前年より事故が減ったので安全になったという情報が流布された事例を紹介する。

「スキューバーダイビング事故は，事故者，死亡・行方不明者とも平成16年に比べ減少。」（DAN JAPANのHP http://www.danjapan.gr.jp/danweb/top.html　平成18年5月1日付掲示から）

　※　大手「指導団体」の講習中に発生した平成17年の死亡事故のうちの1件が，18年4月になっても，業界から海上保安庁に届けられていなかった（地元警察は捜査を行っている）。この「指導団体」は海保の活動や関係団体と関係を持っているところであった。

　DAN JAPANはダイビング保険を提供しているため，海保データ以外にも保険請求されるような事故があることを業務上り知り得る立場にある。それでも海保のデータに限定した数字で事故の評価を行っている。

統合データからは，17年は国内事故だけで，対16年比で死亡・行方不明事故が4件（3人），25％も増加していた。これはダイバーの致死的なリスクが増加したことを示しており，ダイバーの総人口が減りつつあったこの間，実質的にその危険の度合いが相当程度に増加していた傾向を示している。さらに海外での死亡・行方不明者数は，件数・人数とも16年と変わっていなかったが，重傷を含めた事故者数全体で見ると7人も増加していた。

　次のグラフは，国内の新規ダイバーの年間増加数と死亡・行方不明者数の推移である。

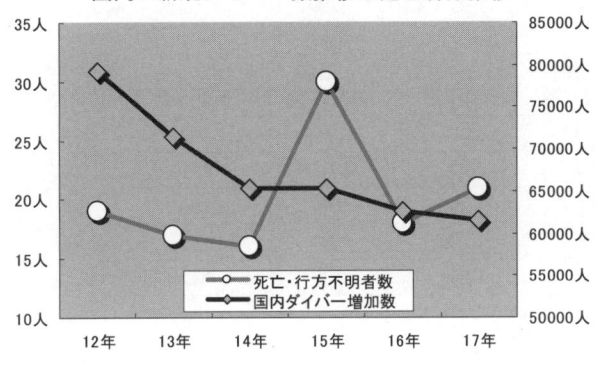

国内の新規ダイバー数推移と死亡者数推移

　このデータは平成17年までのものだが，ダイビングが本質的に安全となっているようなことを証明してはいない。

　これを見ても，「ダイビングは安全」，あるいは「ダイビングは安全になった」とする評価に偏った情報の流布は，消費者のリスク軽減要因とはなっていないことは明らかである。このように平成16年の事故の実態を軽視して行われていった不穏当な宣伝は，後に平成16年問題として語られるような事態を招くであろう。

③　国内の事故者数における統合データと海保データの比較

　　※海保データが統合データより少ない理由は，事故関係者から海保への届け出状況が反映しているからである。また漂流事故の場合には，一部に，漂流者の数の算出法に異なる場合もある。

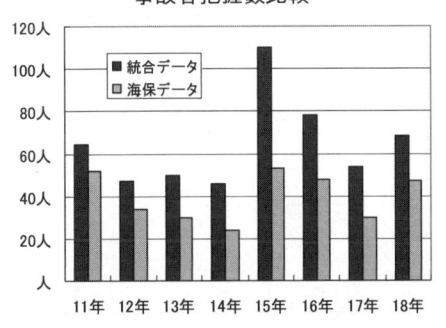

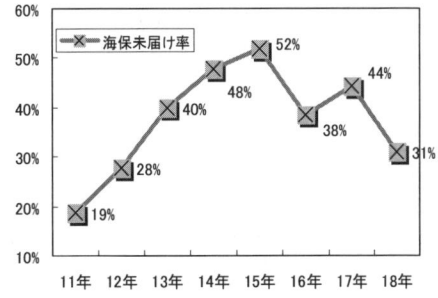

事故者把握数比較

事故者数ベースで見た見届け率

第2章　事故の実態と分析

ここ数年の未届け率は平均40％程度である。平成11～12年当時の未届け率が低い理由は，当時の筆者の調査能力不足の可能性が考えられるが，そのとおりであれば，事故者が実際にはさらに大量に存在していた可能性を否定できない。

(2) 事故分析
①平成11年から18年における各自治体の事故発生状況
　次の表からは，事故が特定の地域に集中していることが分かる。これはダイビングが盛んな地域ほど多い傾向を見せており，つまりダイビングそのものに一定の危険率が内包されていることを示している。
　(a) 全国都道府県別事故発生状況（統合データから。発生件数別順位）
　これは平成11年から18年までの事故発生状況である（①→③→②の順でソート）。

順位	都道府県名	①事故件数	②事故者数	③死亡・行方不明件数	④生存事故件数	⑤死亡・行方不明者数	⑥生存者数
1	静岡	141件	151人	34件	107件	36人	115人
2	沖縄	90件	181人	26件	64件	27人	154人
3	和歌山	25件	26人	13件	12件	12人	14人
4	東京	23件	30人	10件	13件	12人	18人
5	福井	17件	24人	13件	4件	13人	11人
6	鹿児島	15件	20人	9件	6件	10人	10人
7	北海道	10件	11人	7件	3件	7人	4人
8	神奈川	10件	10人	6件	4件	6人	4人
9	長崎	9件	11人	5件	4件	5人	6人
10	高知	7件	8人	5件	2件	6人	2人
11	兵庫	7件	7人	5件	2件	5人	2人
12	宮崎	5件	5人	3件	3件	2人	3人
13	愛媛	5件	5人	3件	2件	3人	2人
14	千葉	5件	5人	2件	3件	2人	3人
15	京都	4件	5人	4件		5人	
16	新潟	3件	3人	3件		3人	
17	徳島	3件	3人	2件	1件	2人	1人
18	岡山	2件	2人	2件		2人	
19	三重	2件	2人	2件		2人	
20	広島	1件	1人	1件		1人	
21	岐阜	1件	1人	1件		1人	
22	山口	1件	1人	1件		1人	
23	島根	1件	1人	1件		1人	
24	佐賀	1件	1人	1件		1人	
25	愛知	1件	1人		1件		1人

| 26 | 秋田 | 1件 | 1人 | | 1件 | | 1人 |
| 27 | 福岡 | 1件 | 1人 | | 1件 | | 1人 |

(b) 潜水ポイント別事故発生状況（11年から18年まで）

最初の表は事故発生件数上位5つのダイビングポイントを示すものである。

順位	都県名	ポイント名	事故件数	事故者数	死亡・行方不明事故件数	総生存事故件数	死亡・行方不明者数	生存者数
1	静岡	富戸・伊豆海洋公園	44件	48人	6件	38件	6人	42人
2	静岡	大瀬	35件	36人	9件	26件	9人	27人
3	和歌山	串本	12件	14人	6件	6件	6人	8人
4	東京	伊豆大島	10件	10人	5件	5件	5人	5人
5	沖縄	恩納村	9件	14人	3件	6件	4人	10人

※ 富戸と伊豆海洋公園は隣接しており、また消防の記録も含めて厳密にどちらで起きたか区別されていない場合も少なくないので1つの場所として扱った。伊豆大島は島全体を1つのポイントとして扱った。

※ 平成18年には、富戸・八幡野・赤沢を一地域として記録してある資料が1件あるが、はっきり富戸と判別できないためポイント別のデータには含まない。しかし自治体別のデータには伊東市分として含む。

(c) 自治体（市町村）別事故発生状況（11年から18年まで）

順位	県名	市町名	事故件数	事故者数	死亡・行方不明事故件数	生存事故件数	死亡・行方不明者数	生存者数
1	静岡	伊東市	55件	60人	11件	44件	11人	49人
2	静岡	沼津市	35件	36人	9件	26件	9人	27人
3	和歌山	串本町	12件	14人	6件	6件	6人	8人

1位となった伊東市には、富戸、伊豆海洋公園の他に八幡野、赤沢、川奈が含まれている。沼津市は事実上大瀬ポイントに限定される。しかしこの2箇所は、その海岸線の長さから見ればそれほど差はない。1位の大瀬は海岸の設備もよく整備されたポイントで、日本で最もダイバーが訪れる場所であり、伊東市も同程度である。この条件を見ても、結局のところ、事故はダイビングを行う者の数に比例して発生していることが分かる。つまり事故とは、ダイビングが持つ本質的な危険性から発生していると推定できるのである。

(d) 全国都道府県別事故状況別シェア

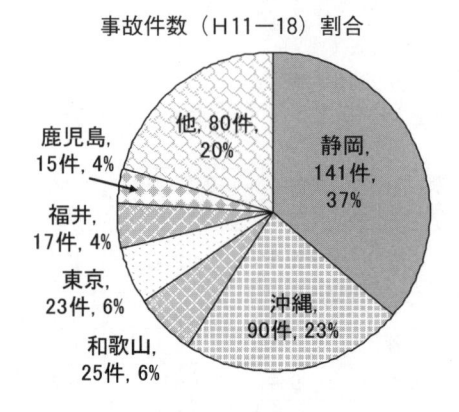

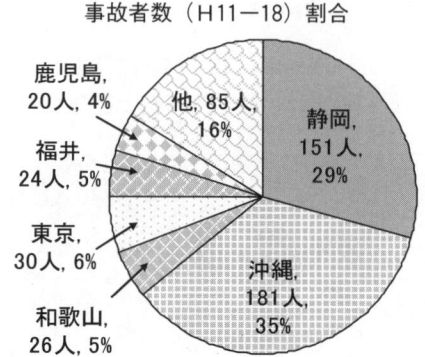

事故件数（H11－18）割合
- 静岡, 141件, 37%
- 沖縄, 90件, 23%
- 和歌山, 25件, 6%
- 東京, 23件, 6%
- 福井, 17件, 4%
- 鹿児島, 15件, 4%
- 他, 80件, 20%

事故者数（H11－18）割合
- 静岡, 151人, 29%
- 沖縄, 181人, 35%
- 和歌山, 26人, 5%
- 東京, 30人, 6%
- 福井, 24人, 5%
- 鹿児島, 20人, 4%
- 他, 85人, 16%

死亡・行方不明事故件数（H11－18）割合
- 静岡, 34件, 21%
- 沖縄, 26件, 16%
- 和歌山, 13件, 8%
- 東京, 10件, 6%
- 福井, 13件, 8%
- 鹿児島, 9件, 6%
- 他, 54件, 35%

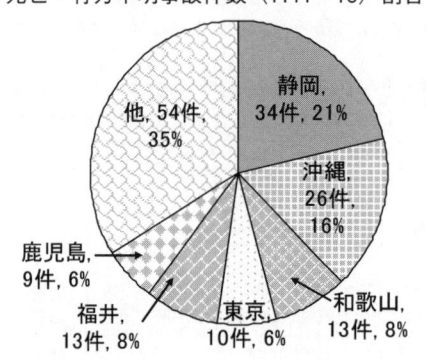

　これらのデータは，事故防止と被害者救済のために，早急に法整備や現在の条例の見直しを含めた対策の必要性を示している。

　全国を地域別に分けて見ると，伊豆半島と伊豆・小笠原諸島，紀伊半島と若狭湾，沖縄本島及び八重山諸島での事故が多い。他には，北海道の積丹半島と斜里町地区に特徴的な事故（流氷ダイビングやドライスーツ着用でのダイビングなど）での事故が見られる。さらに伊豆下田の神元地区では，スクリュー巻き込み事故や漂流での死亡・行方不明事故が目立つ。

(e) 上位3市町別事故状況別シェア

（死亡・行方不明事故件数と事故者数は，グラフタイトルでは「死亡件数・者数」と略。）

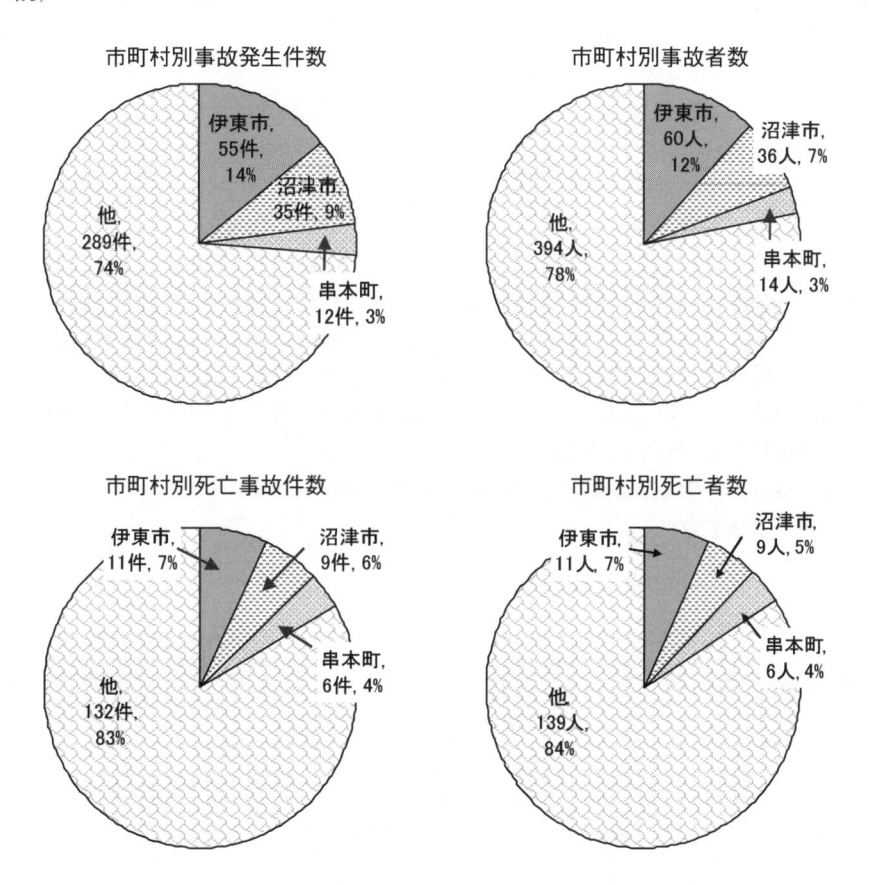

市町村別事故発生件数
- 伊東市, 55件, 14%
- 沼津市, 35件, 9%
- 串本町, 12件, 3%
- 他, 289件, 74%

市町村別事故者数
- 伊東市, 60人, 12%
- 沼津市, 36人, 7%
- 串本町, 14人, 3%
- 他, 394人, 78%

市町村別死亡事故件数
- 伊東市, 11件, 7%
- 沼津市, 9件, 6%
- 串本町, 6件, 4%
- 他, 132件, 83%

市町村別死亡者数
- 伊東市, 11人, 7%
- 沼津市, 9人, 5%
- 串本町, 6人, 4%
- 他, 139人, 84%

(f) 主要ダイビングポイント別の事故内容の実態

ポイント名	死亡・行方不明事故件数比率
伊東市（静岡）	20.0%
沼津市（静岡）	25.7%
串本（和歌山）	50.0%
伊豆大島（東京）	50.0%
恩納村（沖縄）	33.3%
全国平均値	40.4%

この表は，ダイビングで特に有名な地域の死亡・行方不明事故発生件数の比率

状況を全国平均の約40％と比較したものである。事故多発地域でも，救急救助体制や対応設備（病院など）が整備されている地域（静岡県，沖縄本島）ほど救命率が高い可能性を示している。したがって，ダイビングが盛んな地域では，事故発生を前提として，直ちに適切な対応ができるような施設の整備や，事故に対して現地の業者などの機敏な対応と協力体制を構築しておく必要がある。

なお，ダイビングで利益を上げる業界や，経済振興を図る自治体では，こういった事実を踏まえたダイビングポイントの整備や事業計画を作る必要がある。

また，ダイビングの事故は，一般に，業者のレベルの低さや，業者内部基準にある，一度に講習や引率ができるとする人数の不適切（物理的に安全確保不可能な人数でのビジネスの展開）さ，及び事故事実の隠蔽体質に起因していることが多い。したがって，このビジネスでは，人命が大量に失われ続けている実態と，それに対する司法判断（業者の有罪判決の蓄積や賠償責任の認定判決の蓄積）を踏まえ，罰則付きの法の整備が喫急の課題であることは言うまでもない。

人命が関わっている以上，現状維持で利益を享受することを目的とした働きかけを排除した上での立法が急がれる。

② 統合データ年度別事故発生状況（平成11年から18年）

 (a) 事故全数

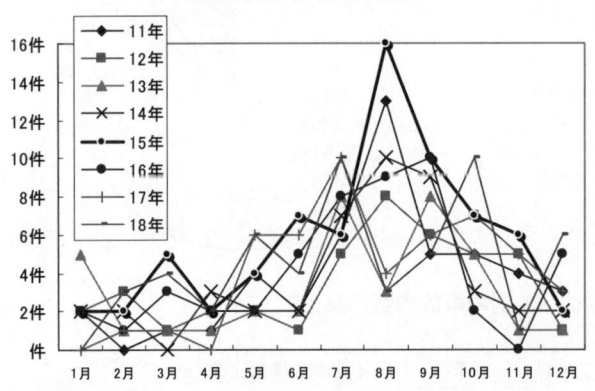

事故多発年の15年は，3月から6月にその予兆が見え，8月以降，高水準の事故数が維持されている。17年は7月まではこれと同じような傾向であったが，8月に大きく下がったことが事故総数で15年を下回った理由である。18年は8，9月に事故が少なかった。これがなかったら15年を超える事故多発年になっていた可能性が高い。

これら傾向を見ると，8月と9月の事故発生をいかに抑えるかが事故数全体を下げる最大の要因であることが分かる。

(b) 月別年度別死亡・行方不明事故発生件数

年度別月別死亡・行方不明事故発生状況

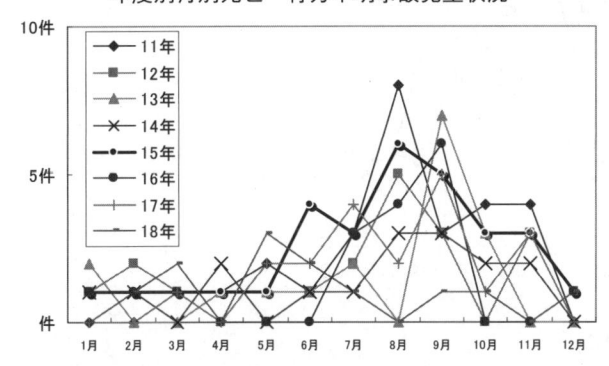

11年は8月と秋（10月，11月）に多発しているが，15年はそれに加えて年間満遍なく発生している。13年の9月10月は事故多発年と同じようなパターンとなっており，年間を通じて低レベル維持することの難しさを示している。18年は夏場の死亡事故が少なかったことが全体の数値を下げている。

(c) 月別事故発生状況

年度別月別死亡・行方不明事故発生状況

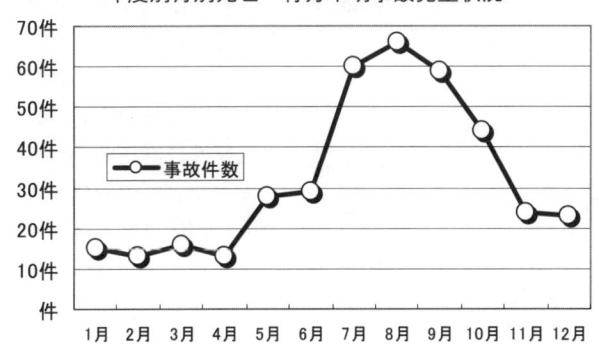

18年の夏場の事故件数の少なさが，夏場の事故件数の突出を若干なだらかにしている。

(d) 死亡・行方不明事故と全員助かった事故の月別件数分布

　この，事故の内容の時期的な微妙なズレが見られるデータは，今後の事故防止対策を検討する際に有用となる可能性がある。あくまで仮定であるが，9月の死亡・行方不明事故の増加傾向には，シーズンに入って何回かダイビングを経験したあとの油断や，水の透明度が増してくることでの無理なダイビングが影響している可能性が考えられる。また夏休みを取れる時期が終わりに近づくことでの無理もあるのかもしれない。

　なお10月になって死亡・行方不明事故が減るのは，この時期にダイビングを行う者は，それなりに経験を積んでいるからではないだろうか。

　以上に加え，新年から4月までを除いて，連休や長期の休みを取りやすい時期

年度別月別死亡・行方不明事故発生状況

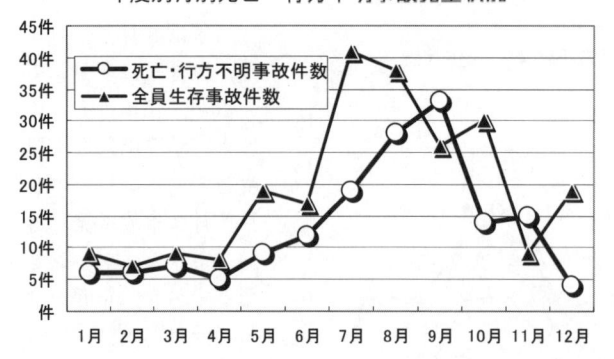

に重大事故が起きる可能性が高くなっている。

(e) 年齢別事故発生傾向

H11－18　男女合計年齢別事故者数

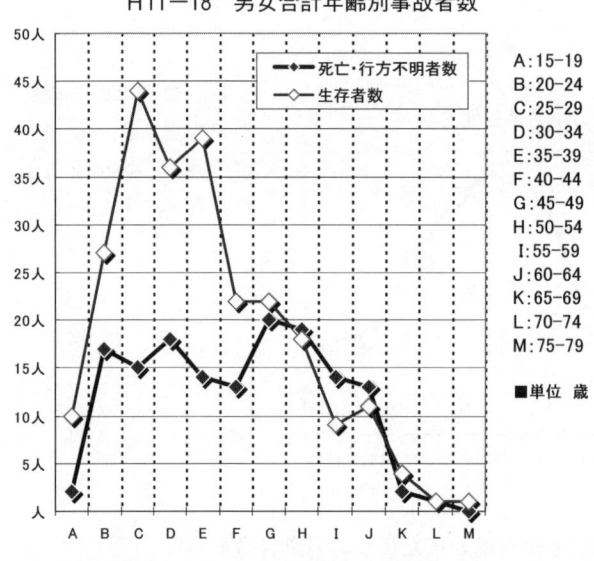

A：15-19
B：20-24
C：25-29
D：30-34
E：35-39
F：40-44
G：45-49
H：50-54
I：55-59
J：60-64
K：65-69
L：70-74
M：75-79

■単位　歳

　これは，ダイビング事故の年齢別傾向を見るグラフである。ここでは年齢層別を5歳単位でとったことに重要な意味がある。それはダイビングのように，体力と精神の安定性が致死性に直接結びつくような事例の分類を単純な10歳単位で区切ると，データからの重要なメッセージがずれる可能性があるからである。例えばこのデータを20歳代の10年でくくると，20歳と29歳では学生と中堅社会人としての顕著な差があるし，40歳と49歳では，まだ体力や精神力が十分な者が少なくない40歳と，多分に体力の衰えが顕著となる者が多い49歳とで大きく要件が異なる。これでは水中という特殊環境でのデータを読み取りにくい。

　ところでこのデータからは，39歳までは事故に遭っても助かる確率が高いが，40歳から44歳の間で生存率が急激に下がり，45歳以降は致死性が飛躍的に高まる傾向が分かる。

　昨今，中高年がダイビングを行う傾向が高まっており，また業界も市場拡大の

82　第Ⅱ部　スクーバダイビングの事故

ためにこの年齢層をターゲットにしているが，商品ダイビング販売者，指導者，ガイド，そして中高年ダイバー自身には，40歳以上からの致死性の増加と45歳以上の高い致死性を十分に理解し，その上で十分な安全対策を講じてダイビングを行う必要があることを，このデータは物語っている。

(f) 性別・年齢別事故発生傾向

データでは，男性で40歳から54歳の年齢層が最も死亡・行方不明事故に遭遇しており，女性は20歳から34歳にあることが分かる。また20歳から24歳の間では，女性が男性の死亡・行方不明者数を上回っているのが特徴的だ。しかしその後は男性のそれを下回っている。なお50歳を超えると，男女とも事故時の死亡・行方不明の率が半々となる。

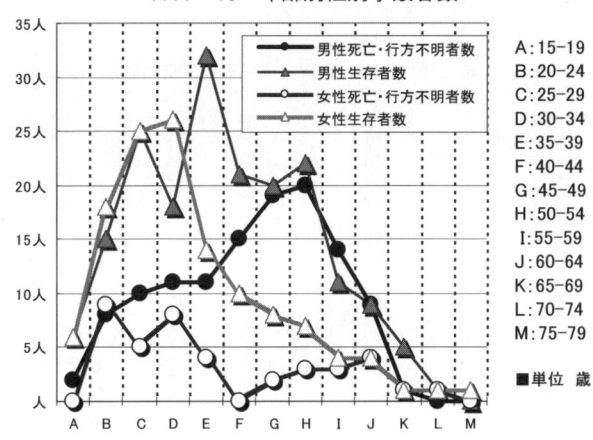

これは中高年ダイバーのリスクの高さを物語っている。

なお男性ダイバーの死亡・行方不明率が半々程度となる時期は45歳以降であり，その人数も多い。事故に遭遇する人数の総数は35－39歳と同じにもかかわらず，45歳から54歳までのダイバーの致死率の高さは無視できない状況である。

(g) 講習と体験ダイビング中の死亡・行方不明率

講習と体験ダイビング中の事故がより深刻な事態である理由は，役務商品としての商品ダイビング全般に対して最大級の注意義務が求められるインストラクターのみならず，そのインストラクターを養成してその業務を行うことを承認してその活動から利益を得ている事業者，及びその講習プログラムや体験ダイバー引率インストラクターの業務履行規定策定者の責任，そしてここに存在する致死性の事実の情報を正しく伝える義務のあるダイビングマスコミの責任が重層的に重なって事故につながっているからである。

平成11年から18年までの，講習・体験ダイビング中であったことが明らかな事故者中57人の死亡・行方不明事故遭遇比率を見ると次のような状況となっている。

ここからは，男性が女性より10%リスクが高いことが分かるが，しかしそれより，事故者全数の平均値の約40%と比べて講習中の事故のリスクの高さをより注目すべきである。

H11−18 講習・体験中の事故死亡率

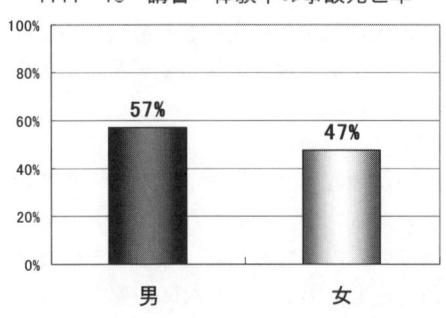

男 57%　女 47%

体験ダイバーや講習生に対しては，業者は特に高い注意義務とその履行能力が求められるので，このような高い数値は，その注意義務を果たせていない講習プログラムやインストラクターの能力，またこの業務の履行規定・基準に，高い致死的欠陥がある可能性を示している。

(h) **講習・体験ダイビング中の年齢別，性別事故状況**
このグラフは，男女合計した事故者の年齢別分布である。

H11−18 講習・体験中の男性年齢別事故者数　　H11−18 講習・体験中の女性年齢別事故者数

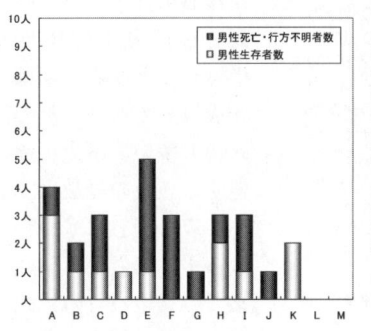

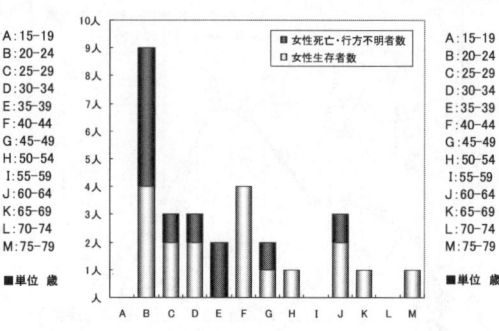

A：15-19　B：20-24　C：25-29　D：30-34　E：35-39　F：40-44　G：45-49　H：50-54　I：55-59　J：60-64　K：65-69　L：70-74　M：75-79　単位　歳

このデータは，男性においては満遍なく各年代で事故が発生しているが，女性は全体として若い層に事故が多いことを示している。女性の20歳から24歳の層における事故の実態と，男性では19歳以下にも事故者が出ている状況は特に注目すべき傾向である。

(i) **講習中の死亡事故原因表**
　平成11～18年に発生した事故のうち，講習中の事故（体験ダイビング3件含む）から，死亡事故のみ25件を取り上げてその原因を表にした（※2対13の事例では2人死亡）。

84　第Ⅱ部　スクーバダイビングの事故

件数	1対1以下	1対1	1対2	→	1対3	1対4	1対5	1対6	→	1対7	1対8
8件			1:2 見失い								
7件			1:2 見失い								
6件			1:2 見失い ←体験								
5件			1:2 見失い								
4件		1:1 見失い	1:2 体調		1:3 見失い						
3件		1:1 対応	1:2 対応		1:3 見失い	1:4 見失い					
2件		1:1 対応	1:2 対応	←体験	1:3 見失い	1:4 見失い					
1件	4:3 対応	1:1 対応	1:2 対応	3:8 見失い	2:6 見失い	1:4 対応		1:6 見失い	2:13 対応	1:7 見失い	1:8 見失い
人数比	1対1以下	1対1	1対2	→	1対3	1対4	1対5	1対6	→	1対7	1対8

「見失い」とはインストラクターが，講習生や体験ダイバーを見失った（異常発生時にすぐに気づかない場合も含む）ケースである。「対応」とはトラブル発生時に適切な対応ができなかった場合，「体調」とは，講習生が体調を崩したことによる。

このデータからは，1対1の時点で，既にインストラクターが講習生を救えずに死に至らしめるほどの対応能力の欠如を（うち1件は1対1で見失っている）示している。この事実が，現状の商品ダイビングのビジネスで販売される指導者資格の品質は，継続して人命喪失に結びつくほど品質管理ができていないことを示している。

「安全」で「誰でもできる」として一般に販売されているレクリエーションスポーツの役務商品で，これほどの致死性を発現している商品は他に見られない。このような，消費者の生命身体の安全にかかわる重要な商品を「製造・販売」するビジネスには，第三者による監視と評価，及び規制のシステムが必要である。

(j) 死亡・行方不明事故発生中の業者関与比率

これは，平成11年から18年の事故において，業者が関与（講習・体験・ファンダイビング）しているか否かが明らかな事例から，その事故関与比率を見たものである。

これを見ると，業者の関与下（ビジネスとしての役務履行時）での死亡・行方不明事故が高いことが分かる。

死亡事故件数中ダイビング業者同行状況

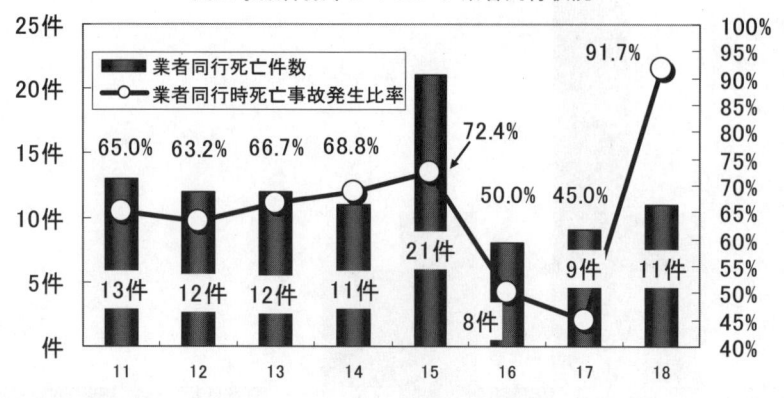

(k) ファンダイビング中の重要事故事例中の業者関与分析（統合データ平成11〜18年）

次では，ダイビング業者が関与（販売）した重要事故で，業者側と客の人数比が明らかな事例を分析した。

ここでは，ファンダイビングと関係のない者（他の船舶など）による事故や，事故者の「自責」と見られる事故もあるが，多数の「見失い」と「対応」の他に，正しい潜水計画がなかった「管理」や，客を水中に「放置」したことで発生した事故も見られる。なお「●」（白ヌキを含め）は死亡・行方不明，「▲」（白ヌキを含め）は生存だが重大な損害を負った人数を示す。

	1対1	→	1対2	→	1対3	→	1対4	1対5	1対6	1対7	1対7以上
10件			2:4▲ 自責								
9件			2:4▲ 見失い								
8件			3:6● 見失い								
7件			1:2●● 見失い		2:6● 自責						
6件	2:2● 自責		1:2● 見失い		1:3● 自責		1:4▲ 管理	2:10▲ 見失い			1:12● 見失い
5件	1:1● 対応		3:6● 見失い		1:3● 見失い		1:4● 見失い	2:10● 見失い			1:8● 自責
4件	2:2●▲ 他者		2:4● 見失い		1:3● 見失い		1:4● 見失い	1:5● 見失い	1:6● 見失い		1:8● 自責
3件	1:1▲ 管理	2:3● 自責	1:2● 対応	2:5● 見失い	1:3● 対応			1:5● 見失い	1:6● 見失い		1:10● 見失い
2件	2:2● 管理	3:5● 自責	1:2● 対応	4:10▲ 対応	2:6● 自責	2:7● 見失い	1:4● 見失い	1:5●● 対応	1:6● 対応		1:8● 対応
1件	1:1● 管理	2:3● 管理	1:2●▲ 放置	2:5● 管理	1:3● 放置	2:7● 放置	1:4● 対応	1:5● 管理	2:12● 他者	1:7● 管理	2:18▲ 管理
人数比	1対1	→	1対2	→	1対3	→	1対4	1対5	1対6	1対7	1対7以上

(1) 漂流事故数

漂流事故では，1人から20人以上が漂流する。このような事故は大量死とも結びつきかねないので，この防止と，漂流中に発見されることを容易にするための準備が必要である。

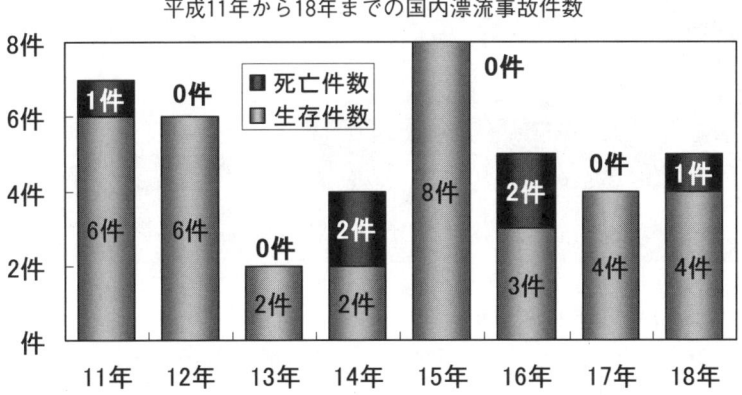

平成11年から18年までの国内漂流事故件数

年	生存件数	死亡件数
11年	6件	1件
12年	6件	0件
13年	2件	0件
14年	2件	2件
15年	8件	0件
16年	3件	2件
17年	4件	0件
18年	4件	1件

平成11年から18年までの国内漂流事故者数

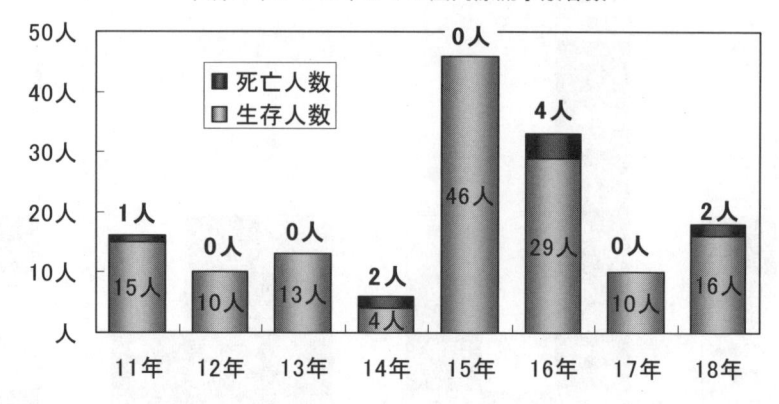

(m) 漂流事故原因表：平成11年～18年の間の漂流事故41件（147人漂流）。

※ 「●」（白ヌキを含む）は死亡・行方不明人数

	1人	2人	3人	4人	5人	6人	12人	24人	26人
16件	単独								
15件	無人								
14件	見失い								
13件	見失い●								
12件	見失い●								
11件	未熟								
10件	未熟	未熟●●							
9件	未熟	未熟							
8件	単独	未熟							
7件	単独	未熟							
6件	単独	未熟	未熟						
5件	単独	未熟	未熟						
4件	単独	未熟●●	未熟						
3件	単独	未熟 ●	未熟 ●	未熟・他					
2件	単独	無人	見失い	未熟・他	見失い				
1件	単独	見失い	見失い	未熟	見失い	無人	無人	未熟	無人
人数比	1人	2人	3人	4人	5人	6人	12人	24人	26人

(n) 単独状態におけるリスク

　ダイビングの事故においては，単独ないしは単独状態での事故の深刻度が高い。単独ないしは単独状態とは次のような状況である。

　　(ｱ) 最初から単独でダイビングを行っていた。
　　(ｲ) 複数で潜水しても各自水中で独自に行動していた。

- (ウ) バディシステムが崩壊していた。
- (エ) バディの一方の意思で，バディシステムが形骸化していた。
- (オ) インストラクターやガイドから見失われて単独状態となった。
- (カ) 事故発生直後に見失われた。
- (キ) インストラクターやガイドが自分の趣味（写真撮影など）に没頭することで客が単独状態におかれた。
- (ク) インストラクターやガイドが客を放置して移動した。
- (ケ) 急激な潮の流れなどにとって水中でバラバラになった。
- (コ) 一方にトラブルが生じ，他の者（インストラクターやガイドなど）がそれにかかりきりになることで放置された。
- (サ) インストラクターやガイドが目の前にいる客から目を離して他を見ていた。
- (シ) 他

ⓐ 単独状態における事故状況（平成11年から18年に，事故時に単独状態だった事故）

事故件数	事故者数	内死亡・行方不明事件数	死亡・行方不明者数	生存件数	生存者数
118件	121人	94件	95人	24件	26人

　ここに示されたように，単独状態での事故の致死率は非常に高い。ダイバーは単独状況にならないように努力し，業者は，客に対する常時監視義務を果たせる能力と，客を単独状態にしないことが可能となる潜水計画の立案実行力が，そのビジネス上，不可欠の技量である。インストラクターの資格販売で利益を求める「指導団体」は，この品質の確保と維持に責任があることは言うまでもない。

ⓑ 単独状態における死亡・行方不明事故割合

事故時単独ないしは単独状態での事故の割合

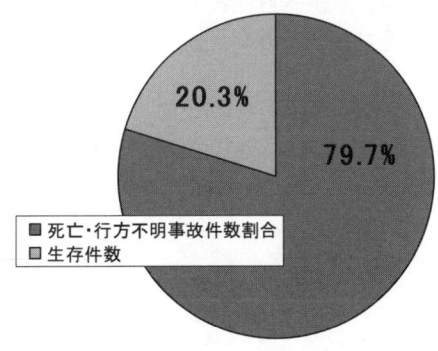

20.3%
79.7%
■ 死亡・行方不明事故件数割合
□ 生存件数

　単独状態における死亡・行方不明事故の確率は，全体平均の約2倍にある。これは単独状態さえ防げば，多くの事故を未然に防いだり，あるいはその深刻化を避けることができることを示している。このためにも，ダイビングの初級者講習時に単独ダイビングの危険性を熟知していない者への"認定行為"は避けるべきであり，それを行う場合，特に営利目的の場合でそれを行った者には，その技量の未熟・欠陥（欠落）の結果に対し責任を負うべき

であることは言うまでもない。また客が単独状態に陥らないようにするためにこそ，司法の示した「常時監視義務」と「潜水計画立案・実行義務」の厳格な実行が業者に望まれているのであり，それができない者にインストラクター資格を"認定"して販売し，さらに自らの基準（規準）で活動させ，そのブランド（看板）を，対価（会費）を受領して使用させて利益を上げているビジネスモデルとシステムを構築・運営している「指導団体」には，重大な根源的責任があることもまた疑いはない。

(3) 海外での日本のダイバーの地域別事故者数
①地域別事故者数　平成7年（1995年）〜18年（2006年）
死亡・行方不明者数は59人，生存者数は37人

国・地域	死亡	生存	国・地域	死亡	生存
ハワイ	7人	3人	モルジブ	4人	2人
グアム	2人	4人	フィジー	1人	—
サイパン	6人	3人	タイ	4人	1人
パラオ	4人	3人	ニュージーランド	1人	2人
フィリピン	7人	—	シンガポール	1人	—
インドネシア	7人	6人	オマーン	—	1人
マレーシア	3人	5人	エストニア	1人	—
テニアン	1人	—	ジャマイカ	1人	—
アラスカ	—	1人	グランドケイマン	1人	—
オーストラリア	7人	4人	ベリーズ	—	1人
ニューカレドニア	—	1人	エジプト	1人	—

② 海外の年齢別事故者状況（年齢別集団は5歳毎。記号は前述グラフでの分類と同じ）

海外でも多くの死亡・行方不明が出ていながら，その実態はダイビング産業側から開示されていない。しかも事故の背景には，日本人の経営するショップの手抜きや不法就労者（日本人）による事故が見られるのである。

海外における日本のダイバーの年齢層別事故状況（平成12〜18年）

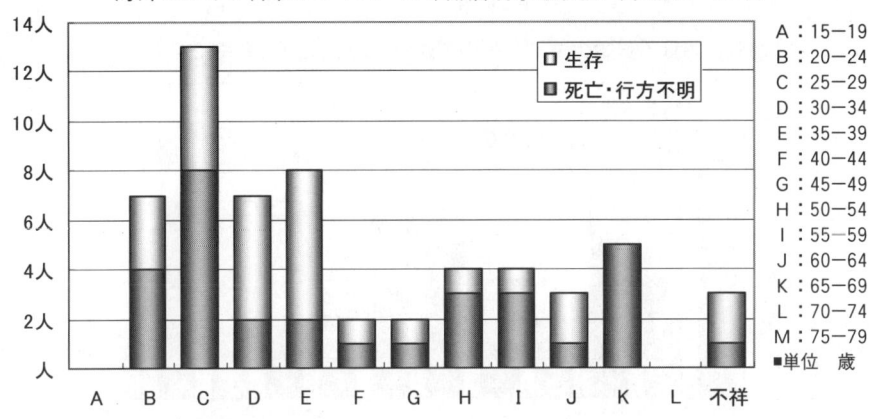

凡例：
□ 生存
■ 死亡・行方不明

A：15−19
B：20−24
C：25−29
D：30−34
E：35−39
F：40−44
G：45−49
H：50−54
I：55−59
J：60−64
K：65−69
L：70−74
M：75−79
■単位　歳

③　海外男女別事故状況

海外男女別事故状況（平成12〜18年）

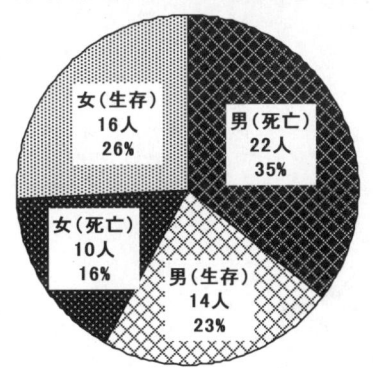

- 男（死亡）22人 35%
- 男（生存）14人 23%
- 女（死亡）10人 16%
- 女（生存）16人 26%

海外で男性の事故が多い理由は情報が十分にとれず定かでない。今後の研究課題である。

④ 海外月別死亡事故発生状況

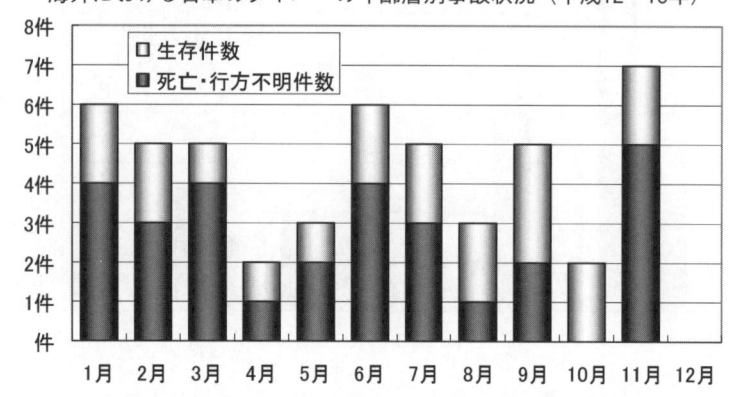

海外における日本のダイバーの年齢層別事故状況（平成12〜18年）

このグラフからは，海外では日本のシーズンオフの時期に事故が多い傾向が見られる。

⑤ 国内外の年度別死亡・行方不明者発生パターン

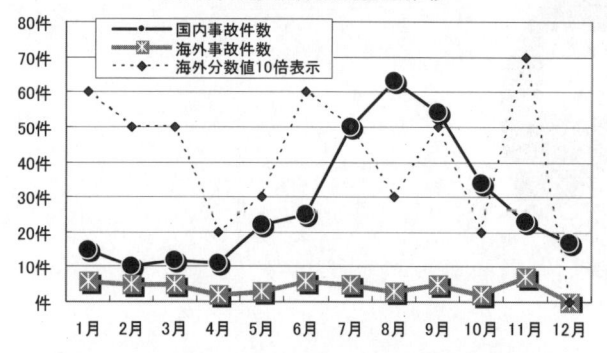

国内海外事件数別発生推移

※ 海外分は，その傾向をより分かり易くするために，数値を10倍したデータを合わせて表示している。

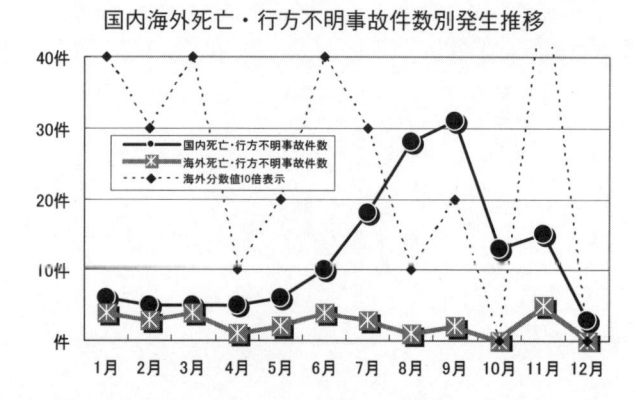

国内海外死亡・行方不明事故件数別発生推移

これらのデータは，一般的傾向として，国内のシーズンオフに海外でダイビングを行う人々が増えると，その地で事故が起きる傾向が強いことを示している。つまりダイビングの事故は，国内と海外とで，時期性の補完関係にある。このデータはまた，ダイビングでは一定の致死性が排除できないことを示しており，よって，ダイビングの事故のリスクは国内に限定してあるのではなく，海外も含めた「水域」における日本のダイバーのリスクという視点で見るべきである。そしてこれはまた，海外で日本のオフシーズンにダイビングをしようとする人に，旅行業者やダイビングツアーを販売する者とその実行者は，消費者に対して，事前に十分な情報の提供と説明を行い，具体的な警告と，リスク対策の提供や提案を行うべきであることを示している。

(4) ダイビング業界の売上・利益と事故の相関性　　ダイビング業界のビジネスを見るには，一社で60～70％の市場シェアを占めているとするPADIの状況を見ることが，市場全体の傾向を見る上で有意である。

① PADI及び日本の主要企業の税引き後利益率比較（帝国データバンク資料から作成）

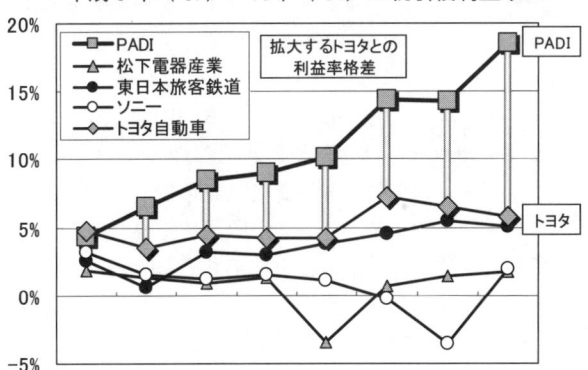

　これを見ると，ダイビング産業のビジネスユニットの「指導団体」の地位のレベルでの収益性の高さが目立つ。

※　PADIの決算期は12月，他は翌年3月。比較のために年度決算でまとめた。

② PADIの売上及び利益額の推移
　次にダイビングビジネスの利益の推移を見る（帝国データバンクのデータから作成）。
　このデータを見ると，PADIは厳しい経済状況の中，毎年のように減収増益を重ねている。

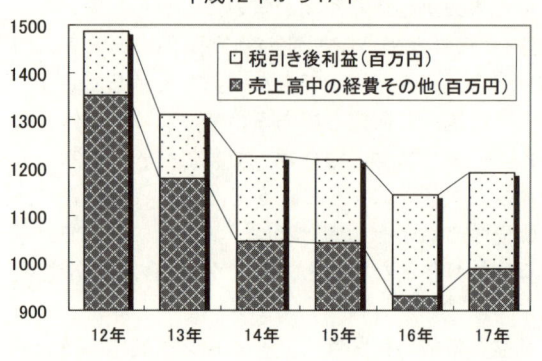

(a) 減収増益の構造（帝国データバンクの情報から作成）

このような減収増益の定着は，経費削減だけでなく，高い利益率が確保できる商品販売にシフトが成功したからであると考えられる（左記のグラフでは2つの項目を合わせて売上高を示す）。

PADI売上額中の利益推移
平成12年から17年

(b) インストラクター用Cカード販売数推移

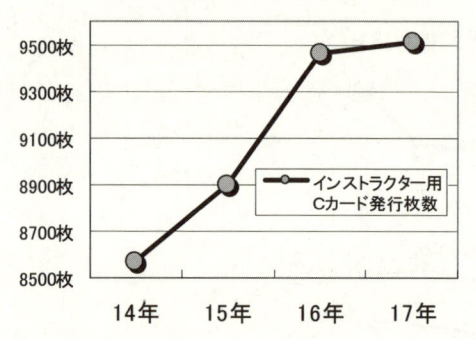

インストラクター資格の販売は高い利益を生む（売り上げベースでエントリーレベル＝オープンウォーターレベルの10倍～40倍程度とも推定される）。

PADIのダイビングビジネス市場における圧倒的なシェアを考えると，このインストラクター資格販売重視の事業構造のシフトが順調に推移していったことを推定させる。

③ 東京医科歯科大の減圧症治療実績に見る商品ダイビングにかかわる品質

ダイビングショップなどが，その雇用者であるインストラクターやその資格を目指すレベルのダイバー（練習生・訓練生・候補生など）などに対する，特にシーズン中の過度な業務（多くの潜水回数，多人数相手の講習やガイド）を課すことが多い現状は，彼らの減圧症罹患の増加要因の1つと推定される。また技量（品質）に欠陥があるインストラクターによる講習や，彼らがガイドするファンダイビングの潜水計画の欠陥は，講習生や一般ダイバーにもⅡ型といわれる重度の減圧症（Ⅰ型は手足の関節痛や筋肉痛を，Ⅱ型は中枢神経性の麻痺，呼吸循環障害などを引き起こすもの。重度の後遺障害や死亡に至る場合もある）罹患の増加の可能性をもたらす。

次に，最も減圧症の治療実績があると言われる東京医科歯科大学の治療件数を見る。

インストラクターの減圧症治療件数年間平均比較

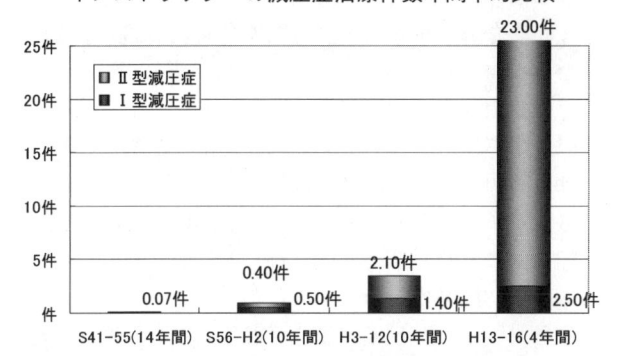

※ 眞野善洋「潜水事故防止と安全潜水」(第8回安全潜水を考える会研究集会発表集2005年度, 12頁, 表12) のデータから作成。

累計	S41－55 (14年間)	S56－H2 (10年間)	H3－12 (10年間)	H13－16 (4年間)
Ⅰ型減圧症	1件	5件	14件	10件
Ⅱ型減圧症	0件	4件	21件	92件

一般ダイバーの減圧症治療件数年間平均比較

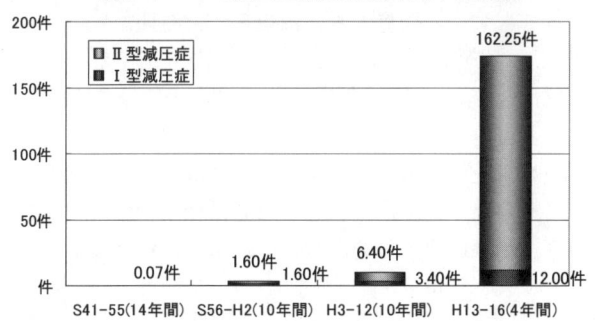

累計	S41－55 (14年間)	S56－H2 (10年間)	H3－12 (10年間)	H13－16 (4年間)
Ⅰ型減圧症	1件	16件	34件	48件
Ⅱ型減圧症	2件	16件	64件	649件

　東京医科歯科大学は，減圧症治療の最先端を行っており，減圧症罹患者が集中する傾向が強いことは否定できず，さらに最近はダイバーの間に減圧症についての知識も広まってきたことから，その治療を受けに来るという状況も強くなってきていることも，ここに示された数字の背景にあることを考慮しなければならない。またこの数値には，軽症の患者も少ないことも考慮に入れる必要がある。しかしそれでも，この数字には驚愕すべきことがある。それは，ダイビングの事故として記録されている，筆者や東京大学との共同調査による数値より，はるかに多くのダイバーが減圧症と診断され，治療を受けている事実である。当然そこには緊急性が認められる重度の減圧症患者もおり，「当初軽症だと思っていた減圧

症患者が重症化することがしばしばあります。」(外川誠一郎「軽症減圧症患者の診療上の問題点について」第8回安全潜水を考える会研究集会発表集2005年度，17頁) ともあり，軽視してはならない。

このような患者が，ここ数年の年間平均で199.75件 (インストラクター＋一般ダイバー) にも達しているという事実は，統合データの調査数値の及ぶところではない。さらに，減圧症治療は，静岡県や沖縄県でも盛んに行われていることから，減圧症だけに限ってみても，ダイビングのリスクとは，現実には相当に高いことを物語っている。この実態に関する情報は，一般に対して分かり易く，かつ積極的に開示して，このリスクの予防に努めなければならない。

またこのデータに中の特に注目すべき点として，後遺障害の危険をも伴う可能性があるⅡ型減圧症が，プロ，一般を問わず激増していることがある。それにインストラクターの減圧症患者数が多いことは，本来減圧症を回避する知識と経験があるはずのプロが，自らの減圧症のリスクの管理ができていない実態を示している。これは，「指導団体」によって認定・販売されたプロ資格の品質の反映と考えてもいいであろう。

減圧症は，それが重度であってもすぐに発症するとは限らず，時間を置いて，また帰宅してから罹患に気付くということも少なくない。しかもダイビングを行った現場で減圧症の罹患に気付いても，そこで直ちに治療を行うことが難しい場合も多く，そのため重症化する可能性も見られる。

また減圧症の治療には専用の高気圧治療用のタンクに入らねばならず，その治療時間も1回数時間ともなる。そのため減圧症に罹患した人は仕事や学業を休まなければならないことにもなり，治療に要する費用も含めて重い負担となる。

> ※ 重度の減圧症の症状について，外川誠一郎「軽症減圧症患者の診療上の問題点について」(第8回安全潜水を考える会研究集会発表集2005年度，17頁) で紹介されたDANアメリカのデータから引用紹介する。
> 1．重症神経障害　膀胱直腸障害／協調運動不全・失調歩行／意識障害／難聴・耳鳴り／失語・記憶障害・見当識障害・人格障害／麻痺 (完全・不全) ／視野障害
> 2．心肺障害　心肺機能障害／不整脈／動悸／咳／喀血／呼吸障害／声変わり

(a) 沖縄における減圧症事例

減圧症などの治療にあたっている琉球大学医学部附属病院の井上治，野原敦，砂川昌秀らの論文[※1]から，平成元年から15年のⅡ型減圧症および空気塞栓症 (Ⅲ型減圧症) の治療事例のうち，レジャーダイバー22人 (女性2人及びインストラクター7人を含む23〜65歳，うち50歳以上が6人) の事例を引用してまとめ

※1　井上治，野原敦，砂川昌秀『沖縄県におけるⅡ型およびⅢ型減圧症の易発現性と重症化の検討－職業ダイバーとレジャーダイバーとの比較－』「日本高気圧環境医学会雑誌」2004, Vol.39, No.4, 209頁

た状況が以下のものである。
① 12人が水深30mより浅く，使用タンク数1～2本で発症した。
② 全員の潜水プロフィールを水深別でまとめると，1日1本の水深30m以上で7人，2本20m以上で12人，3本20～30mが1人だった。
③ インストラクターの潜水パターンは一般ダイバーのそれと同じであった。
④ 1人のみにII型減圧症の既往があった。
⑤ 発症時点は，22人中，浮上中が3人，浮上直後が13人，浮上後1時間までが3人，浮上後1～3時間で2人であった。
⑥ 意識消失または呼吸困難は2人，脊髄症状は2人だった。
⑦ 急浮上での発症は4人で，1日1本，水深7～40mだった。
⑧ 脊髄麻痺は12人だった。
⑨ 1人が車椅子の生活となった。
⑩ 男性（44歳）は水深50mで1本潜り，下肢痛としびれを訴え，発症直後に航空機で搬送されたが心肺停止状態で受診となり死亡した。

なお論文には，「レジャーダイバーはBMI 33.5の65歳男性は20m深度ボンベ2本で意識障害とチョークスに陥り，BMI[※2] 27.6の43歳女性は40m深度ボンベ1本で四肢麻痺に陥ったことから肥満と高齢はダイビングの禁忌とさえ考えられた。」と記されている。

これは，何年も前から業界（旅行業界を含む）が進めている，「シルバー世代への市場拡大策」の対象が若い世代より致死性が高い可能性を示しており，高齢者に対して商品ダイビングを販売するときは，この致死性リスクの説明は必ずなされるべきである。よって高齢者に対してはこのリスクを管理できるインストラクターが担当するものと限定すべきである。

④　航空機（飛行機）搭乗にかかわる減圧症問題　　ダイビングはリゾート地で行われることが多く，そのため移動時に高所を移動したり，また航空機を使用する可能性が高い。減圧症はこうしたことでも発生している。そして減圧症を発症したダイバーをただちに航空機で搬送することはリスクが高い。

(a)　ショップの不適切な講習販売による減圧症罹患のケース

数年前，某リゾート地にある有名なダイビングショップによって行われた講習によって20歳代の女性が重度の減圧症になった。この，講習という商品ダイビングは，日本を代表する旅行会社によって十分なショップの営業実態のチェックがないまま，かつダイビングのリスクに関する説明責任が十分に果たされないまま販売された。

この女性に対して行われたオープンウォーターの講習の内容を検証すると，陸

※2　BMI（Body Mass Index）体重（kg）／身長（m）^{2}　論文では27以上を肥満として扱うとしている。

上での座学部分の講習はあまりに雑であり，海洋実習も雑というより危険なものであった。この講習では，減圧症を防ぐための水分補給についての説明も，海洋実習中に水分を十分に取るべき指導すらも行っていなかった。

　※　ダイビング用のタンクの中の圧搾空気は水分が除いてある乾燥した空気であることから，呼吸のたびに肺の中から水分が失われ，血液中の水分が減る。これは時に脱水症状に近い状況を招く。呼吸による水分の喪失は減圧症のリスクにも影響するため，ダイビング前後の水分補給は必須である。

　この危険な講習内容について説明すると，女性が講習時に危険なヨーヨー潜水を行った時や急浮上時に（女性はそれらを危険とは教えられていない。），インストラクターが彼女の減圧症を防ぐためのコントロールを積極的にしなかったばかりか，その危険性を，事後にすら説明しなかったことが挙げられる。このときインストラクターは，水中で自分が減圧症にならないように振舞うことで自らの安全は確保していた。こういった講習により，女性は講習の途中で減圧症罹患の症状が出ていながら，それが単に疲労からきているものと考えていた。

　さらにこのショップは，女性が航空機に乗る前日であることを知りながら，本来ダイビングをしない休養日のはずだった日に追加の講習を入れるよう熱心に勧誘し，"上のクラスの講習"を販売し，それまで以上に深く，運動量も多いダイビングをさせている。

　これが減圧症を悪化させたことは容易に想像できるが，このリスクの高いダイビングを終えた日の夜，ショップのスタッフは，女性を高度200m程度の高地に連れ出してもいる（連日のリスクの高い潜水による減圧症の発症後の状況では200mもリスク要因と考えるべきであろう）。

　こうしてこの女性は減圧症を発症したまま24時間も経ないうちに航空機に搭乗することになった。そして女性は8時間以上も気圧と酸素濃度が低い機内で過ごし，翌日になって重度の減圧症を発症した。このショップは，彼女の訴えがあっても，医療費を含めて一切の補償も謝罪も行わず無視した。その後もこのショップは，優良・有名ショップとして，マスコミを通じて紹介され続けている。

　なおこの女性の医療費は，旅行保険での補償期間が過ぎた後は家族が負担している。

　航空機に搭乗する予定の客に対して商品ダイビングを販売する業者の中には，「ダイビング終了から飛行機搭乗までの時間は指導団体の基準どおりに12時間おいている。」とか「18時間置いている。」と語り，だから減圧症になっても「自己責任だ。」と主張する。「指導団体」はこのような状況下での講習でも自動的にCカードを発行して"申請料"を手にする。またこういった商品ダイビングの販売に関与して利益を得ている「指導団体」は，損害を負った消費者の問い合わせに真摯に取り合おうという姿勢は見せない傾向にある（少なくとも筆者が知る限りにおいては1件もない）。

こういった場合に用いられる，責任問題を受け付けない業界用語は，客に対して告げられる「自己責任」であるが，これは適切な対応とは考えにくい。

(b)　航空会社の乗務員の減圧症防止のための管理規定
　航空会社の社員の健康は，航空機の乗客の安全にかかわってくる場合がある。
　全日空では，平成16年末ごろに聞いたところ，乗務員には，ダイビング後，24時間のインターバルを置くようにと言っているという（説明によると文書化はされていない）。
　日本航空では，平成17年1月現在，乗務員のダイビング後のインターバル期間について，運航乗務員の服務規定で「乗員は，乗務開始前の24時間以内に空気ボンベ等の潜水用具を使用した潜水をしてはならない」と定めているという。
　筆者の質問に対して同社広報からは次のような回答を得た。

1．24時間は，減圧症防止のため一般に言われているもので，ダイバー・ライセンス取得時にも周知されているそうで，変更の予定はありません。
2．服務規定では減圧症について特に説明していません。

　客室乗務員は，その主要な職場環境が減圧された機内での乗務であり，かつそれは相当な労働である。したがってそれは，ダイビングを楽しんだ休日の後に，機内勤務中に減圧症が発症する可能性を否定しきれないということでもある。そのためこのような特殊な職場環境では，減圧症のリスク管理を一般人より注意深く行う必要がある。
　日本航空は，「当社運航乗務員が，（プライベート以外で）減圧症に掛かり乗務に支障をきたした事例は聞いたことがありません。」と語っている。また現在では，搭乗勤務で，折り返し戻る便の間までにダイビングを行う余裕はないとも語っている。もっとも乗務に支障をきたすようなら仕事を休んでいる可能性が考えられる。
　またあくまで仮定の話であるが，休みの日にダイビングを行い，それによって減圧症に罹患していても，軽度の場合は自然治癒もあるので，単なる疲労や筋肉痛，あるいは関節痛と感じて気付かない場合も考えられる。さらに重度の減圧症でない場合には，同僚や上司に減圧症罹患の事実を知らせずに治療する可能性も否定しきれないであろう。その場合，機内の気圧や酸素濃度は客室乗務員（パイロットも含む）の健康に関するリスク要因となる。それはごく小さい確率であろうが，乗務員の能力の低下をもたらす可能性も考えられる。したがってそれは乗客の安全に完全に無関係とは言えないし，後遺障害として将来何らかの不都合が体に残る可能性も考えられる。
　実は，筆者が日本で有数の減圧症治療実績を誇る医師の1人に，「客室乗務員」の減圧症の治療経験の有無を尋ねたところ，「ある」という回答を得ている。

第2章　事故の実態と分析　　99

こういった状況を考えると,「24時間」は必ずしも安全な数字とは言えないことが分かる。

(c) 航空機搭乗による減圧症のリスク1

『日本旅行医学会学会誌』第2号（2004年8月）に,鎌倉女子大学教授／日本大学客員教授の大岩弘典は「民間航空機搭乗による減圧症発症リスク」と題した寄稿を行った（同誌92～99頁）。この論文は特に重要なものと考えられることから,引用紹介する。

大岩は,ツアーダイバーのリスクに関して3つの課題を挙げた。

1．フライト後ダイビング：長時間のフライトによる減圧症発症リスク

大岩は,「ロングフライト後の減圧症（DCS）の発症には因果関係が示唆されている」としてDANの事例を引き,ロングフライト後のツアー初日の発症例を37.5％と紹介している。そして機内の湿度が,たとえば国際線の日航機内ではそれが平均12％であり,米国では7％の航空機会社もあると言われていると紹介している。さらに「過去,多くの論文は,脱水が減圧症に懸り易くなる根拠を裏付けてきた。」として,他の論文の概要を紹介している。

2．フライト前ダイビング(1)：減圧症の発症リスク軽減のためのフライト待機時間

大岩は,フライト前の待機時間（ダイビング後のインターバル時間）について,現在公開されているものが「仮り（provisional）の助言的なものに過ぎない。」としている。

大岩はここで,搭乗前の潜水が「無限圧潜水」であることを前提とし,さらに1回の無限圧潜水で12時間,繰り返し行われる連日の無減圧潜水で18時間のインターバルであるとしている。さらに但し書きとして「このガイドラインは,フライトによるDCS発症を抑制できるが,DCS発症を完全に防げる保証を与えるものではない。」を示し,ダイビング後の安全なフライト待機時間（インターバル時間）は決めがたい,といういくつもの説明を行っている。これらの説明の中には,航空機に搭乗することで曝される20～30％の気圧低下や,大気圧相当で16～14％にまで低下している酸素濃度の影響の恐れを示し,フライト前のダイビングスタイルによってダイバーの体内に蓄積された窒素が排出しきれていない場合（当然個々の人の残留窒素量,年令,性差,既往症,その他の複雑な要素や体調によって異なる）のリスクの存在を示している。

3．フライト前ダイビング(2)：減圧症の発症を自覚する／しないに限らない帰路のフライトリスク

大岩が紹介する米国のデータによると,米国及びカリブ海で発生した約1,000例のDCI（減圧症＝DCS, Decompression Sicknessと,動脈空気塞栓＝

AGE, Arterial Gas Embolism は共に潜水の減圧で発症するので，両者を統一した用語として減圧病＝DCI, Decompression Illness という）の10～20％がダイビング後のフライトで発症し，これはフライト前にはDCIの兆候がなく，フライト中，あるいはフライト後に症状が出たことで，フライトが影響したと考えられるとしている。

　また，ダイバーがフライト前にDCIの軽症から中等症のDCIの疑いがあっても，ダイブツアーのフライトスケジュールに沿って搭乗している実情を提示している。そしてDCI症状を有しながらフライト後に再圧治療したケースの症状の程度と治療成績を現した2つの表から，ダイビング後のDCIが，四肢関節の痛みが軽症なケースを除いて，「フライト前待機時間が24時間未満では，24時間以上の群に比べ完治率が低いことが分かる。」とコメントしている。

(d)　航空機搭乗による減圧症のリスク2
　平成15年10月9日に，埼玉県央病院脳神経外科の医師，二階堂洋史が日本旅行医学会木曜セミナーにおいて高所移動における減圧症の発症状況について講演を行った。
　次はそのレジメからの引用・紹介である。

　1995年（平成7年）4月から2003年（同15年）1月までに，高気圧酸素治療を行った減圧症の入院治療患者は206人（年平均25人）で，外来受診のみの来院患者数は418人（年平均52人）であった（以上，前任の都立荏原病院での治療実績）。
　・入院治療　206人の内訳
　　年齢：20～59歳（平均35歳）
　　性別：男性164人　女性42人
　　種別：潜函夫　15人　　漁業ダイバー　8人
　　　　　職業ダイバー　81人　スポーツダイバー　102人
○高所移動による減圧症発症
　・206人中38人が高所移動によって発症
　　飛行機搭乗後の発症　17人
　　峠（御殿場　箱根）超え後の発祥　21人
　　　※これらの患者のうち，減圧症Ⅰ型は17人　Ⅱ型は21人
　さらに，「ダイビングエキジット後高所移動までの時間を調べたところ，3時間以内での発症が多いものの25－36時間での発症例もみられました。24時間以上経過しても発症する危険性があります」と述べている。
　筆者はこの記述にある事例の教示を願ったところ，次の3件の事例が示された。これらはダイビング終了後，24時間以上経って（25～27時間）から航空機に搭

乗して移動し，その後に減圧症を発症した患者の事例であり，全員がⅡ型減圧症であったという。

① 男性　34歳　スポーツダイバー　経験年数3年　減圧症の既往なし　最大水深29mでダイビングを行った25時間後航空機に搭乗　脊髄型減圧症を発症
② 男性　31歳　スポーツダイバー　経験年数3年　減圧症の既往1回あり　最大水深40mでダイビングを行った26時間後に航空機に搭乗　脊髄型減圧症を発症
③ 男性　36歳　インストラクター　経験年数12年　減圧症の既往2回あり　最大水深28mでダイビングを行った27時間後に飛行機に搭乗　Ⅱ型減圧症を発症

　これらの事例からダイバーの安全をより確かなものにしようとすれば，減圧症の既往症のないダイバーで通常のダイビング後の2日間は高所移動を避けることを基準とするべき必要性を考えさせる。

　この事例からは，過去に減圧症の既往症がなかったダイバーでも25時間のインターバル後に飛行機に搭乗して脊髄型減圧症という重大な状況になっている。もし"ガンガン潜る"というスタイルのダイビングをした場合には，それはダイバーの体内に蓄積する窒素の増加を招き，さらに高いリスクがもたらされるであろう。したがって発症事例の2倍の値をインターバル時間として基準とすることを考えることは十分に妥当であろう。また減圧症の既往症のある人は減圧症の発症の危険がさらに高いということはよく言われていることでもあり，そのようなダイバーの安全係数はさらに大きく取るべきであると考えられる。

　推定であるが，業界が高所移動前のインターバル基準を12時間とか18時間，あるいは何日も連続して何本もダイビングを行った上（体内の残留窒素の問題がある）での待機時間でも24時間程度とする背景には，リゾート地などでのダイビング商品販売（3泊5日の旅行日程でも講習という商品ダイビングを販売できる）を考慮したためかもしれない。

　安全基準が厳しくあることは当然と見られている航空会社の労務規定であるからこそ，簡単に「指導団体」の定めた基準を採用することには慎重になるべきと考える。

(e) 潜水後高所移動にかかわる減圧症問題

　駒沢女子大学教授の芝山正治は，伊豆半島での減圧症リスクにかかわる移動地の問題に関した優れた研究（「改正　潜水後の高所移動と標高」）を行っている（「第6回安全潜水を考える会研究集会発表集2003年度」2004年，安全潜水を考える会実行委員会，29～33頁）。

　芝山によると，東京医科歯科大学で，1980年（昭和55年）から2003年9月（平

成15年）までに扱ったレジャーダイバーの減圧症中，低圧（飛行機，高所）移動が原因と思われる症例は，その539件中で86件（16％）であり，内訳を見ると，飛行機搭乗で53件（9.8％），高所移動（ダイビング後に海抜高度の高い地域を移動すること）で33件（6.1％）である。また DAN（ダイバーズアラートネットワーク）で扱った減圧症中，低圧移動が原因と思われる症例として，1991年（平成3年）から2003年9月までの総件数84件のデータの内，飛行機搭乗が58件，高所移動が26件としている。

このデータではさらに伊豆半島からの高所移動の場所を示し，東名高速御殿場で12件，箱根越え5件，伊豆スカイライン4件，県道59号線仁科峠2件，県道18号線戸田峠1件，不明5件としている。

そして大瀬というダイビングポイントで潜水を行った3,819人の高所移動パターンの調査結果として，東名高速で御殿場（海抜454m）を経由した者が1,389人（63.9％），国道1号線で箱根（海抜900m）を経由した者が388人（17.8％），熱函道路（海抜430m）で熱海方面が186人（8.6％）などの結果を示した。

これらのデータを見ると，減圧症の発症事例と有為に関係性が見られる。

芝山はこの研究の結果，伊豆半島の危険地として海抜600m以上の数箇所を示した。その場所は箱根ターンパイク，仁科峠，乙女峠，戸田峠，伊豆スカイラインであり，これらは帰路ルートとして避けるべきであると警告している。

また山梨・長野方面では，東富士五湖道路で1,091m，精進湖周辺で1,014m，大月，甲府間の笹子トンネルで697mとしている。

伊豆半島でのダイビングの後の帰宅の際の安全なルートとして，東海道本線や新幹線を利用する鉄道移動は海抜100m以内であるとして，これを挙げている。

こういった研究成果から，伊豆半島でのダイビングでは，無理のないダイビングを行うための潜水計画と，潜水計画の一部であるダイビング後の十分な休憩などが，減圧症防止対策として重要であることが分かる。

なお体内に蓄積した窒素の排出を促すために，深い潜水をした場合などには，出発前に20分以上の酸素吸入を行うことも選択肢に含めるべきであろう。

(f) 高所移動後潜水による減圧症発症事例

高所移動の減圧症発症に与える影響に関しては，常に潜水後の移動に注目されているが，移動前の高所移動の影響については，「ないはずだ。」という意識の下，調査や研究がされていないのが実態である。

ここに1つの事例を紹介する。

平成18年，経験が数百本もあるダイバーAが早朝便で数時間の航空機での移動後，ダイビングポイントのある某島に10：30頃到着し，昼食後にボートで最大30mの水深となる縦穴や横穴の洞窟でのファンダイビングを行った。その最中にAに異常が発生した。

このときの状況は本人によると、「足に力が入らなくなりフィンキックができなくなった」。そして「この時に体が浮き（2メートルぐらいだったと思う）、それをバディが気付き、真下に近い位置に居たインストラクターに知らせ、インストラクターが私のフィンをつかみ下げた。そしてすぐにインストラクターは行ってしまった。そして水底に四つん這い状態でいたら数秒ぐらいで物の遠近感がなく重なって見えたり、朦朧としていた。」ということである。

　この異常な状況にバディが気づいたのは水深8〜10m付近であった。そして意識の無いまま四つん這いのままのAの異常事態に気づいたバディがAを背負い、泳いでアンカーロープの下に居たインストラクターに知らせた。このインストラクターがAを浮上させ、ボートに引き揚げた。

　バディによると、ボート上でAは苦しそうな息をしながら、目は半開きの状態であったという。やがてAは呼吸を停止し、心臓の鼓動が弱くなっていったため、スタッフの1人がCPR（人工呼吸や心臓マッサージ）を行った。その後Aは、港から搬送中の救急車内で意識を回復した。しかし現地に唯一あったチャンバーのある場所では技師が不在ということで4時間も待たされ（事故発生から5時間）ることになった。当初、別の医師は、Aには後遺症は残らないとバディに語っていたが、後にチャンバーに5時間入った後にAは、脊髄型減圧症、第7胸髄以下の感覚障害、直腸・膀胱障害、下半身麻痺と診断され、下半身が麻痺していた。

　その後の4ヵ月に及ぶ入院と懸命のリハビリで、Aは短距離であれば杖で歩けるまでに回復したが、その後の日々は、24時間続く強い足のしびれ、突っ張り、痛みや熱さ冷たさ等が感じない感覚異常、歩行障害、直腸・膀胱障害に苦しむ重度の後遺障害と戦う日々となっている。

　この減圧症の発症原因が、潜水前の高所移動の影響があったからなのか、あるいはそれまでの数百本の潜水によって、例えばいわゆるサイレントバブルの蓄積があって、30mの潜水によって出た結果なのか、あるいはサイレントバブルがあったとしても、その影響が高所移動を行った直後に潜水したことで出たのか、あるいは他に理由があったのか、これらは不明のままである。

　ダイビングビジネスや潜水医学の現場では、潜水後の高所移動の影響に関する調査や研究はなされているが、高所移動後の30m程度の潜水が人体に及ぼす影響について、あるいは他の要因を顕在化させる影響があるかどうかなどについては、筆者が知る限りにおいては研究がなされていない。

　潜水前の高所移動が減圧症発症に及ぼす影響について、筆者は潜水医学に造詣が深い複数の医師に聞いてみたが、そのような研究がなされたという返答はなかった。さらに返答の中には「そんなこと（高所移動後の減圧症）はあるはずがない。」という返答もあった。筆者は医師ではないので、このような「はずがない。」というのが事実なのか、あるいはそう思いたいという思い込みによるもの

なのかは分からない。何より，こういった実態を研究・調査すること自体がなされていないということの方が残念であった。

　今回ここにその事例を記すことで，このような事例が存在している事実を残し，今後の専門家による調査や研究が行われることを期待する。またダイバーやダイビング業者には，無理なスケジュールでの潜水について，より慎重になることを求めたい。

　(g)　まとめ
　以上の内容は，いずれもツアーを主催する旅行会社にとって，またツアーダイバーやツアーを引率するインストラクターにとって不可欠な重要情報であり，さらに航空会社の人事労務担当者などにとっても社員の安全管理のために必要な情報である。

(5)　**ダイビング業者の法的義務**　　ダイビング業界では，ダイビングにおける危険が致死的なレベルであることを知っており，その危険の予見が可能であることを知っている。
① 　ダイビング業者が人命の安全のために**厳守しなければならない**プロの二原
　　則　→「常時監視義務」の原則と「潜水計画責任」の原則
② 　業界における危険の認識状況
　ダイビング業界では，その商品の危険度（リスク）が致死的であり，わずかな理由でパニックを誘発して致死性が現出することを認識している（『21世紀・日本のダイビング業界はどうあるべきか』スクーバダイビング事業協同組合，1999年　25頁）。
③ 　海上保安庁が「指導団体」などに送付した文書
　平成15年，海保は異常に事故が多発する事態を深く憂慮し，同年9月30日に，「スクーバダイビング中の事故防止にかかる安全対策について」という文書を作成し，同年のダイビング事故の分析資料数頁などと共に，警備救難部救難課が業界25団体宛に発送した。

■「スキューバダイビング中の事故防止にかかる安全対策について」の要旨
　　（平成15年9月30日付　各関係団体あて　海上保安庁警備救難部救難課発）

1．平成15年1月から8月までに，海上保安庁がその管轄において認知した事故者数は，過去5年間で最も多かった平成11年の同期に比べ，事故者数で大きく上回り，死亡・行方不明者数では同数であった。
2．本年の事故は，インストラクターやガイドが同行していながら，ダイビング開始前の安全留意事項の不徹底，潜水計画での安全性の欠如，ダイビング実施者の技量を勘案した，不測の事態に備えた要員の不足等により事故が発生している事例が見受けられ，今後さらなる事故増加が懸念される。

3．スキューバダイビングは危険と常に隣り合わせであり，その安全確保については，ダイビング実施者の自己責任だけでなく，インストラクターによる適切な指導やガイドとの十分な連携協力が不可欠かつ極めて重要であると考えられる。
4．スキューバダイビングを提供する側の究極のサービスとは安全なダイビングの提供であることから，各関係団体を通じて，会員等となっているインストラクターやガイドに対する事故防止に係る安全対策の再徹底等の周知・指導をお願いする。
5．参考事項として，「スキューバダイビング中の事故防止にかかる安全対策の基本事項例」を示す。
　① 緊急時の対応なども含めた安全な潜水計画の立案，実施。
　② ダイバー間及び監視者との間で①の安全留意事項等の対応について十分な打ち合わせの実施。
　③ 器材の取り扱いやポイントの状況の十分な把握と，バディシステムの厳守及び緊急事の対応の確認。
　④ 漂流対策として，フロート，発光信号及び音響信号等の装備の携帯，また，ダイビングボートには，無線設備，携帯電話等，陸上との連絡手段の確保。
　⑤ ボートダイビング時には，ダイビングの形態に応じ，操船者に加え，専従の監視員を配置する。
　⑥ ダイビングサービス提供者は，ダイバーの潜水計画を把握し，予定外の事態には，あらかじめ設定した連絡手段により，その安全を確認する。

　この文書の存在は，平成16年2月17日付け読売新聞大阪本社版夕刊が報じたことでその存在を一般社会が知る機会を得た。この文書は業界による事故防止の努力の徹底を求める文書である。

　なおこの文書をDAN JAPANがネットで公開したが，その内容は海上保安庁による原文から改変されていた（http://www.danjapan.gr.jp/dan/news/gougai.html 平成17年10月31日確認。平成18年4月には削除されていた）。

　この改変された文書は，MINDER※（マインダー）という業界団体によって平成19年5月末の段階で「……DAN JAPANから　スキューバダイビング中の事故防止にかかる安全対策について……」として掲示（http://www6.ocn.ne.jp/~minder/page004.html）されている。

　この改変された文書を見ると，改変された部分にある重要性が際立つ（この「スキューバダイビング中の事故防止にかかる安全対策について」の全文は，本書の資料として海上保安庁の許可の下に転載しているのでそれを参照していただきたい）。

　※ MINDER（マインダー）とは，Medical Information Network for Divers Education and Researchの略称。平成15年3月29日設立（http://www6.ocn.ne.jp/~minder/page002.html）。

▶改変内容の検証

　この文書はその一部が複数の「指導団体」のホームページで示されたり，電子メールで会員にダイジェスト版が送られることはあったが，「会員等となっているインストラクターやガイドに対する事故防止に係る安全対策の再徹底等の周知・指導」（原文より）という状況にはならなかった。
　またこの文書は当時一般に公開されなかった。したがって一般のダイバーはDAN JAPANから公開された文書が原文と考えるしかなかった。しかしこのDAN JAPAN文書では，消費者である一般ダイバーの安全確保にとって重要な部分が削除・編集されていた。

　　※　些細な言い換えに部分については，「全体の意味」においては大きな影響がないと判断されるので取り上げない。

▽削除・編集の位置と削除された文言
　削除された編集点は『つきましては，次のとおり「スキューバダイビング中の事故防止にかかる安全対策の基本事項例」について列挙しましたので，ご活用していただければ幸いです。』という部分の，『つきましては』と『次のとおり…』という文章の間にある。
　次に原文を引用し，削除の開始部分を▼で，終点部分を▽で示す。

　「つきましては，▼本年におけるスキューバダイビング中における事故の状況をもとに，スキューバダイビングを提供する側のインストラクターまたはガイドの方々にあっては，安全なダイビングの提供が究極のサービスであることに鑑み，貴会員であるインストラクター等スキューバダイビング提供者に対して，直接又は会誌，メール等を通じて，事故防止に係る安全対策の再徹底等について，周知・指導していただくなどご協力を賜りますようお願い致します。
　なお，本年の事故事例を踏まえ，スキューバダイビング中の事故防止にかかる安全対策の基本事項例について，▽以下のとおり列挙しましたので，▼周知・指導の際に▽活用していただければ幸いです。」

▽削除された文言の重要部分
　①　「スキューバダイビングを提供する側のインストラクターまたはガイドの方々にあっては，安全なダイビングの提供が究極のサービスである」
　②　「貴会員であるインストラクター等スキューバダイビング提供者に対して，直接又は会誌メール等を通じて，事故防止に係る安全対策の再徹底等について，周知・指導していただく」
　　※　ここでの「貴会員」とは，この文書が送られた「指導団体」の会員（インストラクター等）のこと。
　③　「本年の事故事例を踏まえ，スキューバダイビング中の事故防止にかかる安全対策の基本事項例について，以下のとおり列挙」

■削除された文章の示す意味の考察

「安全なダイビングの提供が究極のサービス」は，ダイビング業界の最も重要な義務を明示する文言であり，それは社会的な責任である。これが果たされていないからこそ，業界向けにこの文書が出されたと考えられる。だからこそ「事故防止にかかる安全対策の基本事項例」は，まず業界に示したものと考えられる。

この事例は，業界がコントロールしたい情報の扱い方の具体例として興味深い。

(6) ダイビング業者に求められる安全対策

① 海難審判庁による安全指導；「潜水者・遊泳者の死傷海難防止のために」

ダイビングの事故には，ボートやそのスクリュー（プロペラ）との接触事故がある。

このような事故が起きた場合の審理を行っている海難審判庁門司地方海難審判庁は，ダイバーとボートの接触事故の防止を訴えるために，平成17年3月，「潜水者・遊泳者の死傷海難防止のために」というレポートを作成して，同ホームページで公開した。なおこれは，『地方海難審判庁海難分析集平成16年度』（2005年7月11日発行，海難審判庁，19〜38頁）にも掲載されている。

その「まえがき」には，「全国の地方海難審判庁が平成6年から同16年までに言い渡した裁決」が出ており，「死傷海難のうち，潜水者や遊泳者に船舶が接触した海難の裁決は；全国で45件（死傷海難の約1割）で，その発生数は少ないものの，船体やプロペラと人との接触事故であることから，多くの場合，死亡者や重傷者を伴う悲惨な事故となっています。」「45件中，門司地方海難審判庁那覇支部管轄区域内で発生した潜水者及び遊泳者が死傷した海難の裁決は8件で，潜水者が関係するものが6件，遊泳者が関係するものが2件となっており，3人の死亡者と6人の負傷者が出ています。」と報告している。

さらに，「その後も，同種の海難が後を絶たないことから，その再発を防止するため，45件の潜水者及び遊泳者が死傷した海難について分析し，「潜水者・遊泳者の死傷海難防止のために」を取りまとめました。」と，レポートの目的を示している。

また「スキューバダイビング中の潜水者と船舶の接触海難」を説明した部分では，「スキューバダイビング中に船舶と接触したものは，全国で8件となっており，いずれもダイビングポイントにおいて発生し，5人の死亡者と3人の重傷者及び1人の軽傷者を発生させています。」として，数件の事例を，その事故現場と状況を地図を用いて分析・説明している。

「スキューバダイビング中の潜水者を死傷させた海難の発生メカニズム」という項目では，船舶とダイバーが接触事故となったときの状況の分析をチャート式に描いている。

こうした上で，「まとめ」として，「ダイビングボートの付近は，迂回するか徐

行！」「機関始動は，船体周辺の潜水者の安全確認を行ってから！」「潜水開始，浮上開始は，安全が確認され，合図が出てから！」という3つの項目を設けている。

最後の「提言」では，「1．船舶とスキューバダイビング中の潜水者との接触を避けるために事前に船側と潜水者で，ダイビング計画，合図などについて十分な打ち合わせを！」として船側と潜水者側の注意を示している。

なお本書の資料部分には門司地方海難審判庁の那覇支部の許可を得てこのレポートの「(2) スキューバダイビング中の潜水者を死傷させた海難の発生メカニズム」の一部を転載しているので参考とされたい。

② 安全対策の基本となった海上保安庁の指導冊子 「ダイビング・サービス提供者に係る安全対策」

ダイビング業者は自らの事業規準（安全対策を含む）をもって事業を行っているが，昭和63年，当時も多発していたダイビング事故対策のために「ダイビング・サービス提供者に係る安全対策」（海上保安庁警備救難課，昭和63年8月）という冊子が作られて業界に配布された。

このときの指導の大部分は現在の安全管理義務にそのまま通じる重要なものである。以下はその由来である。

「レジャースキューバダイビングの事故発生状況から，その安全対策として昭和63年に「社団法人日本水難救済会」において，レジャースキューバダイビングの安全性の確保を図るため必要な安全対策等の調査研究が実施され，同研究の成果を踏まえ，海上保安庁警備救難部救難課が「ダイビングサービス提供者に係る安全対策」と題する小雑誌及びリーフレットを作成，関係各機関，団体を通し，ダイビングサービス業者等に配布，安全対策を講じている」（平成9年11月11日付け，下田海上保安部の司法警察員・海上保安官から，当時の下田海上保安部長に「レジャースキューバダイビングの安全対策について」として出された文書より）（東京地判平成16年11月24日，平成12年(ワ)21770号，判例検索システムの甲第17号証の1／本書第Ⅲ部第1章1(4)参照）。

そしてこの冊子の「はじめに」では，

「最近，国民の余暇活動の活性化や潜水器材の進歩等によりレジャー・スキューバ・ダイビングが盛んになってきておりますが，ご承知のとおり，ダイビングは水中高圧下での活動である関係上，小さなトラブルが大事に至ることもあり，十分な安全対策を講じておくことが重要であると言えます。」

「本冊子は，ダイビング・サービス提供者に係る安全対策として，（社）日本水難救済会に設けられている「スキューバ・ダイビング安全対策調査研究委員会」において取りまとめられた成果を踏まえて作成したものです。今後，本安全対策がダイビング・サービスを提供している関係者の間に普及し，一般ダイバーの方々が安心して楽しむことができる安全なダイビング環境が整備されることを切に望んでおります。」

「昭和63年8月11日　海上保安庁警備救難部　救難課長」

と書かれている。

　この冊子は，裁判（前記，東京地判，平成12年㈦21770号）で証拠として採用された。判決文ではこれに言及し，業者の注意義務違反を問う基点ともなっている。

　これは別紙部分を入れて40頁程度である。本文と別紙は海上保安庁から転載の許可を得て添付資料に掲載しているのでそれを参照されたい。

　次に，この冊子から重要部分を1つ紹介する。

「(9)　潜水計画の作成，ダイバーへの周知徹底及び関係先への連絡

　　インストラクター又はガイド・ダイバーの管理の下でのダイビング・サービスを提供する者は，無減圧潜水を原則とする潜水計画を作成し，必要事項を一般ダイバーに対し周知徹底するとともに（潜水計画の作成要領別紙参照），必要に応じ潜水時に利用する潜水ショップ又はリゾート施設管理者等に次の事項を連絡しておき，迅速かつ適切な救助措置等が講じられるよう配慮しておく。」

　この指導の15年後に，前述の「スキューバダイビング中の事故防止にかかる安全対策について」が出されたことは，これだけ長い時間をもってしても，指摘された問題の改善がなかったことを示している。

　『レジャー・スキューバ・ダイビング』（海上保安庁救難課監修，㈱成山堂，平成2年3月）にはこの指導の内容を掲載した。最新版では（平成16年8月28日発行の五訂版，174〜202頁が海保の指導の内容と別紙とされた資料），この14年間で医療行為の進歩に伴って変更した部分と「指導団体」が変わった（業界への参入や撤退があった）ことは反映させているが，「ダイビング・サービス提供者に係る安全対策」の部分の変更はないということである。

　　※掲載された内容は，元の「である調」の書き方から「ですます調」に書き改められ，さらに若干の追加書き込みがなされ，その項目の番号の振り方（書いてある順番は変更なし。記号を変えたのみ）を変えてはいるが，それ以外は原本と同じである。そしてこの冊子の由来を，「昭和63年12月に，運輸大臣の諮問機関である海上安全船員教育審議会の答申に盛り込まれています。」と紹介している（172頁）。

3　「商品スポーツ」としての事故の分析

　(1)　**講習中の事故**　　事故被害者は，ショップの指示でスタッフとバディを組んでいた。しかし水中での強い潮の流れの中，そのスタッフは事故者を水中に放置して離れていき，事故者は海中に取り残された。事故者はそのまま浮上することなく溺死した。

　後にインストラクターには業務上過失致死罪が，インストラクターとショップ，及びこのツアーと講習を主催した大手の会社に対しては賠償責任が認められた。

　(2)　**商品及び役務**　　消費者基本法は，消費者が保護されるべき対象として「商品及び役務」を挙げ，その事業者の義務として，次のような条項を設けている。

←この写真は事故者が海底で発見収容されたときのものである。オープンウォーターレベル（初級者）の講習時の事故発生確率は，平成11年のデータから推定すると，約2,760回に1回の割合で発生し，約3,221回に1回の割合で講習生が死亡している。（『ダイビングの事故・法的責任と問題』10頁）

第五条　事業者は，第二条の消費者の権利の尊重及びその自立の支援その他の基本理念にかんがみ，その供給する商品及び役務について，次に掲げる責務を有する。
　一　消費者の安全及び消費者との取引における公正を確保すること。
　二　消費者に対し必要な情報を明確かつ平易に提供すること。
　三　消費者との取引に際して，消費者の知識，経験及び財産の状況等に配慮すること。

　海保データ以外の国内外の日本のダイバーの事故の実態を無視することは，消費者に対してその安全に係わる必要な情報を意図的に提供しないことでもある。それは消費者に対して説明責任を欠くことになる。なお，インストラクター養成コースを受講する者も消費者であることを忘れてはならない。
　インストラクター養成コースは利益額と率が高いことで業界は誘客に積極的であると見られるが，そのコース参加者も全てこの実態を厳格に教授される訳でもない。そして人命に関わる責任と能力の適性が十分に詮議されることもなく，誰でも受けられるインストラクター養成コース（ないしはまったくの初心者が初級からインストラクターまでの一連のコースを最初から受講する）の受講者のほぼ全員がインストラクターとして認定されている。現状のダイビングビジネスとは，認定数をいかに上げるか，またいかに利益額と率の高いコースを販売して認定数増加に結びつけるのかが主要な目的となっていると考えられることから，大量のインストラクターが認定されていったと考えられる。
　その結果，「指導団体」などは減収増益という利益を手にしたが，消費者の事故という課題が利益額の増加に合わせたペースで解決されていくことはなかった。
　東京医科歯科大学における減圧症治療のデータはこの事情をより現実的に反映している。つまり，プロの品質低下は，プロ自身に減圧症が急増する事態をもたらし，その安全管理能力に欠陥があることを自ら示したと言えるのである。
　この現象は，インストラクターの技量という役務商品の欠陥が安全と深いかかわりを持っていることを雄弁に物語り，プロの減圧症患者の増加と合わせて一般

ダイバーの減圧症患者が激増しているという状況が，インストラクターという資格商品の質の低下がもたらす問題が拡大連鎖している状況を有為に示している。

これが，欠陥を抱えた資格商品の大量販売と，「ダイビングが安全※になった」というイメージコントロールを通した「正常化の偏見」の商業利用がもたらした1つの結果であろう。この状況は，商品ダイビングのような安全に係わる事業者の責任を明確にし，「正常化の偏見」を商業利用することを禁止し，刑事責任も含めた「業法」の策定と施行，そして何よりも早急に，役務商品にPL法の適用をせねばならないことを示している。

- 「レジャーダイビング ビジネス・ガイドライン」第2部 ④安全性の表現の禁止 「安全性を示す表示は，その内容が客観的事実に基づき証明できるものであり，かつその事実・根拠を同時に表示するのでなければ，おこなってはならない。」
  「安全」「安心」「無事故」等の表示。」(21頁)
- ダイビングは本質的に安全かのような表現である「ダイビングは安全」という評価は正しくない。

  統計学的視点からダイビングのリスクを見ると，米国民のリスクに対する受け止め方 (H. JOtway and R. C. Erdmann, Nucl. Eng. Design 13, 365) から見るリスク発生レベルの内容は，10^{-3}／年（1000分の1）という重大事故発生確率は，「誰もが許容できないレベル」であり，「リスクレベルがこのレベルに及び場合には，直ちにそのハザードを減ずべき対応が必要」なレベルである。（以下，「製造者の責任とユーザーの知る権利」松本俊次 2006年11月4日，明治大学，●公演用レジュメを参考とし，一部引用）

  本書第Ⅰ部第2章2(2)⑥(f)で論じているように，実際のダイビングの初級者講習での重大事故発生比率は約1000分の1の確率である。この数字は「誰もが許容できないレベル」であるはずであり，これに関する具体的かつ詳細な（業界の意向に沿って調整されていないもの）事故情報の開示が必要である。これを行っていない現在の状況は，国民の知る権利を侵害していると言えるのではないか。

  またダイバー全体で見たリスクレベルの概算では，ダイバーが重度の危険に遭遇する確率は10万分の5である。これは「ハザードを抑制するために資金を積極的に公的投資するレベル（交通標識，交通管制，消防）」（※アメリカでは製品の自主回収のレベルで，ソニーの電池回収に至ったレベルがまさにそれである）と，10^{-5}／年（十万分の1）の発生確率である，「人に認識されている」という，安全のスローガンのなどによって注意を喚起するレベルとの中間である。これらの事故には高い確率で業者が関与しているので，少なくともその事業においてこのレベルの事故発生確率を有する業界は，相当の覚悟と費用の支出をもって自らの事業におけるリスクを下げる行動を起こすべき義務があると考えられる。現状では，ダイビングは明らかに本質的に危険である。ダイビングビジネス関係者や一般のマスコミは，この事実を社会にきちんと開示し，その娯楽としてのリスクを明示した上で，その安全性を高める努力を継続して行っていくべきである。
- 「指導団体」の中には，事故はダイバーが悪い，インストラクターが悪い，自分たちの基準には間違いはない，という主張をするところもあるが，これは平成18年に発生したエレベーター事故でのメーカーの記者会見での，「設計や構造に起因する事故はこれまで1件もない」とした発言や，同じく平成18年のガス瞬間湯沸かし器事故に対するメーカーの主張と共通の問題を考えさせる。「指導団体」は，1対1でも消費者を死亡させる技量にしかなれないインストラクターの養成プログラムや認定ビジネスの欠陥，またそのようなインストラクターが複数人数の講習生やダイバーを一度に引率・指導できるとする基準・規準で「常時監視義務」を物理的に可能とする理由について，それらの事業の最終責任者として直ちに説明すべき義務がある。

第3章　予見可能性

　本章では，予見可能な5つの要因について詳しく検討する。

　1つ目は，「環境の激変境界面」[1]での事故の可能性の問題である。そこはエントリー（入水）とエキジット（出水）を行う水面である。またそこは，空気の場と，水中の場との，環境が一気に変化する境界面である。事故はそこで発生する場合が少なくない。

　中高年層は循環器系のリスクが高く，そのリスクに直面した場合の最悪の結果が死亡であることは周知の事実であり，特に運動時や体感温度，そして体への圧迫など，環境が急激に変化する局面でのリスクは高い。水面はその場所の1つである。

　したがってプロである商品ダイビングの関係者は，中高年齢者層の「環境の激変境界面」でのリスクを十分承知の上で危険の予見ができなくてはならず，その予見に基づいた安全な潜水計画の立案と実行が義務となる。

　ダイビング業界が市場拡大のために，いわゆるシニア層と呼ばれる中高年齢者層へ事業計画を展開しているが，このリスクは予見できていると考えられる。

　このリスクの検証を行うのが1つ目の予見可能な要因の検討である。

　2つ目は漂流事故と，その防止のための施策について検討する。

　漂流事故では，溺死，脱水症，衰弱死，水面への落雷による感電死などが考えられる。

　プロは，漂流がどのようにして起こるか，その結果がどのようなものかは容易に予見できる。またプロは，その回避能力，及びその対処能力は保持していて当

---

[1] ダイビング中の事故では，心筋梗塞とか心不全などの死因（あるいはこれを誘引とした溺死）が少なくない。この多くは「環境の激変境界面」で発生している。
　「環境の激変境界面」の1つであるエントリー時は，潜水器材を装着しての水面移動中を含み，またエキジット時には，水中という擬似的無重力状態から，装着した器材に，急激に重力の影響が生じて，思わぬ負荷を受ける環境に急激に移行することになる。さらにそこには，水面移動からボートへ上がるとき，また波の影響を受けながら浜から上陸する状況をも含む。加えて上陸後すぐに，重い器材を装着ないしは持ちながら，急な坂を上るなどの状況も，体が水中での環境への順応から抜けきれていないときには，特に循環器系に負荷を急激に与える（金属性の重いタンクや体中につけている重器材などの器材重量は相当のものである）ことになる。
　また脳梗塞などは，特に夏場は気温による発汗とタンク内の極度に乾燥した空気などによる脱水状態から血液が濃縮されて血管が詰まりやすくなることから発生する可能性が高くなる。これはスクーバ式のダイビング特有のリスクである。

然であるので，消費者の漂流防止や，漂流してしまった後に早期の救助がなされるための対策と準備を潜水計画に入れておくことは当然の義務である。

3つ目は，特に初級者にはリスクが高い洞窟ダイビングの問題を取り上げる。

洞窟での事故は，見通しの良い水中でのダイビング事故よりリスクが高い。

したがって，十分な準備と潜水技術に裏付けられていない安易な洞窟ダイビングの危険について検討する。

4つ目はスクリュー（船舶のプロペラ）への接触である。この傷害の現実を直視する。

5つ目は，突然の心停止の問題である。ここからバディシステムの重要性を確認する。

1 「環境の激変境界域」の問題

ハイリスクグループである中高年齢者層のダイバーが，心不全や梗塞系の要因によって，一見して突然に，死に至る事例は少なくない。

さらに中高年齢者層に対して講習やガイドを行う側が青年層であることは非常に多く，彼らが頭で知っていても（危険の予見は可能），自分の肉体の問題ではない加齢による肉体の機能低下に対しては実感がないことから，十分な勉強を背景とした理解と準備のないままでは，中高年齢者層の生理や「環境の激変境界面」への注意義務履行の度合いが低くなるという傾向（危険を認知する能力の欠陥）が見られる。

そのため特に青年層と中高年齢者層を混合して行う講習やファンダイビングが同じ条件（水域や指導・ガイド，及び潜水計画全般）で行われることは，中高年齢者層にはリスクを高め，業者側にはビジネスにおける人身事故のリスクを高める結果となっている。

このリスクを軽減する最善の手段は，経験豊富なインストラクターやガイドによって事故を防ぐための準備（器材や潜水計画，及びトラブル時の予備計画）を正しくすることにある。

こうした，事故の防止や，発生した場合の損害を最低限に抑えるための施策の立案とその実行は，消費者である講習生や一般ダイバーのみならず，業者側にとっても事業リスクの回避という利益をもたらすことになる。

(1) スクーバ・ダイビング実行段階別の脈拍及び血圧変化の傾向調査の試み
（財団法人倶進会助成事業）

① 調査の動機　平成11年から15年の事故の調査の結果，特に男性40歳以上，女性60歳以上に，心不全などによる事故が複数見られた。これを「ハイリスクグループ」と分類する。

中高年齢層が，循環器系などのリスクが青年層より高いことは一般常識であり，その常識に従えば，循環器系には高気圧（水圧）下でのリスクは高くなる。した

がって，そのリスクを回避ないしは十分に低減するための準備は可能である。しかしダイビング中のどの時点により高いリスクが存在するのかという，環境変化に沿った科学的な調査による基礎データは，これまで商品ダイビングの世界には存在していなかった。

そこで筆者は各年齢層におけるダイビング中の生理的変化を計測・調査して検証すれば，それに基づいた潜水計画の立案はより容易になり，よってダイバーのハイリスクグループの安全性が高まるのではという仮説を立てた。

中高年齢者層の血圧・脈拍の傾向は，特に青年層とは異なった特性を持つのが一般的である。中高年齢者層の事故は，血圧などの急激な変化によって引き起こされることが多い。したがって事故防止のためには，血圧の数値そのものよりも，ダイビングを行うことで変化する周囲の環境に対する変化の度合いを見ることがより重要である。

以上の理由から，潜水の初めから終了にかけての，脈拍及び血圧変化についてデータを収集する実験を行い，ダイビングのどの時点のリスクが高いかを調査した。

仮説が正しければ，この調査の結果は，それがごく初歩的な検証であろうとも，ダイビングにおける安全な潜水計画の妥当性を判断する際に重要な要件となるはずである。

② **調査方法**　一般のボランティアダイバーと5000本以上のプロ経験があるプロダイバー，及びダイビング経験のある医師の協力を得て，限られた予算の中で行うため，市販の簡易血圧・脈拍計（オムロン HRM−630）に簡単な防水措置[2]を施した上で水中計測を行った。

事前の準備として，プロダイバーによる水中実験も行って方法の妥当性を確認した。また協力してくれた医師にもこの計測方法と動作の妥当性について確認を得た。

また，実験の正確性を増すためには，計測時の水流，気温，水温などの環境を一定にする必要がある。そのため，測定を行った2回とも，同じ条件が保てる屋内ダイビングプールを使用した。

2回の調査とも同じ医師の立会いを得，またデータの記録も，この医師が自ら計測器を確認して記録した。筆者は全体の管理と映像での記録を行った。

③ **調査の対象と手順**　1回目は想定外のトラブルが発生した場合にでも，

---

[2] オムロン HRM−630を市販の食品用ラップで包み（ただし機械の動作に必要な程度の空気は残しておく），それを同じく食品保存用のビニール袋に入れて空気を抜き，耐水テープで密封した。

なお，この計測の有効性を見るため，防水処置を施す前後に筆者自身およびプロダイバーがそれぞれ計測を行い，その計測数値が一致することを確認した。また事前にそれをプロダイバーが水中で動作確認を行い，問題がないことを確認した。

パニックにならず，自立的にそれに対処できる能力があると考えられる，数十本から数百本の潜水経験を持つダイバー中心に計測を行った。2回目はその経験を踏まえた上で初心者（講習を受講して修了していることは最低条件）も含めたダイバーの計測を行った。なお2回ともインストラクター（プロ経験が十分なダイバー）が，全行程で近接サポートを行った。

計測は，まず当日の安静時に計ったデータをそのダイバーの基準値とした。次にウェットスーツを着た段階，エントリー直後の水面安静時，水深3mでの安静時，水深5mでの安静時，水深5mでフィンキックで20m泳いだ直後，同じく3mで20m泳いだ直後，そして水面浮上時の計8回の計測ポイントを設定してその計測を行った。

インストラクター自身の測定は，前日からの疲労を持ち越していた時と，疲労がない状況での2度の計測を行った。

④　**計測手法**　　防水措置を施したオムロンHRM－630を各ダイバーにそれを装着してもらい，各測定ポイントでデータを記録してもらった。

⑤　**測定器材と水中での装着状況**

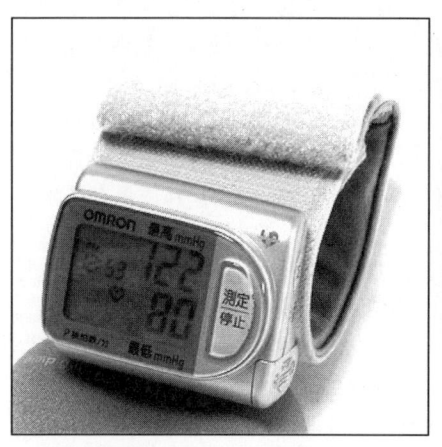

HRM－630

水中での装着状況

⑥　**測定状況**　　①測定実施場所：蓮根ダイビングプール（東京）

エントリーからエキジットに至る全過程で，プロのインストラクターが近接サポート（本人から1m程度の場所で監視・誘導を行う）を行った。

②プールでの測定スケジュールと実際の状況

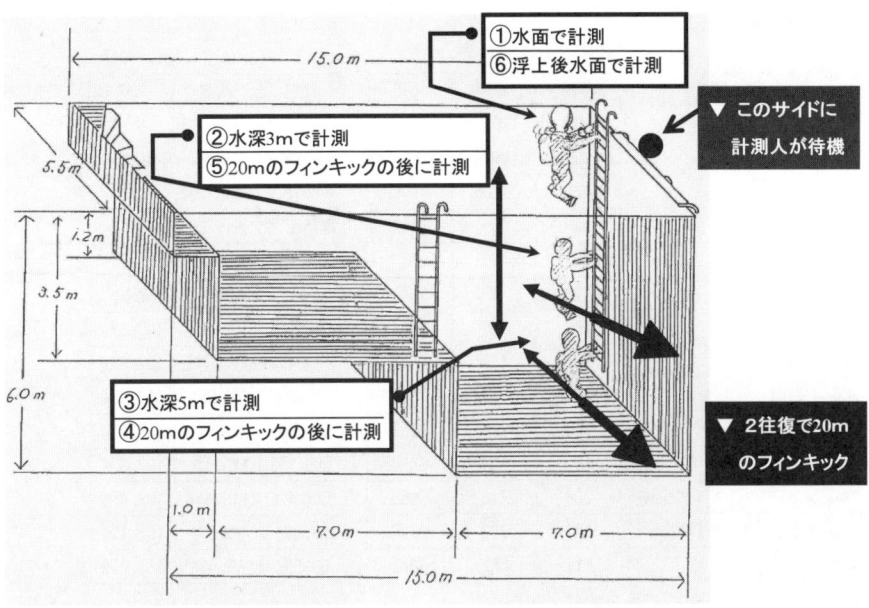

① 水面で計測
⑥ 浮上後水面で計測

② 水深3mで計測
⑤ 20mのフィンキックの後に計測

▼ このサイドに計測人が待機

③ 水深5mで計測
④ 20mのフィンキックの後に計測

▼ 2往復で20mのフィンキック

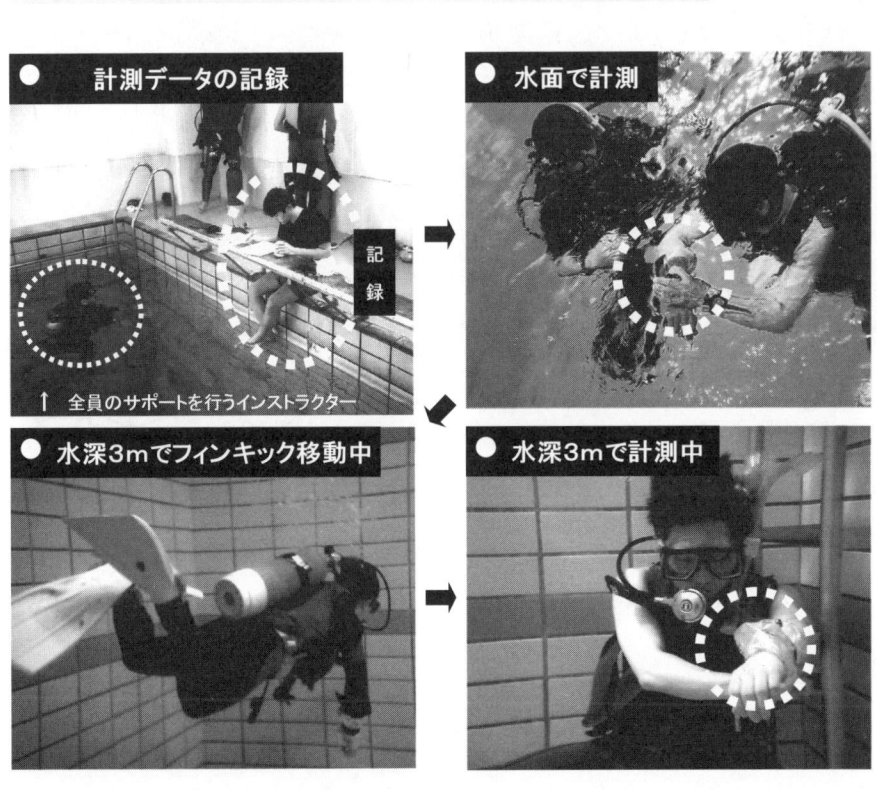

- 計測データの記録
- 水面で計測
- 水深3mでフィンキック移動中
- 水深3mで計測中

↑ 全員のサポートを行うインストラクター

記録

第3章 予見可能性

⑦　調査票記入例

性別：男		年齢	身長	体重	氏名	よみがな	ハンドルネーム	メールアドレス
メモ：		44歳	170cm	78kg	※※※※	※※※※		
		体脂肪率	経験本数	ダイビング歴	住所	※氏名・写真公開可		
		23％	290本	10年	※※※※	※※※※		
		上	下	脈拍	電話番号	※※※※		
通常血圧		162	107	63回	▽変化率(対平常時)			
▽以下，水中計測		上	下	脈拍		上	下	脈拍
通常血圧		162	107	63回		100.0％	100.0％	100.0％
ウェット着用時		187	120	68回		115.4％	112.1％	107.9％
水面安静時		122	82	73回		75.3％	76.6％	115.9％
水深3m（安静時）		109	73	88回		67.3％	68.2％	139.7％
水深5m（安静時）		193	121	68回		119.1％	113.1％	107.9％
水深5m（フィンキック20m後）		208	128	96回		128.4％	119.6％	152.4％
水深3m（フィンキック20m後）		135	103	99回		83.3％	96.3％	157.1％
水面浮上時		111	70	88回		68.5％	65.4％	139.7％

▶グラフ記載の計測ポイント番号の説明
　1＝通常血圧／脈拍　2＝ウェット着用時　3＝水面安静時　4＝水深3m（安静時）　5＝水深5m（安静時）　6＝水深5m（フィンキック20m後）　7＝水深3m（フィンキック20m後）　8＝水面浮上時
※　このデータは，その集計の都合上，5歳単位ではなく10歳単位で行った。

測定結果1（男性15歳）

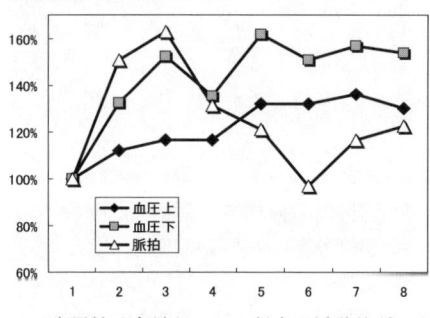

測定結果2（男性26歳）

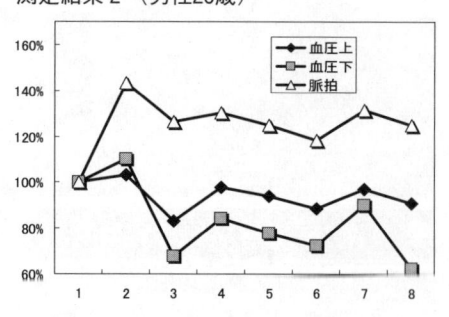

15歳男性は身長が180cm程度で活動的だった。26歳男性と明らかに異なる。

測定結果3（男性30歳代4人平均）　　測定結果4（男性40歳代6人平均）

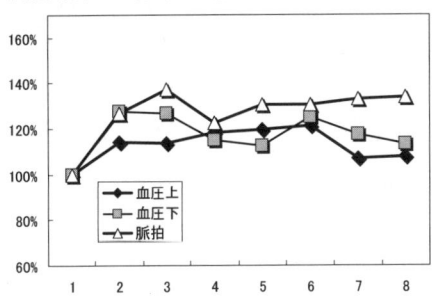

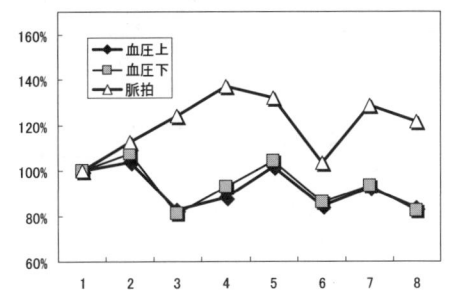

男性で事故遭遇時にもっとも致死率が低い30歳代男性（平均年齢35.5歳）と，致死率が高い40歳代（平均年齢45.8歳）の男性グループの比較である。40歳代には30歳代とは明らかに異なった反応が見られた。

測定結果5（男性53歳）

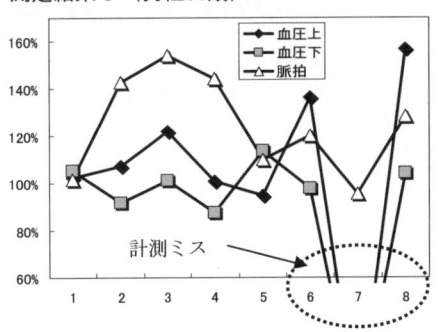

この男性は経験豊富なベテランダイバーであるが，かなり不規則な変化が見られた。

計測ミス

測定結果6（男性インストラクターの平常時と肉体疲労時比較）

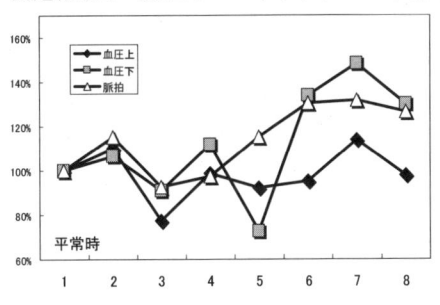

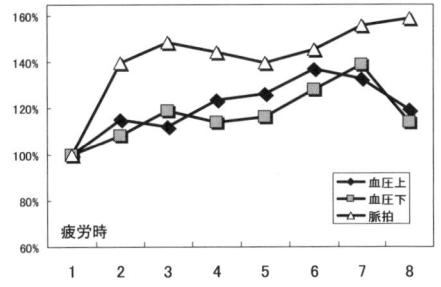

平常時　　　　　　　　　疲労時

上記2つのグラフは5000回以上のプロ経験を持つ39歳の男性インストラクターの記録である。前日の仕事（潜水）の疲れが残っているとき（右）と，疲れのないとき（左）で，明らかに反応パターンが異なっている。

測定結果7（女性20歳代3人平均）　　測定結果8（女性33歳）

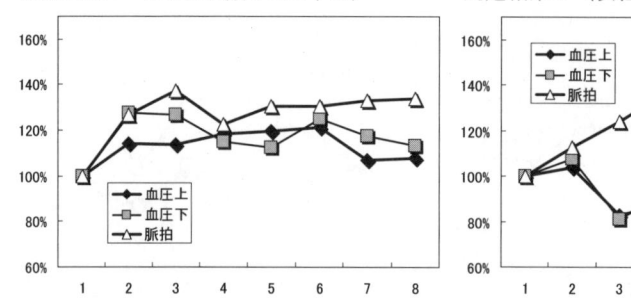

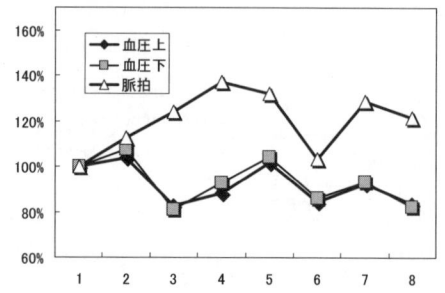

　左は20歳代（平均年齢26.3歳）と比べて右の30歳代には不規則性が見られた。ただ30歳代女性は1人分のデータしかとれなかったので，これがこの女性固有の特性である可能性もある。

　⑧　測定から見られたこと　①　年齢層や性別によって血圧や脈拍の変化に大きな特性が見られた。特に男性のハイリスク層とその逆の層との違いは顕著であった。

　②　インストラクターの2回の計測では，ベテランでさえ疲労度によってその変化パターンが顕著に異なるというデータが得られた。

　⑨　結　　論　①　実際の「環境の激変境界域」では，水中では突然の水温変化や潮流の発生などから，予想外の環境におかれる可能性があり，事前に十分にそれを含んだ潜水計画が必要である。そしてそれはリスクを増すことから，より一層の注意を要す。

　②　今回の調査の結果は，年齢層別の生理的特性を考慮したきめ細やかな潜水計画と，予想外の事態に直ちに対応できるような予備計画が必要であることを確認させた。

2　漂流事故の分析とリスク対策の考察

　ダイビングの事故は，そのほとんどが短時間で死に至る。しかし漂流事故は，一度に多人数の事故遭遇者が発生する可能性があるが，その場合でも事故者たちが死に至るまでは，他の事故よりは時間的な猶予があるのが一般的である。

　その猶予時間は数分から数日間まで考えられるが，落雷での感電や減圧症の発症，また心臓由来の傷害発生を除けば，できるだけ早く対応すれば事態を収束させることができ，また捜索のための時間もある。

(1) 漂流事故が事故全体に占める比率と傾向

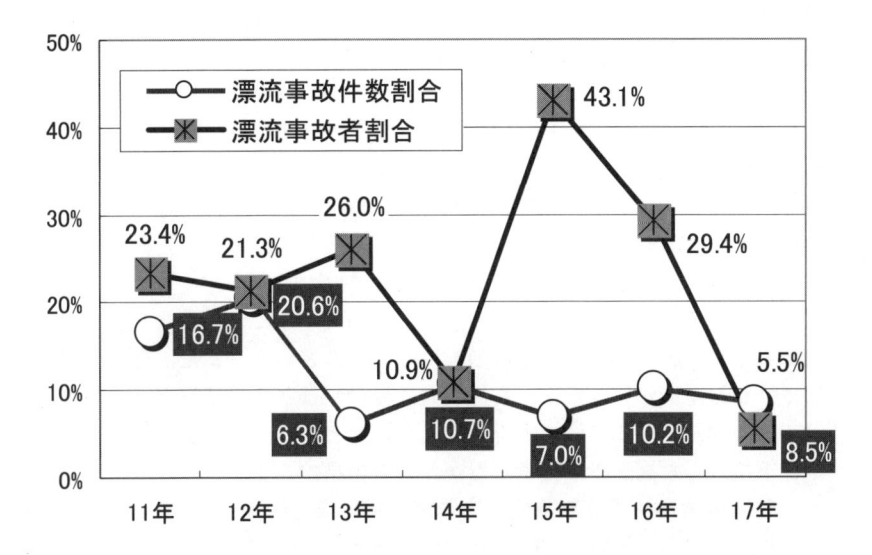

グラフ：漂流事故件数割合と漂流事故者割合
- 11年：漂流事故者割合 23.4%、漂流事故件数割合 16.7%
- 12年：21.3%、20.6%
- 13年：26.0%、6.3%
- 14年：10.9%、10.7%
- 15年：43.1%、7.0%
- 16年：29.4%、10.2%
- 17年：5.5%、8.5%

　漂流事故は一度に大量のダイバーが遭遇する場合がある。そこで万が一，救助がかなわなかった場合には集団で死亡・行方不明となる可能性がある。したがって事故の発生件数を重視すべきである。その視点で見ると，ここ数年，全事故件数の10%程度で推移しており，この確率は常時存在するものと考えるべきである。
　※　なお漂流事故の原因の分析などは，第Ⅱ部第2章2(2)(1)(m)を参照のこと。
① 漂流事故事例
　(a) ベラウ共和国ペリリュー島沖漂流事故（日本人3人死亡）　平成6年3月5日，日本人5人と現地インストラクター1人の計6人が漂流した。捜索には軽飛行機や海保のジェット機，また米軍機が参加した。9日になって日本人男性50歳，女性34歳と30歳の3人が遺体で発見された。34歳の女性のBC（浮力調整ジャケット）のポケットから漂流中に書かれたメモが見つかり，少なくとも漂流後48時間は生存していたことが判明した。そのメモには，彼らを捜索している航空機や船を6回も目撃した様子が書かれていた。メモには「セスナ　とーるが気がつかない」という他に，暗くなってから大きな船を見たこと，そして「島が近い」「ストロボをたくが気づかない」などとも書いてあった。9日に最初の遺体を発見したのは海保のジェット機だった。
　(b) インドネシア・スラウェシ島南部ビラ沖漂流事故（日本人5人が行方不明）　平成9年（1997年）12月11日午後，ビラから船で約1時間の沖合いで日本人ダイバー5人（男性53歳，47歳の2人，女性50歳，21歳，39歳の3人）と現地ガイド（男性）の計6人が2本目のダイビングを行い（1本目に一緒に潜った日本人1人と現地人1人は潜らず），予定時間になっても船に戻らず漂流した。

現地では地元警察などが捜索したが発見できず。3日後の14日に，現地ガイドが遭難場所から北方約50キロのシンジャイ沖にある珊瑚礁でぐったりしているのを漁民に発見され，救助された。
　この男性によると，ダイビング中は海中も穏やかだったが，浮上したところ船から約500メートル離れており，そこで救命ブイを上げたが船は気付かなかったという。その後6人は共に漂流し，12日の午後までは一緒に漂流していた。そしてこの日の午後5時半ごろ，約500メートル先に木船のようなものが見えたので，この男性が1人で泳いで確認に向かった。しかしそれが流木だったので戻ろうとしたところ，日本人ダイバー達は潮流に流されていたという。
　日本人たちとの漂流中は，6人で手を取り合ってBCにつかまり，歌を歌ったりしながら眠気と戦って救助が来るのを待っていたという。また漂流中，周囲には小島やビラの海岸が見えたが，女性3人の疲労がひどく，リーダー格の日本人男性（53）の判断で岸まで泳ぐのを断念していたという。インドネシア当局は，ヘリや空軍機，また高速艇で捜索したが5人を発見できなかった。

　(c)　**北海道積丹沖漂流事故（2人漂流。翌日自力生還）**　　平成11年8月22日，積丹神威岬沖約500メートルで男性2人（両人とも28歳）が漂流した。
　事故者によると，インストラクターの「流れが急なので潜行ロープを使用して潜行するように」という指示を安易に考えていたこともあり，潜行時に流されて海底に着いたということである。
　彼らが浮上した地点はボートから200〜300メートル離れていた。そこで2人でボートに向かって助けを呼んだが気付かれず，さらに潮の流れも強く，ボートに泳ぎ近づくことはできなかった。やがて2人は20〜30分でボートが見えないところまで流された。
　漂流中は捜索しているセスナや船が見えていた。夜はイカ釣り漁船が見えていた。やがて朝4時くらいになって2人は自分たちが岸から2〜3キロ地点にいることに気付いた。岸には街灯も見えた。そこで2人は岸に向かって泳ぎ出し，約1時間後に泳ぎ着いた。彼らは道路に出て，通りがかった消防団によって搬送され，救急車に引き継がれた。
　このダイビングツアーを主催したショップによると，フロートなどを持たせていなかったことを反省しており，後日フロートを複数発注したという（中田誠『自分の命を自分で守るためのダイビング事故防止ファイル』大田出版，2000年，138〜161頁）。

　(d)　**神子元島沖漂流事故（2人漂流，救助）**　　平成11年10月10日，16人のダイビンググループがショップのボートに乗船し，午前9時前にからダイビングを開始した。
　事故に遭った男性（29歳）と女性（32歳）の2人は16人で潜行したが，水中の潮の流れが強いために，ボートから10メートルのところに浮上した。このときボートにはスタッフが1人と船長が乗っていた。事故者によるとスタッフはボー

トの周りを見てはいたが，それはこの2人が浮上した反対側ばかりであり，彼らのいる方の海面を一度も見ることなかった。船長はキャビンに入っており，浮上してくるダイバーを探そうとしてはいなかった。

　このような状況で，2人は声を出しながらフロートを振って合図したが気付かれなかった。このときは流れが強く，2人はボートまで泳げる状況になかった。

　2人が浮上してから15～20分くらいして，ボートが他の客を収容し始めたのが見えたが，その後，浮上してから約1時間で2人は潮に流されてボートが見えなくなった。

　漂流していた2人からは貨物船が見えたが，相手側からは気付かれなかった。

　また漂流から約3時間後，捜索のヘリが3回程近くに来たが発見されなかった。このうちの1回はほとんど真上を飛行し，「日常の生活でこんなに近くでヘリコプターを見たことがないくらいの近さ」だったという。

　2人はヘリが近づくたびにフロートやフィンを振って合図したが気付かれなかった。

　捜索の飛行機が何度か飛来した状況も2人からは見えていた。16時過ぎになって，2人は捜索中の遊漁船に発見されたが，この船の船べりが高かったため，別のダイビングボートが呼ばれ，救助された。事故を起こしたショップのボートは潮目が読めずに見当違いの方を探していたという。なおその後ショップは責任を認めていない（『自分の命を自分で守るためのダイビング事故防止ファイル』125～137頁）。

　次のメモは，この漂流者の1人が書いた，事故発生から発見されるに至った時系列のメモである。

　左側がダイビングの開始時点で，下に下がった状態が潜水状況。点線の中は，水面を漂流中の状況が記されている。

　漂流者を捜索する側でなく，捜索される側の状況を見る上で貴重な資料であるので，捜索される側から見た捜索上の問題点を検討する。

　このような漂流事故の場合，太陽の光の海面や波からの反射，波の高さ，曇天，風による白波，夕暮れから夜間などの条件下でも捜索できる対策が望まれる。

　図の点線部分は，漂流した直後から漁船などに標準装備してあるレーダーによって捜索されることができれば早期に発見・揚収する可能性があった。これはレーダーが感知できないフロートの限界を示す事例であるが，重要な示唆である。

　(e) **見失いによる単独漂流事故（1人死亡）**　平成14年11月13日，ダイビングツアー客5人とインストラクター1人が初島地先海面のダイビングポイントにおいて，西風が強く風波注意が出ている中，午前11時25分から1時間程度，1回目のダイビングを行った。このときのツアー客5人はいずれも初心者であり，潜行が思うに任せず，また，海面を漂流する者もいるような状態であった。

　このような中，午後2時24分，1回目と同様に2回目のダイビングを開始した

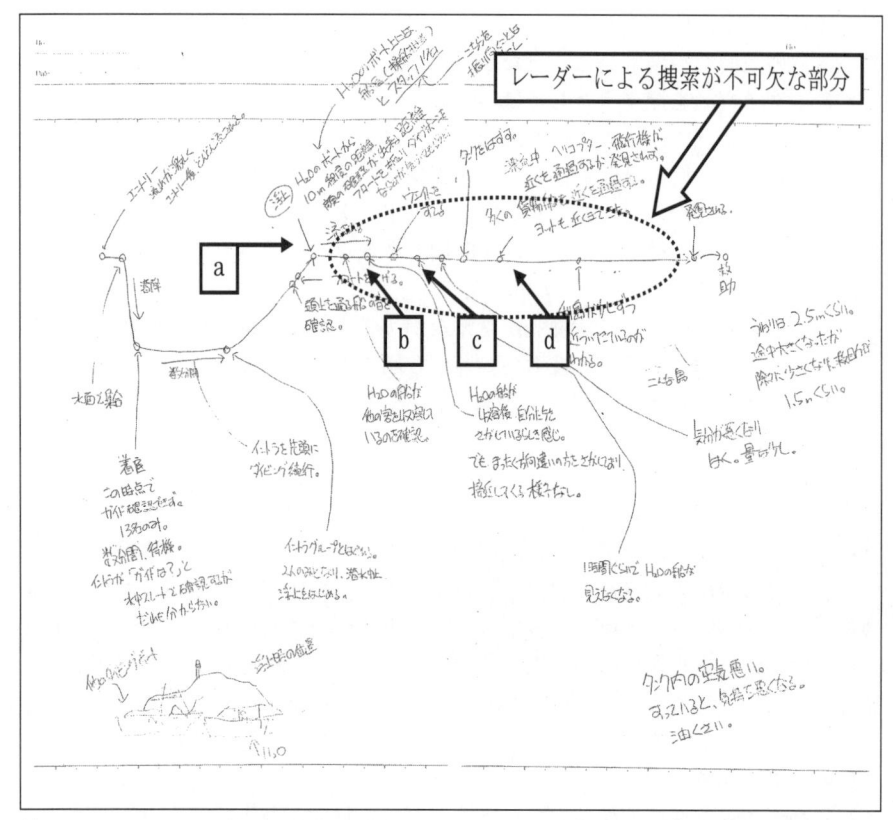

(a) 浮上時：ボートから10m程度の距離で，ダイバーから顔の確認が出来る距離だった。そこでダイバーはフロートを振り，ダイブホーンをならすが，ボートの乗員は気づかなかった。
(b) ボートの乗員はまったく方向違いの方をさがしており，ボートがダイバーの方へ接近してくる様子も見られず，徐々に流され始める。
　※　漂流事故では，このように，ボートのすぐ近くに浮上しているにもかかわらず，また知らせる努力をしたにもかかわらず気付かれずに漂流に至った事例が他にも見られる。
(c) 1時間くらいで船が見えなくなる。
(d) ヘリコプター，飛行機が近くを通過するが発見されず。貨物船も近くを通過する。ヨットも近くまできたが発見されず。

が，途中でツアー客の1人が海面に浮上したため，ガイドがその対応をしている間に男性(31歳)1人が単独で漂流した。男性は午後3時10分頃，溺水により死亡した。

② 漂流事故の当事者と捜索者の関係

・漂流者たちによると，流され始めた初期の段階ではボートが見えていたケースが多く，声だけでなくフロートやダイブホーンでも合図を行っていることも少なくない。しかしそれでも気付かれずに漂流となっている。

- 漂流中のダイバーの側からは，捜索にあたる船舶や航空機・ヘリなどは良く見えている。その中にはヘリが目の前までに来ても発見されなかったという事例もある。
- ヘリの捜索側によると，洋上に複数のフロートがまとまっているのが見えたことで発見できた事例があるが，この発見時のビデオを見ると，ヘリの捜索者の熟練した能力によると考えられるところもあった，またこの時は天候と太陽の角度，及びベタ凪の海面などという，特別に良好な海況も味方していた。
- 漂流者の早期発見のための最も効果的な方法は，漁船などが法律に基づいて装備しているレベルのレーダーを活用しての捜索を可能とすることである。ただしこれまではそのような手段がなかった。

③ 漂流者発見確率向上のための方法

(a) ダイバー側もレーダーに感知されるための努力を行い，その準備を事前に周囲に知らせておくべきである。
　⇒この準備は，すでに実用化され市販されている，レーダーに反応する機能をもったフロートの装備によって実現可能である。

(b) ダイバー，特にプロダイバーはレーダー反応型フロートを常時複数装備し，ショップはインストラクターと客のダイバーにそれを持たせるべきである。

(c) 捜索側は目視のみならず，レーダーでの捜索にも努力するべきである。

(d) 初級者講習において，このフロートの使い方を実際に講習しておくことも有効である。

④ 救助された漂流事故者の準備に見る重要項目

　平成19年に，ある漁船が他の船舶と接触して沈没した後に乗組員が漂流し，3日後に無事救助された事件があった。報道などによると，沈没した船の船長は，自分の船舶の規模では法で義務付けられていなかったにもかかわらず救難ボート（筏という）を装備していたことで，沈没時に直ちにそれに乗員全員が乗り，助かっていた。

　この筏は，捜索中のヘリが洋上で発見してその座標を救助に向かう船舶に知らせている。発見時は快晴の昼間であった（ヘリから洋上の小さなボートを目視で発見するという事は，隊員が日ごろの十分な訓練を積んでいたからである）。

　ここでもし，この発見後に気象条件が変わって，急に海上に霧が出たら，あるいは発見が夕方であって，徐々に日が沈んできたら，などと考えると，状況によっては過酷な訓練を積んでいるヘリの隊員でさえ再発見が困難となっていた可能性が考えられる。しかしそれでもこの筏は他の手段で発見された可能性は高い。その理由は，この筏の上部に見られる白いボールにある。

○筏の発見時の状況（資料提供：海上保安庁）
▼矢印の先の白いボールに注意
　これは単なるビニールのボールではなく、レーダーに感知される機能をもった装置（興亜化工社製「レーダー反射器　KR－1」）である。

　このボールは船舶搭載のレーダーに反応する。つまりこの筏は、目視での捜索が困難な状況でも発見されるような準備ができていた。

　これまで、ダイバーだけでなく、サーファー、ボディボーダー、シーカヤックの乗員などは実際に何度も漂流事故に遭っている。このようなとき、確かに信号弾や海面着色剤の効果は大であるが、いずれも「目視される」ことを条件としている。この場合、海面に太陽の光が反射したり、雨が降っていたり、霧のときなどには、晴天のときよりは発見されにくいと考えられる（照明弾は発射時に捜索者が別の方面を見ていたら気づかない可能性がある）。このようなときは、「目視での捜索のみに依存せず」、「常時発見される状況に自らをおいておく」ことこそが重要である。つまり、漂流者が捜索者の存在に気づかない状況であってさえ、いつでも発見される状況に自らを置いておくことが必要なのである。

平成16年7月13日の検証状況

※　縦長のフロート（「レーダーシグナルフロート KRF－1」）と丸いボンデンタイプの海面での状況は右の写真を参照

⑤ 海保庁による検証1（資料提供：第十一管区海上保安本部）

　第十一管区海上保安本部で（以下十一管本部）は，平成16年3月17日と同7月13，26日にレーダー反応型フロートの実効性検証を行った。

　(a) 巡視艇のレーダーによる検証（西表島北側バラス島付近海域）
　　実施日：平成16年3月17日午前9時30分～午後12時00分
　　気象・海象など：晴れ　北西の風1m／S　視程20km
　　実施機関等：十一管石垣海上保安部（巡視艇なつづき）
　　　　　　　　八重山ダイビング協会竹富支部

　この検証は，ダイバー3人がそれぞれレーダーシグナルフロート（商品名）を持って直径2～3mの円内に集まった状態をとり，それを巡視艇なつづき（眼高4m）が0.5海里の距離から開始した。

　十一管本部によると，「レーダーエコーは，距離0.5海里においてはっきりと確認でき，0.8海里より薄くなり始め，1.8海里で完全消失した。接近時についてもほぼ同じ値での結果が得られた。」という検証結果を得ている。

　この結果，このフロートの効果として，「概ね1海里（1,852m）であれば有効であると認められる。」と見ている（"概ね"というのは，捜索時の状況によってこの数値は変化が考えられるためである）。

　また当日の検証の結果を受けての考察として，「レーダーエコー識別距離と視認距離はほぼ同一であったが，レーダーエコーで識別できれば目視による確認も迅速になるものと考えられる。」としている。

　これは先に紹介した漂流事例にもあるように，近くに捜索者がいても目視では気付いてもらえない場合がある，という問題点を解消することにつながり，それは事故防止（漂流し始めにボートの周辺海域で早期発見できれば事故とするまでには至らなくなる）や，漂流者の早期発見ともなることを示している。

　(b) ダイビング船及びCL巡視艇による視認距離検証
　平成16年7月13日：座間味村牛ノ島灯台から235度0.9海里の地点を中心とする半径0.5海里の円内海域（安護の浦港沖）

　気象・海象：天候晴れ，南南西の風5m/s，視程良好，波浪0.5m以下　視認時の眼高：水面から約3m

対象物	ダイビング船	巡視艇でいご	備考
リフレクター付（ボンデンタイプ）	0.75海里（1,389m）	0.75海里	目視による確認距離検証，ボンデンタイプがやや視認出来なくなる距離が短い。また，0.8海里では両者とも視認出来なかった。
リフレクター付（縦長タイプ）	0.75海里	0.75海里	

　▶検証に立ち会った巡視船　くだか　のレーダーには約200mの距離でレーダーシグナルフロートの映像が映ったが，十一管本部によると，検証の都合上，くだ

第3章　予見可能性

かはフロートから200mより遠ざけることが出来なかったために200mとなっているのであり，離れて捜せばさらに感知できたはずとしている。

(c) ヘリコプターからのレーダーと目視による検証

平成16年7月26日：　神山島周辺海域（那覇港西北西沖約5海里周辺海域）
気象・海象：天候晴れ，南東の風10ノット，視程良好，白波なし，所々小雨あり

検証時の高度	対象物	レーダーによる補足（距離）	目視による補足（距離）
500フィート （1,640m）	リフレクター付	不可	1.25海里（2,315m）
	リフレクター無し	不可	1.25海里
	くだか警救艇	1.75海里（3,241m）	3.50海里（6,482m）
300フィート （984m）	リフレクター付	不可	0.75海里（1,389m）
	リフレクター無し	不可	0.75海里
	くだか警救艇	1.75海里	3.00海里（5,556m）

▶上空からのレーダーでは，フロートは小さすぎて感知できず。しかし目視は良好。

以上の検証の結果，従来のフロートの特長とレーダーに反応する機能を持ち合わせたレーダーシグナルフロートは，標準的事故対策器材選択において最も有効と考えられる。

(d) レーダーによる感知可能範囲

この検証によって明らかになった検知範囲は下図のようになる。

※　海況などによって検知範囲は変わる可能性がある。

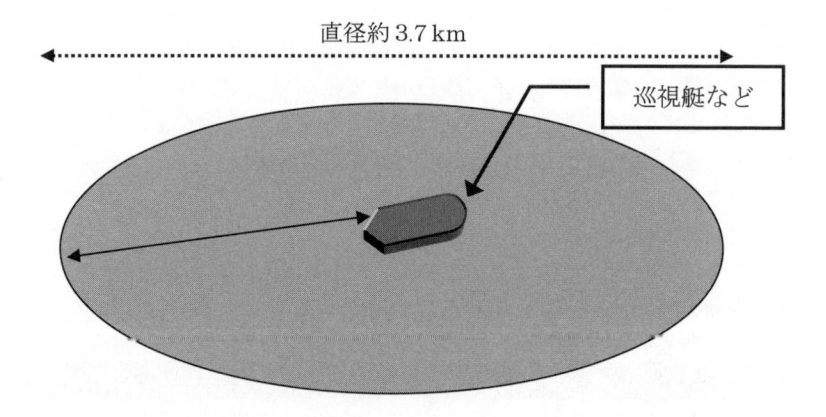

直径約3.7km

巡視艇など

(e) この検証の意味

レーダーシグナルフロートは，漁船搭載の普及型レーダー（例 FURUNO RSB0034，アンテナ高1.7m）で0.5キロを感知（試作品では0.3海里（556m）まで連続して感知。）できたので，漁船一隻で，同じ条件なら面積で1平方キロメートルの捜索が可能となっている。これは漂流初期のダイバー発見には十分な

性能と考えられ，もしこの時点で発見できなくても，水難救難会の捜索船のレーダー装備を合わせれば，さらに広い「面」での捜索が可能となる。また陸側からの捜索も可能なので，逆光域，夜間や天候の悪い場合（波や風が高すぎると連続した検知は難しくなるが，その場合はそれを考慮に入れて探せばよい），座礁の危険がある浅瀬や岩礁地帯での捜索もある程度可能となるであろう。

海保の検証では1海里（1,852m）程度は感知できるので，この場合，巡視艇などを中心とした直径約3.7キロ，面積として約11平方キロメートルという広大な範囲の捜索が一度に可能となるであろう。その上，より高性能のレーダーを搭載した船舶が出動すればさらに捜索範囲が広がる可能性が高い。なお2隻以上の船舶で併走しながら捜索すれば，捜索範囲は一層広がることになる。

第十一管区海上保安部はこの検証によって，漂流者をレーダーで捜索するノウハウを獲得したと言えるが，漂流者がこのような捜索ノウハウを適用してもらうためには，ダイビングやサーフィン，カヤック，カヌーなどの，漂流の可能性のあるスポーツの実行者や業者が，これを自ら積極的に装備し，またその旨をボートや漁協，僚船などに告知しておくという自助努力が必要となる。これは国家システムを発動してもらう側の義務でもあろう。

(f) 沖縄県西表島シーカヤック漂流事故の教訓

平成17年3月23日，観光客の母（39歳）と娘（10歳）2人とガイドの男性（37歳）が漂流して行方不明となった。3人は22日に，西表島から，南東約6キロ沖の新城（あらぐすく）島に1人乗りと2人乗りのシーカヤック2艇（3人は救命胴衣を着用）に分乗して渡った。23日午後2時30分ころ，3人が西表島に戻る途中，ガイドから知人に「海上保安庁に連絡してほしい」と電話があったが，これ以降連絡が途絶えた。当時，現場海域は強風波浪注意報が発令中で，しけていた。

石垣海上保安部では，新城－大原の間を中心に周辺海域から南北400kmに及ぶ海域を，巡視船のべ31隻，航空機のべ61機（海上自衛隊，航空自衛隊へ災害派遣要請を含む）を投入して捜索を実施。25日午後，転覆した無人のシーカヤック1艇を同島南約120キロの太平洋上で発見し回収した。しかしその後も事故者の発見には至らず，4月2日の日没時をもって専従捜索を打ち切った（以上，第十一管区海上保安本部発表資料及び読売電子版，共同電から）。

なお，同海上保安本部によると，3人はレーダー波反射型フロートを装備していなかったとのことである。

あくまで仮定の話であるが，彼らがそれぞれレーダー波反射型フロートを装備（レンタルで十分）していれば，軍事用の高性能レーダーを装備した多数の艦艇が出動していた状況から，海況や昼夜にかかわりなくレーダー捜索が続行された可能性が考えられる。

なお，特定非営利活動法人　沖縄県ダイビング安全対策協議会は，ホームページの「ダイビング安全対策基準DSS2004」の中の「セイフティーグッズ」の項目

で，「事業所所属の指導者全員が常時携行すべきセイフティーグッズは以下の通りである。」として，その1番目に，「1) フロート（レーダー反射機能がついているのが望ましい）」としている。

このような装備の早急なる全数装備が望まれる。

▼レーダーシグナルフロートの使用状況と，レーダーに映像が捉えられた様子
（※資料提供：興亜化工株式会社　http://www.koa-kako.co.jp/）

フロートを伸張した様子　　漁船搭載の普及型レーダーに反応した様子

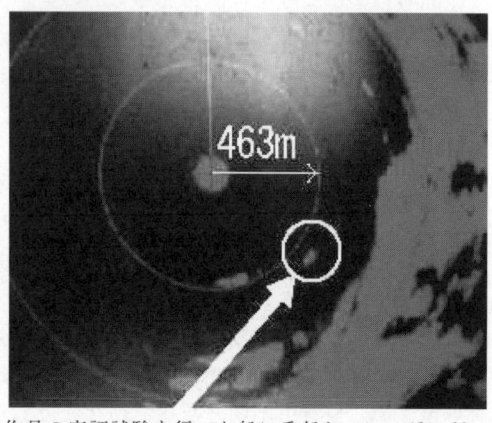

©興亜化工株式会社（※　筆者はこの試作品の実証試験を行った船に乗船し，レーダーがフロートを捉えた様子を確認している）

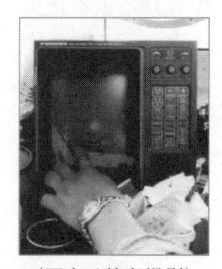

左の写真はそのときの模様を筆者自身が撮影したものである。
なお平成18年5月25日，関西潜水連盟京都支部が京都府救難救済会所属船にてテストを行い，その効果を確認しているとのとである。
また平成18年4月末に筆者がハワイ大学の Diving Safety Office を訪問した際にこのサンプルを提供したところ，Asst. Officer から後に次のようなメールが届いた。「I have showed it to many people and they are all impressed. It would be a very safe thing to have while diving in remote areas.」

（写真は筆者撮影）

平成17年，使いきり型の安価なフロート（「レーダーシグナルフロート KRF－10」オンライン直販価格は税込み6,552円）が発売された。性能は先の製品と同じである。

繰り返し使用型（KRF－1）に比べて，使い切り（真空パックされている）用のサイズの小ささ（縦90mm 横93mm 厚さ20mm）がわかる。

小型・軽量化によって，漂流時以外にも活用しやすい器材となった。

先端の部分はここで折り曲がる

©興亜化工株式会社

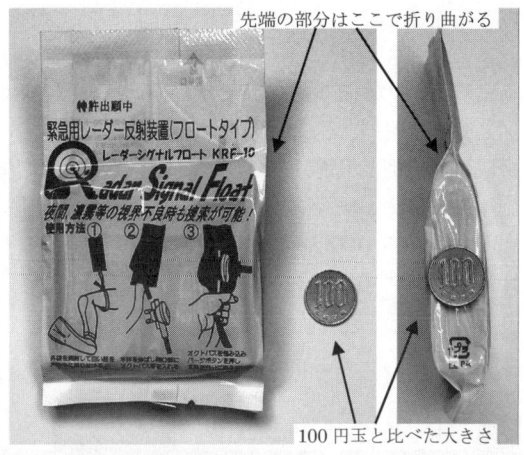

100円玉と比べた大きさ

⑥ 海保による検証2（資料提供：第十一管区海上保安本部）
　平成19年2月19日（月），伊東市ダイバーズ協議会が静岡県伊東市の富戸港地先で，事故時の緊急対処訓練を主催した。
　同訓練後の報告書によると，訓練1の洋上捜索・救助には，海上保安庁巡視船「いずなみ」が，また下田海上保安部伊東MPS（マリンパトロールステーション）「ポラリス」が参加した。そして訓練2の水中捜索・事故者応急処置では，静岡県県警本部機動隊潜水隊員と伊東市消防本部対島支署救急隊が参加して実施された。
　特に重要な訓練1は，ダイバーが単独で漂流しているところを「巡視船」が捜索と救助を行うというシミュレーションだった。
　訓練では，信号弾「RS－4」の目視可能性についてと，シグナルフロート「レーダー波反射タイプ（KRF－10）」の有効性の確認，そして事故者が音を出すことで発見できるかどうかについて検証された。
　「照明弾」については，天気の良い日中でも，「照明弾」として分かる赤い光が確認された。その結果，これは夕闇や夜間にも効果が高いだろうという評価がなされた。
　レーダー反射シグナルフロートは，海上保安部巡視船「いずなみ」のレーダーが，洋上約500mの距離で感知できることが確認・実証された。
　また音響信号も洋上の船舶からも聞き取ることができ，その効果が確認できている（ただ他の漂流事故では，ダイブホーンをボートから10～20m程度の距離で鳴らしても，別の方向を向いていたボートスタッフには聞こえずに結局漂流した事例があるので，常時聞こえるという訳ではない）。
　同報告書はこれらの機材を，「潮流のある海域でのダイビング，ボートダイビングを行うダイバーは，「漂流」等の不測の事態を考え，これらの「緊急用器材」

第3章　予見可能性　　131

の装備をすることを，推奨したい。」と結んだ。

　ここで目視のみに頼らないレーダー反射シグナルフロートが救助隊からどのように見えたのかを知ることができる資料を紹介する。この資料は，この訓練に参加した下田海上保安部伊東マリンパトロールステーション（MPS／事務室）が平成19年2月に作成した「救難信号等の視認状況について　海難救助展示訓練実施結果（2月19日実施静岡県ダイバーズ協議会緊急対処訓練内）」からのものである。それを下田海上保安部伊東事務室（マリンパトロールステーション／MPS）の許可の下に紹介する。

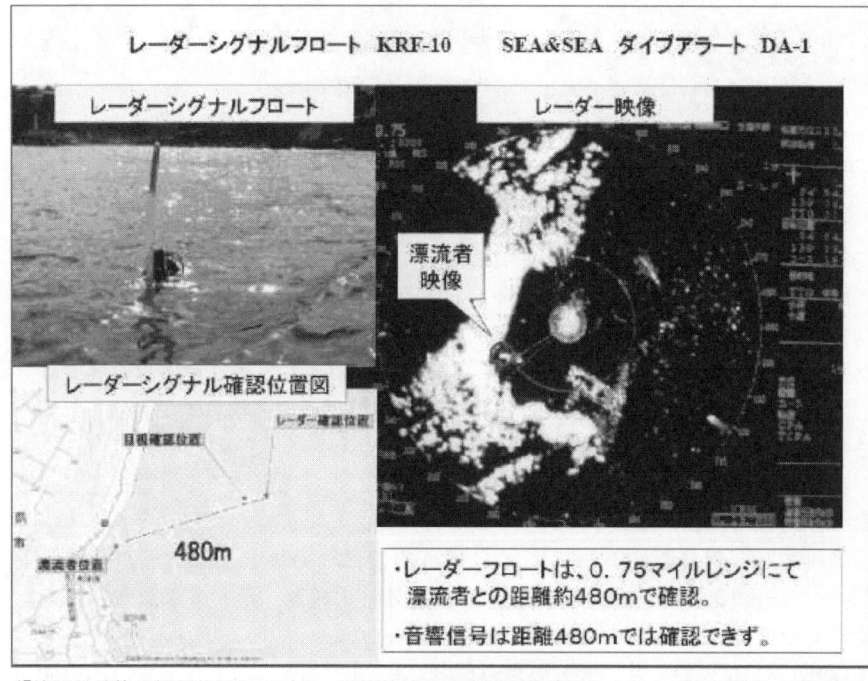

レーダーシグナルフロート　KRF-10　　SEA&SEA　ダイブアラート　DA-1

レーダーシグナルフロート

レーダー映像

漂流者映像

レーダーシグナル確認位置図

目視確認位置

レーダー確認位置

480m

漂流者位置

・レーダーフロートは、0.75マイルレンジにて漂流者との距離約480mで確認。
・音響信号は距離480mでは確認できず。

（「救難信号等の視認状況について　海難救助展示訓練実施結果」より。／資料提供：下田海上保安部伊東マリンパトロールステーション）

　この「レーダーシグナル確認位置図」を見ると，「目視確認位置」より遠方に「レーダー確認位置」がある。位置図上の距離は僅かに見えるが，それでも緊急事態にはこの距離が漂流者の生死を分ける重要な意味を持つことになる可能性が考えられる。しかもこれは光の海面反射や夕暮れ・夜間などの条件下でも可能な状況であることから重要な意味を持つデータである。なお訓練では漂流者役の方の安全のため，その位置が岸の近くにおかれている。

　この資料を見ると，漂流者が湾の中央部や外洋に流されたときなどには，レーダー上ではより一層目立つのではと考えられる。

132　　第Ⅱ部　スクーバダイビングの事故

ところでこのレポートでは，ダイブアラートの音響信号は同じ距離で確認できていないとあるが，海洋の場合は風の向きなどもあり，常に最高性能を発揮できないことは止むを得ない。しかし逆に，特定の気象条件では性能限界を超えて音響信号が届く可能性もある。この機材の性能について資料の別のページで次のような記述があったので紹介する。

　「海上用緊急警笛です。ダイブアラートは空気ボンベの圧力を利用し，仲間やバディと離れてしまったり，遠くのボートを呼び寄せる時などに水上で最高約1.6km先まで汽笛音を発生させることができます。※汽笛音の到達距離は周囲の環境や気象状況によって変わります。」「記載内容は，器材販売会社広告文による」

　(a)　漂流者救助訓練（大阪編）　　平成18年5月25日，関西潜水連盟が三浜の海掃除を行った際に，京都府救難救済会所属船によってこのフロートの実証試験が行われている。
　このテストでは，このフロートがレーダーに強く映り込んだことで，参加者の方々が驚いていたということである。
　(b)　航空自衛隊の装備品としての調達　　平成18年3月，航空自衛隊がレーダー反射シグナルフロートを100本以上調達した。
　自衛隊の装備品は，品質や機能の要求レベルが高い。なお調達の約2年前から，このレーダー反射シグナルフロートのサンプル調査が行われていたそうである。
　(c)　船舶乗組員のリスク管理のための調達　　平成19年10月26日，海運会社である株式会社商船三井が，このフロートを装備した救命胴衣を，所有する全船舶に装備することを発表した。
「【新型救命胴衣特長】
1．個人携帯型レーダー反射器を膨脹式救命胴衣に一体化
　外洋での転落漂流者の救助用で小型軽量かつ長期使用可能な「個人携帯型レーダー反射器」を，膨脹式救命胴衣へ収納し，一体化を図った。これにより，万一落水した場合の迅速な発見が可能になる。」
　さらに筆者からの個別の質問に対し，株式会社商船三井海上安全部安全グループは次のような回答を寄せた。
　1．なぜ，「個人携帯型レーダー反射器」を装備した胴衣を導入したのか。
　　回答：万一海中転落した場合，迅速な発見を可能にし，本船乗組員の安全
　　　　　をより一層確保するため。
　2．「個人携帯型レーダー反射器」を装備した胴衣に，どのような効果を期
　　　待しているのか。
　　回答：海上において目視のみによる捜索は極めて困難であり，レーダー捜
　　　　　索によって転落者を早期および確実に発見できること。

3．「個人携帯型レーダー反射器」を装備した胴衣を何体導入したのか。
　　回答：各船に15体ずつ導入致します。現時点で凡そ10,500体余りの計算となりますが，弊社の経営計画において今後も運航船が増えていきますので，これらにも順次導入していきます。

そしてこれは，「ダイビングとは用途が異なるとは思われますが，海上において迅速な発見を可能にし，人命の安全を一層確保するという安全対策」であるとし，全世界を航行している全船に，迅速に装備していくと語った。

⑦　レーダー反応型フロートの全員装備という潜水計画の効果予測

最高裁の二原則では，安全な潜水計画の立案が義務とされている。

海洋ではダイビングのみならずシーカヤックやサーフィン・ボディボードなどでの漂流事故も発生している。この事実からも，漂流事故は容易に予見可能な事態である。

それでも漂流事故を100％防ぐことは難しい。そのため止むを得ず漂流に至った場合には，このようなフロートを活用することで自らが捜索されることに積極的に参加するという形態が取れるようにするべきと考えられる。その結果，今後この装備の有無が決定的な意味をもってくると考えられる。

⑧　電波による位置の通知

携帯電話の電波は，その電源を入れているだけでも微弱に出ている。それはその電波によって病院などの機器やピースメーカーに影響が出るということからも分かる。そのため漂流した場合に，捜索隊がその電波を捉えられる器材を装備している場合に限られるが，携帯電話の電源が続く限り，発見される確率は高まるであろう。

3　洞窟ダイビングのリスクと安全な潜水計画

昨今は水中にある洞窟でのダイビングが比較的安易に行われている。そして安易な潜水計画によってダイバーが死亡する事件が複数発生している。「指導団体」の中には，洞窟ダイビングに関して，申請料を伴うＣカードに結びつく講習のコースを設けているところもある。しかしそれでもガイドが十分な準備をしないままに，また初級者を不適切な人数費で洞窟に引率する商品ダイビングが頻繁に販売され，そして行われている。

経験の浅いダイバー（一般に50本以下。経験の内容によっては100本以下）の多くは，初級者講習プログラムを通じた"教育"効果などによって，インストラクターやダイブマスターなどの資格を持つガイドが作った潜水計画や注意義務に欠陥があるとは考えられない。事実を知らせない"教育"効果によるインストラクターの絶対性の浸透はガイドの絶対性としても継承される。これは，インストラクターやダイブマスターなどの能力と信用，及びガイドとして潜水計画の立案を含むその指示や活動が「指導団体」に直結していることを示している。

ここで，最高裁が支持した洞窟ダイビングの安全のための基準を紹介する。

> ■サバチ洞窟事件（第Ⅲ部第2章1(2)参照）から
> 　潜水計画立案者は，「参加したダイバーに洞窟の状況を適切な方法で周知し，洞窟の危険性を説明し，参加したダイバー全員を十分監視できるようなチームを編成し，緊急時に備えて予備タンクを設置し，ガイドラインを張った上で出口がわかるようなマーカーを設置するなど，事故の発生を未然に防止するための措置をとるべき業務上の注意義務を負う」（福岡高裁那覇支部判平成10年4月9日，平成9年(う)21号／平成14年6月27日最高裁第2小法廷決定(上告棄却)，平成10年(あ)550号）

　これは業者の説明責任と安全な潜水計画（トラブル時の予備＝バックアップ計画の準備を含んだ計画）の内容，およびその履行義務を明確に定義している。これは洞窟ダイビングにおける極めて重要な基準・規準であると共に，洞窟以外のダイビングでも同様に，慎重な準備と必要な説明の徹底が不可欠であることを示している。
　この内容は，講習（洞窟ダイビングの講習ではなおさら）で，編集や加工をせずに正しく教えるべきものである。それはこの内容が，消費者が一般ダイバーとしてダイビングを楽しもうとする際に，業者リスクや商品の品質とそのリスクを自ら把握するために不可欠の要件であるからである。消費者がこの基準で業者を見ることができれば，このような準備や説明を行わない業者とその商品（役務）の品質を判断する根拠となる。それは消費者である一般ダイバーを事故から遠ざけることになり，優良業者とそうではない手抜き業者のどちらを選ぶかという，選択の自由を消費者に与えることになる。さらに付け加えるならば，この基準で消費者が業者やその商品を選別するようになれば，事故予防のために努力して高い品質の商品を提供している業者の発展を促すことにつながるのである。
　洞窟ダイビングの危険については，「指導団体」の1つであるJP（日本職業潜水教師協会）はその「DIVE MANUAL・1」の163頁の「洞穴ダイビング」の項目で，「洞穴にはスリルの代償としていくつもの危険があります。波の影響で穴の奥へ押しこめられ，出るに出られないことや，帰り道に迷い，出口を見失うなどの危険です。安全に洞穴に潜るためにはライフロープ（命綱）や水中ライト，予備タンクの用意などの周到な準備と，泥を舞いあがれせないための特別なダイビングテクニックなどが必要です。沈船ダイビング同様，インストラクターについて特別なトレーニングをつむことが必要です。」と，その危険を示し，安易な洞穴（洞窟）ダイビングを警告している。
　NAUIは「ケイブダイビングの注意」という項目で，「緊急時にすぐ水面に浮上できないような環境での，ダイビングは避けるべきです。ケイブダイビングは，水中ライトがなくても光が差し込み，すぐ水面に浮上できることが条件です。」

(株式会社ナウイエンタープライズ「NAUI OPENWATER − II SCUBA DIVER TEXT BOOK」初版第2刷，1992年，109頁）としている。

しかしこの判決を引用して，あるいはこの判決に沿って，具体的に業者の取るべき義務を正しく教えているところを，筆者はまだ見つけることができていない。

4　スクリュー（船舶のプロペラ）への接触

ボートとの接触事故やスクリュー（船舶のプロペラ）への接触事件は毎年発生している。特にスクリューと接触すると，時に頭蓋が粉砕され，四肢が切断される。死なずとも，傷害の度合いによっては後遺障害を負う恐れも高い。

(1)　**スクリュー接触事故とは**　　実際に事故に遭ったダイバーたちの体験談と各種文書資料から，ある事故例を紹介する。

この事故発生時，事故者は十分なダイビング経験がなかった。しかもガイドが案内したダイビングポイントは船舶が行き来する海域であった。この場合，通常なら業者には安全確保ための器材の準備とベテランガイドを配置する義務がある。しかし大手「指導団体」の看板を掲げて誘客していたそのショップは，internshipの生徒を，その訓練（経験）の一環として単独で付け（事故後までこの事実を隠していた）てファンダイビングを行った。

ガイドの浮上の合図は，自分のオクトパスからの排気の泡を出しただけで，ダイビングフラッグも上げず，さらに浮上時の合図としてのフロートを上げることもしなかった。

これだけで，波がある海面を走る一般のボートに合図が通じると考えたことは安易過ぎる判断である。しかも予見される危険についての説明責任のあるショップとその代理人である彼は，ボートが行きかう海域での浮上に伴う危険（衝突やスクリュー巻き込みのリスクと回避方法）とその対処方法について，ダイバーたちに十分な説明もしていなかった。結果，ダイバー2人ともがボートの船底やスクリューに接触し重傷を負った[※]。

事故は，2人のダイバーが安全停止のあとにガイドから浮上の合図を受けて浮上を開始したときに起こった。その時の1人はボートのスクリュー音が聞こえた直後に後頭部に衝撃があり，目の前が真っ赤になったことで頭が削がれたかと思ったという。とっさに頭部に手あてたが幸いにも重大な受傷には至っていなかったが，右手のひじの部分に10針も縫う全治1ヶ月の傷を負っていた。筆者もこの傷跡を面談時に直接確認している。

ここに紹介する写真は，もう1人のダイバーの事故直後の状況で，ボートとの接触によって左前腕と上腕部の骨折と開放性の傷を負い，そしてスクリューで切られたと考えられる（スクリュー巻き込みで死亡した遺体の傷と同じ形状）2ヶ所の切創の様子である。彼は結局70針以上縫う手術を受けて入院し，その後，リハビリの苦労も味わった。事故者本人の承諾の下に当時の様子を紹介する。

■受傷状況を示す写真

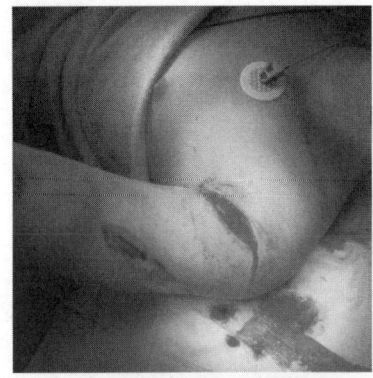

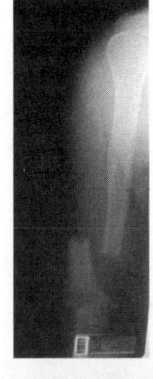

肩と上腕部の裂傷の様子と骨折部分のレントゲン写真

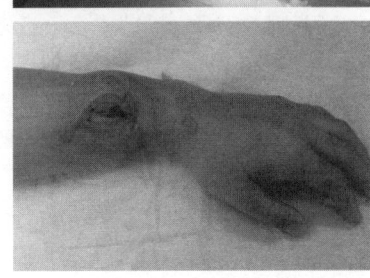

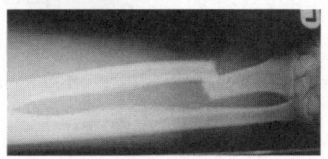

前腕部の裂傷の様子と骨折部分のレントゲン写真

　ダイバーに接触したボートは20人乗りで比較的小型であった。このことが，スクリューが小型であった理由であり，そして彼が命を取り止めることができた理由と考えられる。
　なお事故当時，このダイバーはガイドではなく，接触したボートのスタッフによって引き揚げられている。そして事故後ショップオーナーは自分に責任はないと主張し，医療費の補償すらしていない。その上事故発生後，数ヶ月経てもオーナーは事故報告書を「指導団体」に出していないようである。したがって「指導団体」はこの事故の存在を認めない。なお事故後に，ショップオーナーが賠償責任保険に加入していないことが明らかになった。
　　※　この「指導団体」は，日本国内で活動する会員の業者には賠償責任保険の加入を義務付けている。
　　※　他に海面でボートに"ひき逃げ"されて重傷を負った事例（『ダイビング事故とリスクマネジメント』170頁）やスクリュー接触での重傷事故（同204頁），そして一瞬で死亡した事例（同191頁）等がある。

（2）**事故の背景**　　この事例は，消費者であるダイバー2人が，現地で十分な経験のあるプロによるガイドが行われるとの期待（ホームページでの宣伝はそう期

第3章　予見可能性　　137

待させるものであった）の下に購入したファンダイビングという役務商品が，事前の説明と合意もなく，ダイビングの上級資格購入のための生徒（internship）（ショップの客＝消費者）の訓練にすりかえられていたときに発生した事例である。これは当然契約違反であり，訓練の道具とされた消費者にとっては人権侵害が行われたとも取れる。さらに問題は，代金を受け取った後に，黙って消費者を利用するこの手の契約違反は，ダイビングビジネスの世界では少なからず行われているビジネス手法なのである。この手法に，消費者の安全を優先して考えるという思考は見られない。

　加えてこの事故のとき，この訓練が資格取得プログラムの一環でありながら，訓練が正しく行われているかどうかを確認したり監督する立場の者は同行していなかった。これはショップがダイバーと生徒に対して二重に契約違反を行っていたと言える。

　このビジネス手法の背景には，目先の利益への固執と，それが許されると考えさせるビジネス環境（文化）がある。ショップには本来正規スタッフに支払うべき給与が不要となり，生徒から講習料も入ってくる。つまり，ショップはすでに販売した商品（安全なファンダイビングのためのガイドを受けるという役務商品）を，買主への説明も承諾も得ないまま生徒への訓練用の商品とすり替えて二重販売をしているのである。あるいは，訓練用にすでに販売された経験用のガイドダイビングのプログラムを，消費者に対して，あたかも正規のベテランインストラクターによるガイドが行われるファンダイビングかのように期待させ，事実を知らせずに販売したとも言える行為なのである。しかもこの場合，買主が，何も知らされないままに，安全性に重大な問題のある，生徒の"経験"用の道具の一部にされていたという点があり，これが人権を無視した商行為と見られる理由となる。

　ダイビングは事故時の致死性が高いことから，より高い安全性を確保できるガイド付きのファンダイビング商品であるとの合理的な期待の下に契約を行った消費者が，相手側から無断で練習用の道具（契約商品よりはるかに危険が高い位置づけ）とされていたこの行為は，明らかに人権を軽視した営業手法である。

　このようなビジネスを行う業者は，事故が起きた場合にはダイビングビジネスの文化に沿って，消費者の「自己責任」を主張して免責を要求することが少なくない。しかもこのビジネスシステムを支配している「指導団体」はこの手法を否定しないばかりか，こうしたやり方で訓練を終えた生徒からも申請料を受け取り，正規に認定（Cカードの発行）している。

　このようなビジネスシステムの中で養成されたダイバーやインストラクターによって，消費者の致死性に係わる負の連鎖が続くのである。

　この負の連鎖こそが，事故発生の大きな要因である。そして負の連鎖の中で育ってショップ経営を行う"プロ"が，事業拡大や国内事業の行き詰まりなどか

ら海外へ展開し、そこで日本からのダイバーが、持ち込まれた負の連鎖に巻き込まれて事故に遭遇することにもなる。

現在のインストラクター資格の大量販売は、その就労機会より多い、大量の低品質インストラクターを生み出している。この彼らが、時に海外で不法就労者となり、雑な業務を（低品質者が全力で行ったとしても、"雑"と同レベルにしかならないことが多い）行うことになることが少なくない。このような事態は、消費者がダイビングシステムの利益のために、そのビジネスの負の結果を、被害という形で負担を負わされる（しかも自己責任と言われる）ことであり、しかも消費者に対する手抜きの講習などを通じて、消費者が未熟な技量のままダイバーとなって負の連鎖の中に取り込まれていくことになる事態をもたらす。

ところで、日本国内でこの事故の時のような形態で訓練を受ける生徒は、ショップのビジネスの一端を担うことになりながら、法に定められた潜水士資格を持っていないことも少なくない。またアルバイトなどでガイドを行ったり講習を行うインストラクターも潜水士資格をもっていない場合が少なくない。労働安全衛生法や同法施行令は、潜水士の資格を持たない者を業務として潜水作業を行わせることを禁じている。これに違反があった場合には、雇用側の責任者には懲役6ヶ月以下または50万円以下の罰金が、法人には罰金50万円以下の罰金となる罰則がある。したがってこのような商品ダイビングは複数の不法行為を内包している可能性が否定できない。

なお、有名な六本木回転ドア事件判決において、司法が、業者は危険性を十分に認識し、事故防止に向けた十分な安全対策を講じておくべきとして、営業上不利益となる情報でも、開示すべきだったとして刑事責任を認めた判決（平成17年9月30日東京地判、平成17年刑(わ)1121号、確定）にあるように、このような消費者のリスクに関する情報を隠蔽する姿勢が続いているそのビジネスシステムは、大きな社会的問題として捉えるべきである。

5　突然の心停止の問題

武者春樹医師（聖マリアンナ医科大学）は、日本スポーツ法学会の事故判例研究専門委員会研究会（平成17年9月17日、東京　岸記念体育館）で、この問題について報告した。

武者は、突然死の6割は心停止など心臓由来で、この8割にはAED（Automated External Defibrillator／自動体外式除細動器）が効果があり、その使用で、現在の状況よりは2～3割は死亡者が減るだろうと語った。また心臓が突然停止しても呼吸中枢は活動を停止しないので、数分から最大7分程度は呼吸が残る可能性があるということであった。

ということは、水中でこのような原因による意識喪失が起きた場合、はたから見ると呼吸が残っていることで心停止を疑わなかったり、また心停止時には意識

を失うので，この時にレギュレーターが口から外れ，ここで水を吸い込んで溺死に至る可能性も考えられるのである。

この他に，水中での突然の意識喪失の原因として，水中での無重力状態のような環境から，血液が体の隅々まで行くことで脳への供給が減り，これが原因で意識を失う可能性も考えられるとのことであった。ただこの場合は後に意識を取り戻すということである。しかしダイビング中の場合には，意識を取り戻すまでの間にレギュレーターが口から外れたら溺水を免れないであろう。

筆者は，心停止ではないが水中で突然意識を失い，その後自然に回復してダイビングを続けた方の体験を聞いたことがある。このときはレギュレーターが口から外れなかったので重大な問題とはなっていなかったが，この事例も危機と紙一重であったと考えられる。

これは，水中で常にお互いを監視しながら行うバディダイビングの厳格な実行が，安全のために極めて重要なことであることを物語っている。

6 　安全ダイビングの仕様試案

事故防止，または事故時の悪化の抑止のための安全仕様とはいかなるものか，の検討は重要である。

たとえばボートダイビングの時には，漂流防止や緊急浮上時の対応のための水面の監視と，トラブルに遭ったダイバーの引き揚げを手伝えるように，その要員をボートに常時待機させているべきであるが，その者にはCPR（cardiopulmonary resuscitation／心肺蘇生法）の正しい技術の習得が必要であり，またボートには緊急用の酸素ボンベの常備と，その使用技術の習得がスタッフには望まれる。また今後はAEDの装備も必要となるであろう。

バディシステムをハードとソフトの両面で効果的にサポートするためには，ボートでもビーチからでもダイビングポイントの上に大きな浮き輪をダイビングフラッグとともに浮かべ（海底にロープでアンカリングを行う。これがガイドロープにもなる），予備のタンクを水中3～5m程度の水中にたらしておくべきである。また浮き輪には小型の緊急用酸素ボンベと，すぐに岸にまで戻れるように水中スクーターを準備しておくことが求められる。ビーチダイビングの場合には，当然ビーチに要員を待機させておくことが必要である。

特にこのような準備は，研究や調査のためにダイビングを行ったり，多数の一般ダイバーがやって来るダイビングポイントでは不可欠な安全対策セットである。そしてこれこそが，一般ダイバーや，ダイビングによって資料採取や研究を行う者たちのための安全を守り，かつ事故発生時に商品ダイビング販売業者や，研究所ないしは大学などが注意義務違反を問われないようにしたり，少なくとも注意義務の履行によって一部でも免責を得るためにも必要な施策なのである。

したがってダイビングにかかわる誰にも利益となるこの対策は，予見される危

険に対する標準仕様として何らかのかたちで義務化すべきである。

　ただし全ての潜水環境でこの安全対策が実現できるとは限らず，条件によってはそれが制限されることも有り得る。そのような場合には，安全のための施策の何を削るか，削った結果顕在化するリスクは何か，それはどのような対応や準備（いわゆる潜水計画）で最小化できるのかなどのシミュレーションを行い，参加メンバー間との情報と意識及び知識の共有化を行っておくことが不可欠である。

　また，水中でトラブルに陥ったときに早期に対応できるかどうかは，ひとえにバディシステムの実効性ある運営につきることも忘れてはならない。

　このことは，ダイビングショップ等が，そのビジネスリスクを避けるために，バディシステムを組まない，あるいは組むに適さないダイバーを客として拒否する正当な理由となり得る反面，業者側がバディシステムの実効性ある維持を軽視し，それを維持・管理しきれなかった，あるいはしなかった場合には，その結果に対して法的責任を問われる可能性があることを示している。

7　講習品質の実態調査

　一般ダイバーもインストラクターも，そのほぼ全てがまず商品化されている初心者向けの講習を受講する。ここでダイビングの技量にかかわる基本が教授されることになる。

　最近の事故多発の背景にある，講習という役務商品の問題を見る重要な調査事例があるのでその一部を紹介する。

　これは平成17年，東京大学農学部潜水作業事故全学調査委員会が，学内で民間のダイビング講習プログラムを受講した者を対象に行った調査である。

●評価のガイドライン　　評価は4段階で行っており，4は，ガイドなしでもダイバー自らが現場の状況を判断して安全な潜水計画を立案し，自ら潜水が管理・実行できる技量レベルで，いわゆる「自立したダイバー」のレベルである。これはダイビング業界が商品として販売している「講習」が契約どおり正しく行われれば習得できるはずのレベルであるが，手抜きなどの債務不履行があった場合にはこの限りではない。

　3のレベルは，技量に不足は見られるが，一人前のプロや同レベルのリーダーによるしっかりした潜水計画の下，その指導・監督などを受けながらであれば安全率を高く保持できるレベルであり，少なくともこのレベルは潜水を行う上で求められる最低技量である。

　2と1は，たとえ潜水技術が一定レベル以上であったとしても，全体として危うい部分が存在するレベルである。リスクは総合能力のバランスを欠いた弱い部分に集中することから，きちんとしたプログラムの下に再講習が必要と考えられるレベルである。

　なお評価が2以下であってもレクリエーション潜水を行う自由は妨げられない。
　また総合評価以外は整数値でまとめている。したがって実際は2.99であっても

2という評価に整理されている。そのため2という評価は，2以上3未満という評価となる。これは安全のためのマージンを緩くすることは避けなければならないからである。

(1) 3つの調査対象分析
① A研究室
(a) 9人が受講した講習のレベル

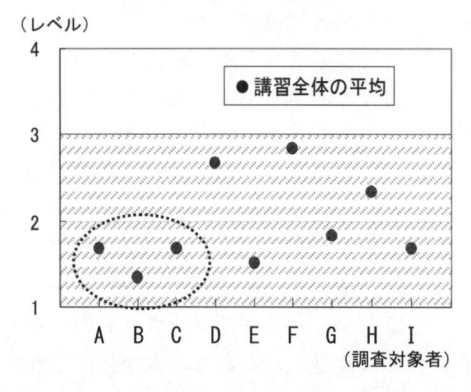

このグラフにあるように，受講した全員が必要レベルに達していなかった。

ただ左下の円内にある3人（A～C）は，ダイビング中に事故が起きた当時，同じチームにいたことから，潜水技量の大切さを感じて，調査時，その評価を特に厳しくした可能性が考えられるので，それを踏まえてみる必要がある。

ここで各自が受講した講習時の内容を見ると僅か2人が座学で合格レベルの講習を受けていただけだった。

東京大学の学生や教員などの学習能力が，受講レベルに顕著なマイナス影響を及ぼすほどに低いとは考えにくいことから，これは正しい講習が行われなかったことを示していると考えられる。なお講習生の学習能力が低い場合でも，契約上，必要な技量は習得されるまで教えられるべきである。それでも無理な場合は不合格となる（講習の契約上はそうなっているが，実際にはその不合格の条項はほとんど適用されていない→適用されると申請料は取れない）項目が適用されるべきである。

(b) 講習を行った「指導団体」

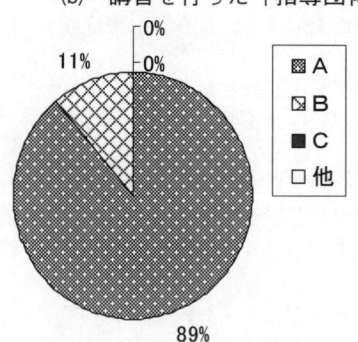

Aという「指導団体」の講習がほとんどであった。

(c) 各自が受けた講習のレベル

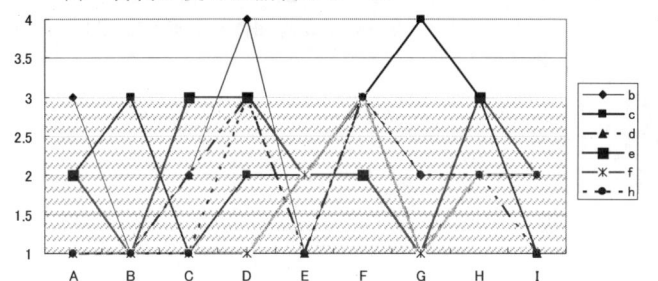

記号の説明
b 座学のレベル
c 人数比
d 事故情報の収集と分析の重要性の教授
e バディシステムの教授
f 潜水士の資格の重要性の教授
h 減圧症や肺破裂などの潜水リスクの説明

(d) 各自のダイバーとしてのレベル

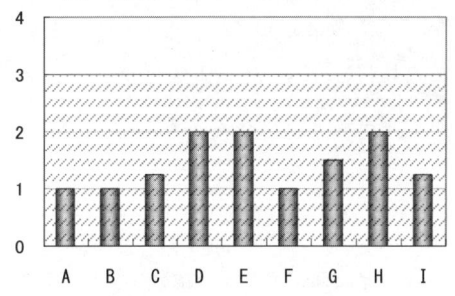

この講習の実態からも，1人も十分なレベルに達してはいなかった。

② B研究室

(a) 潜水経験がある7名が受講した講習のレベル

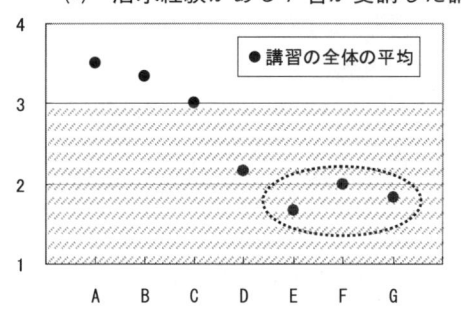

この研究室の指導者であるAは最も高いレベルにあった。その要因として考えられるのは，Aが講習を受けたのが，ダイビングが現在のような資格商品ビジネスとして興隆する以前の1978年であったことである。当時は潜水用具が発達していなかったこともあり，十分な技量の体得が不可欠であったことから，一般的に訓練は現在よりはるかに濃密に行われていた。また3を超えているもう1人も受講時期が古い方と見られ，「指導団体」はAではなかった。

なお3未満の全員が「指導団体」Aの講習を受けており，各自の年令から推定して受講はここ数年の間と見られる。3のボーダーライン上に位置するメンバーもAであるが，年齢から見てこの4人より以前の，現在よりは講習に手間をかけていた傾向が見られる時期に講習を受けた可能性が考えられる。

(b) 講習を行った「指導団体」

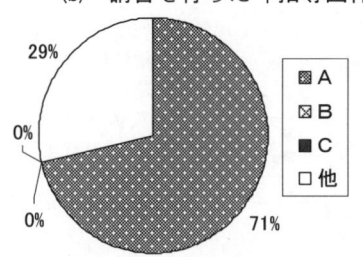

ここでもAの「指導団体」が過半数である。

(c) 各自が受けた講習のレベル

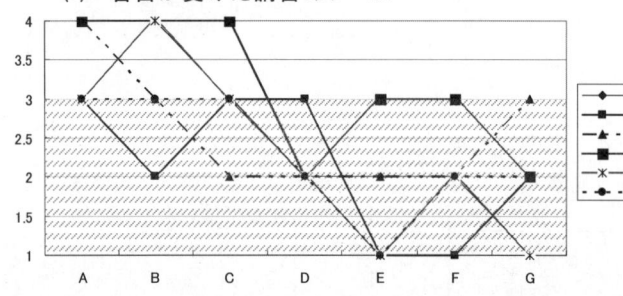

これから見ても，3以上の3人は，明らかに講習レベルが望ましい正常値に近い。

(d) 各自のダイバーとしてのレベル

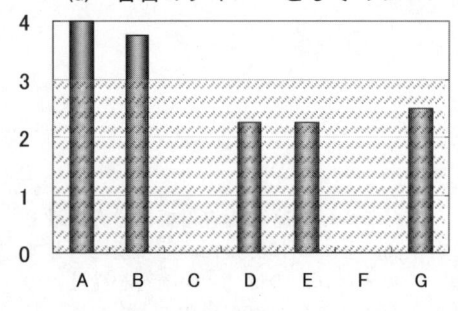

CとFは講習後ダイビングを行っていないため現状は捉えられない。
今後DEGがまた潜水を行う場合には，チェックダイブ及び再講習が必要であると考えられる。

③ C学生サークル

※ 彼らのログブックのチェックはしていないので，継続して正確に記録されているかは不明。よって潜水の深度管理の重要性（ログブックの記載の重要性の本質的理解）の教授レベルとする。

※ 回答に不十分な対応の者が何人か見られるため，その者の評価はつけにくい。特にEは重要な質問への無回答が多く，評価ができないので評価を行わない。また現在受講中のIの評価はできない。

※ 潜水士の資格の重要性については，業務を前提としていないサークルなので割愛する。また業者のレベルは「指導団体」の関与はあるが，主としてサークル内の評価を見る。

ここでは自己評価認識がサークル内の価値観で完結している様子が伺えた。これは良い面もあるが，技量の評価がサークルの評価に寄っている部分もあること

から，このまま潜水業務に従事することは回避した方が望ましいと考えられた。

(a) 潜水経験がある7名が受講した講習のレベル（EとIは除いた結果）

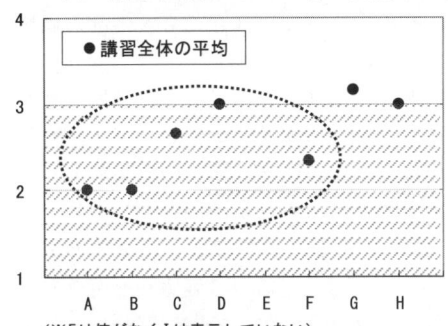

サークル独自の伝統的価値観への適応が高いほど，一般的なバランスとしての講習とはなっていない傾向が見られる。しかし講習を受けた年次が浅いほど，講習内容を真摯に受けとめている（バランスという意味で）傾向が見られる。

(b) 講習を受けた「指導団体」

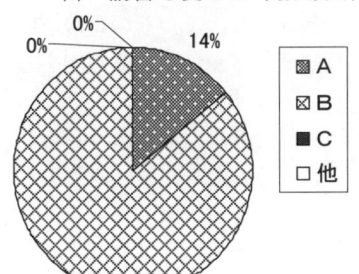

サークルでは従来より関係があるインストラクターのOBがいることから，そのOBが持つ「指導団体」Bのカリキュラムを中心に自主講習を行っている。そして認定を得るための最終的な講習はBの講習を受けている。

(c) 各自が受講した講習時の内容（EとIの評価は除く）

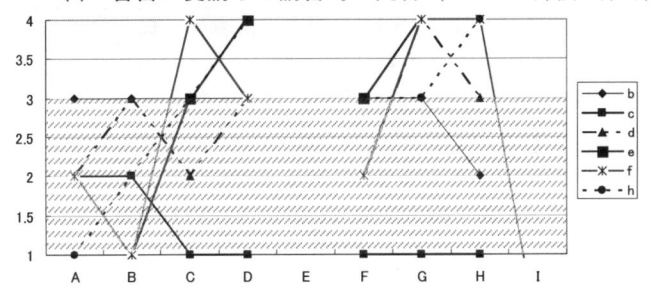

ここからは，講習の内容にバランスを欠いている傾向が伺える。今後は良い面を生かし，低評価の部分を上げるための努力が必要と考えられる。

(d) 各自のダイバーとしてのレベル

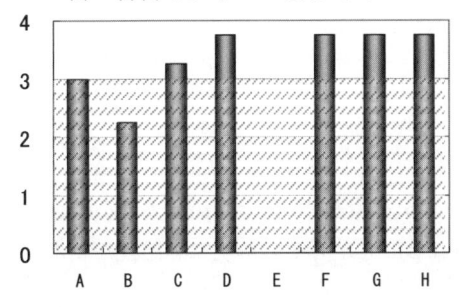

安全を求めるサークルの伝統からか，一般ダイバーとしてのレベルが全体として高いレベルにある様子が見られる。これは，リクリエーションのダイビングのためにはこのサークルの自己研鑽方式が一定の効果を挙げていることを示している。この

第3章　予見可能性　　145

面は大変良い財産であると考えられる。

なお3を下回る者は，技術や伝統の維持については十分な力があると考えられるが，サークルの価値観に適応した結果，その限界内では満点でも，外部の価値観との整合性がうまく取れていないように見られる。

(2) **3つの調査サンプルから見られる状況**　全体として見ると，B研究室がリーダーとなるべき人のレベルが高い。これは現在のダイビングビジネスが興隆を迎える以前の，危険を直視していた時代に受けた質の高い講習の結果であり，またそれが現在に至っても維持されているためと考えられる。

C学生サークルの状況は，その伝統に優れている点があることを全体のダイバーレベルによって示しているが，しかしそれが自己完結型の価値観を持ちやすいサークルであることから，外部から見るとバランスに欠けている部分もあるようである。

(3) **総　　括**　この調査結果は，講習がきちんと行われ，またその定着を図る活動が行われているかどうかが如実にダイバーの技量レベルに現れる傾向をしめしている。

A研究室のメンバーで特に講習内容が低いと評価された者は，最近よく見られるように，講習で使用したテキストは渡されていない。そのため後日，講習の是非を自己検討する機会がなかった。また自分でテキストを別途購入してもそれを検証し，また事故防止のための情報収集をしようという意識付けも講習では十分に行われていなかった。そして一般の講習を受けた者は，その年次があたらしい者ほど「正常化の偏見」が浸透しているように見られた。ただCサークルの場合は，年次が新しいほど講習後の意識が高いレベルにあり，これは一般の商品としての講習ではなく，サークルの伝統としての自学習によるものと考えられる。これは現在の役務商品としての講習から独立した学習（使用テキストは「指導団体」Bのであったとしても）を行うことで，その一般的影響から免れていることを示し，それがその後の技量レベルにまで反映していることが理由と考えられる。

これは，現在のテキストベースでも，時間を十分にかけて，いわゆる真の意味で「達成ベース」での講習が行われれば相当の技量が身につく可能性を示している。しかし現状からはこれは一般的に困難な状況にあることはA研究室とB研究室の結果からも明らかであり，よってダイビングの技量の習得には，現在の業界システムからの独立が必要であることが示唆されるのである。

またこれに加え，潜水チームを計画段階から監督できるリーダー養成システムの開発の重要性を忘れてはならない。

8　危険の予見と予防法学

(1) **予見可能性の範囲**　事故の責任については，一般にその行為ないしは不作為と事故との因果関係の証明が求められる。しかしその解明に専門性が要求さ

れるダイビングの事故でも，実際の因果関係の証明においては厳密な科学的証明が要求されるものではない。最高裁は次のように判断している。

> ■東大ルンバール事件
> 「訴訟上の因果関係の立証は，一点の疑義も許されない自然科学的証明ではなく，経験則に照らして全証拠を総合検討し，特定の事実が特定の結果発生を招来した関係を是認しうる高度の蓋然性を証明することであり，その判定は，通常人が疑を差し挟まない程度に真実性の確信を持ちうるものであることを必要とし，かつ，それで足りるものである。」（昭和50年10月24日最高裁第2小法廷判，昭和48年(オ)517号，民集29巻9号1417頁，判時792号3頁，判タ328号132頁）

ダイビングでは時に溺水する，スクリューに巻き込まれる，近場への落雷によって感電する，水中生物から危害を加えられることなど，これ以外にもちょっとしたことでパニックに陥るなどということは当然に予見の範囲内であることから，商品スポーツの販売側には，この危険回避義務（注意義務）がある。したがって事故の因果関係の証明には，この回避のための準備と行動が適切に行われたかどうかを証明できればいいということである。

この最高裁の判断は，ダイビングの事故でも，また他の商品スポーツの事故でも反映されており，その事例は本書第3部以降に示される判決に見ることができる。これはまた，商品ダイビングにおいて業者側から一方的に主張されている，消費者のみの「自己責任」論の不当さを明らかにしている。

(2) リスクを予防する法学の要請〜予防法学〜　「指導団体」を含む商品ダイビング販売業者は，高度の専門性に基づいて危険を予見できる立場にあり，かつ法的にもそれが求められている。したがって業者側には，その危険（リスク）の回避のための準備と，正しい潜水計画の策定，そしてその確実な実行の義務がある（第Ⅲ部第1章2(5)を参照）。

この義務の確実な展開のためには，過去の法の適用ないしは司法判断を収集して分析し，その義務の法的カバーのために応用（応用法学）する必要がある。そして法的防御となる（結果的に消費者の損害をなくす形での防御）活動の指針の立案と実行（予防法学の実現）が望まれる。

第Ⅲ部
ダイビング事故における法的責任

第1章　民事責任

　ダイビングの事故は致死性が高い。
　商品ダイビングでは，その商品販売側に，商品販売者，下請けショップ，商品実行主催者，ボートの操船・見張りの関係者，また現場のインストラクターやガイドなどがいる。消費者側には，素人の有料・無料の体験希望者，講習生，あるいは経験が少ない（一般に講習終了後50本以下）初級ダイバー，中堅ダイバー（100本程度以上），ベテランダイバー（内容にもよるが数百本以上），セミプロ（インストラクターやダイブマスターなどがアルバイトとして講習やガイドなどを行う。）がいる。そしてそれぞれに対して「認定」というCカード発行を通じてレクリエーションダイビングをビジネスの場としている「指導団体」が存在する。
　ダイビングビジネスの中心であるアメリカでは，「指導団体」には，そのユニット内のインストラクターが起こした事故に連帯責任があるという判例がある。またアメリカでは，講習終了後，正しい講習でなかったとして業者が訴えられることが多いという。
　日本では現場の責任を認めた事例は多数存在する。今後いつユニット内の法的責任がユニット最上部に認められた司法判断がなされるかどうかは定かではないが，これまでの司法判断の流れはその時期がそう遠くないことを示唆している。
　本章では，現在の時点までなされた司法判断を詳しく見ることにする。

1　判例検証（類型別事例）
(1)　講習における業者の責任

> ■講習中の見失いによる漂流事故
> 　講習中にインストラクターが講習生を見失い，講習生が単独で約1時間20分あまり漂流した。これは発見されるまで死の恐怖に置かれた精神的苦痛に対して慰謝料が認められた事例（東京地判昭和61年4月30日，昭和60年(ワ)2260号（確定）判タ629号168頁）

　この事件は有名であり，かつ昭和時代に出された判決であるということから，少なくともこの時点からダイビング業界は商品ダイビング（講習）のリスクに伴う結果とその法的責任について知り得る状況にある。そして見失うことで危険に

さらされた消費者（講習生）の恐怖に対しては賠償責任が伴うことを示している。
　この判決は、インストラクターがバディシステムの管理ができないということや、海に入る時点から常時講習生の位置やその動静に気を配って危険を予見して回避のための対処ができないという役務遂行能力上の欠陥がある場合には、それに法的責任が伴うということを示してもいる。
　これは、「指導団体」が養成・認定・販売・管理するインストラクター資格の保持者の能力に消費者の生命・身体の安全にかかわる欠陥が伴うことが許されないことも示している。したがってこれ以降、同様の能力的欠陥によって消費者に人身損害・障害などを与えることは許されなくなっていると考えるべきである。
　インストラクターの最終認定責任者である「指導団体」は、こういった欠陥を持つインストラクターを養成・認定してはならないし、またその欠陥を有するインストラクターが市場でプロ活動を行う場合の致死的な結果の危惧については、それが営業上（資格販売業など）不利益となる情報であっても、消費者に対してその説明責任を果たすべき義務があることをこの判決は物語っている。
　なおこの判決以後、インストラクター資格の品質に抜本的な安全対策が講じられ、この裁判で示された欠陥防止対策がなされていたなら、その後の数百人もの死亡・行方不明や重度後遺障害者の相当数が事故を回避できた、あるいは重大化する前に助かったという高い可能性が考えられる。その意味で、この判決が求めることを無視あるいは軽視したと見られるその後の業界の対応の責任は重いと言わざるを得ない。

● 判決に見るインストラクターの業務上の責任

　裁判所は、講習時のインストラクターの責任を次のように示した。
　「受講者の安全を確保しながら海洋実習を行う責務」

● 最高裁の原則規定以前の注意義務の判断

　この判決は、最高裁から示されたインストラクターの注意義務の内容より6年も前に既に同様の判断をしているという点で先進性のある判断であった。
　「被告は、原告の指導員を兼ねたバディとして、原告が海に入る時点から絶えず原告の位置、動静に気を配り、危険な状態に陥っていないことを確認すべき注意義務がある」
　そして一度に複数の人数に対して講習を行って見失ったことについては、
　「当日被告の講習に参加した他の受講者の指導に気をとられてこれを怠った過失」によって講習生が「潮流に流されたことに気づかず、原告を漂流させた」
として、自ら把握しきれない人数を扱ったことで生じた見失いが、事故との因果関係があると明確に認めている。

● バディシステム

　バディシステムとは何であるか、そしてその義務とはどのようなものであるかについては次のように示した。

「バディシステムは，状況判断の難しい海洋での潜水には不可避的に伴う危険に対する安全確保の方法であり，殊に，多くの器材を装着して長時間潜水するスキューバダイビングにおいて重要な原則とされるが，このシステムの遵守は単に潜水から浮上までに限られるものではなく，潜水器具の準備，計画の立案から潜水後の上陸まで行動を共にし，その間相手のバディに危険が生じたときは必要な救護，援助措置をとることが義務づけられていること，スキューバダイビングに伴う海洋での危険は必ずしも潜水中に限られず，器材を装着して泳ぐことから海洋の状況，バディの泳力等によっては潜水開始地点にたどりつくまでの間もバディシステムによって安全を確保する必要が存在すること，被告がこのシステムを遵守し少なくとも原告の位置，動静に対する注意を怠らなければ，原告の漂流は防げたことを認めることができる」

この内容は，バディシステムの崩壊によってどちらかに損害が発生した場合に，崩壊の原因となった側に責任が問われる可能性を示している。ダイビングとは致死性の高いレクリエーション（及び一度レクリエーションダイビングビジネスを経由して，同じ潜水手法で行われる非商業ダイビングも含む）であることから，バディという立場になった者同士は，相互の致死性の低減に責任を持つという関係が生じるのである。

また商品ダイビングでは，インストラクター（またはガイド）が講習生（または一般ダイバー）のバディとなる場合があるが，この場合にはプロであるインストラクターの責任はより重く，他の講習生などの動静に気を取られて相手の動静から注意がそれるようなことがあった場合には，バディとしての契約責任の放棄のみならず，バディシステムの求める義務を果たせない潜水計画の立案と実行に対する責任も問われることになるであろう。なおこれは，ガイドとして客とバディを組む場合にも同様である。加えてこの能力は，インストラクターの認定事業においては不可欠の要素であり，これが確実に習得されていない者を認定してプロ活動を保証した者には，その活動の結果に対して責任が生ずると考えるのが自然である。

●初心者のパニックのリスク

ダイビング時のパニックは，それが結果的に重大事故に至らなくとも普通に起こり得るリスクであることから十分に予見可能である。そしてその発生要件の1つにはバディシステムの崩壊がある。

「一般に初心者はバディから取り残されるとパニックに陥りがちで，そうなると冷静な行動が期待できない状態になる」

パニックとは，当事者に予期せぬ，あるいは準備していなかった事象が発生した場合に，特に補助者がいない時に増幅される不安から起こることが多く，その場合には冷静な行動は期待できない。インストラクターにはダイバーをこのような状況に追い込んではならない監視・監督責任があることを示している。

●恐怖に対する責任
　インストラクターが，講習生に恐怖を感じさせたことの責任については，
「死の恐怖の中で一時間以上も漂流したことによって受けた精神的苦痛が多大なものであったことは推認に難くなく」
と認めて，慰謝料の支払いを命じている。
　これは，安全を設備において確保された上での予定された「恐怖」を商品とする遊戯施設（バンジージャンプやジェットコースターなど）などとは異なる，リアルな死の存在という性質を持つ商品ダイビングでは，消費者が感じる「恐怖」の度合いは激しいことから，特に「死の恐怖」の発生の原因にインストラクターなどの過失や過失を生む能力の欠陥ないしは不足があるならば，ダイビング業界が主張するようなダイバーの自己責任論が否定されることを示している。

> ■商品ダイビングの範囲
> 　タンク爆発事件：講習兼ツアー中に，ダイビング用のタンクにスタッフがレギュレーターの取り付け作業をしていたときに，そのタンクが爆発し，そのスタッフ（1人）が両下肢切断となって死亡し，他に何人もの受傷者が生じた。その受傷者たちのうち3人によって裁判が起こされた（東京地判昭和63年2月1日，昭和58年㈦1803号，判時1261号28頁）。

●ダイビングのリスクと責任
　判決ではダイビングとは，「通常のスポーツと比較して一つ間違えば人命にかかわる重大な事故を惹起する危険性も少なくなく，それだけにこれを指導・監督する指導員には，参加者の安全を確保する重い責任が課せられる」と定義された。
●指導員（インストラクターなど）の器材に対する責務
　「指導員には現場での器材の管理及び修理をしうる技術者としての役割も要求されている」
　「指導員側で器材を用意した場合には，ダイビング現場又は事前において器材が正常に働くかどうかの点検を行うのが通常である」
　「指導員の職責には，器材の安全性の確保も含まれ，指導員側で用意した器材を提供する場合には，遅くとも右提供の時点において，その安全性を点検すべき義務があり，これにはボンベの錆の程度についての点検も含まれる」
●スポーツの指導の概念
　「「スポーツの指導」とは，当該スポーツの行為それ自体のほかに，これに密接して行われる必要最小限度の行為についての指導をも含むものと解するのが相当である。そしてどのような行為が具体的にこれに当たるかは，当該スポーツの内容やこれに伴う危険の程度等に照らして，各スポーツ毎に決めなければならない。」

「ダイビングを実施する場合の一般的な手順の概略は、まず、現地における海況判断とダイビングポイント（潜水地点）の選択及び指示に始まり、準備体操、器材の装着、器材の装着についてのチェックを経て、エントリー（潜水の開始）に至る」

「ダイビングにおいては、現場でのダイビングポイント選択からエントリーに至るまでの指導員の指示が重要な意味を持つということができ、右指示を誤った場合には参加者に与える危険もまた大きいものといえる。そうすると、ダイビングにおいては、現場でのダイビングポイント選択以後エントリーに至るまでの一連の行為も、少なくともダイビングに密接して行われる必要最低限度の行為に該当するとみることができるから、これに関する被保険者の指導は、ダイビングの指導に当たる」

■講習におけるインストラクターの常時監視義務違反
講習中にインストラクターが講習生（受講生）を見失い、講習生が重大な後遺障害を負った事例（東京地判平成13年6月20日、平成10年(ワ)19478号）

●常時監視義務

（インストラクターは）「講習会の受講生の動静を常に注視し、受講生に異常が生じた場合には直ちに適切な措置や救護をすべき義務を負う」

この判決は、先の昭和時代の漂流事故と判断基点が変わっていないことを示している。

そしてこれはまた、先の裁判でインストラクター資格という商品の欠陥が示されたにもかかわらず、それが10数年経っても是正されずにきたことを示しており、その意味でこの資格商法の問題の深さを語っている。

あらためてこの判決を解説すると、ここではインストラクターの法的義務を、消費者である講習生（受講生）に危険が及ばないように、常時、その動静に強い関心を持って観察し続け、そこになんらかの異常が見られないかどうか、またそのような状態に陥らないかを予測し続け、講習生に何らかの異常（パニック、体調不良、環境の影響など）があった場合には直ちに適切な対応を取らねばならないとしている。

この判決でも、インストラクターに不可欠の"品質"を「講習会の受講生の動静を常に注視し、受講生に異常が生じた場合には直ちに適切な措置や救護」を行う能力であるとしていることが分かる。

これまでの本書における事故事例の分析を見ても、昭和時代の漂流事故判決や、平成になって最高裁が示した注意義務の最も基本的な義務に反する「見失い」という事故発生パターン（消費者の損害発生パターン）が是正されることもなく繰

り返されていることがわかる。さらには近年それが増加傾向すら見せ，犠牲者が増え続けている。この理由は何か。

　それは現状のダイビングの資格販売システムでは，消費者の安全にかかわる"欠陥"を是正することができないからなのではないか。

　この判決は，その問題をあらためて認識させる。

　またこの判決では，動静監視の連続性について，数値上の1つの解釈を示した。

　（インストラクターは）「本件受講生の動向は五秒から七秒に一回程度しか振り返って確認しなかったため，本受講生の動向の把握が不十分となり，(中略) 原告を見失い，原告が溺水したことに全く気付かなかった（中略）。その結果，原告を速やかに救護することができず，前示のような受傷と後遺症を原告にもたらした」

　この判決では5秒以上も目を離していたことを監視の常時性が確保できていないと判断した。これは最高裁が確定した監視の常時性に1つの判断を示したという点で重要である。これは最高裁の基準を厳格に問えば5秒未満でも「常時」とは言えないが，実際の商品ダイビングの現場では，問題発生以前の通常の状況では5秒未満であれば止むを得ない面もあるかもしれないという可能性を示した判断であるとも考えられる。なお，一旦異常や異変が認められた場合，あるいはそれが予見された場合には，文字通りそのダイバー（消費者）を常時監視下（相手のマスク越しの目の動きから決して目を離してはならない）においてダイビング事故の致死性から守らなくてはないことは言うまでもない。この時点から，5秒の猶予時間は消滅し，文字通りの常時監視体制に入らねばならないのである。もしそこで，これができない潜水計画や人数比で潜水していた場合には，その結果の責任から潜水計画の立案と実行者は逃れ得ないことを示している。

　ダイビングの事故は連鎖する危険性がある。講習中に海面で一度に2人が死亡した事例もある。したがってダイビング中にトラブルが発生し，誰かがダイビングを中断しなければならない状況になれば，連鎖事故を避けるために，直ちにパーティ全体のダイビングを中止しなければならない。これはダイビングを行う上での鉄則である。

　また中止という行為は，危機に際して，あるいはその予見の下に安全を最優先とする予備（潜水）計画に移行したと言えるのであり，当然やみくもに浮上すれば良いと言うものではない。無秩序な浮上や現場からの撤退は，パニックや危険な混乱を招く危険をも引き入れる。したがって秩序ある中止が行われるような潜水計画が事前に準備されていることが必要なのである。

　これは，もし中止という計画が準備されていない場合には，消費者を危険から守るべき法的義務がある事業者がその責務を無視しているとも言えることを示し

ている。それはたまたま事故が起きなかったダイビングであった場合でもその本質に変わりはない。

　潜水計画の結果としての損害には，東大ルンパール事件の最高裁判決にもあるように，その因果関係に詳細な科学的証明を求めずとも計画立案者に責任が帰する。また落雷事故に対する最高裁判決でも，その予見に必要な知識をその個人を知らなかった，つまり無知であることは免責の条件とはならない。したがって欠陥のある潜水計画とその結果の責任は，その直接の立案者やそれを監督しなかった使用者，また立案能力のない者を指導者養成プログラムで養成し，それを最終的に認定して彼らのプロ活動を保証して利益を得ている「指導団体」が共同して負うべきものなのである。

　ちなみにアメリカの判例では，インストラクターを「指導団体」の表見代理人としており，代理をさせている「指導団体」に連帯責任を認めている。

■講習における手抜きと，講習を行う場所の選定ミスの責任
　講習生（受講生）Fが講習中に溺死した事件で，インストラクターEが講習生の習得度に応じた講習場所を選択すべき注意義務を怠った過失が認められた事例（大阪地判平成17年6月8日，平成14年(ワ)12464号，判例検索システム，控訴後和解）

　これは，インストラクターがプール講習における手抜き（講習生＝受講生に，しっかりと水中での技能を習得させずに習得したとすること）によって結果的に講習生が死亡したと司法が認めた事例である。この判断は，今後，人命にかかわる指導能力に欠陥がある者をインストラクターと認定して自ら管理の下にプロ活動をさせ，そこから申請料などの利益を上げるというビジネスシステムを支配・運営する「指導団体」の責任を明確にする一歩となる可能性に道を開いた。

　この判決では，プール講習でのマスククリアの実習での手抜きの実態をこう示している。

「プール実習において，予定時間を2時間近く超過する訓練が必要となるほどレギュレータークリア等の実技の訓練に失敗し，各実技につき1回しか成功していなかったと認められる。」

　つまりこれは，水中での安全に係わる技術を，何度も行って1回しか成功できていないにもかかわらず"習得した"とする講習ビジネスの実態を示している。

　この判決では，講習のあり方を次のように規定している。

「海底はプールと異なり，初心者においては，各種の物理的・精神的ストレスからミスをしやすく，わずかなミスがパニックにつながりかねないため，受講生は海洋実習を行う前に，基本的潜水技術を自信をもって行うことができる程度に習得しておく必要があるというべきである。特に，亡Fのように海洋実習を行う前に失敗を繰り返した場合には，自信を失っている，あるいは不安を抱えている

というべきであるから，自信ないし余裕を持って各実技を行うことができるよう，数度連続して成功するまで反復練習をする必要があった」

「特に，初心者に対しては，海洋での潜水実習の前に基本的潜水技術を十分習得するように指導することが強く求められるとともに，その習得した技術や体調に応じた実習場所を選択しなければならないというべきである。」

またこの判決では，ダイビングのリスクの特徴をこう述べている。

「スキューバダイビングは，自給式呼吸装置を用いて行う潜水をいい，呼吸等において強い制約を受ける上，水圧，窒素濃度等により身体的にも強い負担がかかるものである。したがって，水中で呼吸しながら活動するということは人間にとっては特殊な環境にあるというべきであり，それだけで強度な精神的ストレスを受けることとなる。特に初心者においては，各種のストレスから精神的に不安定な状態になり，海水を飲むなどの些細なミスからパニックに陥りやすく，さらにパニックのために海水を吸飲するなどして溺死を含む重篤な事故に直結することになりかねない。」

そしてインストラクターに求められる注意義務（つまり役務商品上の当然求められる品質）を次のように述べている。

「インストラクターには，初心者が海中でパニックに陥る危険性があることを認識した上，初心者の基本的潜水技術の習得度に応じた実習方法及び実習場所を選択すべき注意義務が課されている」

「受講生に海洋実習を行う前に，レギュレータークリア，レギュレーターリカバリー，マスククリア，マスク脱着といった基本的潜水技術を十分に習得しているか否かを確認し，習得が不十分であれば，海洋実習を行わないか，行うとしてもストレスのさほどかからない安全な場所において，基本的技術を習得するまで講習を行うべき注意義務を負う」

これは「指導団体」の，その適性や習得能力の差を埋める対策を厳格に講じさせることを条件に入れないままに，同時に数人の講習生をインストラクターは指導できるとしている基準の不適切さ（危険を予見しながらその予防対策を徹底させない結果として人命を損ねることを防がないという不適格さ）を示している。

ここではさらに技術が正しく習得できていない場合の予見可能性を次のように示し，何が注意義務違反であったかについて述べた。

「このようなプール実習での履修状況にある亡Fを，身長を超える水深の場所に連れ出したときには海底で各種のストレスから海水を飲むなどのミスを犯す危険があり，その場合にはさらにパニックに陥ってより多量の海水を飲むなどして最悪溺死に至ることがあり得ることを認識・予見することができたというべき」

「したがって，被告Eには，亡Fをいきなり足の届かない海洋に連れ出して実習をさせるのではなく，亡Fが基本的潜水技術を十分に習得するまで，プール実習を継続して海洋に連れ出すのを控えるか，海洋に連れ出すとしても足の立つ浅

瀬で，あるいは岸からさほど遠くない場所を選択して訓練を行うべき注意義務があったというべきである。

それにもかかわらず，被告Eは，亡Fが基本的潜水技術の習得が十分であると判断し，海水を誤飲した場合の対処方法をなんら説明しないまま，亡Fを，沖合約120mも離れた地点の，水深約4.2mの海底という，未熟な初心者がパニックを惹起しやすい本件ダイビング地点に連れ出したのであるから，同被告は，上記の注意義務に違反したというべきである。」

「したがって，被告Eには，亡Fに対して行ったスキューバダイビング講習の実施につき過失が認められる。」

そして講習生の死亡との因果関係について次のように述べている。

「被告Eには，基本的潜水技術を十分に習得していなかった亡Fを，同技術を習得するまで海洋実習を行うことを控えるか，海洋実習を行うにしても足が立つ浅瀬で訓練を継続すべき注意義務を怠り，亡Fを漫然と本件ダイビング地点に連れ出した過失が認められるところ，被告Eが上記注意義務に従って，亡Fを本件ダイビング地点に連れ出していなければ，亡Fはそもそも海中でマスク脱着に失敗して海水を吸飲して溺死することはなかったというべきであるから，被告Eの上記過失と亡Fの溺死との間には因果関係が認められる。」

講習が，「これでだいたいいいだろう」「早く次にいかなければ」「基準で示された人数以下だから複数人を一度に講習して良いだろう」などという意識の下に行われることが非常に危険であることを筆者はかねてより指摘している。しかし現状は，このようなリスクの高い講習がたまたま事故もなく終わると，講習生から申請料が徴収されて「指導団体」に送金され，この講習が正しく行われたとされて講習生がダイバーと認定されるビジネスシステムが繁栄している。このビジネススタイルの下では，その後のダイバーが，きちんと習得した技量の下に，高い安全性の確保を意識してダイビングを行っていくという状況は想像しにくい。ここにいわゆる資格販売後の責任の問題が出てくるのである。

注目すべきは，現在のダイビングの講習でこのようなパターンが特に珍しいものではなく，この傾向がインストラクターの認定試験にまで及んでいるということである[1]。

その結果が，正しい講習を行えない，つまり役務商品として欠陥のあるインストラクターの市場への浸透と，そのような欠陥品による講習を受けたことで技量に欠陥がある一般ダイバーの増加という負の連鎖なのである。

その1つの顕在化したものが，インストラクター自身の減圧症の急増などという，自己の安全管理すらできないプロの市場への浸透である。

(2) 技術レベルの異なるパーティにおけるインストラクターの責任

▶一般のファンダイビングに講習生（受講生）を混ぜた混載ダイブで，インストラクターが講習生を見失って死亡させた事例（京都地判平成15年5月7日，平成12年(ワ)3551号，（確定）判例検索システム）

「インストラクターは，参加者の技術レベルに応じて，その生命，身体に対する危険を回避する措置をとるべき注意義務があり，特に水中における行動及び器材の取扱いに習熟していない初心の受講生に対して指導を行う場合においては，インストラクターは，当該受講生の動静を常に監視し，受講生に異常が生じた場合には直ちに適切な指導・介助を行うべき義務を負う」

この判決は，インストラクターの"要求品質"とは，常時監視義務の履行能力と，消費者の状況に対応して，「その生命，身体に対する危険を回避する措置をとるべき注意義務」の実行能力であることを示している。

さらにこの判決では，講習とファンダイビング混載のパーティ全体に対するメインインストラクター丙の責任を次のように示した。

「ツアーの参加者及び受講生の全員に対して監視義務を負う」

被告側が主張した，丙はツアー全体のガイドを行っていたにすぎず，事故死亡者丁の講習担当はツアー中に丁に指導していたアシスタント己にあるとしたことに対しては，

「丁は，被告会社とダイビングの指導及び技術の認定などの講習を内容とする契約を締結したものであって，前記の被告内の地位，技能，本件講習に関与していた程度に照らせば，上記役割分担は被告丙及び己の内部的関係にすぎず，これをもって同被告が監視義務を免れるということはできない」

これは，講習という役務契約を行った以上，業者側内部でどのような役割分担を行おうとも，それが免責の事由とはならないことを示している。

---

1) あくまで一つの例にすぎないが，例えば某ダイビング雑誌の平成18年6月号301頁にインストラクター合格率100％をうたって生徒募集をしている広告が見られるが（過去このような広告はいくつも見られる。この広告を掲載するにあたっての出版社のチェック体制の問題も提起される），100％の合格率達成となると広告で示された「指導団体」は，このショップが集客した全員を合格とするビジネスを行っていることを前提としていることになる。インストラクター講習とその認定ビジネスは大きな利益を生むビジネスではあるが，ささいな能力の欠陥が人命損失にまで至る可能性のある指導者の資格（インストラクター）の提供を事前に何の前提もなしに100％と保証するような手法で行われている現在のビジネススタイルやそのシステムは，それ自体が一般のダイバーにとって人為的なリスクと見ることができる。ちなみに「レジャーダイビング ビジネス・ガイドライン」でもその「④認定に関する虚偽表示の禁止」事項で「例「全員合格保証」「全員かならずCカードがもらえます」といった表示。」を禁止事項にしているが，これもそれに該当すると考えられる。

この判断は，前述（本書第Ⅰ部第2章2(2)⑦）の特異な司法判断を明確に否定するものであり，最高裁の二原則に沿った判断である。

(3) ツアーガイドとツアー主催者の法的責任—その1　潜水計画責任と危険の予見回避義務

▶ファンダイビングに参加した一般ダイバーが死亡した事例（東京地判平成16年7月30日，平成13年(ワ)17563号，（確定）判タ1198号193頁）

「ガイドダイバーが，ダイビングを開始するに当たっては，事前にファンダイビングに参加するダイバーの能力や海況等を十分に把握し，これに応じた的確な潜水計画を策定して，その計画に沿った適切な監視態勢を採った上で必要かつ十分な監視を行い，万一異常な事態が発生し，あるいは発生の危険を予見した場合には，直ちに重大な事故の発生を回避すべく適切な措置をとるべき注意義務を負う」

これは，ダイビングに参加する消費者（客）が一般の経験者（一般ダイバー）であっても，その商品販売に伴う債務を履行するガイドは，ツアー全体の状況を把握し，的確な判断に基づく安全な潜水計画が実行できるようにすることが法的義務であると示した判決である。これもガイドに要求される"品質"の内容である。

① 業者側が，責任はバディシステムの問題にある（つまり消費者自身の責任）と主張したことへの判断　「営利目的のガイドダイビングにおける安全管理は，ガイドダイバーの策定した潜水計画の管理によってなされるべきものであり，安易にバディシステムに頼るべきではないのであって，たとえ，バディシステムを有効に機能させる態勢が整っていたとしても，それだけでは監視義務が尽くされたとはいえない」

これは，安全管理は正しい潜水計画の下で行うべきものであることを明示し，その計画の策定者の法的責任の重要さについて述べている重要な記述である。そしてこれはまた，本書第Ⅰ部第2章2(2)⑦（44頁）で紹介した司法判断を明確に否定するものでもある。

② ツアー主催者会社の法的責任　ツアー主催者（A社）は，自らは旅行日程に従って運送，宿泊機関などの提供する運送，宿泊その他のサービスに提供を受けることができるように手配する義務を負うに過ぎないと主張して免責を主張した。

「ツアーにおけるダイビングについては，講習であれファンダイビングであれ，いずれも自らが主体となってサービスを提供する事業として実施するものとして取り行っていたものであって，本件ツアーの契約当事者である被告A社と甲（事

故者）との間においても，そのような趣旨で本件ツアー契約が締結されたと認めるのが相当」

「被告Ａ社は，本件ツアーに係る契約当事者として，甲に対し，ファンダイビングのサービスを提供する義務を負っていたのであるから，その債務の履行に当たっては，(中略)参加者である甲の生命身体に危険が生じることのないよう，その安全を確保すべき注意義務がある」

「被告Ａ社は，甲にファンダイビングのサービスを提供するため，被告Ｂ社（請負会社）を通じて被告Ｃ（インストラクター）を委託したのであるから，被告Ｃは，被告Ａ社の上記サービス提供の履行を補助するものであったことは前期認定のとおりであるから，被告Ａ社は，その履行補助者である被告Ｃの過失によって生じた損害については，債務不履行に基づく責任を免れない。」

　　※　この判決（確定）では，主催者のＡ社には債務不履行に基づき，被告Ｂ社（ショップ）とＣは不法行為（民法709条，715条）に基づいて損害賠償が申し渡された。

これは，ツアーを募集した主催者に，消費者の安全を確保すべき注意義務があり，また現場のガイド（インストラクター）はその事業（販売された商品）の履行補助者であるので，主催者は履行補助者の過失には責任があると判断したものである（旅行会社が商品スポーツの販売業者（会社）を選定して販売する場合の責任については，第Ⅳ部第２章１(4)②に詳しく述べているので参照していただきたい）。

(4) ツアーガイドの法的責任―その２　潜水計画責任の根拠とその及ぶ範囲

> ▶ツアー（ファンダイビング）に参加し，ガイドの引率を受けていた一般ダイバーＡが，ボートのスクリューに巻き込まれて死亡し，一般ダイバーのＫが全治３ヶ月の傷害を負った事例。
> 　この事例は，その発生当時，新聞報道やテレビニュースでの報道のみならず，写真週刊誌までも含めた数多くの一般マスコミでも取り上げられた。

●事故の内容：被告のガイドＣとＡ，及びこのツアー参加者であるＫは，乗船してきた遊漁船の所有者兼船長Ｈが見張りをしている状況でダイビングを行っていた。しかしＨは彼らが浮上することを知りながら，その危険をその海域にいたＩが操船するダイビングボートに無線で知らせることはなかった。そして，ＣとＡ及びＫが，浮上時にＩのボートの船底にぶつかった。この際，Ｉのボートのスクリューに巻き込まれてＡが死亡し，Ｋは全治約３ヵ月の傷害を負った。Ｃは浮上を知らせるフロートを携行していなかった。

　なお，この訴訟はＡの遺族によって起こされた（東京地判平成16年11月24日，平成12年(ワ)第21770号，判例検索システム）。

　　※　この裁判は，平成17年４月28日(控訴棄却確定)，平成16年(ネ)第6348号／平成17年５月

時点で判例集未掲載，ただし平成17年4月28日，共同，静岡電子版で広く報道された。

「ダイバーは，その危険性を自覚し，これに対処できるだけの技能を身に付けることが求められるのは当然であるが，他方，ダイビングツアーを主催する側は，一般のダイバーよりもさらにその危険性を認識しているべきであって，計画を立案し，参加者を募集するに当たっても，十分にその対応措置を検討しておく必要があるというべきである。また，一応の技量を身につけたダイバーが参加していたとしても，その技能や経験には当然ばらつきがあり，これに応じて，危険への対処能力が異なることからすれば，全てのダイバーが安全に参加できるよう配慮した計画の立案，実行が求められるというべきである。」

被告Cは「参加者を引率する立場にあったのであるから，ダイビング中に参加者の生命や身体へ危険が及ばないようその安全を確保する義務を負っていたものというべきである。そして，このことは，被告Cの役割が指導員であったかガイドであったかによって異なるものではないと考えるのが相当である。」

「本件ツアーが，既に一定のダイビング技能を有しているオープンウォーターダイバーを対象としたファンダイビングを目的とするものであり，被告Cが，そのガイドにすぎなかったとしても，前記のようなダイビングの危険性に照らすと，主催者である被告会社やその引率者であった被告Cが，参加者の安全を確保すべき義務を免れるものとはいえないと考えるべきである。」

⇒ 見張りのHの責任については後述の刑事責任の⑤を参照せよ。

これは，商品であるダイビングを主催（販売）する側は特別に高い専門性を有する者（インストラクターのあるべき"品質"）であるから，事前に諸事情を踏まえた安全な潜水計画と予備計画を立案しておくべき義務があることを示している。そしてその義務は，現場でガイドを行ったガイドダイバーにとどまらず，主催者である会社にも存在するとしている。

なお，海上で見張り役を務めていたHは業務上過失致死傷罪を問われたが，民事裁判では途中で遺族と和解し，裁判から離脱した。

さらに判決では，「そもそも，被告Cは，フロートを携行しておらず，気泡による合図だけで足りるものと軽信していたのであって，ダイビングの初級者が参加しているツアーの引率者として十分な注意義務を尽くしていたとは到底認められないというべきである。」

として，具体的に器材の装備の不足にも言及している。

これは今後の漂流事故時には，目視のみに頼るような準備のレベルでは注意義務を履行しているとは認められなくなることを示さしている。ところで，現在において一般に販売されているフロートの最新機能はレーダーによる被探知能力の装備である。従来タイプの旧型フロートはレーダーに反応しないタイプであり，これが発見されるには捜索者の目視のみに頼らざるを得ないことから，今後これは「軽信」の根拠と見られる可能性がある。業務上，安全にかかわる最新情報を

業者側が知らないことは免責の理由とならないので，今後はレーダー波反射機能（被探知能力）のあるフロートを装備していたかどうかが，漂流事故時に業者が安全配慮義務履行を果たしていたかどうかを判断する要素となるであろう。

　この裁判は控訴棄却（確定）となった。控訴審判決ではボートダイビング時の具体的対応として，「控訴人Cは，安全に浮上するため，海上の船舶の有無や動静を水深3ないし5メートルのところでいったん停止して確認すべきであった」とし，ボートダイビングの際にスクリューに巻き込まれないために必要な潜水計画について，「浮上に際し，海面に近づいた時点で，いったん停止することをあらかじめ予定すべき」とした。そして「あらかじめ水深3ないし5メートルのところでいったん停止することを予定した行動を取り，その発見時点で停止していれば，本件事故を容易に回避することができたことは明らかであり，控訴人Cにおいて本件事故の結果回避可能性がなかったものとは到底いうことができない。」とした。（「その発見」とは，ボートを頭上4〜5m地点で発見していることから）

　またガイドの安全確認義務について，「浮上や停止の判断をする上での前提となる海上安全確認については，ガイドが，第1次的な義務，責任を負っている」とした。

(5) 講習受講生の溺死事件（講習における溺死が，事故者の既往症が原因だとする主張が排除された事例）

▶平成12年8月，人数比1対6での講習中の海面移動中に，インストラクターが講習生を見失い，その後，講習生が水深2mの海底で動かなくなっている状況で発見されたが死亡した。インストラクターは，これは講習中ではなく，海中散策中の事故であり，また目を離していたのが僅かだったので，一瞬にして溺死した事故者を救う手立てはなかったと主張した。さらに事故者が溺死したのは溺水の前に発生したLGL症候群による頻拍発作であるとする医学鑑定書を出して責任を否定する主張を行った。これに対して裁判所は，インストラクターと講習主催会社の不法行為責任を認め，私的医学鑑定書による主張を排斥し，インストラクターの動静監視義務違反と講習生の死亡との間の因果関係を認めた（大阪地判平成16年5月28日，平成13年(ワ)4429号（控訴後和解）判タ1170号255頁）。

　この判決では，「初級者溺死事件」（本書第Ⅰ部第2章2(2)⑦, 44頁）の判断の基点の間違いを正す判決となっている（この事件にかかわる「指導団体」が，同じXであることも興味深い）。

　この判決ではさらに，これまで紹介した判例の重要部分が総合された判断がなされている。それらを順を追って紹介する。なお，A子は事故者，被告甲山は仮名である。

●ダイビングの危険性の具体的認識
　「スキューバダイビングは，自給式水中呼吸装置を用いて行う潜水をいい，呼吸，交信等において強い制約を受ける上，水圧，窒素濃度等により身体的にも強い負担がかかり，水中で呼吸しながら活動するという人間にとって特殊な状況は，それだけで精神的なストレスを受けることとなり，技術を習得した場合であっても，いざ実践となると思わぬミスを犯すことがあり得る。そして，いったん事故が生じた場合には，死亡を含む重篤な状態に至ることが多い。特に初心者においては，技術が不足している上に，水中という特殊な環境の下，各種のストレスにより精神的に不安定な状態になり，パニックを起こしやすく，講師等の適切な指導等がなければ，安全な遊泳をすることが困難であり，異常な事態が発生した場合にこれに即応して適切な対応をとることが出来ない可能性が高い。」
●インストラクターの注意義務
　「スキューバダイビングの初心者に対して，水中で指導を行う講師には，このような危険をふまえ，極めて高度の注意義務が課されていると考えるべきである。具体的には，スキューバダイビング講習会の受講生の動静を常に把握し，受講生に異常な事態が生じた場合には直ちに適切な措置や救護をすべき義務を負うと解するのが相当である。」
　「受講生らを常時監視し，常に視界に入れた上で，受講生に異常が生じた場合には，直ちに適切な措置を施し，事態の深刻化を未然に防ぐ高度な注意義務があったというべきである。」
　「フロートの固定場所を探すために，受講生らに背を向けて泳ぎ，フロートを固定するまでの少なくとも30秒の間，A子の動静を全く見ていなかったのであるから，被告甲山は，A子を含む受講生6名の動静を常に注視し，受講生に異常が生じた場合には直ちに適切な措置を施し，事態の深刻化を未然に防ぐ高度な注意義務に違反したというべきである。」
　「したがって，被告甲山のA子に対する監視義務違反が認められる。」
●事故は講習とは別の海中散策中の出来事であったので，高度な注意義務はないという主張に対する判断
　「海中散策であったとしても，受講生らは海洋実習を受けるために参加したのであり，受講生らの未熟な技術及び被告甲山が初心者に対し適切な指導をすべき立場にあったことには変わりがなく，被告甲山に高度な注意義務が課されるのは，前記アの理由によることに照らすと，本件ダイビングが講習の一貫としての海洋実習であろうと，単なる海中散策であろうと，被告甲山の注意義務の内容には変わりがない。」

●鑑定意見書を出して，事故者の潜在性の心臓疾患という既往症が溺死を招いた原因であり，よって事故者の溺死とインストラクターの行動には因果関係はないという主張に対する判断

　鑑定意見書にある，「潜在性の心臓疾患を持つ者がスキューバダイビングを行うと，一般人よりも有意に高い生命危険度があるとし，Ａ子の直接死因は溺死であるが，それに先行して既存の早期興奮症候群（LGL症候群）に基づく頻拍発作が発生していた可能性が極めて高いとして，潜水中に水中で頻拍発作が発生したことがすでに致死的要因であり，岸からかなり離れた水中での心臓発作であったために，仮に同行者らが異変あるいは不自然さを感知して直ちに救出措置が講じられていたとしても，救命不可能であった可能性の方が高いとの意見」
に対しては，当時の参加者の証言なども考慮した上で，
　「受講生６名が被告甲山の視野に収まっていたとは考え難いことに照らすと，本件鑑定意見書が述べる前記「列が乱れていても同行者ら６人がそれほど離れずに進行していながら（インストラクターの視野に収まる範囲），誰も異変に気づいていない」との前提事実にそもそも誤りがあるといわざるをえない。」
とした。そして，
　「本件鑑定意見書の心疾患が先行したとの意見が科学的に裏付けられるものではないことを合わせ考慮すると，Ａ子が溺水する前に，同人にLGL症候群に基づく頻拍発作が発生したと認めるに足りないというべきである。」
とし，
　「したがって，前記２で認定説示したとおり，被告甲山がＡ子を見失っていた間に，Ａ子が溺水していたのであるから，被告甲山の過失とＡ子の死との間における因果関係を認めるのが相当である。」
とした。

●溺水で死亡に至る時間的経過

　これは鑑定意見書を引用して紹介している。
　「①前駆期（反射的な呼吸停止後，反射的あるいは意識的な深い吸気運動），②抵抗期（水を吸い込まないように我慢し，回避行動：約１分以内），③呼吸困難期（１日呼気後，激しい呼吸運動が起こり水を吸引，苦悶症状：約１〜２分），④けいれん期（意識消失，けいれん，嘔吐など），無呼吸期（呼吸中枢障害により呼吸停止，いわゆる"仮死"の状態：約１〜２分），⑤終末呼吸期（呼吸筋の不規則なけいれん様運動：約１分）の過程を経る」
　つまり，事故者が溺死したという事実がある中で，僅かな時間しか目を離していなかったと主張しても，医学的には僅かな時間だけ（たとえば30秒程度）では溺死にはならないことから，溺死という事実の背景には，相当時間の動静監視義務違反が背景にあったと示した。

●Xの基準

　この判決ではX（「指導団体」）のインストラクターハンドブックやCカードのランクなどについて相当の量，触れているが，実際の事故の判断を行うときにはXの基準に頼った判断はなされず，最高裁が判示した注意義務を基点とした判断を行っている。

　このことは，この判決では「初級者溺死事件」での不適切な判断基点が修正されていたことを示している。なおこの判決は「初級者溺死事件」と同じ大阪地裁から出されている。

■この判決の意義

　この事件では，関係者の供述や証言の内容からインストラクターの動静監視義務違反を認定し，加えて私的医学鑑定意見書に十分配慮・言及しつつもこの結論を採用せず，インストラクターの動静監視義務違反と溺死の因果関係を認めたという点で重要である。

　これは「指導団体」の幻想から離れ，実際に注意義務が果たされたのか，という健全な視点からの判断が定着してきたことを示すものとして，今後の被害者の救済へとつながる判決である。

(6)　参考：ファンダイビング中のスクリュー巻き込み死亡事件

> 　ファンダイバーがボートのスクリューに巻き込まれて死亡した事件（ボートの船長とガイドダイバーの賠償責任が認められた事例）。（この事件は平成17年4月時点では判例集未掲載である。しかし事故当時多数の新聞などで報道され（平成15年8月15日　長崎新聞，毎日新聞，読売新聞），かつ判決時にも広く報道（平成18年2月8日　毎日新聞，読売新聞，中国新聞）された事件である）
> ▶平成15年8月，事故者はダイビングツアーに参加した。このときツアー客らを乗せてきたボートが事故者をスクリューに接触させて死亡させた事件である。事故者は3回の体験ダイビングを経て講習を受け，Cカードを得て始めてのダイビングであった。ガイドとダイバーの人数比は1対12。別に1人の体験ダイビング参加者がいた。ボートの船長は，海面近くまで浮上していた事故者がいたことに気づかずにボートを航行させ，事故者をスクリューに接触させ，大怪我を負わせた。事故者は搬送先の病院で約2時間後に死亡した。船長とガイドダイバーは注意義務違反により賠償責任を認定された（大阪地判平成18年2月8日，平成17年㈦249号，（確定），判例集未掲載）。※　事件番号はご遺族の了解の下に公開する。

●船長の注意義務

　この判決では，船長には，「本件船舶を発進，航行させるに際し，潜水者が発する気泡によりA（事故者）らの位置を十分確認した上，Aらが潜水している海域を迂回するなどして本件船舶を安全に航行すべき注意義務があった」として，その違反を認めた。

●ガイドダイバーの注意義務

　ガイドの注意義務としては「初心者であるＡが浮上して本件船舶と衝突しないように，Ａと手をつないで泳いだり，体が浮き上がらない水深の深いところまで一緒に潜るなど，Ａが浮上しないように監視すべき注意義務があった」とし，ガイドダイバーが「上記注意義務を怠り，Ａが海底と海面の中間くらいを泳いでいたのを目にしたにもかかわらず，何もせずにガイドを続けた過失が認められる。」とした。

　この判決での重要な点は，ガイドの注意義務として客のダイバーの水中行動のコントロールの方法が具体的に示され，かつそれを行うべき責任が示されていることである。つまりこれができないような潜水計画は不法であることを示している。また判決では触れられていないが，そもそもこのツアーは監視義務が果たせない人数比で実行されたことが問題であったことも問題である。

　またこの判決では，「潜水中は，上級者，初心者を問わず，機材の不調などで緊急浮上することがあり」とし，したがって，
「全証拠を検討しても，Ａが海面近くまで浮上して本件船舶に接触したことについて，同人に非難すべき過失があるとは認められない。」
としている。

　この司法の判断は常識を語っている。機材（器材）の故障は予見の範囲内なのである。

　ダイビングにおいてこういった機材の故障のようなことが発生した場合，それは高い致死性を持つこととなることから，これに対応できる潜水計画とその実行を保証できる業者の能力が不可欠であることは言うまでもない。

　この事故のときのような，監視義務と客の安全を保証できないような人数のガイドなどを役務商品として販売した業者がその結果の責任を負うべきことは当然と考えられる。

　この事故にはもう１つ問題がある。それはＡに，このような不適切な人数比の潜水計画の商品ダイビングが事故を誘発しやすく，また事故時の対処が十分になされない可能性が高い危険な役務商品であるので参加を回避しなければならない，あるいはバディシステムの厳格な運用を求める必要があるという認識をしないようなイメージコントロール（正常化の偏見の浸透誘導）がなされていた可能性が考えられる点である。その背景には事故者に対して適切な講習がなされていなかった可能性もあり，そういった場合なら，事故者は二重の被害者であったとも考えられる。

(7) 他の判決から見る責任論

▶「富士スピードウェイ自動車レース事件」にみる免責否定事由
　消費者ではなく，プロレーサーという立場にあった者が傷害を被った事故で，主催者側に賠償責任が認められた判決がなされた。
　事前に行われた，主催者側に対して免責を認めるというレーサーの誓約は，社会的相当性を欠き公序良俗に反し無効とされた。さらに，被告としてのテレビ局A社も，このレースによって利益を得，レースの運営等にも「相当程度関与可能な地位にあった」とし，「原告の労務に対する管理支配性がなかったともいえない」ので，「主催者として（略）債務不履行責任を負う」とされた。
　債務不履行の内容は，「競技車両の安全確保義務違反及び消火救護義務違反」である。また被告競技長Bは被告主催者Cに任命されたので，CはBの使用者責任を負うとされた（東京地判平成15年10月29日，平成11年(ワ)25386号，判時1834号8頁）。

　この判決では，プロレーサーの受傷に対して，誓約による免責が無効とされたことに注目されがちであるが，商品ダイビング，ひいては商品スポーツ全体に係わる部分として真に重要な部分は，『このレースによって利益を得，レースの運営等にも「相当程度関与可能な地位にあった」とし，「原告の労務に対する管理支配性がなかったともいえない」ので，「主催者として（略）債務不履行責任を負う」とされた。』という部分である。
　これは，商品ダイビングのビジネスユニットである階層的事業構造における「指導団体」の地位とその責任について語っているとも言えるからである。
　なおこの事件は，平成17年7月28日，被告側が東京地裁判決の支払い命令とほぼ同額の9000万円を支払うことで東京高裁で和解が成立している（平成17年7月28日　毎日電子版）ことで，1つの事業で利益を得，その運営に相当程度関与可能な地位にあるものには責任があるという考えが普遍的な強さを持つことが証明された。

▶六本木回転ドア事件の責任と商品ダイビング事故の責任の所在に関する類似点
　東京都港区の「六本木ヒルズ森タワー」で平成16年3月，男児が回転ドアに頭を挟まれて死亡した事件で，業務上過失致死罪に問われた関係者3被告の判決申し渡しが平成17年9月30日，東京地裁で行われた。裁判所は，3人の被告に執行猶予つきの禁固刑を言い渡した（平成17年9月30日東京地判，平成17年刑(わ)1121号（確定），平成17年10月20日現在判例集未掲載）。

　裁判所はこの事故が，「危険性への配慮を欠き，安全対策を怠った」ことで人命が失われた事案とし，「その開発，設置，運行に携わる関係者としては，挟まれ事故等が発生した場合の危険性を十分に認識し，事故防止に向けた十分な安全

対策を講じておくべきことが強く求められている。」とした。

　被告人であるビルの常務の事故発生に対する予見可能性について、「社内の事故速報を通じ、本件事故前にも自動回転ドアでの複数の事故情報に接していた。」ので、そのままこれを使用し続ければ、「通行人を死傷の結果に至らしめることを予見することが可能であったと認められる。」とし、自動回転ドアの前にベルトパーテーションを置いても、これでは事故の防止策としては十分ではないのが明らかであるから、これをもって「前記のとおり事故情報を得ていたのであるから、本件のような挟まれ事故の発生を予見できた」とした。その上で、同被告人の結果回避可能性について、その具体的対策が「十分に可能であり、結果回避可能性があったことに何ら疑いはなく、前記の進入を防止する義務も、死傷の結果を生じさせない装置を取り付ける義務も共に履行されていなかった」とした。そして「人の生命、身体に重大な危険を生じさせることを予見できたのであるから、かかる事故発生を未然に防止すべき業務上の注意義務があった」のに（具体的な効果のある）安全対策を講じないままにしていたことから、「前記注意義務に違反した過失がある」とした。

　それぞれの被告人の過失については、回転ドアのメーカーの被告人には、「森タワー以外の事故情報についても早期に入手して、シノレスの危険性やそれが現実化していることを十分に認識していた」のに、メーカーから森ビルに対して「危険性について十分な説明がされたとはいえない。」とした。さらにメーカーのあり方として、「メーカーにとって営業上不利益となり得る危険性に関する情報であっても、発注者であるビル側に対して十分開示すべきであった」とした。

　森ビルの常務に対しては、彼が「抜本的な安全対策を講ずべき立場にあった」とし、そして部下を通じたりして事故情報を得ていながら、「危険性や安全対策を講じる緊急性を見誤り、特段の安全対策を講じないまま、本件シノレスを運転させ続けさせた」とした。

　森タワーの運行管理の責任者の被告人に対しては、「抜本的な対策が実現されるまで、運行管理上の安全対策を講ずべき立場にあった者」として、安全対策が十分でないことを「予見でき」たので、対策をとらないまま運転し続けたとした。

　　※「シノレス」：事故があった回転ドアのこと。
　　※「事故速報」：「森ビルが管理しているビルで人身事故や設備上の事故等が発生した場合、管理部の担当部署や関連部署に事故の内容を通知する」もの。

　これを商品ダイビングビジネスの現状に置き換えてみる。

① ダイビング業界（特に「指導団体」の資格販売にかかわる担当者）は、自分達が販売した商品（講習やガイドという役務商品と資格商品の欠陥など）にかかわる事故の事実を、事故報告書や海保の情報、事故裁判への関与などで誰よりも知っている。

② したがって抜本的な安全対策を講ずべき立場の者は事故が続くことは予見できている。
③ 事故の結果の回避のために，既販売のインストラクター資格の品質の抜本的な改善が緊急の要件であったが，担当者や組織は危険性や安全対策を講じる緊急性を見誤り，支配下のインストラクターへは単なる注意の告知レベル[2]以上の安全対策は行わずに放置し，特段の安全対策を講じないまま資格販売（認定行為）を続けている。
④ 「指導団体」は，消費者（顧客）に対して，その生命身体の安全にかかわる重要情報（事故情報やインストラクターの欠陥に関する情報などの危険性に関する情報）を十分に開示していない。

六本木回転ドア事件は，驚くほど現在の商品ダイビングの事故問題と問題構造が似通っている。違いは回転ドアという製造物と，商品ダイビングという役務商品の違いだけであるが，消費者基本法では，すでに両者を同一に扱っていることから，今後は法の下の平等のため，上記①～④の責任は平等に適用すべきである。

(8) PTSDに陥った人に対する責任

ダイビングは安全，ダイビングショップで働く人は皆友達のようないい人，というイメージの展開の下での誘客が広く行われているが，そのような環境を信じてダイビングを行った結果重度の後遺障害を負ってしまった消費者やその家族などの中には，事故後に業者の態度が180度変化し，その損害を受けた消費者が泣き寝入りせざるを得ないような不適切な対応を受けている事例もある。

また手抜きとも言える不適切な講習を受けたことで潜水技量不足のままダイバーになり，実際の潜水時に適切な判断ができずに重大な事故に遭った消費者やその関係者の中には，手抜きをされていたという事実とそれに気づかなかったという事実を直視することができない状況に陥ってしまう場合がある。

そういった状況におかれた者の中には，心的外傷後ストレス障害（PTSD／post-traumatic stress disorder）に侵される者もいる。

このような，ダイビングビジネスにおける事故の影響で生ずる二次被害としてのPTSDへの社会的理解※は深くない。

※ 例えば池田小事件（大阪教育大学付属池田小で平成13年，児童8人が死亡し，教員を含む15人が重軽傷を負った事件）で，大学側がPTSDに陥った複数の児童に対して責任を認めて謝罪し，「安全管理と安全対策を徹底し，実効性のある再発防止策に取り組む」として，慰謝料を含めて賠償金約1億円を支払うことになったという報道があった（平成17年5月9日　産経）。そして文部科学省と大学側は，平成15年，計約4億円の賠償と謝罪，再発防止策をとることで，死亡した児童の遺族と合意している。

---

2) 本書第Ⅲ部第1章2(2)①における「特別の危険性の告知」の問題と，同3を参照。

ダイビングビジネスにおいては，このような形での謝罪や救済はまだ見られない。

　マスコミに協力的なことから何度も紹介されたり手広く事業を行っているダイビングショップの中には，手抜き講習を行うだけでなく，客の中の若い女性を，スタッフが共同して"ワナ"にかけて性的関係を強要することを行っているところもある。これはその被害者がPTSDに陥る可能性を示している。

　このようなことを行うショップは地元の同業者間などでは知られていることもあり（ヨソ者である筆者の耳にすら具体的に入るほど），旅行代理店やマスコミがこのような実態を把握することは容易であると考えられる。したがって，表面的な調査によって安易にマスコミへ協力するショップを優良店として扱うことは一般国民たる消費者に損害をもたらす原因ともなる。

　特にこのようなビジネスによる人権侵害が行われたことを被害者が明らかにした場合には，今後は旅行代理店が連帯してその責任を問われる可能性があることも否定できない（第Ⅴ部2参照）。

■**参考**：東京地検は平成17年6月1日，少女を監禁した男を，精神的ショックで少女にPTSDを発症させたことは「傷害」にあたると認定し，起訴を行った（平成17年6月2日　産経電子版など）。

　この起訴は，ダイビングの事故後（あるいは性交渉の強要などの行為も加えて）のショップやインストラクター，そして「指導団体」などの対応から精神的ショックを受けてPTSDを発症した被害者に対しても，それが「傷害」と認定される可能性の道を開いたということで意義深い。

---

(9) 履行補助者

　商品スポーツを紹介販売する者，あるいは販売した商品スポーツの債務履行を下請けに出す者は，そこから利益を得る者として，その商品スポーツの履行補助者であると考えられる。

　履行補助者とは，人的物的諸条件を整備する任務についている者，つまり，被用者の業務についての管理支配権限を持った者である（最高裁昭和58年5月27日，昭和55年(オ)579号，民集37巻4号477頁）。

■**履行補助者の安全配慮義務**

　消費者に対して安全配慮義務を履行すべき権限を有するのは，ダイビングショップや現場のスタッフだけに限らず，そのショップの商品を販売し，あるいは下請けに出した旅行代理店などにも存在すると考えられる（東京地判平成16年7月30日，平成13年(ワ)17563号）。

　これらの流れは，今後「指導団体」も責任が問われることになる可能性を示している。

2　説明責任

(1)　危険情報の開示

「消費者基本法」の第1章　第2条では，消費者の権利として，

「消費者の安全が確保され，商品及び役務について消費者の自主的かつ合理的な選択の機会が確保され，消費者に対し必要な情報及び教育の機会が提供され，消費者の意見が消費者政策に反映され，並びに消費者に被害が生じた場合には適切かつ迅速に救済されることが消費者の権利である」

という，消費者の5つの基本的権利が明記されている。

また同法は，事業者の義務（責務）を第5条で示している。

「事業者は，第二条の消費者の権利の尊重及びその自立の支援その他の基本理念にかんがみ，その供給する商品及び役務について，次に掲げる責務を有する。
　一　消費者の安全及び消費者との取引における公正を確保すること。
　二　消費者に対し必要な情報を明確かつ平易に提供すること。
　三　消費者との取引に際して，消費者の知識，経験及び財産の状況等に配慮すること。」

　　⇒事業者の3つの基本的責務

現在のダイビング業界は，この法の求めるところを必ずしも実現していない。

たとえば消費者が重大な損害を負った場合，販売側はカタログやチラシの説明書きを示し，学科講習で行われたペーパーテスト（一般に"テスト"とするには程遠い運用であるケースも少なくない）の結果（テストの"運用"によって合格レベルの点数となっている）を示し，また"ブリーフィング"という，商品スポーツ実行直前に行う（これすら満足に行われないことが多い）簡単な説明で十分に説明責任を果たしたとして免責を主張する。対して消費者側は，カタログやチラシは"見た"し，テストで間違った部分は理解したとして合格とされるなどの"運用"の下のテストは受けたが，このような損害が自分に降りかかってくるという特別の危険性の警告は受けていないと主張する。

現在の実際の商品ダイビングビジネスでは，消費者に形式的な危険情報を提供しながらも，それを非現実的に感じるようなイメージコントロールやムードの展開によって「正常化の偏見」を誘導して契約を獲得しようとする傾向が見られる。「正常化の偏見」を誘導された側は，損害を負った後にそれが浸透していたことに気づくことが多い。

(2)　情報提供と説明責任の重要性

①　特別の危険性の告知

「ダイビング自体が生命に対する危険を内包するスポーツであり，甲（事故者）及び原告がこれを承知していたと考えられることは前記のとおりである」（中略）

> 「ダイビング自体が広く一般に受け入れられているスポーツであり，本件ツアーにおいて特別の危険性が警告され留保されていたと認めうる証拠もないことに鑑みると，その点は，慰謝料の算定事由として斟酌することはともかくとして，被害者側の過失として，その生じた損害全体についての減額事由として考慮することは，相当ではない」(東京地判平成16年7月30日，平成13年(ワ)17563号)

　これは，消費者であるダイバーが，現在の講習によって教えられた程度のダイビングの危険を知っている程度では，それを理由として業者の責任が減ぜられることはないとしたものである。
　そして被告側の過失割合を低くして損害賠償額の減額をするためには，事前に『特別の危険性の警告』，つまり「正常化の偏見」を排除できるような，生命喪失の危険のリアルな可能性についての十分な情報の提供とその説明，及び警告に基づいて確実な理解と認識を消費者が得たことの確認という，危険情報の奥行き情報の説明責任を果たすことが必要であるとした判断である。

② **販売者の説明責任**
　(a) **販売現場**　　旅行代理店側の中には，その企業規模の大小にかかわらず，危険情報を自ら調査する意欲に欠け，あるいは意図的に行わず，過去に自社取扱いの旅行中に発生した事故や事件の事実を"忘れて"しまったり，その資料を"紛失・処分"したり，"当時の担当者がいない"ことを理由として情報提供を忌避する場合がある[3]。
　それに加え，消費者が必要とする情報へのアクセスが困難な危険情報でも，それは消費者自らが調べるべき事柄であるという態度を取る場合も少なくない。
　筆者は実際に複数の店舗に行ってみたが，そこでは販売員に客が質問をしても適切かつ十分な回答を行わないばかりでなく，他者に責任を転嫁したり客を言いくるめることに説得のテクニックを駆使する販売員が店舗の主要な地位を占めている状況に何度も直面した。このような形での説明責任の忌避は，容易に事故を発生させる要因となりうる。
　(b) **説明責任に基づく情報提供は商品債務を構成する**　　商品販売時の前述のような対応は，消費者契約法における説明責任に関する条項に反し，消費者基本法にも反する。
　消費者の安全に関わる情報は，その商品が致死性を内包する場合においては特に，商品の一部と考えられるべきである。したがって商品スポーツで消費者が損害を受けた場合には，説明責任を果さなかった旅行代理店などが，現場と共同して賠償責任が問われなければならないと考えるべきである。

---

3)　この種の裁判での業者側の証人尋問を傍聴すると，このような，マニュアルに沿ったような形式的な証言がなされている場面を見ることになることもある。

③ 天竜川「湯の瀬」川下り舟転覆事件に見る説明責任

これは，消費者への説明責任は，業者側から積極的に行われなければならないとした海難審判裁決である。

> ▶平成15年5月23日，中学生の修学旅行生25人と教師2人計27人と船頭2人を乗せた川下り舟が転覆した事件で，海難審判庁は，「乗組員に対して，露出岩の存在とその回避方法を周知しなかったことは，本件発生の原因となる。」と裁決した。
> この場合の「露出岩」の存在やその回避方法は消費者の命に係わる重要な情報である。
> この裁決は，業者が消費者に対してこの重要な危険情報の説明責任を果さなかったことが事故の原因とされたものである（横浜海難審判庁裁決平成16年2月20日，平成15年横審第71号，海難審判庁ＨＰ）。

④ 説明責任を果たさなかった場合
(a) 発生した事故の原因の調査とその情報開示及び説明責任を果さなかった場合には，「原因究明義務及び情報開示・説明義務違反がある」（東京地判平成16年1月30日，平成12年(ワ)19691号，判例検索システム）
(b) 危険（リスク）情報の説明責任を果たさなかった場合には，それは事故の原因となりうる（横浜海難審判庁裁決平成16年2月20日，平成15年横審第71号）。
(c) 特別の危険性は事前に警告する義務がある（東京地判平成16年7月30日，平成13年(ワ)17563号）。
(d) 一般的説明だけでは安全確保義務を免れるものにはならない（東京地判平成16年11月24日，平成12年(ワ)21770号）。

(e) 説明義務・責任と債務の関係とは

危険情報の開示義務，説明責任は，商品スポーツの一部を構成する債務である。
参考：(広島地判平成6年3月29日，平成4年(ワ)572号)

(3) ブリーフィングと説明責任

業者が，「朝食後，Ｈが経営する民宿において，本件ツアーの参加者に対し，一般的な注意事項を伝達し，本件現場付近の状況，潜水時間，ダイバーのグループ分け，エントリー位置で浮上することなどが打ち合わされた。」という，現在一般的に行われているブリーフィングの内容で説明責任を果たしたと言えるのか，という問題に対して，次のような判断がなされた。

> 「参加者に対して被告らが主張するような説明をしていたとしても，それだけで直ちに，被告らが，参加者に対する安全を確保する義務を免れるものとはいえず」（後略）（東京地判平成16年11月24日，平成12年(ワ)21770号）

つまり通常のブリーフィングの内容程度では説明責任は果たされたとは見なされない（第Ⅳ部第2章1(4)②，大阪地判平成9年9月11日，平成4年(ワ)4344号参照）。

(4) **提供される危険情報の種類**（第Ⅳ部第2章1(4)②参照）

　商品スポーツの業者側は，カタログやパンフレットに一般的な注意書きという入り口情報を記述しただけで重要事項の説明義務を尽くしたと主張する傾向が見られる。

　ここで，商品スポーツに関する裁判ではないが，消費者の生命にかかわるほどではないまでも一般人の人生に重大な影響を与えることが一般的な不動産販売契約に関して，売主（販売・業者）側の説明責任の義務不履行に伴う損害賠償責任について争われた裁判の判決を紹介する（大阪高判平成16年12月2日，平成15年(ネ)3590号，平成16年12月時点で判例集未掲載）。

　この判決では，消費者の「契約締結の可否の判断に影響を及ぼすことが予想される事項」について，「売主は，信義則上，当該事項につき事実に反する説明をすることが許されないことはもちろん，説明をしなかったり，買主を誤信させるような説明をすることは許されないというべきであり，当該事項について説明義務を負うと解するのが相当である。」としている。

　また業者が一般的な注意（入り口情報）が書かれた文書を渡したことを，それだけでは「説明義務が尽くされたとはえいない。」とした。

　さらに，売主側が説明義務を負うことについて，現場の担当者に対し，重要な事項を消費者に伝えるようにと連絡したことで販売側の説明義務は尽くしたという主張についても，「伝えるよう連絡したことによって被控訴人Ａの説明義務が尽くされたとはいえない。」としてその主張を退けている。

　この売主と現場の担当者の関係の構造をダイビング業界に移してみると，「指導団体」がインストラクターなどに対して行っている連絡や通達，また規準や規定程度では，それで「指導団体」が説明義務を果たしたとは言えない。

　また消費者がダイビングという特殊環境下でのスポーツ生理などに対して，そのリスクに関する専門的知識や，それを調査するノウハウを持っていないのは普通であるからといって，この責任が減ぜられるべきではない。

　このため消費者は自らのリスク低減のために，通常は，何が奥行き情報として必要なのかの判断すらできない。また詳しい情報へのアクセスは，販売側が積極的に調査して公開しない場合には一般的に困難である。この場合は「消費者基本法」第1章第2条などと照らしてみても明らかにおかしい。

　したがって重大なリスクを内包する商品を一般市場で販売する場合，販売側に対して，積極的なリスクの調査と，その結果得られた情報に，業者の都合に合わせた加工を行わない形での公開を行うことを求められることは自然であり，それがなされない場合には，説明義務違反によって，賠償責任が問われるべきであろう。

またこの判決では「事実に反する説明をすることが許されないことはもちろん，説明をしなかったり，買主を誤信させるような説明をすることは許されない」としている。

こういった判断を見ても，説明不足や誤信によって「正常化の偏見」を誘引する思考誘導は早急に立法によって禁止すべきであろう。

(5) 商品スポーツにおける資格商品の品質保証（欠陥・不良品排除）責任
① 認定という商品に求められる責任

「指導団体」が販売（最終認定）した指導者資格に関係した人身事故の多発は，「指導団体」製の資格が保証する役務商品上の不可欠の品質基準である最高裁の二原則（要求品質＝事実上の，インストラクターに要求される標準規格）を十分に満たしていないことを示している。

この資格商品の欠陥は人命にかかわることから，その欠陥排除の責任は購入した本人（インストラクター）以上に，その製造・販売元が主体となって負うべきである。

また「指導団体」は，その役務商品の欠陥の存在がいくつもの裁判で指摘されていることを踏まえ，市場に流通している商品全数に対して直ちにリコールをかけて欠陥を排除すべき責任がある。そのために，資格商品購入者全員の個々の技量（危険に対する予見能力，事故者の曳航能力とボートへの引き上げの能力及びそれを可能とする体力，救命能力，精神的安定性も含む）を実際にペーパー試験と実技でチェックし，欠陥部分をあらためて確実に習得させるという対応をとるべきである。そして欠陥の排除（技量の習得）ができない，あるいは資格購入者がそれを拒否した場合には，メーカーはその資格商品を市場から回収（資格の剥奪あるいは無効宣言）すべきであることは言うまでもない。またこれと平行して，すでに市場に流通している欠陥商品で損害を負った消費者に対して十分な補償を行うべきである。

こういったことは，すでに役務ではない商品に関しては社会で一般的に行われており，そのような一般化している社会的責任の内容が，人命の損害にまで至っている役務商品のみ免除されることは不自然であり，明らかに法の下の平等に反する重大な社会問題である。

「指導団体」が販売＝最終認定（プロ活動を保証）したインストラクターの活動（役務商品）の結果に法的責任が存在することは，すでにアメリカではフィゲロア対NAUI事件（Figueroa v. NAUI, 928 F.Supp. 134 1996／『ダイビング事故とリスクマネジメント』148頁）によって明確になっている。

② インストラクターと「指導団体」の認定責任
　(a) インストラクターの認定責任

「2004年リスク・マネージメント PADI ジャパンからのご提案」（2004年6月4日作成の電子版5頁，平成17年3月配布）から，「指導団体」が法的責任をどのように認

識しているかを見る。

「認定の意味を意識する
■ オープン・ウォーター・ダイバー・コースに限らず，全てのコースで達成条件を評価し，お客様がスキルをマスタリーできたかどうか？
インストラクターには判断する責任があります！
■ もし認定自体に問題があれば，
認定インストラクターの責任が追求されます！

PADI がインストラクター向けに出している『The Law and the Diving Professional』(松田政行／早稲田裕美子訳，第四刷，PADI ジャパン，1993年，以降，The Law) から認定にかかわる責任について見る。

「インストラクターは，以前に認定した生徒がダイビング事故を起こした場合に責任を負うことがあるだろうか。その答えは，「イエス」である。」
「インストラクターと生徒との関係の中に存在している潜在的なインストラクターの責任は，生徒の認定ダイビングが修了しても終わりにはならない。」
「インストラクターは生徒を認定した後もずっと責任問題に関係し続けなければならないのである。」(The Law，96～97頁)

以上は，初級者からインストラクターまで，全ての認定行為に対して最終認定決定権を持ち，かつその認定による利益を"申請料"として得ている「指導団体」にこそ最終的な責任があることを示してもいる。そしてこれはアメリカにおける「第3次不法行為法リステイトメント：製造物責任編」(Restatement of the Law Third, Torts：Products Liability, 1998) 第10条の，販売後の責任の法理と合致している。つまり役務商品製造販売者の責任は"物質"としての商品と同じように存在することを示しているのである。

※第3次不法行為法リステイトメント　製造物責任法

第10条　販売後の警告懈怠により惹起された被害に対する，製品の販売業者もしくは配給業者の責任
(a) 製品の販売もしくは配給の業務に従事する者は，もし販売者の立場にある合理人であれば警告を施したであろう場合には，製品の販売もしくは配給後，販売者が警告を怠ったために惹起された人身もしくは財物上の損害対して，責任を負う。
(b) 次のような場合，販売者の立場にある合理人は，販売後の警告を施すものとされる。

(1) 販売者が，その製品が人身もしくは財物上の重大な被害のリスクを与える危険性を知っていたか，あるいは合理的にこれを知っているべきであった場合であって，かつ，
(2) 警告を与えるべき相手を特定することができ，かつその人たちが被害のリスクを知らないことが合理的に推察できる場合であって，かつ，
(3) 警告を施すべき相手に対して，警告が有効に伝達され，かつその人たちがその警告に従って行動するであろうと思われる場合であって，かつ
(4) 警告を施すだけの負担を正当化するに十分なほど，被害のリスクが大きい場合

第11条　販売後の製品の回収懈怠によって惹起された被害に対する，販売業者もしくは配給業者の責任
　製品の販売もしくは配給の業務に従事する者は，次のような場合，製品の販売もしくは配給後に販売者がその製品の回収を懈怠したために惹起された人身もしくは財物上の被害に対して責任を負う。
(a)　略
(b)　販売者もしくは配給者が製品の回収に当たって，合理人として行動しなかった場合

(以上，山口正久訳『米国第3次不法行為法リステイトメント（製造物責任法）』2001年，木鐸社，129頁，137頁)

　第10条は，ダイビングビジネスにおいてのリスク回避のために周知すべき情報とは，現在「ブリーフィング」と称して現場でよく用いられる一般的「注意」のレベルではなく，その上の「警告」のレベル（日本においては「特別の危険性の告知」のこと。本書第Ⅲ部第1章2(2)と同3参照）を基準としていることを理解しなければならない。このリステイトメントのコメントにもあるが，この警告を行うべき背景には，「販売者が，その販売後に製品関連のリスクについて警告義務を負う」からであり，「裁判所は，販売後に発見されたリスクについての警告が，ときに重大な人身および財物上の被害を予防するために必要であることを認めている。」からである。しかも商品ダイビングによる被害は人命の損失，つまり死という最大の危害（harm）をもたらすことからも，商品ダイビングに関係する各種役務商品や資格商品には，その販売後に，上記にあるような人命に関わる重大な警告としての説明責任とその周知徹底がなされていない状況で自分たちには責任が存在しないと主張する，いわゆる業界による消費者に対しての一方的な「オウンリスク通告商法」が不当であることが分かる。

　第11条(b)では欠陥品などの回収の問題を表している。
　筆者は以前より致死性事故減少のために，これまで販売した資格の「指導団体」によるリコールを訴えているが，第11条の条文にあるように，欠陥あるいは基礎技術に未熟部分のある資格販売（「認定」商法によるインストラクターや一般ダイバー資格＝Cカード）の結果が死という究極の損害である以上，「指導団体」は直ちにリコールを行わねばならない義務を有していると解釈できる。したがって業界がこれまでリコールの実施という義務を果たすために「合理人として行動しな

かった」状況が続いている以上，商品ダイビングの販売と配給業者（「指導団体」・旅行会社・ショップ等）は，「その製品の回収を懈怠したために惹起された人身もしくは財物上の被害に対して責任を負う」べきである。

「認定」されたダイバーが，本人あるいはバディとして不適切な行為を起こしたことの責任がインストラクターに問われる可能性ついて，The Law の96～97頁では次のように述べている。

「もし生徒が認定完了後ダイビングをしている間に事故を起こした場合に，インストラクターがその生徒のスクーバダイビングコースのインストラクション中に，事故を引き起こす直近の原因となるようなことをした，あるいは必要なことをしなかったことが証明されれば，インストラクターの責任が肯定されるかもしれないのだ。」

そして次の例を示している。

「生徒は，インストラクターが不適切あるいは危険なダイビングの練習を行わせ（または，指導の中に本質的な練習や知識が排除されていた），その結果生徒は具体的に危険を認識することができなかったと主張するかもしれない。」

これはまた，このような「不適切あるいは危険なダイビングの練習を行わせ（または，指導の中に本質的な練習や知識が排除されていた）」講習の結果を正しい講習として認定した場合には，その認定権者の「指導団体」が責任を負うべき対象となる可能性も示している。ダイビングは危害に至る危険があるのであるから，その指導の手抜きや，その指導法やその指導者の能力の欠陥から生じた欠陥講習を行うインストラクターそのものの「指導団体」による認定の責任が伴うことは当然である。

次に認定済みのダイバーに対するインストラクターの責任に対しては，

「生徒だった者が不適切なダイビング練習に気付くための，十分な時間，経験，他のダイバーとの接触を有することはあまりないのだということも認識しなければならないのである。」

とし，この結果としての訴訟の実態について次のように述べている。

「現在ではインストラクターに対する訴訟の多くの原因は，トレーニング・ダイブの間に生じた事故のように指導活動から直接生じた事故ではない。むしろ，訴訟の多くはずい分前に認定コースを修了したダイバーの遺族によって認定インストラクターに提起されている。」

なおこの日本語版ではこの記述の部分に訳者のコメントが付されており，現在のところこのような認定後のダイバーによる訴訟は日本では行われていないとしている。

ただしダイビング事故に関する事案では，訴訟以前でも，あるいは訴訟後でも判決を待たずに和解に至るケースも少なくないので，実際の状況は不明である。

第1章　民事責任

今後は講習という役務商品の債務不履行問題が訴訟の争点となる事例を数多く見ることになるかもしれない。

　(b)　インストラクター資格に内包する欠陥
　PADI は，認定の責任が問われるインストラクターの能力と商品ダイビング（講習プログラムなど）という役務商品の欠陥（不良品）がもたらす結果の重大さを知っている。

　「PADI プログラムは無形の商品となりますので，不良品かどうかを見極めることがお客様は困難なはずです。そして，商品を販売しているインストラクターやショップすら，不良品を良品だと思い込んで販売している場合もあるのが事実なのです。もしくはビジネスを優先して不良品だとわかっている商品を販売している場合があるのも事実です。」（株式会社パディジャパン『PJ REPORT 2004 summer no. 3』29頁）

　「事故者の家族や遺族のことを考えれば，精神的なダメージは計り知れません。」（「2004年リスク・マネージメント　PADI ジャパンからのご提案」電子版3頁）

　上記の「遺族」と言う表現は，インストラクターの欠陥は消費者の生死に係わるほどの重要性があることを認識していることを示している。
　ここから，PADI の「見舞金制度」は，これをの組織とビジネスシステム防衛のためのリスクヘッジとも考えられる。
　(c)　CMAS の責任認識
　CMAS − JCIA による，平成16年時点で使用していた，インストラクターを目指す者が学習するインストラクターマニュアルの記述には，インストラクターの欠陥によって消費者が死亡を含む事故に遭う可能性と，その場合の責任の度合いは刑事被告人となるレベルにあることを示す記述がある。

　「あなたが目指すのは指導員です。被告人になってはいけません。
　インストラクターが主催又は実施する，ダイビングツアー又は講習中に，参加者が死亡もしくは傷害を被ると，インストラクターは，刑事上及び民事上の被告人になる可能性があります。
　従って，インストラクターは，水中における受講生の安全確認に対して，一瞬の怠慢も許されないのです。」（CMAS − JCIA　1スターインストラクターマニュアル）

　これは，CMAS の資格商品（養成したインストラクターのプロとしての能力の保証）に，被告人となるほどの欠陥がある可能性と，そのもたらす結果の重大さを，CMAS 基準の作成者が十分に自覚していることを示している。

(d) PADI の責任認識
ⓐ インストラクターの責任

　PADI は，The Law の108頁で，インストラクターが事故を起こすことを前提（その役務商品に致死性が避けられないことを承知の上で）に，彼らにその対処を示している。

　「もう一度言うが，インストラクターは事故の状況を，議論すること及び後で過失を認めたと解釈されるかもしれないような責任を表明することはできるだけ避けるべきである。
　また，インストラクターはできるだけ早く所属する，認定団体に通知しなければならない。団体は，それから必要な情報やガイダンスをインストラクターに与え，さらに保険会社に通知するだろう。」
　「もう一度言うが，これらの通知は必要最小限の情報に限定すべきであり，失敗の表明や事故についての説明をしてはならない。」

　そして同109頁であらためてインストラクターに講習中の事故のリスクについて指導し，講習生に知らせずに，自分だけが講習生の損害への"準備"をするように指導している。

　「インストラクターが，指導中に生徒を深刻な事故に会わさないに越したことはない。しかし，現実には，インストラクターはそのようなでき事について準備しておかなければならない。」

　この「準備」の背景には，ダイビングの危険を良く知る立場という，対顧客優位性を背景に，顧客には知らせずに，先に顧客が陥る事態とそれによる各種請求や責任の回避のための法的防衛を優先して「準備」をしておくようにという指導の意思があることが分かる。
　このような「準備」の指導があることは，通常は顧客（講習生や一般ダイバーなど）に対しては知らされない。したがってここには，消費者に対して法的公平が実現されにくい状況が存在することを示している。
　この119頁では致死的事故の予見可能性を次のように示している。
　「スクーバダイビング指導の仕事は，予見可能性があり，合理的な予防措置によってガードされるかもしれない危害の不合理な危険及び固有の危険を含む」
ⓑ 「指導団体」の責任
　PADI の役務商品に対する責任について，The Law の118～119頁にある重要部分を引用紹介する。この部分の記述を見ると，PADI が最終認定者としての責任を自覚していることが分かる。

「非常に現実的な意味で，認定団体は認定した請負人の適正を保証するのである。PADI はその認定規準をバックアップしており，雇主の利益のために，PADI の認定した請負人（場合によっては使用人）の適性について間接的に責任を引き受けているのである。PADI は，いわば，PADI ダイブマスター・アシスタントインストラクター，インストラクターの適切さを認証しており，雇主を支持するものとしてこの地位を防御するであろう。」

「インストラクター，ダイブストアの所有者，他のスクーバダイビング指導団体がダイビングコースを教えることを請負人に請け負わせた場合に，請負人が固有の危険や危害の不合理な危険に対して合理的な予防措置を取ったか確かめなかったならば，雇主は，インストラクターが合理的な予防措置を取らず，それによって危害が発生したことについておそらく責任があるだろう。」

「使用人を雇う条件として，PADI のように権威のある世界的な教育機関によって有効に認定されていることを要求すべきである。」

「雇主は使用人がすべての時において適切な指導規準と手続に熟知し例外なしにそれに従うということを確実にするために多大な注意義務を払うべきである。」

「使用人が権威ある認定団体によって有効に認定されたという事実は，使用人がダイビング・インストラクターとして適切であるという証拠である。（もちろん，使用人が適切な団体規準に従っていると仮定してのことであるが）たとえば，雇主がPADI指導規準と手続を使用し，PADIの認定を受けた使用人を雇うときは，PADI は使用人の適切さを保証しているのである。したがって，PADI と提携する利益のうちの1つは，PADI がこのように雇主の指導責任を少なくすることによって，雇主の適切な行為を確立し，雇主の法的重荷を PADI が分けあうということである。」

ここではインストラクターの活動が「指導団体」の指導と連携していることを，「すべての時において適切な指導規準と手続に熟知し例外なしにそれに従う」と説明している。

157頁ではPADI がダイビングビジネスで行っている指導について書いている。
「PADI は，インストラクターに認定規準及び生徒に関する文書の記録を供給することに対して，リサーチ，経験，法律に基づいて規準を作りこれを指示している。」

以上は，「指導団体」という存在を頂点としたダイビングビジネスにおいては，「指導団体」が階層的事業構造の頂点に立ってビジネス全体を支配していることを明らかにしている。以下に，その支配にかかわる責任や義務についての考えを示す。

① 「指導団体」は，認定したインストラクターの能力とその結果に責任があ

る。
② インストラクターなどのプロ認定をされた者は，「指導団体」の講習プログラムやガイドを行うという商品の実行を，その会員として，その定めた規準・規準による規定に従って行う代理人である。
③ 「指導団体」はインストラクターなどの能力（性能）を保証して活動させている。したがって彼らが独自に，あるいは請負人として，またショップなどの雇員として活動した結果の責任は共同して負う義務がある。

※アメリカにおける裁判と責任の所在の状況
▼アメリカにおけるダイビング事故の法的責任　アメリカでは，ダイビング業者の責任（民事）について，第3次不法行為法リステイトメント　製造物責任編の第10条と11条で示している考え方がほぼそのまま適用されている。したがって判例法のアメリカにあっては，役務商品がPL法の対象と事実上同じとなっていることに注目しなければならない。次にそのいくつかを簡単に示す（詳しくは拙著「ダイビング事故とリスクマネジメント」117-162頁を参照のこと）。

① クンツ対ウィンドジャマー事件（1983年）Kuntz v. Windjmmer, 573 F. Supp. 1277（1983）／
　オープンウォーター（初級者向け）講習中に客のクリスティーン・クンツが溺死した。法廷は，バディシステムの厳格な運用によって講習を管理していたか，あるいは全体に対する適切な監督が実施されていたか，あるいは水面上のサポート体制がしっかりしていたか，あるいはクンツの付近にインストラクターが滞在していたならこの事故は起きなかったであろうとした。ただクンツは事故の前に麻薬とアルコールを摂取していた。そのため法廷は事故者自身の寄与過失を50％をした。しかしながら彼女の行為は合理的に予見できないほど異常ではなかったので，インストラクターが適切に監督していたら事故は防げたと判断して50％の過失を認めた。

② タンクレディ対ダイブマカイ事件（1993年）Tancredi v. Dive Makai, 823 F. Supp. 778（1993）
　これはタンクレディが大深度潜水（最大深度約44m）を行うファンダイビング中に空気が欠乏して呼吸困難となって溺死した事件である。
　法廷は，被告の過失と因果関係に関して，一般に人はすべての予見可能な「行為者の過失行為によって理不尽な被害の危険にさらされた」原告に対して注意義務を負っており（Seibel v. City and County of Honolulu, 61 Haw. 253, 602 P. 2d 632, 536（1979）），事故あるいは傷害の正確な予見が可能である必要はない（Okada v. State, 1 Haw. App. 101, 614 P. 2d 407（1980））。また合理的に予見可能だということの基準は，「合理的かつ慎重な人なら行わないであろう，十分に真剣な被害の可能性かどうか」（Knodle v. Waikiki Gateway Hotel, Inc., 69 Haw. at 388, 742 P. 2d at 385（citations omitted））であるなどを引用して，ダイブマカイは，タンクレディに対して安全な潜水計画を提供すべきであったとした。そしてダイビング前に，各種の危険な要因の説明と，相応に安全な方法でダイビン

グを行うことの説明を行う義務を負っていたにもかかわらず，ダイブマカイがこれを果たしていなかったとして，被告に80％の過失責任を認めた。

　法廷はまた業者が主張する危険の引き受けは適用できないとして，第2次不法行為リステイトメント（Restatement (Second) of Torts, § 496 A）に触れて，危険の引き受けの法理は，被告が原告に対する法的義務を負っていたかどうかと，原告が自由かつ慎重に，彼自身を大きな危険におくことを承知の上だったかどうか，そして原告の行為がそれ自身不当であったかどうかにかかわらずそれに違反していたかという問題を含んでいるとした。さらに第2次不法行為リステイトメントのコメントC（§ 496 comments.）の黙示の危険の引き受けは，被告が責任を回避できるという状況下で2つの別々の理論を論ずるための過失の事件のときに採用されるとした。さらに法廷は，レクリエーションのスポーツおける黙示の危険の引き受けについて，ハワイ州最高裁判所が，個人的な傷害に対して厳格な製造物責任においての明示の危険の引き受けと黙示の保証行為を禁じたラーセン事件（Larsen v. Pacesetter Systems, Inc. 74 Haw. 1, 837 P. 2d 1273, 1291 (Hawaii 1992)）を示した。

　この結果，明示の危険の引き受けは被告の防御とはならないとし，黙示の危険の引き受けは，原告の行為が不当であったかどうかによるとして，被告のその寄与過失を20％と認めた。

③　**フィゲロア対ナウイ事件**（1996年）Figueroa v. NAUI, 928 F. Supp. 134 (1996)

　これはオーティス・フィゲロアがNAUIによって認定されたインストラクター（ロベルト・メンデス）によって行われた講習で溺死した事件である。被告であるNAUI（いわゆる「指導団体」。日本では営利目的の組織）は，当時カリフォルニア州一般非営利法人法（General Non Profit Corporations Law of the State of California）と法人法典（Corporations Code）のタイトル1の第2部第1章（Part I of Division II of Title I）に従って1961年から組織された非営利組織であった。法廷は，メンデスが講習によって利益を得ていた（受益活動）が，このメンデスの活動はナウイの受益ともなっていたとした。さらにメンデスが講習実施後にナウイにダイバーとしての認定（Cカード発行）を求めたときはいつでも申請料（funds）を送り，ナウイもそれを受け取っていたことから，ナウイの経済的受益はインストラクターの認定行為（講習実施とそれに合格と判定するなど）やCカード発行などによって，この両者は相互に関係があるので代理人関係があると認めた。そしてナウイの受益のために取られた活動における過失はナウイが代理可能であるとして，つまり代理人たるメンデスは表見代理権において活動した，あるいはナウイが代理人の活動を承認したと判断した。この理由として法廷は，非営利企業は，その代理人の過失ある行動に法的義務があるとされるかもしれないとしたアメリカンソサエティ事件（American Society of M. E.'s v. Hydrolevel Corp., 456 U. S. 556）と，代理人関係の承認は明示的である必要はなく黙示的で良いとしたノバスコシア銀行対ルーラン事件（The Bank of Nova Scotia v. Velez Rullan, 91 D. P. R. at 365）を挙げ，原告から申し立てられた過失をナウイが共同責任として持つとする理論を妨げないとした。そして陪審がメンデスの過失を認めたなら，ナウイはメンデスのいかなる過失にも連帯責任があるので，ナウイは原告の損失に関してすべての責任があり得るとした。

▼コメント
　ダイビングでは，業者側は，客は常に「オウンリスクである。」と主張して，ダイビングにおける危険を引き受けているはずだ，あるいはそうであるべきだとする。特に免責同意書などへの署名を日本以上に要求する傾向にあるアメリカでは，当然このような主張は強いと考えても自然である。しかしそのアメリカでの諸判決を見ても，明示・黙示を問わず，そのような免責は無条件には認められてはいる訳ではない。さらに法廷は，役務商品にも製造物責任法の法理が共通して適用されることを示した。そしてインストラクターの活動の結果に対しては，その活動で利益を得ている「指導団体」に，「いかなる過失」であろうとも連帯責任があるとしている。
　こういった判例を見ると，アメリカのビジネスシステムである「指導団体」制を持ち込んで活動している日本における「指導団体」には，当然，それを頂点として構築されているダイビングビジネスのあらゆる場面において，インストラクターや一般ダイバーの潜水・指導技量を証明するCカードの最終認定権者として最も重い最終的な責任があることは言うまでもない。

3　引率・指導・監督型のスポーツの責任

(1) ボランティアの責任

　自然相手のレクリエーションスポーツの事故では，最初のトラブル発生時に，その危険の度合いを軽視して継続ないしは強行したことがきっかけで大きな事故となっている事例は多い。

　安全に終了できることを前提としたレクリエーションスポーツにおいて，参加者（消費者や無料体験者）がトラブルに直面した際に，彼らを生命・身体の危険から直ちに遠ざけるということは，その場の指導・監督者の義務である。

　したがって商品スポーツないしはそれを無料（宣伝のためや同好会への参加，あるいは好意によるものであるかにかかわらず）で行うレクリエーションスポーツでは，順調なプログラム消化と終了を前提とした第一の計画に加えて，計画・実行責任者には，さまざまな危険を予見して，どの時点で本来の計画の実行を中止して，安全確保のための予備計画（予見された状況に応じた複数の予備計画）に移るかという，全体計画（予備計画＝フェイルセーフ[5]）が不可欠である。さらに，指導的立場にある者，あるいは引率者，監督者たる者は，十分な額の対人賠償責任保険への加入が不可欠である。

　商品スポーツであるダイビングの場合には同好の士が集まって行われるダイビングツアーもある。その他の商品スポーツ種目にも同様の形態が見られるが，このようなケースで事故が発生した場合で，指導的な立場の引率者の注意義務に過失が認められた場合には賠償責任が問われる可能性が高い。

5）　第V部総括1(1)参照

たとえば子供会の野外活動で子供が水死した事件では，ボランティアで引率していたとしても，その主導的立場にあった者の注意義務違反が認められて，原告請求額の2割の賠償責任が認められている事例もある（津地判昭和58年4月21日，昭和54年(ワ)138号，判時1083号134頁）。

他には，ボランティア活動の一環としての磯遊びで小学6年生が溺死した事件で，ボランティアに対して，80％の過失相殺があったが賠償責任を認めた事例がある（札幌地判昭和60年7月26日，昭和57年(ワ)1013号（控訴），判時1184号97頁）。

判決ではボランティア活動の責任について次のように示している。

>　「被告らの活動が無報酬の社会的に有益ないわゆるボランティア活動であるということのみから当該活動の場で予想される危険についての予見及び結果回避に必要な注意義務が軽減又は免除されるべきであるという結論を導くことはできず」
>　「小学生を海岸で遊ばせる場合，引率者としては，児童が海で溺れることのないよう，海の深さ，海底の起伏，潮の流れの向き及び強弱等につき事前に十分な調査をし，その調査結果を踏まえて児童に対する注意と指導を徹底しておくこと及び児童が危険な行動に出ることのないよう常に監視と救助の体制を整えておくべき注意義務がある」

その他には，少年団竹とんぼ事件（少年団のボランティア活動の一環としてのキャンプで竹細工遊びを指導中に，団員Aの少年が飛ばした竹とんぼが別の団員の目にあたって傷害を負った事件で，団長に，キャンプの引率者としてAの親権者の代理監督者としての監督義務違反があるとされて賠償責任が認められた）が見られる（福岡地裁小倉支部判昭和59年2月23日，昭和56年(ワ)1664号（控訴），判時1120号88頁）。

ここではキャンプを行った少年団の団長（O）に，「行動を注視して事故の起こらないよう監督することが可能であったにもかかわらずこれを怠ったもので，被告Oは監督義務を尽くしたものということはできない。」としている。

したがって，実行者の危険の引き受けが社会的に常識となっているピッケル登山や地底水脈の探検ダイビングなどを別として，一般のレクリエーションスポーツとして成立しているダイビングなどにおいては，その指導者や引率者（特に"上級の資格"を持っている者は特に）には，商品スポーツとして販売するものと同様の注意義務が求められる可能性があることを忘れてはならない。

(2) 潜水計画の範囲

前述（本書第Ⅱ部第2章2(4)③，96頁）のように，ダイビングを終えた後でも発症する減圧症の問題がある。さらにダイビングツアーなどで，そのポイントに到着した日[6]に減圧症に罹患する事例も見られる。

このリスクの管理には，ダイビングに関するすべての行程において，それぞれに慎重に関連性を吟味したうえでの計画立案と実行を避けては通れない。

つまり減圧症のリスクを回避するためには、参加メンバーの技量・経験から潜水適性の吟味、ダイビングポイントの選択と移動手段、そして現場到着からポイント集合時間および潜水開始までの時間的インターバル、終了後の運動のレベル、そのポイントから帰るための時間的インターバル、そして最終的解散場所までの移動にかかわる諸問題までを1つの潜水計画として捕らえるべき必要がある。

　したがって一般的なツアーにおける潜水計画とは、その参加者の確定から参加者が解散して一定期間内に減圧症の発症の有無が確認できるまでを業者の責任（ボランティアの場合は引率者の責任）となることを前提に作成すべきである。

　例えば、ダイビング後の高所移動によって重度の減圧症の発症に至った場合の訴訟や、ダイビングポイント到着当日におけるダイビングでの減圧症の発症などの訴訟でも、当時の潜水計画が適切であったかどうかが責任の有無の判断基準となってくるであろうし、そうならねばならない。少なくとも業者は上記のような潜水計画の責任範囲やその計画のもたらす影響について知らなかったということを理由に免責されるべきではない。

　ダイビング業界や、業界が密接に関係する学会などでは、減圧症への耐性（減圧症にかかりにくい体質）が強いと考えられる、責任ある立場の人々が、"ガンガン潜る"ことがあたかも高い価値があるかのように語っている様子が見られたことがあるが、未だ減圧症への耐性が明らかでない一般のダイバーたちや彼らを指導・ガイドするインストラクターたちは、これを真に受けないこと、つまり正しい情報の獲得によって「正常化の偏見」に犯されないようにすることが必要である。

　たまたま潜水適性があったことで無謀あるいは無計画、無自覚のまま「ガンガン潜る」ダイバーより、自己及び同行者の安全管理が適切にできる潜水計画の立案と実行ができるダイバーの方がはるかに存在価値が高いことを忘れてはならない。自らと同行者のリスクの管理ができる、あるいはそうしようと努力するダイバーを、まるで臆病なダイバー、あるいは活動的ではないダイバーかのように扱う者たちに、思考や価値観をコントロールされないようにすることこそが、自らのリスクが管理できる自立したダイバーへの道であると言えるであろう。

▶淘汰されるダイバー

　一般の人が全てダイビングに適した性質や体質を持っているわけではない。早い人は1回目のダイビングで10mにも満たない深さで減圧症になるという。さらにそれまで何も異常がなかった人が、ある日突然減圧症になる場合もある。水深も、ある深度を超えたとたんに減圧症になる人もいる。これらのことから、その

6）　減圧症の治療において深い知見と多くの実績を有す沖縄県の南部徳洲会病院の小濱正博医師は、減圧症罹患の理由の1つとして「飛行機で到着した当日や帰りの便の搭乗寸前までダイビングをする」を挙げている（「沖縄県での減圧症の現状と対策」日本臨床高気圧酸素・潜水医学会雑誌, 2005年2号, 157頁）。

発症の可能性やその時期を正確に予測することは難しい。
　また水圧に対する対応を間違えて肺が破裂したり，空気塞栓症になったり，外部圧力の変化（陸上から水面，水中という外部圧力や気温と水温という体感温度の劇的な変化）の最も大きな水面という環境激変面で心臓由来の障害が発症する人もいる。さらに泳げない人だけでなく，よく泳げる人※でさえもパニックになる場合もある。また溺水はさまざまな理由で発生する。そしてこれらは中高年以上ほどリスクが高まる傾向がある。こうしてダイバーは淘汰されていくのである。

　※　水泳の得意な人は，泳ぐの時には，顔を水につけているときは息を吐き，水面から顔を出して空気を吸うことを無意識にできるまでに習熟している。そのため水泳では危険なため決して行わない，ダイビングやスノーケリングで要求される，水中で呼吸するという手法との切り替えがうまくできない人がいる。彼らは水中で息を吸うという行為の不安とストレスにさらされることで，僅かなきっかけでパニックになることがある。これは後天的な潜水適性であるとも言える。

　したがって，ダイビングとは自然による淘汰に直面するレクリエーションであり，商品であることはよく自覚しなければならないし，その十分な説明は不可欠である。
　特に業界がビジネス拡大のいためにシニア層の市場開拓を進めているが，それには危険情報の開示を伴った，より慎重なアプローチがなされるべきである。
　以上の状況から，潜水適性の有無による淘汰を乗り越えてきた人がベテランダイバーとなって，"ガンガン潜る"ことが普遍的に高い価値かのように主張することは適切ではなく，危険要因を無視してそれを行う際のリスクについて，適切かつ広範囲の情報の開示が不可欠である。
　このような特殊な状況を背景とした価値感の主張は，重大な障害や死という淘汰にさらされる前の一般ダイバーには，致死性を含む危険に遭遇する可能性を，本人が十分な情報を検討した上で自らの決断で選択したという状況を経ずにもたらすことになる。
　またこうしたリスクを内包した主張や"自慢"，商業的意図を背景とした"もてはやし"によって一般ダイバーやインストラクターにもたらされる「正常化の偏見」は，まさしくこのような自然の淘汰にかかわる危険の存在を無視させている。

4　販売責任（未確定判決からの参考）

　ダイビングの講習やガイド付きファンダイビングという商品スポーツを販売する旅行会社や，講習プログラムや指導者（インストラクター）資格取得のプログラムを販売する「指導団体」の販売責任を考える判決を紹介する。
　なおこの判決は，被控訴人から上告されているので，平成19年当初の時点では確定判決ではない。
　よってここでは参考判決例としてここに示すに留めるが，社会の流れはこの判

決の方向に向かっている[7] ものと考えることが妥当ではないかと考える。

(1) 電気ストーブによる化学物質過敏症と販売責任

これは，電気ストーブによって化学物質過敏症となったとして，それを販売した大手百貨小売業（スーパーマーケット）に損害賠償を請求した控訴審判決である。

判決は平成18年8月31日に東京高裁でなされた。これは当時新聞各紙などで大きく報道された（例えば同年9月1日　産経新聞など）こともあって広く社会に知られた裁判例なのでここに紹介する。

控訴人は，このスーパーで購入した電気ストーブの網目カバーに使われた樹脂から，ストーブの使用によって発生した化学物質によってその過敏症となったと主張した。被控訴人のスーパー側はこの因果関係を争っていた。

判決ではこのスーパーの営業手法について，「取り扱う商品については，製造者とは別に，販売者として，顧客の立場に立った品質管理を行い，また，そのことを公表して顧客の信頼を得ているものと認められる。」とし，それだからこそ，「販売者である被控訴人においても，その安全性について一定の確認をすべき義務はあるものというべきである。」とした。

またこの電気ストーブから異臭がするという苦情が出ていたことから，「異臭が生ずる場合にはこれと共に化学物質が発生していることを予見し得たものというべきである。」と，予見可能性を認めた。

こうして被控訴人には，「本件ストーブからその使用に伴い化学物質が発生することを予見することができ，また，これを予見すべき義務があり，さらに，このような予見をしたならば，上記のように本件同型ストーブを大量に販売する者として，これを使用する顧客の安全性を確保する見地から，直ちに，本件同型ストーブから発生する化学物質の種類，量，その人体への有害性について検査確認する義務があっとものというべきである。」とし，「被控訴人は，……同ストーブの稼動により化学物質が発生することについての予見可能性及び予見義務があった」とした。

このストーブはこのスーパーによって平成12年9月から15年3月までの間に約30万台が販売された。この間メーカーには同型ストーブ等に関する問い合わせが68件あり，内臭いに関するものが21件，臭いが消えないとして返品されたものが4件あった。ただし控訴人と同じ症状を呈したものはいなかった。

この苦情数が因果関係に係わる数字として多かったか少なかったかの評価については，「問い合わせの数は，販売台数に比べると数字の上では少数ということもできるが，異臭を感じた者がすべてメーカーや販売店に対してと問い合わせをするものとは認められず，上記のように何らかの身体的影響を受けた者の存在も

7）　本書第Ⅲ部第1章2(5)②の米国「第3次不法行為法リステイトメント」を参照のこと。

推認できることができることからすれば，上記の点が本件の因果関係の認定を左右するものとは認めることができない。」として因果関係を認めた。
　さらにこれまで控訴人と同じ症状を呈した者が他にいなかったことについて，「結果的に，控訴人Aと同様の症状の者が生じなかったとしても，上記予見可能性ないし予見義務が軽減されるものとは認められない。」とした。
　こうして裁判所は，「被控訴人には，このような予見義務及び検査確認義務を尽くし，その検査確認の結果に基づき，本件同型ストーブを購入する顧客にその使用によって健康被害が生じないように，その結果の発生を回避すべき義務があった」として「上記注意義務違反による過失が認められるから，不法行為が成立し，これにより生じた損害を賠償すべき義務がある」と判断した（東京高判平成18年8月31日，平成17年(ネ)2723号(上告)，平成18年9月時点で判例集未掲載）。

(2) 商品ダイビングの販売責任
　この判決を基に商品ダイビングを販売する旅行会社やダイビングショップの業務を考えると，その販売責任については次のように推定される。

　旅行会社やダイビングショップの販売商品には明らかに致死性があるので（座学講習を除く），彼らはその商品（役務やプログラム）における有害性を導く原因について調査・検査し，それらを取り除くかそれができるまで当該商品の販売中止などの措置を講じ，消費者の生命身体の損害や被害を避ける義務があるものと考えられる。
　これには当然に，役務を実行するインストラクターやガイド個人のみならず，ダイビングショップなどそのものの日常的な安全管理の状況や事故歴，また過去のヒヤリハットの状況の情報，役務を実行する雇員や請負人の潜水士免許の取得とその確認などがなされているか，対人賠償保険は十分にかけられているかなどを事前にチェックする義務がある。
　またダイビングビジネスのユニットの頂点にある「指導団体」には，ダイビングという商品スポーツにかかわる初級講習から指導者資格販売のプログラム，またファンダイビングにおけるガイドとしての役務遂行手順プログラムを，外国の親会社，あるいは自らの属する国際的系列の上位にある「指導団体」から輸入して日本語に翻訳して販売している会社などがある。またそのビジネススタイルを，大株主によって人命の安全よりも利益を優先することで配当を十分に行うよう要求され，それに従っていると見られる会社もある。
　このような役務商品（資格販売や役務遂行手順プログラム）などには，これまで蓄積された判決から明らかなように，そのプログラムの結果としての，特に指導者の資格を購入した者の役務遂行能力に欠陥がある場合が少なくない。したがってこのような資格を生産・販売・流通・活動の指導によって利益を上げている当該「指導団体」には，この資格プログラムそのものと，次にこの修了認定に

よる資格販売後のその保持者の能力の欠陥の有無の徹底的な調査と検査を継続的に行って，欠陥の原因を特定する義務がある。そしてそれらを取り除くか従来の資格をただちに販売中止とするなどの措置をとって消費者の安全を確保する責任がある。これらを十分に行わない場合は特に，「指導団体」は自らの事業の結果に対して責任を負うべきである。

● 平成18年の前半，旅行会社Aを通じて一般ダイバー甲乙が某県で行われるファンダイビングを購入した。甲乙がAに対して行った，購入希望のファンダイビングのリクエストは，浅い水深の珊瑚礁でのファンダイビングであった。Aはそのリクエストを受けて，ダイビングショップBによって行われるファンダイビングを販売した。しかし甲乙が現地に着くと，Bによって実際に行われたのは当初の契約条件とは異なる，深度の深い，暗い場所（洞窟）での大深度（最大で水深30mを超えていた）ダイビングであった。サバチ洞窟事件で最高裁が示した安全対策はまったく取られずにそのダイビングは実行された。そして甲は水中で減圧症を発症した。甲は現地での数ヶ月に及ぶ入院と懸命のリハビリによって奇跡的に歩けるようにまで回復したが高度の障害認定を受ける状況で症状が固定した。このショップは甲へ医療費すら支払っていない。

　事故後，乙がファンダイビングのリーダーインストラクター（Bで5年以上働いていたという）にこれまでの事故の有無を確認したところ，「なかった。」という返答を得た。後日ショップのオーナーも乙の質問に対して同じ回答を行った。しかし実際には，そのショップは平成15年に人数比3対15でファンダイビングを行ったときに50歳台前半の男性を死亡させていた。これは十分な安全確保の体制をとっていれば防げた事故である。また翌16年には，1人で14人の客を引率してスノーケリングツアーを行い，引率者が1人で船上で監視する体制をとっていたときに客の1人が流され，溺死した。つまりこのショップは，死亡事故の後でも，安全に関する体制を取らないという事業を行っていたのである。

　さらにこのショップは甲の事故のとき，ショップが同行させたガイドダイバーに潜水士免許を取らせていなかった。潜水士免許不所持については，このショップやガイドは以前から警察などから所持するように何度か指導されていたが，このショップやガイドはこれを事故発生時まで無視していた。このためこのガイドダイバーとショップの両者が罰金刑を受けている。つまりこのショップやスタッフは，安全への意識や責任感が決定的に欠けていると見るべきであろう。これでも盛んに事業が行えるというのは，このような事業者でも活動できる業界の実態が背景にあるからこそである。

　ハインリッヒの法則（ヒヤリハットの法則）では，このような1件の重大災害の陰には，29件のかすり傷程度の軽災害があり，その陰には，300件の，怪我はないがヒヤリとした体験があるとされていることからも，このショップでは常的に重大事故以前のヒヤリないしは軽度の事故が発生していたと考えることができる。

　なお旅行会社Aは，甲乙のリクエストに対して，紹介販売するショップのこのようなリスクについては知っているはずであり，あるいはこれほどの状況を知らなかったと主張してそれが免責の理由となるはずはない。したがってAには致死性の高い役務商品（ファンダイビング）を販売した責任があることは明らかである。

　同県では他にCというショップで，平成15年にダイビング中に50歳台後半の女性が意識不明となる事故が，平成17年には40歳台前半の男性がパニックとなる事故が発生し，平成18年には人数比1対8のダイビングで50歳台前半の女性が死亡し，さらに同年，50歳台後半の男性が漂流して死亡している。このCはこれほどの人身事故を起こしていながらも引き続き安価なツアーを企画して事業を継続している。これは人身事故の継続と関係がないとは考えられない。しかし市場には，この格安の価格設定に乗ってこのショップの商品ダイビングを紹介販売する，ダイビング商品販売に長い経験を持つ大手旅行会社が存在する。このような，消費者の安全を無視した事業展開が業界の仕組みの中でできることは消費者

と一般社会にとって重大な問題である。またそのような業界の利益追求構造から発生するリスクの存在を明らかにしないダイビングマスコミと，そのような業界への配慮が欠かせない，官庁からのポストを約束している半ば公的な団体などが存在することが，消費者に耐え難いリスクを課す原因となっている現状は，社会問題として認識すべきであろう。

第 2 章　刑事責任

　商品ダイビングにおける人身事故の法的責任は業務上過失致死傷罪となる。
　PADI ジャパンの『PJ REPORT 2004 summer no. 3』では，市場の"不良品"の状況と，消費者の死について述べている。これに加え，人身事故時の見舞金制度や，事業者の一方的な免責を要求する免責同意書と危険の告知書の記述内容から見て，彼らがその事業に伴う消費者の重大なリスクについて十分に理解していることが分かる。こうした背景には，PADI が相当数の事故を把握し，その対応に習熟しているように見えることからも分かる※。

　　※　かつて PADI の上級クラスのショップとされているところで実際に事故に遭遇したときの筆者自身の体験から，PADI には事故者に対する高度に設計された応対マニュアルが用意されている印象を受ける。これは，責任回避のための高度なマニュアルが必要とされる程の人身事故が発生している状況を推測させる。

　平成17年に CMAS‑STARS も採用していた CMAS‑JCIA のインストラクターマニュアルでは，インストラクター資格を得ようとする者に対して，「インストラクターが主催又は実施する，ダイビングツアー又は講習中に，参加者が死亡もしくは傷害を被ると，インストラクターは，刑事上及び民事上の被告人になる可能性があります。」と，その業務遂行中に，消費者に死亡を含む損害を与える可能性を示している。
　「指導団体」の販売品目の中心は役務商品であるが，消費者基本法でも消費者が保護されるべき対象を，物質としての商品に限らず，「商品及び役務」として，役務商品の安全確保を業者に求めている。したがって致死性に直結する"不良品"が市場にある限り，平成16年3月に起きた六本木ヒルズの自動回転ドア死亡事件判決を見るまでもなく，"不良品"を製造販売した「指導団体」は，ただちに消費者に対して市場に流通している"不良品"の詳細な情報を開示し，リコールによる品質の回復ないしは不良品の廃棄（資格剥奪ないしは廃止）をなすべき義務があることは言うまでもない。
　消費者の生命身体の安全にかかわる役務商品の製造・販売業者が，自らの事業の結果として多数の死者や後遺障害を負った人々が発生し続けていることを事実上放置（前記のリコールなどをしていないことなど，資格商法システムに抜本的な改善がなされていない）していることに何ら責任が問われないという状況は，法の下の平等という原則に合致しない。

1 判例検証

(1) 業者の注意義務とその責任

① **【重要】アドバンスコース講習死亡事件**（最高裁二原則の1つである常時監視義務を明らかにした重要な判例）

▶昭和63年，アドバンス講習のプログラムであるナイトダイビング中に，インストラクター（潜水指導者）がアシスタントインストラクター（指導補助者）と講習生を見失い，その間に講習生が死亡した。講習生が死亡した時には指導補助者が事実上のバディとしてついていたが，インストラクターは彼らを見失っている間の状況を知らず，救護活動も行っていなかった。

平成4年12月17日，最高裁は，「潜水指導者としては，自らあるいは指導補助者を指揮して，受講生が余裕をもって陸上に戻れるように各受講生を注視し，もって受講生の安全を図るべき業務上の注意義務がある」と，ダイビングを行う上でのインストラクターの法的義務を明示した。また「潜水指導者が絶えず受講生のそばにいてその動静を注視すべき注意義務の違反があった」「指導者たる被告人は片時でも不用意に受講生のそばから離れてはならなかった」とし，インストラクターが行うべき行動基準（その要求品質）を示した。

これは，事故時に指導補助者及び受講生の不適切な行動が介在した場合でも，常時監視義務を怠った指導者の怠慢（過失）と受講生の死との間には因果関係があることを示している判決である（最高裁第一小法廷決定平成4年12月17日，平成4年(あ)383号，刑集46巻9号683頁，判例検索システム／『ダイビングの事故・法的責任と問題』76頁）。

② **【重要】サバチ洞窟事件**（最高裁二原則の1つである潜水計画に対する責任を明らかにした重要な判例）

▶平成元年8月9日，県外から客（消費者）として沖縄県に来た，プロとプロレベルのダイバー計3人は，現地のダイビングショップの客として洞窟ダイビングを行った。3人はショップオーナー兼ガイドの被告人の潜水計画に基づき，被告人が先導したグループと交代で洞窟に入ったが，3人全員が洞窟内で死亡した。

これは，業者の潜水計画立案責任が問われた裁判であった。なお，前の判断と合わせた2つの判例は，ダイビングを安全に行う際に必要な業者の二原則となっている。ダイビング以外の各商品スポーツにおいても，その実行環境における特殊な条件を除けば，これに共通した理念で判決が出ており，この二原則は，商品スポーツ全体に対して普遍性を持っている。

最高裁が支持した高裁と地裁の判断では，事故被害者3人（A，B，C）のうちの1人がインストラクター（つまりプロ）であったことについて，「Bは，イン

ストラクターの資格を有しているものの，本件洞窟に入るのが本件当日が初めてであり，本件洞窟の地形等に精通する被告人と全くの別行動を取って，A，Cの2名をガイドするとは到底考えられない」，「被告人がグループの潜水計画の管理者として，第一次的にガイドダイバーとして責任を負うのは当然」，「被告人の安全管理は，ダイビングサービス業者としては極めて杜撰」（地裁判）とされ，執行猶予付きの有罪が申し渡された。控訴と上告は棄却され，平成14年7月3日に刑は確定した。

最高裁は，たとえ水中での行動が別であっても（狭い洞窟に一度に多人数が入れば混乱する危険があり，その結果緊急時の対応も困難になるので，一度に入る人数をグループ分けによって監督義務を果たせるまで分割するべきことは当然），同一の潜水計画によって行動した客の事故に対しては，潜水計画立案者及び安全管理の責任者に法的責任があるとした判断を支持したのである（最高裁第二小法廷決定平成14年6月27日（上告棄却），平成10年(あ)550号，判例集未掲載，原審は，那覇地裁判平成9年3月13日，平成4年(わ)106号，判例集未掲載，福岡高裁那覇支部判平成10年4月9日（控訴棄却），平成9年(う)21号，判例集未掲載／『ダイビングの事故・法的責任と問題』80頁）。

③ アドバンスコース講習生死亡事件

▶平成11年に行われたアドバンスの講習中に，インストラクターが講習生の異常に気づかず（見失い），死亡させた事件。

平成14年1月11日，熱海簡裁は，インストラクターには適切な指示や誘導が必要で，これが欠けた場合には，不安や恐怖感のため，講習生が体調不良などによってパニックに陥って溺水する可能性を予見すべきものとした。そしてインストラクターは絶えず講習生（受講生）の動静を注視し，事故の発生を未然に防止すべき業務上の注意義務があったにもかかわらず，これを約1分間にわたって怠り，結果的に講習生の異常に気づかずに見失って適切な措置ができないままに死に至らしめたとして有罪判決を行った（熱海簡裁略式命令平成14年1月11日，平成13年(い)114号(確定)，判例集未掲載／『ダイビング事故とリスクマネジメント』75，84頁）。

④ 八丈島ファンダイバー見失い死亡事件

▶平成15年4月19日　1人のガイドが男女2人の客（ダイバー）を引率（ガイド）したファンダイビング中に2人とも見失い，後に女性客1人（26歳）が死体で発見された事件。

平成16年7月6日，東京区検は「ダイビング開始前に入念な打ち合わせをせず，開始後も女性の行動を十分確認する義務を怠った」として，業務上過失致死罪でガイドの男性インストラクターを略式起訴した。

これは危険情報の提供や説明義務違反，また監督義務や危険の回避義務の違反を問われてのものである。

東京簡裁は同日，求刑通り罰金50万円の略式命令を出した。命令では，当時は波が高くダイビングは困難だったが，ガイドは緊急時の対処法などの打ち合わせを十分せずにファンダイビングを行い，さらにガイドは海中で2人から目を離し，自らの写真撮影に気を取られるなど，安全確認義務を怠った。そのために2人を見失い，潮に流された女性客を死亡させたとした（共同通信　平成16年7月6日より）。

⑤　スクリュー巻き込み死亡事件（ボート上の見張りの注意義務違反）

> ▶これは民事判例④の事件で，このダイビングで見張りを行っていたHに対する刑事責任が問われたものである。この内容は判決文に記載されており，またこの判決は証拠としても提出されている（事件番号略）。

簡裁は平成13年12月，Hに対し，潜水したダイバーの浮上を監視中に，Iが潜水中のダイバーたちの浮上に気付かないままボートの航行を開始すれば彼らと接触するおそれがあることを知り得たのに，これを無線等によりIに「警告する業務上の注意義務があるのにこれを怠り」本件事故を発生させたとして，業務上過失致死傷罪により罰金30万円の略式命令を発令した。

ダイビングボート上の見張りが漫然と監視していることでダイバーを見失い，あるいは水面で合図しているダイバーに気付かなかったために漂流する事故は少なくない。今後，見張りの注意義務違反によって発生した漂流事故でダイバーが死傷した場合には，同様の責任が問われていく可能性は高い。したがって，状況判断ができない，あるいは注意力散漫な者を見張り用スタッフとして乗船させ，あるいは岸壁で見張りをさせることは，刑事責任はともかく，見張り行為に注意義務違反があった場合，民事上の責任を問われる可能性があることは否定できない。

⑥　ファンダイビング中のパニックダイバーに対するガイドの監督義務違反が問われた死亡事件

> ▶平成15年，人数比1対6（加えてダイブマスターという任意資格を保持していた，専門学校から勤務実習として来ていたショップの研修生1人が助手として同行した）でファンダイビング中に客のダイバーがパニックとなった。ガイドであるインストラクターはこの客のダイバーのパニックを防止できず，またその適切な対処ができずに溺死させた（これは事故発生時の報道だけでなく，沖縄タイムスから同年11月19日にガイドが書類送検されたことが報道された。さらに平成18年3月28日，琉球新報（夕刊及び電子版）がこの刑事事件判決について報道した。これは事故発生時から広く知られた事件である）。
>
> 平成18年3月28日，那覇地裁は，ガイドに対して業務上過失致死罪により10万円の罰金刑を申し渡した。

●ガイドの注意義務

司法はダイビングの危険について次のように説明した。

「そもそもスクーバダイビングは，圧縮空気タンク内の限られた空気をもとに水中高圧下で行う活動であるから，些細なトラブルから溺死等の重大な事故につながりかねない危険性を内包している」

また，このとき研修生として同行させていたBへの指揮義務を示して，事故者甲に対するガイド（Aは最大手の「指導団体」からインストラクターと認定されていたことを複数回判決文で言及されている）としての義務として，

「引率者である被告人としては，自らあるいは上記Bを指揮して，上記甲がパニック状態に陥りそうな兆候がないかに配慮し，同人に不測の事態が発生した場合には直ちに適切な救助措置ができるよう，上記甲を監督下に置いてその動静を注視しつつダイビングの引率業務を行い，同人の安全に配慮すべき業務上の注意義務があった。」

とした。そしてこれに違反したことを次のように説明した。ここでは目を離していた（注意義務を怠っていた）時間「約1分20秒間」を示し，

「その間，上記甲を監督下に置いてその動静を注視し同人の安全に十分配慮するすることをしなかった過失により，上記甲がパニック状態に陥り，自ら適切な措置をとることができないまま溺水させ，よって同日午前10時29分ころ，上記海中付近において，同人を上記溺水により死亡するに至らしめたものである。」

とした。

●パニックになる要因とその認識

ダイバーがパニックとなる要因は次のように説明され，被告人がそれを認識していることを示した。

「不安感などにより，緊張状態あるいはストレスが極限に達してパニック状態になる者もいること，水中でパニック状態になった者は，思考が停止して，本能的に海面に急浮上することで肺の過膨張や減圧症，溺水などを起こし，死亡する危険性が高い」

そして，ガイドの基本的な義務を示し，これを認識していたとした。

「自らが引率しているダイビング客の残圧を確認するなどの残圧管理のほか，ダイビング客がはぐれないように注視することや，水中でパニックに陥らないよう配慮することなども，ガイドダイバーの基本的な義務の内容である」

●パニックに至る端緒と講習が「達成ベース」で習得されていなかった可能性

甲の経験は2年前の大手のブランドの講習の4本だけであり，その後の経験はなかった。しかし本来，講習できちんと技量（技術及び危険の情報やその認識などを含めた技量全般が潜水において必要な技量。これは講習時点のみの一過性の技術の"達成"を示すものではない）が「達成ベース」で習得（身につくこと）されていたならば，ごく基本的な動作はマスターしているはず（講習商品の債務

は習得結果であり，またその習得を保証することが最終認定であり，Cカードの発行である）であったが，講習とその認定の実態は次のような状況であった。

「甲の水中マスク内は目の下まで海水が侵入していた。甲は自らマスク内の水を出すことができなかったので，被告人が甲のマスクの下の部分を開けて水を出し，BCジャケットに空気を入れ，浮力を確保した。」

この他に，甲が浮力調整がうまくできていなかったことも認められており，この時点で，ガイドは，甲が潜水技術の基本中の基本であるマスククリアと浮力調整の技術が「達成ベース」での習得がなされいままに最終認定がされてCカードが発行されていたことが理解できたはずである。したがってガイドは甲の危険を予見して直ちにダイビングを中止する必要があったと考えられる。またそれをしないのなら，その判断を行った時点から，甲に対してその危険をカバーする，当初よりはるかに高いレベルでの黙示の品質保証を行ったと考えられることから，その後は一瞬たりとも目を離さずにサポートする義務があった。またその結果，当時のダイビング客全体に対する品質保証の低下を防ぐ手立てを行う義務が生じたと考えるのが妥当である。これができなかった，あるいはしなかったとしたら，人数管理を含めた当初の潜水計画から人命にかかわるレベルで，商品としてのこのファンダイビングが安全上の欠陥を有した不適切な役務商品であったことを示している。

● 死因とパニックの原因

甲の死因は解剖の結果溺死とされ，また甲が死亡前に減圧症を発症していたことが示された。これに前述のパニック状態を考慮して，

甲は，「何らかの理由により，パニック状態に陥り，自ら適切な処置をとることができないまま溺水し死亡したものと認められる。」とした。

● ガイドは講習受講と最終認定を受けた者に対して監督と注視の義務はあるのか

被告人のA側は，甲がOW（オープンウォーター）の資格を持っていたことから，Aが「甲を監督下に置いてその動静を注視しつつダイビングの引率業務を行う義務はなかった」と主張した。これに対しての司法の判断は次のようなものであった。

「甲が，何らかの原因によりパニック状態に陥り，溺水するという結果の発生を具体的に予見することは可能であり，かつ，予見すべきであったと言うべきであり，被告人には，甲を監督下に置いてその動静を注視しつつダイビングの引率業務を行い同人の安全に配慮すべき業務上の注意義務があったと言うべきである。」

これはパニックに対する予見可能性とその回避義務について示した判断である。

「甲がパニック状態に陥りそうな兆候がないかに配慮し，同人に不測の事態が発生した場合には，直ちに適切な救助措置ができるよう，甲を監督下に置き，その動静を注視しつつダイビングの引率業務を行い，同人の安全に配慮すべき義務

を負っていた」

　これは危険の回避義務と，トラブル発生時に対して用意すべき対策などを語っているが，本来はあるべき潜水計画のことである。

●ガイドの補助者Bに対する指示の義務とは

　またAは事故発生時，甲のそばを離れていたが，その際の指示義務を次のように示した。

　「甲のもとを離れるのであれば，補助者であるBに対し，甲の動静を注視するよう指示すべきであった」

●因果関係について

　司法は"何らかの原因によるパニック"とAの注意義務違反との因果関係を次のように示した。

　「被告人には甲を監督下に置き，その動静を注視しつつダイビングの引率業務を行い，同人の安全に配慮すべき義務の違反が認められるが，甲死亡との間の因果関係を検討しておくと，被告人が同義務を果たし，補助者であるBに対し甲の動静を注視するよう指示していたのであれば，Bにおいて甲がパニック状態に陥りそうな兆候を察知し，あるいはそのような兆候がなかったとしても，Aの急浮上に対し直ちに適切な救助措置を行うことができ，Aが溺水しなかった相当程度の蓋然性があるものと認められ，被告人の注意義務違反と，Aの溺水，それに続く死亡結果の発生との間の因果関係が認められる。」

　これはパニックの原因を特定せずとも，ダイビングではさまざまな要因からダイバーがパニックになったり不測の行動を取ることは予見の範囲内であることから，その結果との因果関係は，その原因そのものではなく，その現象との関係で生じると示したものである。

●注意義務を果たす時間と距離の関係

　水中という環境でパニックなどによる事故を回避するためにインストラクターやガイドが保持しておくべき適切な距離や時間について考察したものは，拙著『ダイビング事故とリスクマネジメント』や拙稿論文以外には見られないが，ここではそのヒントが示されている。

　「被告人が甲から約6.6メートルの距離に離れて巻き直し作業をすれば，距離的に甲の表情などの確認はできず，甲にパニックの兆候が生じたとしてもその判断は被告人の位置からは困難である」

　「被告人が甲のもとに戻るのに10秒前後はかかり，甲に不測の事態が起こった場合には適切な対処ができない可能性が大きい」

　またAが他の作業をすると，つまり甲から目を離すと「同作業のため，被告人が甲の動静を注視することは困難となる」として，注視の義務の優位性を示した。

　なお最後に付け加えると，事故はAが甲から離れた1分20秒の間に発生したことと，事故には不運な面もあり，被告人の過失が必ずしも重いものではなく，さ

らにAが事故の結果に対して真摯な対応をとっていることなどから汲むべき事情があるとして量定されている。実際に監督下のダイバーが死亡した場合には，多くが罰金の上限である50万円やそれに近い量定がなされることが大きいことから，この事情は量定の大きな要因であったと考えられる。

■判決の考察とそれが示す意味

　この判決からは，事故者が本来「達成」されているべき技量や，インストラクターが「達成」されているべき技量（注意義務や潜水計画などの能力も含め）が十分でないままにそれぞれが認定を受けていたことが原因であるとも考えられる。そして両者のどちらかが「達成」された技量の習得がなされていた場合にはこの事故は発生しなかった可能性が高い。

　その意味から見ると，事故者のみならず被告人も，共に認定ビジネスにひそむ問題の犠牲者である可能性が考えられる。

　ダイバーのそれぞれのレベルで，商品ダイビングの品質が十分に履行されることが，人命に関わる重大な要件であることを，この事件は示している（那覇地判平成18年3月28日，平成17年㈹27号確定，判例検索システム下級裁判所判例集）。

⑦　アドバンス講習中の講習生（受講生）見失い死亡事件

　　フリーのインストラクターが，オープンウォーターの講習後の潜水経験が不十分な（事実上ない）3人の未成年者に対してアドバンスの海洋実習を行った。インストラクターは不適切な潜水計画の下，ブリーフィングで予見されるリスクとその対処について十分な説明（供述された内容では不十分）をするでもなく水深30mに行く講習を行い，指導者として行わねばならない残圧管理や全体の常時監視義務を怠って，安全停止直前に講習生（受講生）を見失った。事故者は当該インストラクターと関係のない別のインストラクターによって，陸（船着場）からの最短距離が僅か30mの水深10m程度の地点で心配停止状態で発見された。そのときの事故者の残圧はゼロであった。死因は溺死。
　　インストラクターには業務上過失致死罪によって罰金刑の略式命令が出された。

　この略式命令では，罪となるべき事実を起訴状の引用としていることから，その部分を起訴状から引用紹介する。

●業務上過失致死罪に至る状況

　起訴状では事故の発生原因と溺死との因果関係を次のように示している。

　まず事故者Aらの状況を示し，ついで予見すべき内容を示した。

　「前記Aらは，潜水経験が少なく潜水技術が未熟であり，指導者の適切な指導監督がなければ，高圧タンク内の空気を使い切るなどして自ら適切な措置を講ずることができないまま溺水するおそれがあった」。

　そして，「同人らが装着する高圧タンク内の空気残量を確実に把握し，常に同人らを自己の直接監督下に置いてその動静を注視しつつ潜水指導を行い，同人ら

の安全を図るべき業務上の注意義務がある」とした。

　加えてその注意義務の違反の状況を，「同人らの高圧タンク内の空気残量を十分確認せず，同人らの動静を十分注視しないまま潜水指導を継続を継続し前記Ａを見失った」ことを挙げて過失とし，その結果，「適切な措置を講じることができないまま溺水するに至らしめ，よって，（略），同人を溺水により死亡するに至らしめた」
とした（清水簡裁略式命令平成17年12月5日，平成17年(い)229号(確定)，判例集未掲載）。
　　※　この事件番号は，同様の事故を防ぐために，また同様の事故被害者が速やかに救済されることに役立つことを目的として，さらに多くのプロダイバーが事件の当事者とならないようにとの願いと意思を持つ遺族の了解の下に開示する。

　この事件は，人数比が1対1であったなら起きていなかったであろう事件である。講習時の人数比率基準が1対複数ということが，いかに安全にとって不適切であるかをこの事件は物語っている。

■インストラクターの役務遂行能力の欠陥問題の考察
　次にこの事件の背景と事件の背景を検討する。
　この事故を起こしたインストラクターはショップなどに所属せずに個人で活動をしていた。またこの人物は事業を行うにあたって，「指導団体」との会員契約の定めによる活動の指導の下，その「指導団体」のブランド（看板）を使った活動を承認・保証されていた。
　事故被害者の遺族から提供されたこのインストラクターやその講習を受けた方々に関する資料から，この人物によって行われて「指導団体」によって最終認定されていた講習という役務商品の質やその問題を検証する。
　事故の発生の原因としてはインストラクターとして不可欠な役務執行能力（特に同行為を行う上での判断・理解・洞察・経験・指導能力など）にいくつもの欠陥が見られた。さらにこのインストラクターは潜水業を主たる職業としておらず，それはあくまで副業であり，しかもダイビングの経験が遊びの分も入れて30年で1000本程度しかなかった。またこの人物は自らのプロとしての能力の不足や欠陥部分を認識しておらず，そのため自分が人数比1対3で講習を実行することで講習生が背負うリスクの高さに対する理解と対策がなかったのだと見られる。そしてこれはまた，これまでこの人物がインストラクターになるまで，またなった後も，このような注意を払う必要性の教育や指導を受けていなかったことを推察させた。
　例えば講習生の命に係わる空気消耗の管理を例としてみる。
　経験の浅い講習生が未体験の深度などで潜水をする場合には，その未体験領域に近づくだけで緊張によって呼吸が速くなり，当然空気の消耗の度合いは高くなるだろうことはダイビングを知る者にとってなら誰にでも予見できる基本的要件である。そして空気の消耗の度合いは水深が深くなればさらに増す（水深が増せ

ば水圧の関係でタンク内の空気の消耗が早くなる。さらに緊張が増せばなお一層，消耗の度合いを早くする）ことも同じく常識である。それはまた，本人が意識していようといまいと現れる現象である。だからこそ初心者は空気の消耗量が多いと言われるのである。

したがって水中での細かなかつ継続した残圧確認は，その消耗の度合いを推測する（つまり個人別の緊張の度合いの変化を把握し，それによって浮上の予定を随時修正するために不可欠な行為）ためにも必要であることである。しかしこのインストラクターは，これを講習生各自にさせることが授業であり，自分はいちいち目で見て確認はなしないとして，これをもって「確認」としていた。これでは講習が正しく理解されて行われているかどうかの確認はできない。またこれでは講習生が異常な状況に陥っていても，あるいは陥ろうとしていても，講習生がそれを理解できずに申告しなかった場合には，当然そのときの対応の仕方なども指導もできない。

さらにこのインストラクターは講習中何度も振り返って見て講習生たちを確認したとしているが，これを常識的に考えれば，水中での位置取りの軽率さと，当然振り返らない時の方が長時間であることから，つまり「注視」というインストラクターの常時監視義務を履行していなかったことを示している。

以上の例だけ見ても，このインストラクターの役務遂行能力には，指導や安全管理能力とその意識に欠陥があったことを示している。そしてこの人物自身がインストラクターとなるまでの間に受けた各段階の講習で，こういった基本的なことの習得が「達成ベース」で徹底されずに行われ，かつ「指導団体」によって最終的に認定されてきたことが分かる。

別の問題として，このインストラクターがこれまでアドバンスを含む何人もの講習を行っている問題が挙げられる。これはたまたま事故にはなっていなかったが，欠陥のある講習を受けたことで技量が満足ではない，いわゆる致死的リスクへの対応能力とその知識の教育をしっかり習得できなかった者が，自分はダイバーとしての技量が合格点であったと誤解させられてCカードを手にしている可能性を示している。これは"致死的リスクの撒き散らし現象"とも言えるのではないか。

このような事態をもたらした根底には，インストラクターとしての能力と適性に欠ける者を，インストラクターに必要かつ十分な技量を習得したと最終的に認定してその資格を販売したことと，この人物に自分があたかも無欠陥商品がごとく認識させ，そしてそのプロ活動を会員契約を通じて指導し，そして事実上の代理人としてプロ活動を保証し，そしてその活動から申請料などを徴収させて送金させて利益を得ていた「指導団体」のビジネスシステム上の問題の存在がある。

ダイビングのビジネスシステムでは，インストラクターは「指導団体」への利益送金者としての役割も果たしており，かつ講習という役務商品は「指導団体」

の認定がないと完結しないことから相互に密接な利害関係にあると言える。したがってこのようなインストラクターを介して，消費者（講習生）が正しい講習内容の習得がなされていない（債務不履行）にもかかわらず，つまりそれが正しくなされた者より高い致死性を内包した欠陥のある役務商品をつかまされた一般消費者を，その重大な事実を知らせないままに正しく講習がなされた（債務の正直な履行）と誤解（最終認定）をさせていたことは，この講習という契約の履行にあたって「指導団体」とインストラクターは共同して責任を負う義務があるべきと考えられるのである。

今回の事故につながる一連の流れは，現状のダイビングビジネスシステムを通じた，致死性を伴う負の連鎖の典型例である。そしてこの負の連鎖には現在のところPL法の適用も，人命に関わる役務商品の販売とその結果の責任に対する業法としての規制もない。

以上からこの事例は，問題のある講習の積み重ねが結果的に欠陥インストラクターを生み，その能力の欠陥によって新たに欠陥の有する一般ダイバーが生まれ，そしてその何人かは将来インストラクターとしてまた負の連鎖の発生源となっていく可能性を示している点で，現状のダイビングビジネスの，直ちに是正しなければならない典型的な問題現出事例であると言えるのである。

⑧　講習とファンダイビングを混載で同時に行うビジネスシステム下での事件

目先の利益追求のために講習とファンダイビングを混載で行う事例が後を絶たない。これは事故発生の温床ともなっている。

■講習内容をファンダイビングを優先して改変した状況下で発生した死亡事故

事件概要

平成16年の夏，某県にて，Aのショップの主催による「オープンウォーター・ダイバーライセンス取得講習」が行われた。この講習はファンダイバーを伴った混載ダイビングとして行われた。そして講習を受けていた事故者（丙，女性　20～24歳）に対して水深約17mの地点で緊急浮上訓練を行った。丙はこの訓練中パニックとなり，溺水した。このときBは丙を直ちに浮上させることができなかった。その後丙は病院に搬送されたが，17日後，低酸素脳症によって死亡した。この事件は，業者が丙を溺水によって死亡させた業務上過失致死事件として審理された。判決は被告人甲乙ともに禁錮1年が申し渡されたが，甲に対しては4年間，乙に対しては3年間の執行猶予が付いた。

●**注意義務と過失及びその結果の関係**（判決要旨から）

判決では，この講習の潜水計画立案とその実行の指示責任者であるAの注意義務を，「Aにおいては，同女に対する緊急浮上訓練を実施するに際し，同女がパニック状態に陥り，溺水するなどした場合に速やかに海面に浮上して救助措置を講ずることができるように水深の浅い海中で同訓練を実施するよう決定するとと

もに，同訓練の実施に際し，訓練を担当する潜水技術指導者に対して水深の浅い海中で同訓練を実施するよう指示するなどして同女の安全に十分配慮して同訓練を実施せしめる業務上の注意義務がある」と指摘し，「これを怠り，上記訓練担当者であったBに対して水深の浅い海中で訓練を実施するよう指示することなく，漫然，最深部約20メートルの海域となる上記〇防波堤から東方約750メートルの海中で同訓練を実施することを決定し，Bをして，同女に対し，速やかに浮上させることが困難な水深17.2メートルの海中で同訓練を実施せしめた」と過失を規定した。

Aのショップ所属インストラクターのBの注意義務に対しては，その注意義務を指摘して過失を明らかにし，その結果，丙が死亡に至った経過を次のように述べた。

「Bにおいては，同女に対する緊急浮上訓練を実施するに際し，同女がパニック状態に陥り，溺水するなどした場合に速やかに海面に浮上して救助措置を講ずることができるように水深の浅い海中で同訓練を実施すべき業務上の注意義務があるのに，これを怠り，漫然，速やかに浮上させることが困難な水深17.2メートルの海中で同訓練を実施した過失により同訓練中パニック状態に陥った同女を直ちに浮上させることができず，同女をして溺水させ，よって，同月22日午後零時15分ころ，〇市〇〇丁目〇〇の〇県立病院〇救命救急センターにおいて，同女を溺水による低酸素性脳症により死亡させたものである。」

そして量刑の理由において，「両名の過失により」丙を「溺水させて死亡させたという業務上過失致死の事案」とした。

また講習をファンダイビングを一緒に行うという行為について，「本件当日は，魚の観賞等を目的としたファンダイビングの客数が多かったことから，浅瀬のみではファンダイビングの客らの満足が得られないと考え，被害者を含む2名は初心者講習の受講生であり同日緊急浮上訓練を受ける予定であったことを知りながら，最深部の水深が約20メートルの海域にある本件現場でダイビングを行うことを決定し，乙に同地点で初心者講習を行わせたもの」とAの潜水計画とその実施の指示者としての責任を指摘した。その上でAについて，「受講生の人命に対する安全配慮というダイビングショップの経営者かつインストラクターとしての最も基本的な注意義務を怠り，ファンダイビングの客らの歓心を得ることを優先させたAの判断は，身勝手で責任感の欠如したものというよりほかなく，本件講習場所を決定した者として，その過失は重大である。」とした。司法判断のこの部分は大変重要である。なぜなら，かつて海保から出された「スキューバダイビング中の事故防止にかかる安全対策について」という文書で，業界筋で削除された，インストラクターやガイドの義務である「スキューバダイビングを提供する側の究極のサービスとは安全なダイビングの提供である」という点と合致するからである。

この司法の判断は、現在の広義の業界が最も好まない、その存在を認めたくない判断であろう。
　次に乙については、「乙は、ベテランのインストラクターであり、本件現場は初心者に対する緊急浮上訓練を行うには不適切であることを認識しながら、Aに場所の移動を進言することなく、漫然、同地点で訓練を行ったものであり、その判断は軽卒かつ無責任であって、実際に訓練を実施した者として、その過失は大きい。本件事故により被害者の尊い命が失われており、生じた結果は誠に重大である。」とした。
　ここからは、筆者が10年以上前からその危険性と違法性を指摘し続けている、講習とファンダイビングの混載ビジネスによる消費者の安全軽視の姿勢がもたらす消費者の損害の重大さが分かる。しかし何より問題なのは、こういったリスクの存在を知っていながら、この手法が長年に渡って行われている業界の実態である。
　本事件にかかわった業者はいずれもベテランで、彼らのビジネスの監督・指導などを行う立場の「指導団体」は、その講習手法を肯定して消費者にも正しいものと誤認させ、その上で申請料などを得て、講習の結果を保証していた。今回も、もし事故が起きなければ同じように利益を得ていた可能性が高い。これが現在の商品ダイビングのビジネスシステムなのである。
　この部分は、このような危険な潜水計画の実態を知りながらそれを防がなかったインストラクターなどが、消費者に責任を転嫁するための「自己責任」あるいは「オウンリスク」という主張の不当性を物語っている。
　また判決では、多くの旅行会社やショップが言う、ファンダイビングの「お客様のために」という口実（ここでは「ファンダイビングの客らの歓心を得ることを優先させたAの判断は、身勝手で責任感の欠如したもの」という部分が該当。）が、実際は安全を最優先とせずに収益を求めることを優先とするすり替えにすぎないケースもあることを示し、それは消費者の安全にとっては極めて不適切なものであるとしていることも忘れてはならない。
　こういった商慣習が「身勝手で責任感の欠如したもの」であることは、社会が自己防衛のために強く認識すべき業界事情であり、またこのビジネスモデルにおける重大な欠陥であると認識すべきことである。
　この判決ではこのような認識も示している。
　「近年、スキューバダイビング人口が増えると共に、ダイビング中の事故も多発しているところ、その講習を提供する指導者等に対し、人命を預かる責任の重さの自覚を促し、同様の事故を防ぐという一般予防の見地からも、被告人両名の本件過失は厳に非難されなければならない。」
　そして、「講習を提供する指導者等に対し、人命を預かる責任の重さの自覚」が十分でないと指摘している。

これはつまり安全より利益や効率を優先とする事業体質は予防されるべきで、かつ排除されるべきであるとしているのである。
　しかもここでは「講習を提供する指導者等」とあるが、あえてこの「等」としたことには、この裁判の対象となっていないが、階層的事業構造をとるダイビング業界の頂点にあって業界を支配している「指導団体」が、「人命を預かる責任の重さの自覚」を持った指導者を、そのビジネスシステムでは育成できていないというメッセージが込められているとも見ることができる。
　この判決は執行猶予がついている。判決ではその理由の1つに、「被害者の遺族との間で示談が成立している」ことを挙げている。
　報道などによると、弁護側が、遺族が民事裁判に至らぬ前に和解を受け入れたことを執行猶予を求める理由としていた。このような対応について、筆者は以前、事故後の誠意について論じているが、それを踏まえてから見ると興味深い（佐賀地判平成19年1月22日判決、平成18年㈹252号（確定）。この事件は何度も広く全国紙などによって報道されている周知の事件であるのでここに紹介した）。

● 「指導団体」のビジネスへの関与
　この他に1つ紹介する。
　判決文ではAに対して、「本件事故後に指導団体等から指摘された改善すべき事項」という記述がある。つまりこれは、「指導団体」がこの事件をよく知っていることを示している。また「指導団体」がダイビングショップやインストラクターのビジネスに密接に関与して指導を行っていることも示している。
　なおダイビングマスコミは、この判決が確定した後でもこの事件を詳しく取り上げていない。これはその読者などでもある一般消費者が、混載ダイビングや水深の危険性につながる潜水計画の諸問題について知る機会を与えられていないとも言えることになる。
　海保のデータでは、丙が死亡したのが事故後2週間以上だったことから、この事故は統計上死亡事故とはなっていない（事故者が生存した事故として扱われている）。
　平成17年は講習中の死亡事故でも海保に届けられていない事例がある。これはこういった未届けの重大事故、あるいは統計上生存とされながら、死亡や植物状態などの重大な結果となっているような事例が確実に存在していることを示している。
　消費者の生命身体の安全にかかわる情報提供義務への無関心、ビジネス上不都合な情報の無視あるいは隠蔽などという手法の展開を背景に、消費者の生命身体の危険とその結果に対して「自己責任」を主張するビジネス手法は、刑事責任を問う司法判断が累積してきている現在、社会問題として捉えるべきである。

　⑨　ファンダイビング中の見失い死亡事件
　これは、人数比1対2で行われたファンダイビングで、ガイドが初級レベルの

男性ダイバー1名を見失い，その後，その捜索に同じく初級レベルの女性ダイバーを連れまわしているうちにそのダイバーを見失い，結果的に2名を死に至らしめた事件である。

この判決は，ファンダイビングダイビング中の事故の見方やその責任などについて，バランスのとれた判断がなされている（鹿児島地裁名瀬支部判平成19年9月13日，平成19年㈹11号（確定），判例検索システム）。

■ファンダイビングにおけるガイドの責任

▶事件概要　平成17年5月，鹿児島県の加計呂麻島において行われたファンダイビングで，地元のガイドの被告人が，男性（35－39歳）のダイバー甲と女性（25－29歳）のダイバー乙の2人のガイドを行った。引率された2人はともに初級者であったことから，適切な潜水計画の下，それが正しくなされるべきであったがそれはなされなかった。

ガイド中に被告人は，魚の観察に気を奪われて甲を見失った。そしてその甲を見つけるために，被告人は初級者の乙をボートに上げてから捜索するのではなく，見失いダイバーの捜索訓練も受けてもいない，体力的にもこのような捜索には適さない乙を捜索に同行させて連れまわした。このときの人数比は1対1であったが，被告人は乙をも見失った。

やがて乙を見失ったことに気づいた被告人は，浮上して船から付近を捜し，マスクが外れてあお向けで海面に浮いていた乙を発見した。被告人は特に人工呼吸などの対処をしないまま乙を搬送。乙は翌日，溺れたことを原因とする低酸素脳症で死亡した。

行方不明になっていた甲は，その約4時間後，捜索に加わった地元のダイバーによって現場付近の海底で，遺体となって発見された。

●ガイドが予見すべきことと注意義務，初級者のレベル，自己責任

判決は業務上過失致死罪で禁錮1年4月であった。

判決の理由は，「被告人は，（略）甲及び乙を引率してファンダイビングを行うに当たり，甲及び乙は，いずれもまだ初級者の域を脱していないため，不測の事態が発生した場合には，ガイドの適切な指示，誘導等がなければ，パニック状態に陥るなどして自ら適切な措置を講じることができないまま溺水する可能性が予見されたのであるから，常に適切な対応を講じられるように，絶えず同人らのそばにいてその動静を注視し，事故の発生を未然に防止すべき業務上の注意義務があるのにこれを怠り，

第1　同日午後1時5分ころ，甲が自己に追従するものと軽信し，移動する際に乙のみに合図をして甲には合図をせず，漫然と甲のそばから離れた上，魚の観察に気を奪われて甲の動静を注視せず，甲を見失った過失により，そのころ，上記海域付近において，パニック状態に陥った甲をして，自ら適切な措置を講じることができないまま溺水させ，よって，そのころ，同海域付近に

おいて，甲を溺水吸引による窒息により死亡するに至らしめ
第2　同日午後1時10分ころ，上記のように甲を見失ったことから，甲を捜索するに当たり，乙が確実に自己の後方から追従してくるものと軽信し，見失った甲の捜索に乙を同行させた上，甲の捜索に気を取られて乙の動静を十分注視せず，乙を見失った過失により，そのころ，上記海域付近において，パニック状態に陥った乙をして，自ら適切な措置を講じることができないまま溺水させ，よって翌7日午前8時46分ころ，同町〇〇所在の〇病院において，乙を溺水吸引による低酸素脳症により死亡するに至らしめたものである。」
とした。

量刑の理由においては，ダイビングの事故にかかわるいくつかの問題に明確な判断を行っている。

そこではダイビングというスポーツの特性と，それを営利事業とする者の注意義務について次のように述べた。

「スクーバダイビングは，高圧空気を充塡したタンク等の重器材を利用して水中世界を散策し，一種の非日常的な体験を楽しむというスポーツであるが，周囲に空気が存在しない，潮流，風波等の海洋条件の直接的な影響を受けやすいなどの特質上，溺死等の重大な事故発生の危険性をはらむ，いわば死と背中合わせのスポーツである。このような性質上，営利目的でファンダイビングのガイドを行う者には，ファンダイビングに参加したダイバーへの危険を回避するため，ダイバーの動静を注視する義務が課せられているというべきである。そして，ガイドのこの義務の程度は，参加ダイバーの技能レベルに応じて軽重があると考えられるが，初級者のダイバーに関しては，その危機回避能力を含む技能自体の低さに加えて，不測の事態が発生した場合には容易にパニック状態に陥り易いことから，ダイバーの不安感を取り除くとともに，ダイバーに不測の事態が発生した場合には即座に適切な指示又は措置を行うことができるように，絶えずダイバーのそばにいてその動静を注視する義務を負うというべきである。」

次にオープンウォーター（エントリーレベル）の認定を受けていたダイバーの経験の度合いの定義に関し，特に裁判などでその議論や判断の目安となる経験本数については次のように述べている。

「被害者両名は，(略) これまで約40ないし50本の経験本数」

これ以外に，甲乙の技量が初級者であることを示すいくつかの例を示した上で動静監視義務について言及し，その上で被告人の行動を次のように糾弾した。

「したがって，被告人は，絶えず被害者両名のそばにいてその動静を注視し，事故の発生を未然に防止する業務上の注意義務を負っていたことは明らかである。にもかかわらず，被告人が現実にガイドとして取った行動は極めて杜撰かつ無責任である。」

そして事故の際，被告人が継続して甲乙の動静を観察していたか否かという点

については，

「約40ないし50秒の間甲の気泡すらも確認しないうちに，甲を完全に見失った」
とし，これを常時監視義務の履行義務に違反していることとして示した。

次に被告人が乙を見失った経緯を次のように示した。

「乙を見失った状況は，被告人が，見失った甲を捜索するに際して，乙をこの捜索に同行し，時間にして約4分間，距離にして約110m以上泳ぐうちに，乙を見失ったというものである。恋人である甲とはぐれて動揺している上に，初級者の女性ダイバーにとって相当激しい運動を強いられた乙がパニック状態に陥るのは当然のことであるが，被告人は，甲の捜索に熱中するあまり，乙の動静を注視することなく漫然と自己の後方を追従させ，乙の動揺や不安感を抑えるために乙の手をつなぐなどの措置すら取っていなかったのであって，その行動は無謀極まりない。乙の本件死亡の結果も，起こるべくして起きたものというべきである。」

ここでの指摘は，被告人が，ガイドとしてのリーダーの役割能力が欠如していたことを示している。被告人は，実際にはインストラクターではなかったが，現在の法では，インストラクターの資格自体が任意資格であり，その品質のレベルがあまりに低い（高いのは資格保持者の個人的努力の賜物）ことから，他の事故・事件を調べると，この事件の被告人のリーダーとしてのレベルが，事故を起こす他のインストラクターと同等のレベルであったことが推定される。

さらに被告人は，ダイビングをビジネスとして展開する際に必要な準備がなかったことも指摘された。

「被告人は，（略）保険に加入する意欲すらないまま，万一事故が起きたときのために補償態勢を整えることもな，漫然とスクーバダイビングのガイド業を継続していたというのであるから，言語道断である。」

過去にもインストラクター資格をもっていた者が死亡事故を起こし，しかも保険に加入していなかったこともあってか，結局実刑となった事例があった。別の，被害者が植物状態となった事例では，そのガイドが保険に入っていなかったことで賠償責任能力がなく，被害者の救済への道筋が非常に困難だった事例もあった。つまりは事業者にとって不可欠な賠償責任というものに対して，今回の被告人のような意識を持つ者がそれほど珍しくないというのが現状であることが分かるのである。

判決文内では，被告人側弁護士から，ダイビングは自己責任（オウンリスク）だから，特に経験者によるファンダイビングである今回の事件では，これを免責の理由として考慮すべきとの主張があったことを示した上で次のような判断を行った。

「弁護人は，スクーバダイビングというスポーツは，それ自体，生命・身体の危険を必然的に内在しているものであり，被害者両名においても，自らの生命・身体の安全の確保をガイドに一方的に委ねるのではなく，自らの責任において，

その生命・身体の安全を適切に管理すべきであり，被害者両名がこれを怠ったことを被告人に有利な事情として考慮すべきであると主張する。」

これに対する判断は，「営利目的でガイドダイビングが行われる以上，ダイビング講習のインストラクターほど高度の注意義務は課せられないにせよ，第一次的には，ガイドに対してダイバーの安全管理態勢を整えることが求められることは明らかである」。

「被害者両名に対する被告人のガイド内容が，前記のとおり，杜撰，無謀かつ危険であることに照らすと，被害者両名の自己責任を重視することは不相当であり，弁護人主張の点を量刑上決定的に重視することもできない。」
として，弁護側の主張を退けた。

● コメント

　事故があると，刑事裁判のみならず民事裁判においても，被害者あるいは原告側が，ダイビングの講習を受けて認定を受けていたか否か，あるいはオープンウォーター（エントリーレベル）の認定を受けてすぐにでもその上の認定を受ける講習を受けていたことをもって，被告人（被告）側が中級者であったことの証拠であるとして，したがって自己責任があるとして，それを免責の理由として主張することが多い。

　しかし実際は，手抜きの講習がなされている場合も少なくなく，やはりその判断のガイドラインと1つとして経験本数を見る場合には，講習を受けて数年（ダイバーの素質や適性などによって年数は変わる。）以内に50本に達することで中級者レベルになると見るのが妥当であろう。事故に遭ったダイバーの所作だけによって中級者などと判断することは適切ではない。それは，たまたま目に入った一面で上達していても，全体のバランスとして底上げされているかどうかは分からないからである。

　また判決では，約40～50秒間目を離していたことを常時監視義務の履行義務に違反していることを示したところで，この場合に気泡（ダイバーの吐く空気）について言及していたが，これは今回のような場合にのみ当てはまることであり，近くに他のダイバーがいる可能性があるようなダイビングポイントでは，他のパーティのダイバーが近くにいたり，単独ダイビングをしているダイバーがやってきている場合もあることから，気泡の観察が，直ちにどこでも常時監視義務履行にあたる訳ではないことは注意しておくべきである。

(2) 刑事責任が問われる要因と条件

商品ダイビングでは，危険を予見し，それを回避する義務がある。

① 注意義務
(a) 見失わないように常時監視・監督する。
(b) 正しい潜水計画の立案。
(c) 事故発生時に迅速かつ正確な救助ができるような予備（バックアップ）計画の準備と，それが実行できる能力の常時維持。

(d)　事前の救助体制の整備。
　これらの4つは，事故の発生を未然に防ぎ，それでも発生した場合に事故者を死に至らせないための最低必要な要件である。
　②　商品スポーツ事故が刑事責任の対象となる条件
　それは指導者による指導や案内人による引率があることが条件であり，あるいはその実行計画が販売された場合である。また商品スポーツのサンプルでもある無料体験下での事故や，ボランティアで引率・指導した場合にも刑事責任が追求される可能性は否定できない。
　なお今後は，致死性の欠陥を有する商品を販売した業者が責任を問われていく可能性も考えられるべきである。
　(3)　海難審判庁裁決と刑事判決の関係
　ダイビングの事故には船舶などの海上工作物が関係することが少なくない。その場合には，通常，海難審判庁による審判が行われることになる。
　①　カスミ根事件

> ▶平成11年9月8日，ダイビングボートが，有名な潜水ポイントで海面に浮上していたダイバー4人の中を通過した。その結果2人をスクリューに巻き込み，1人が死亡し，1人が重傷を負った。

　(a)　刑事判決
　A（巻き込んだボートの船長）に対して，「ダイビングポイント周辺にダイビング船が錨泊していた場合には，船長である被告人には，ダイバーとの衝突の危険を想定して通常以上に見張りを厳重にしなければならない業務上の注意義務を負わされていた」として実刑判決が言い渡された（那覇地裁石垣支部判平成12年5月10日，平成11年(わ)28号(確定)，平成17年4月現在判例集未掲載／『ダイビングの事故・法的責任と問題』92頁）。
　(b)　海難審判採決
　A受審人（巻き込んだボートの船長）は，「カスミの根の潜水ポイントに近づいた場合，同ポイントを迂回すべき注意義務があった。(中略) 同ポイントを迂回しなかった職務上の過失により，浮上中の潜水者2人と自船の推進翼とが接触する事態を招き，潜水者1人が死亡し，1人が重傷を負うに至った。」とした。そしてAの処分は小型船舶操縦士の業務の1箇月停止とされた。
　B受審人（巻き込まれた4人を運んだボートの船長）は，「潜水ポイント内の水域でA旗※を揚げて錨泊していれば，航行する船がカスミの根に近づくことはないと思い，潜水者に対して十分な安全措置を講じなかった職務上の過失により，前示の事態を招き，死傷者が生じるに至った。」として，戒告が申し渡された（高等海難審判庁裁決平成15年1月30日，平成13第二審第44号，海難審判庁HP）。

※　A旗とはダイビングをしていることを知らせる国際標準旗。
※　この事件では，海難審判の採決が刑事判決より先に出された。

(4) 海難審判庁裁決に見る，中止の義務
① 旅客船ラ・トルチェ潜水者死亡事件

▶平成15年1月3日，強風，波浪注意報が発表されている中，インストラクター1人（E），客のダイバー2人（D，F）は，A受審人（ボートの船長）が操船するボートで伊良部島西方の干出サンゴ礁帯北方沖にあるダイビングポイントに向け航行中，寒冷前線の通過が気象予報よりも早くなり，海況が悪化した。しかしそれにもかかわらずA受審人はダイビングツアーを中止しかなった。

ポイント到着後，インストラクターと客のダイバー2人はダイビングを行った。この後，海況はますます悪化し，ボートの動揺が激しくなっていった。しかしこの間，A受審人はハンドレールを叩くなどしてインストイラクターに浮上を促すこともしなかった。その後，水中の3人が浮上してきた時には，海上では風力6の北風が吹き，波高約4mの北よりの波浪という状況となっていた。この状況下で，ダイバーDが，北寄りの増勢した波浪の影響を受けて激しく揺れ動いているボートの船体と接触し，右側頭部などに裂傷を負うとともに，くも膜下出血を発症し，多量の海水を吸い込んだ。このダイバーDが，マスクが外れて顔面から出血しながら浮上してきたのを発見したA受審人は，船上に上がっていたインストラクターにボートに引き上げるよう指示し，引き上げたダイバーDにCPRを行いながら港に搬送して救急車に引き継いだ。しかしダイバーDは病院で死亡が確認された。死因は溺死とされた。

■海難審判裁決

一審裁決[※1]では，波浪注意報が発表されていた当時の海況から，ダイバーたちが荒れた波の中，揺れる船体に接触する事故の発生の恐れがあったことから，このときA受審人には「ダイビングツアーを中止すべき注意義務があった。」とした。そしてなじみの潜水客2人による中止の反対があっても，これまで荒天下でも潜水者を揚収することができたのでツアーの強行に問題はないとしたことにも，ツアーの強行を，「同ツアーを中止しなかった職務上の過失」とした。そしてこれが「波浪の影響で激しく動揺しながら急接近する船体と接触の危険を感じた潜水者が，水中に避難しようと再潜水を始めたときに船体と接触し，右側頭部などに裂傷を負うとともにくも膜下出血を発症する事態を招き，多量の海水を吸い込んで溺死するに至った。」として，Dダイバーの死亡との因果関係を認めた。

裁決ではA受審人の行為に対して，海難審判法第4条第2項の規定により，同法第5条第1項第3号を適用して戒告を行った。第二審採決[※2]でも同様の採決となった。

なおくも膜下出血の発症に関わる認定については第一審採決の内容をより詳しく言及している第二審採決から引用する。

※1　門司地方海難審判庁那覇支部裁決平成16年8月31日，平成15年那審第50号，海難審判庁 HP
※2　高等海難審判庁採決平成17年12月2日，平成16年第二審第33号，海難審判庁 HP

●事故とくも膜下出血との関係

　原因の考察の1の(5)くも膜下出血発祥の推定では，
「パニックに陥って血圧が著しく上昇するかして大脳左半球に限局的なくも膜下出血が発症したものと推定することができる。」
　そしてくも膜下出血は通常の生活でも起きることがあるので，「くも膜下出血の発症にラ号の急迫が不可欠の条件であるとか，このことが引き金になったとの断定はできないが，」としつつも，
「突然，予想もしていなかったラ号の接近を目の当たりにし，その後船底が頭部，顔面に激突する状況になれば，瞬間，驚愕とパニックにより血圧が著しく上昇することは十分予測できるところである。」
とした。
　この判断は，潜水事故を疾病のせいだとする主張が必ずしも正しいものばかりではないことを示す意味で重要である。
　潜水事故では最終的な死因や後遺障害の原因を溺死や溺水からと診断することが多い。しかし，それに至る経緯や，緊急時の対応で医師が当初溺死ないしは溺水と診断したがその後の検査で例えば脳の障害や出血が発見された場合，この判断は，事故との因果関係との推定に重要な用件となる。
　ダイバーはその経験レベルに関係なく（この事故者も245本の潜水経験があった），水中では陸上では想像もつかないことや些細なことで不安感が増大して精神的に動揺して血圧が上がることは容易に起こる。それはパニックとして表現される場合と，思考が停止して事実上のパニックになっていてもそれが表現されない（できない）場合がある。そしてバディやインストラクター（ガイド）がマスク越しに，水圧で圧迫されレギュレーターを咥えることで口元の表情の変化が見られない状況の当該ダイバーを少しばかり観察したのみでは，事実上のパニック状態にあることを把握できない可能性は高い。また水中で減圧症を発症して，そのために精神的動揺（経験が豊富で減圧症の怖さを知っていればなお，精神的動揺が拡大する可能性がある）が生じ，あるいはその後の海面などでの苦しみや不安感などから著しく血圧が増加することも容易に考えられるのである。
　したがって，くも膜下出血などの血管などの傷害によって死亡ないしは重度後遺障害を負った者が，はたから見て，一般的に言われているような典型的なパニックの状態を示していなかったからといって，それがダイビングとは全く関係のない，単なる疾病だとするのには相当の無理があると言わざるを得ない。これは当然心不全などがあった場合にも同様に言えることである。
　ということは，事故者がパニック的行動をとっていなくても，少しでも精神的

動揺を示す条件が本人やその周囲に見られたならば，事故当時，事故者がパニック状態にあったと推定することが十分に妥当であると考えられるのである。

● 危険の予見可能性とその回避を前提とした潜水計画の立案・実行義務

事故当時，その海域は荒天であった。そして二審採決でもこの状況下で潜水を中止しなかったことが事故の原因とされた。そしてその予見可能性とその回避のための潜水計画の必要性について，採決では次のように述べている。

「A受審人は，」「潜水者に対して安全な潜水の提供ではなく，幾分なりとも危険性のある潜水ポイントを選択したのであるから，A受審人としては，その危険性について具体的に想定し，それに対処する措置を講ずる必要があった。」

● 過失の内容

以上から採決では，A受審人にはダイビングツアーを中止すべき注意義務があったにもかかわらずそれを強行し，またそれを行うならなお「安全措置を十分にとるべき注意義務があった。」にもかかわらずこれを「十分にとらなかった職務上の過失」によって事故者を船底に接触させて受傷させ，またこのことなどからも膜下出血を発症させて溺死させるに至ったとされた。

これを整理すると次のような2点になる。

① 商品ダイビングでは，たとえ経験豊富な上級者やプロの客が異議を唱えても，業者が現場での危険を予見した場合には中止の決定権があり，それを行う業務上の注意義務がある（中止は予備の潜水計画に相当する）。

② 業者が予見される危険の回避ためにダイビングを中止する注意義務を果たさなかった場合は，その結果に対して責任がある。

この2点は，単にダイビング事故防止のために必要な業者の注意義務を明らかにしているだけでなく，業者が現場で予見される危険な結果を避けるために中止の判断を行っても，それは正当な行為とされることを示している。これは業者に業務上のリスクを回避するための権利を認めていることを示している。

2 引率・指導・監督型のスポーツの責任

(1) ボランティアの刑事責任

たとえボランティアであっても，重大な事故の際の指導的立場の引率者に過失が認められた場合，状況によっては刑事責任も問われる可能性がある。

この第一章でボランティアの民事責任について紹介した，子供会の野外活動で子供が水死した事件では，そのときの指導的引率者が起訴され，高裁判決では無罪が言い渡されたが，それ以前の簡裁では罰金刑（津簡裁昭和54年12月6日，昭和52年(ろ)50号）が言い渡されていた事例がある（名古屋高裁判昭和59年2月28日，昭和55年(う)12号，判タ521号123頁）。

引率者が有罪となった一審では，被告人を事件があったハイキングの引率者の「直接かつ最高の責任者たる地位にあった」と認定し，そして被告人には，事故

を避けるために，安全な場所を選定し，児童らに危険箇所を周知徹底させ，他の引率者らに適切な監視を依頼し，さらに被告人自らにも充分な監視を尽くす注意義務があったとし，これを怠った過失を認めて有罪（罰金5万円）を言い渡した。

さらに，子ども会のボランティアという立場に者に刑事責任を問うことの是非について，「子ども会活動中の事故については右活動の必要性，有益性の故にこれに奉仕する者の過失責任を問うべきではないという社会的合意が成立しているものと一概に断ずることはできない」とした。

控訴審判決では，一審で示された，引率者の注意義務の範囲を確定する基準を否定するものではなく，ただ，当時の被告人の地位を，「ハイキングに参加した児童らを保護監督する直接かつ最高の責任者たる地位になく，原判決の認定説示するような注意義務を負う者でもない」として，被告人はむしろ子ども会育成会役員らから指示・委託された地位にあった認定とした。

そして被告人のような立場の者の注意義務を，「児童の生命身体に対する危険の発生する蓋然性は常に存在するから，引率者としては右危険を予見して，児童を監視すべきであり，これを本件についてみるに，前記立場にある被告人としては，自己の指定した川遊びの範囲外の児童も，あり得ることを予想し，これに対しても視認し得る限り，その動静に常に注意を払って事故の発生を未然に防止すべき義務がある」とし，その上で被告人が，その地位に相応の注意義務を尽くさなかったとは断定できないとして無罪を言い渡している。

この一，二審判決を見ても，ボランティアでダイビング（他の商品スポーツも）を指導的立場で引率する場合でも，最高裁の定めた基準に沿った注意義務の履行が必要であることを示している。

ダイビング業界の関係者の中には，ダイバーの質が低いから事故が起きるという発言を繰り返す向きもあるが，ならばこそ，そのダイバーの質に決定的役割を果たしている指導的立場にある者の注意義務が高く求められるのである。

第3章　その他の諸問題

1　ビジネス上の課題

(1)　安全に至るために対処しなければならない課題

① **CSRの推進**　ダイビングの事業の現場とは，大手スポーツクラブなどの経営によるものばかりでなく，中小ないしは零細企業がその主体である場合が多い。しかしそれでもその扱い商品は人命にかかわることから，業者には事業規模の大小にかかわりなく高い社会的責任経営（CSR[9]　企業の社会的責任）が求められる。

② **情報の真実性**　海外で日本人が経営するショップがマスコミで優良店と紹介されていたり「指導団体」の格付けが高くとも，それは必ずしも消費者の安全性を高める実態を伴っているとは限らない。特に雑誌などの記事は実際にはタイアップ記事※であることも多い。したがってこの"記事"による評価や「指導団体」による格付けは，消費者にとって必ずしもショップやスタッフの優秀さや"まとも"さを保証はしてしない。

また有名なショップでもリスクに関する説明責任を果たさずに，手抜きの講習やガイドの結果，事故が起きている例は少なくない。実際にこれまで複数人が死亡している有名ショップでも，消費者からの質問に「事故は一度もない」と告げていた事例がある。さらにこのようなショップでは不法就労者を使って講習やガイドを行っていることもあり，場合によっては消費者の安全に対する意識や遵法意識が相当に低い場合がある。

> ※　タイアップ記事はそれがわかるように明示されていれば問題はないが，ダイビング業界では，それを記事中に明示しないケースが少なくない。また取材をする側の慣習として，取材をされる側から取材経費，宿泊費，食費などの提供を受けたり，さらに夜の接待などを受けたりもして書かれた記事もある（特に国内外のリゾート地などで多い）という話はよく聞く。このような記事は，時に読者に，役務商品の品質への過剰な期待を生み，それによって損害を与える可能性もある。
>
> ※　潜水を業務として行う者には法の定めた潜水士免許とその維持が必要であるが，この取材活動に関わる潜水業務が違法に行われている可能性を考えさせる場合がある。ある有名なダイビングマスコミの編集部の人は次のように語った。

---

9)　CSRとは「企業の社会貢献」のような「収益の社会還元」ではなく，企業と社会の相乗作用によって，両者の持続可能な発展を共にするためのものである）（「「市場の進化」と社会的責任経営」（第15回企業白書，経済同友会，平成15年，129頁）。

「潜水士の免許の取得について。法律の文面を見ると，編集者も抵触する可能性がある。リスク回避のために，本来は編集者が持つこともリスクマネージメントのひとつ」（日本高気圧環境医学会関東地方会誌『第5回日本高気圧環境医学会関東地方会総会学術集会プログラム・抄録集』2005年，22頁）これは筆者が出席した当該学会のパネルディスカッションの場で発言されたものである。

※　198〜199頁で紹介した平成18年前半の事例では，ショップは，ガイドを無免許（潜水士免許不所持）で業務に従事させていた。実はこのショップは，地元の警察から当該ガイドの無免許状況を指摘され，この無免許者に潜水業務をさせないようにとの指導をされていた。そしてこのショップはそれを約束する誓約書まで提出していた。この事故はこれを無視して違法に行っていた時に発生したのである。この事故後，このショップとそのオーナーは労働安全衛生法違反でそれぞれ罰金刑が課された。

※　有名な旅行会社Bが平成18年12月時点で店頭で配布していたパンフレットに紹介されていたダイビングショップは，平成15年にダイビング中の客が意識不明となる事故が，平成17年には客がパニックとなる事故が発生し，平成18年には12月までに2度の人身事故が発生し，2人が死亡していた。このような連続した人身事故からはその品質の問題を感じさせる。それは同じ地域で商品ダイビングを販売して実行している他のショップではこのような事故が連続して発生していないからである。またこれらの人身事故の発生状況を見ると，このショップの安全管理のレベルが相当に低かったことが分かる。したがってこのショップは消費者保護のための事業者責任の履行能力が低い（消費者の安全にかかわる危険率が高い）と考えられる。このような情報は消費者がその購買の是非を決定する際に本来事前に知らせられるべき不可欠な情報である。消費者がこれを知った上で危険性を一定以上引き受けてもこのショップでダイビングを行うという判断をする場合にはなおさら必要な情報である。

　こういった，消費者の安全を脅かす可能性の高い事実に関する説明を行っていないパンフレットを見た消費者は，リスクの情報を提供されないままにその購入の判断をさせられることになる。少なくとも平成15年の最初の事故以降は，この情報を十分に吟味せずにこの商品を購入してしまって事故に遭った消費者たちには，ダイビング業界で言われているような「自己責任」は当てはまらない。この事故の結果生じた事故者の苦痛と困難，また遺族の悲しみが発生している状況を隠蔽して一般消費者用の役務商品を販売する行為は明らかに消費者基本法に反すると考えられる。

　日本の旅行代理店や現地法人の代理店の中にはショップのトラブル情報の調査をしない傾向も見られる。また某大手旅行代理店の現地支配人が新規に某リゾート地の事業所に赴任する度に，現地のショップから個人的に提供される金品の額などによって，それまでの業者との契約があっても，自らの優位な立場を利用して一方的に契約を打ち切る権限を役得として代々持っていたという。これは現地の日本政府機関係者から聞いたことである。このようなビジネスは，契約を勝ち取るための経費の出所を考えると，消費者にリスクをもたらしている可能性が否定できない。

(2) 懸案事項

① 平成11年から17年までの平均死亡・行方不明者数は年平均21.6人である。裁判例に見る1人あたりの損害賠償額は数千万円から1億数千万円である。ここである裁判例を参考に死亡者1人あたりの社会的損害額と8000万円と仮定して見ると（損害賠償額そのものではない），総損害額は17億2千8百万円となる。これは「指導団体」群全体の年間推定売上額にほぼ匹敵すると考えられる。事故者には重度の障害を負う者もいることから，それらを含むと，事故者の損害額は「指導団体」の売上額を上回る可能性が高い。1つのビジネスにおいて，消費者の損害額と業界の中心部分の売上額がほぼ匹敵するかそれを上回る可能性がある状況は珍しい（器材販売や現場での講習やガイドなどの売り上げは除いての考察である）。当然これら損害の全てがビジネスシステムに起因するものではないが，その示す意味は深い。

② 平成18年7月には大手自動車メーカーが商品の欠陥を知りながらリコールせずに放置していたことで人身事故が数件起きたとして，そのメーカーの責任者が書類送検された。また同月，湯沸かし器メーカーが，その商品の使用者が，20年間で20人程度も中毒死していたことで政府が調査に入っている。

これ以前，エレベーターの誤動作による死亡事件で，メーカーがそれまでの故障情報や事故情報を公開して情報を保守会社などと共有してこなかったことと，死亡事故後当初，自分たちメーカーによる設計に不備はない，よって事故に責任はないと主張した企業の対応に社会は大きく注目していた。ここもその後過去の事故がいくつも報告されてきただけでなく，事故後に対策を行ったエレベーターでも事故が続いた。

ダイビングの死亡事故は知られているだけで20年以上も続いており，その間，本書でも述べているように，個別の事件では，地裁から最高裁までの司法判断によって，業者側の賠償責任のみならず刑事責任も問われ続けている。そしてその責任が問われるとき，その多くは商品としての業者の技量（役務遂行能力＝「指導団体」が認定行為を通じて保証したもの。またプロ活動を認可したもの。）の欠陥が指摘されている。

これらの欠陥は，業者が客を見失うという監視・監督能力の欠如，役務商品としての全体の安全を設計する潜水計画能力の欠如，事故者への対応能力の欠如といういくつかのパターンに集約している。したがってこれらの商品上の欠陥の排除義務は，役務遂行上の能力を認定によってインストラクター資格などを販売することで品質保証を行い，また能力に欠陥があれば直接に消費者に致死性のリスクをもたらすことになるプロ活動を，利益を得た上で（会費収入などと，基準・規準によるビジネスシステムの支配）保証するビジネスシステムを運営・支配する「指導団体」に存する。

※　2つの事例
■パロマ工業の事例
　連続したガス中毒事故の問題で社会的に高い注目を浴びたパロマ工業は，平成18年12月26日付け報告書（平成18年12月21日付け，パロマ工業第三者委員会「事故の再発防止と経営改革に関する提言」とは別に会社側が作成した報告書「半密閉式ガス瞬間湯沸器による一酸化炭素中毒死傷事故　事故処理対策取りまとめ報告書」）を政府に提出した。この中で同社は次のように，事故発生に至った原因を列挙した。

　(ｱ)　情報の収集が受動的だった
　(ｲ)　安全に対する視点が偏っていた
　(ｳ)　情報の管理・分析をする体制が不十分であった
　(ｴ)　経営トップに不適切な情報の伝えられ方がなされていた
　(ｵ)　社内の視点だけで判断をしていた

　上記(ｴ)以外は，現在のダイビングビジネス上の諸問題と驚くほど一致している。
　ところで同報告書では，この原因を受けて次のように事故処理体制の整備を行うとした。

　(ｱ)　品質保証制度の充実
　(ｲ)　事故処理体制の充実
　(ｳ)　製品の不具合や事故等に関する情報の収集・分析
　(ｴ)　製品回収等の決定
　(ｵ)　定期的に社外の意見を聞く体制

　さらにこれに続けて，
「３．リコール基準等の策定」と
「４．情報公開体制の整備」が明記された。

　この３では，この基準を「消費者の安全を最優先した最適対応を迅速かつ的確に判断するため」として，同一原因の重大製品事故が複数回発生した場合，それが１件であっても，今後複数回発生する恐れがあった場合，それがなかったとしても，事故情報を調査・分析した結果，今後同一事故が複数権発生する恐れがある場合，そしてこれら以外でも，「消費者の安全確保のために必要と判断した場合には，リコールを実施」とした。
　４の②の２）では，「製品の不具合で反復性が高く，消費者に物的損害を発生させるものについては，消費者の安全に関わらないものであっても，この情報を公表することを社長に報告し」とした。また同３）では，「リコールが必要ではないと決定した場合でも，公表することが適切であると判断した場合は，この情報を公表することを社長に報告し」として，同４）で，「公表の方法としては，消費者への周知を原則とし」「注意喚起の効果が不十分であると判断した時は，新たな方法による注意喚起に努める」とした。

■パロマ事件に関して，東京地検は，平成19年12月11日，業務上過失致傷罪で，パロマ工業の前社長と品質管理部長の2人を在宅起訴した。起訴の理由は報道によると，事故の情報が品質管理部長を通じて社長に伝えられていた。よって両被告は事故が起きることを予見できたとし，それによって安全対策を施して事故を回避する立場にあったにもかかわらずそれを行わなかったということであった。こういった情報を知る立場の者は，直ちに欠陥商品を回収して事故を未然に防ぐ法的な義務があるということである。本書の執筆時点では，この事件の判決を待つ時間はないが，商品スポーツで人身事故が多発し，その責任が，資格商品の品質に問題があることが多数の刑事判決でも明らかになってきている以上，商品スポーツという，役務商品の業界のみその責任を問われないままでいることは不自然と考えるべきであろう。

■トヨタにおける欠陥品・不用品の発生原因の認識

　これまではダイバーの質が落ちたので事故が増えているとしていたダイビング業界とその周辺は，最近はインストラクターの質が悪いから事故が多いと語り（宣伝）始めた。しかしいずれにしても，ビジネスシステムを支配する事業者の事業上のオウンリスク（事業者責任）は問うていない。

　一般ダイバーからインストラクターまでのダイビング技量の指導とその能力の習得レベルの承認と保証は，その育成プログラムを作って販売し，流通させ，その指導者に看板の使用の許可を与え，講習後にはその役務ビジネスの結果を認定（資格販売）することで，これら一連のほぼすべての過程から利益を得ている，つまりビジネスシステムの支配者である「指導団体」によって行われている。またこの周辺にある業界マスコミや諸団体，そして業界からさまざまな便宜を受けている個人などによってこのビジネスシステムとその支配構造が正当化されている。

　こういった背景の下，自らのビジネスの問題を見ずに結果としての（ダイビングの指導とその定着を行うことを内容とした役務契約とした認定事業の結果）インストラクターの未熟（その能力が商品となるのでこれが品質の評価の対象となる）のみを非難することは，例えば製造された欠陥商品自体を非難して，何故それが市場に流通し，存在するのかを考えないことと同じである。この場合は製品の品質がどこで決定されるかを最重要な要件として見なければならない。この当然の見方で前記のような状況を見れば，ダイビングのさまざまな能力の品質は，まさにその一連のビジネスの過程（システム）で決定されていることが分かる。こういった製造過程が品質に決定的役割を果たすことについて，例えばトヨタ自動車の渡辺捷昭社長の発言を見ると，仕入れも含めて全社的に徹底して「品質は工程で作り込む」ということを基本としている（産経新聞，平成19年1月6日14版9頁）と語っていることからも，品質を形成する過程を支配する経営者にとっては，その製造過程に責任があるとすることは常識的な考え方であることが分かる。またこれは一般の消費者の誰でも理解できる品質の決定過程への認識である。こうして見ると，ダイビングの各段階の役務契約（Cカードに至る認定行為とCカードの発行による品質保証）の各段階，つまり最終品質に至る各過程をコントロールしてそこから同一者の上部階層の者が何度も利益を得ている（最上部の同一者がエントリーレベルからインストラク

ターまでの各段階の講習を商品として，その都度Cカード発行業務を行うことで，何度も同一人物による"申請料"の送金を受けることがビジネスとなっている。これには認定責任が生じる。つまり認定の対象＝能力・技量への明示的かつ黙示的な品質保証である）を通じてそれらの過程を支配している者にこそ根源的な結果に対する責任があると考えるのが自然である。したがって「指導団体」こそが，一般ダイバーに対してもインストラクターに対しても，その品質に対する最大の責任を持つ者なのである。

2　人数比の問題

(1) インストラクターマニュアルの人数比設定責任

「指導団体」は講習時，あるいはガイドを行う場合の人数比をそれぞれ独自に（と見られる）何人と決めている。それは地方自治体の条例にまで影響するに至っている。しかしこの人数比が，なぜ最高裁が示した「常時監視義務」や「監督責任」を保証できるのかどうかの説明はなされていない。また講習時のインストラクターの責任を示した「受講者の安全を確保しながら海洋実習を行う責務」を何故その人数比で達成できるかの説明もない。加えて講習だけでなくガイドを行う際に，インストラクターやガイドがその人数比で，バディ相互に義務を果たせるように，バディシステムを有効に守らせることが何故可能なのかについての説明と証明もない。そしてこの人数比における危険の可能性とその対処法についての説明もない。

現実問題として，一人前の技量[10]を誇るインストラクターが1人の講習生を見るという人数比こそが最善であり，また事実上の人数比の限界であることは，著者の研究が進むにつれて一層明らかになってきたことである。これは前著『ダイビング事故とリスクマネジメント』出版以降，さらに事故の内容や一流と見られるインストラクターの実際の活動や講習の実態を知るにつけて確信してきたことである。その結果，筆者は前著で示した人数比でもその危うさを感じるに至った。したがって現在では，事情さえ許せば1人の講習生やダイバーを複数のプロが見るということが理想である[11]と考えざるを得ない。つまり一人前のインストラクターが担当できる人数を1人以上に設定したインストラクターマニュアルの内容は，それによって増加する危険を意図的に無視して設定されたものと見ることができる[12]ことから，実際に生じた危険の結果に対しては，マニュアルで人数比を規定してそれを遵守するように指導し，その結果の"申請料"などの利益を得ている「指導団体」にその責任が問われるべきと考える。

　※　■何故人数比1対2でも危険性が見られるかは本書に示したデータを見ても

---

[10] 本書の他の場所でも言及しているが，1つの目安として，プロとして5000本の潜水経験と3ヵ月から半年程度の作業潜水士としての経験を加えて一人前の技量と見る基準とすべきと考える。ただしただ漫然と潜って経験数と年数だけ積んでいる者もいるので，それはその者の実際の品質面を見ることで技量を判断すべきである。

わかる。それ以外にも，たとえば1対2で潜水中にどちらか一方が急浮上を始め，同時に一方が急速沈降を始めたとしたら，急浮上者には減圧症や肺破裂の危険があるので直ちに浮上速度を制御させねばならず，急沈降者には，窒素酔いや溺水の危険，浮上不能となる危険があり，どちらも放置できない。この場合，インストラクターはどちらかを見捨てなければならない。実際に1対2で講習中に，1人が体調不良のため共に浮上し，その間1人を水中に待たせておくという対応をとったインストラクターが，浮上したダイバーの対処を終えて水中に戻ったときにそのダイバーが死亡していたという事例もある。これはそもそもダイバーを1人で水中で待たせておいたというインストラクターの判断ミスであったが，これが1対1であったなら，ダイバーを死なせることにはならなかったであろうことは間違いない。

「指導団体」によるインストラクターマニュアルが規定する人数比ではこのような事例の解決にはならない。またこの規定の人数比による危険の予見とそのもたらす結果とその責任についての記述もないので，一般の消費者自身がリスクコントロールをすることは困難となる。

※　■このような危険に関する情報の開示がないままに商品ダイビング購入者に自己責任を問うことはできない。まずは商品ダイビングという役務商品とインストラクターマニュアルの内容の製造者責任を事業者としていかに果たしていくかの確立が先決である。

(2)　条例による人数比設定基準の課題

現在，自治体がその条例によってダイビングの講習やガイドダイビングにおける人数比を規定している，沖縄県で平成6年4月1日から試行された水上安全対策条例（沖縄県条例第29号　沖縄県水難事故の防止及び遊泳者等の安全の確保等に関する条例）の施行規則の該当部分を紹介する。

沖縄県公安委員会規則第1号
沖縄県水難事故の防止及び遊泳者等の安全の確保等に関する条例施行規則
第18条
　2　ガイドダイバーが一人で案内し，指導できる潜水者の人数の基準は，次のと

---

11)　ある日ハワイに日本の要人クラスの人が来てダイビングを行ったときのことを，当時実際にそのサポートにあたったダイバーが筆者に語ったことがある。そのときのインストラクター（一流の技量の持ち主）を始め，島中から一流のインストラクターが何人も集められ，その要人がダイビングを行う時に，安全確保のためにその要人を囲んで潜水したそうである。そして写真撮影時には回りのインストラクターたちが映らない距離に移動し，いかにもそこには要人とガイド程度しかいないように写真が撮れるようにしていたという。そして撮影を終えると，またすぐに集まって要人を取り囲んで潜水を継続したということである。この話は，それほどしないとダイビングで安全率を向上させることが困難だということ示す逸話である。

12)　筆者が本書執筆時まで知る限り，「指導団体」が規定する人数比（1対1を超える部分）の背景に，消費者の安全を確保できるどのような科学的根拠があるかを示したインストラクターマニュアルは存在しない。

おりとする。
(1) 初級潜水者（水中において自己管理ができず，ガイドダイバーの補助がないと潜水できない者をいう。）を案内し，指導する場合には，おおむね6人
(2) 中級潜水者（水中において自己管理ができ，ガイドダイバーの指示に従って潜水できる者をいう。）を案内し，指導する場合には，おおむね8人
(3) 上級潜水者（水中において自己管理ができ，ガイドダイバーの補助の必要のない者をいう。）を案内し，指導する場合には，当該ガイドダイバーが認めた範囲内の人数

　沖縄県条例29号には両罰規定が設けられ，「第28条　法人の代表者又は法人若しくは人の代理人，使用人その他の従業者が，その法人又は人の業務に関し，前2条の違反行為をしたときは，行為者を罰するほか，その法人又は人に対しても，各本条の罰金刑を科する。」と規定してある。
　そもそも事実上野放し状態であったダイビング事業における質の向上と消費者の安全に高く寄与することを目的としたこの条例の意義は高く評価すべきであるが，その施行規則で定めた人数比がこのままでは最高裁の示した「常時監視義務」を物理的に実現できないことは明らかである。これを少なくともインストラクターやガイドの事業遂行における基準として，『「常時監視義務」「監督責任」「バディシステム維持」「パニックコントロール」が可能な人数比を業務上の人数比の基準とする。』という程度の内容に変更しないと最高裁の司法判断に反することになる。人数比については，「事業者（指導者，インストラクター，ガイドなど）が1対1を超えて業務を行った場合には，人数比の結果に対する責任は事業者にある。」と規定することが必要である。実際に5000本を越えるプロ経験を持つインストラクターが1対1を講習の基準として事業を行って成立せしめている事例があることから，自助努力で安全に関する品質向上に努めている業者の努力を無駄にしないためにも，このような条例の重要部分の改正は必要なことである。
　現在，環境に関する法では，その商品などに関して最も高い安全に関する数値を達成した事業者を基準とすることが行われているため，同じく生命身体の安全に直接係わるダイビングの人数比の基準も，自助努力で最も高い安全性を実現している業者を基準にすることは消費者の生命身体の安全を考えれば何ら不思議なことではない。
　また少なくともできるだけ早期に，この人数比問題を入れた「業法」の確立と，役務商品をPL法の対象とすることを実現することが必要である。

3　商品ダイビングの関与とその手法の採用が不可避の学術潜水について
(1) 学術潜水におけるリスクマネジメント
① 学術調査潜水における危険の負担

　スクーバダイビングの手法の活用は水中での調査活動や試料採取活動に欠かせないものとなっている。したがってこのような学術潜水のためのダイビングの手法を習得する際には，商品ダイビングの講習に参加するなどを通じてダイビングビジネスと密接に関係することになる。

　調査ダイビングは商品ダイビングと同じ手法で行うことが一般的ではあるが，当然ながらそれはガイドがついてのファンダイビングとは異なる。しかも調査潜水にあたっては参加者が初級者レベルであっても業務として行う場合が少なくない。

　一般にレクリエーションダイビングでは水中の生物を，特に国内では，漁業権との関係もあって，たとえ貝殻1つといえども持ち帰らないようにしていることが一般的である。これに対して調査潜水では海中生物や海中の物体，海水などを持ち帰ることを目的としていることが多く，その場合，水中で採集した試料運搬のために両手がふさがることにもなる。こういった場合に水中や水面でダイバーが抱くストレスやトラブル，そしてその対処方法について，商品ダイビングの講習で正しくかつ詳しく教えられることは一般にない。

　こういった場合に抱くストレスには，例えば両手がふさがっている時には，陸上ではほとんど問題にならないことから発生することも多く，水中では特に行動の自由が制限されることからのストレスも多い。さらに行動の自由が制限された中でマスク内に水が入ることで感じるストレスも忘れてはならない。単なるレクリエーションダイビングの時でさえも，マスククリアの失敗によってパニックを誘発して事故に至る例は少なくないのである。

　さらに業務として行う調査潜水の場合には，参加者自身に労働安全衛生法に基づく潜水士免許の所持が欠かせず，その使用者はそれを所持させておかねばならない。こういったことはレクリエーションダイビングに参加する場合では見られない特徴である。

　以上に加え，調査潜水の場合は予算に縛られることが多いが，その予算が十分でない場合も多く，その場合には安全基準が十分保てなくなる状況もあり得る。

　商品ダイビングの講習やその後の経験値だけでは，調査潜水時に直面する危険の負担に耐えられる保証はない。したがって調査潜水を行う者は，まず自分たちの調査潜水で行う活動にかかわる危険（リスク）の洗い出しから始めなければならない。

　そして最初に可能な限り高く設定した安全基準を用意し，かつその基準の達成のための要件を明確化して各要件ごとにどのような危険への対処を目的としたものなのかを明らかにしておく必要がある。またここで明確になった情報は調査潜

水に参加する全員に周知徹底しておくことも必要である。特に参加者が学生や未成年者の場合には，その家族や保護者に対してもこの情報を十分に伝達しておく必要がある。

　ここでは安全達成のための手法を1要件ごとに可能な限り複数用意しておく必要がある。そしてそれらをパーツ化し，要求される潜水目的によって組み合わせることができるようにすることで，比較的容易に安全性の高い潜水計画を立てやすくするようにするのである。この手法は，その計画を第三者が評価し易い状況を作ることもできる。

② 学術潜水時のリスクマネジメント（危険の管理）

　実際の潜水計画立案時には，目的や予算，調査水域の特性を考慮して削らなければならない要件があることが少なくない。そのため削る理由をそれぞれ明確化し，その結果増加する危険を明示し，その危険が現出した場合の対処法を担保する次善の要件を，部品化しておいた手法を組み合わせてカバーする計画を立てる必要がある。そしてこの要件などが破綻した時のための予備計画（現場からの撤収タイミングやその方法，自分たちでの救助活動の方法と限界域の制限値など）を用意しなければならない。また計画の破綻から予見される損害を明確にし，保険の手当てなどや損害を引き受けることになる参加者各自の合意を取らねばならない。

　使用者側は参加者それぞれの立場によって，各自にどのレベルの危険まで負担させるかを事前に慎重に決めておくべき必要がある。そしてその負担に耐える必然性の有無を検討した上で，また予見されるトラブルの深刻度に沿った補償内容の事前合意をとった上で参加候補者を選抜しておかねばならない。当然この件は，その家族にも事前に周知しておく必要がある。特に未成年者に対しては保護者の事前の承諾を必要とする。

　こうして，安全基準とその実際の場での危険の度合いを明確にしておくことで，トラブルを予見した上での行動の設計が可能となるのである。

　このような準備を行った上で発生した事故などにおける責任問題は，一般にその対応に不誠実さが見られなければ，妙にこじれることは少ないであろうし，少なくとも感情的な側面は相当に緩和されるであろう。

③ 海外での潜水調査と国内での外国人の潜水調査と潜水士免許

検討すべきは次の2つのケースである。

　(a) 日本の大学や研究機関，企業などがその日本人雇用者を潜水業務につけさせた場合に潜水士免許の取得が不可欠かどうかという問題。

　これについては，日本の研究者や団体・組織が雇用者を使って，現地の機関や企業などとの共同作業ではなく，独立して行う潜水調査については，その日本の使用者に対しては日本の法が適用されると考えられる[13]。

(b) 日本国内の大学や研究機関などと雇用関係にある外国人研究者などがその業務において潜水を行う場合

この場合は労基法の適用となるであろう[14]。

外国人が個人の資格で日本国内で潜水調査を行う場合でも，潜水がその業務の一環とみなされる場合には，潜水士免許の取得が必要と考えられる[15]。

④ 日本国内における米軍関係者に対する潜水士免許取得義務

もう1つ，米軍基地施設外の日本領である，例えば沖縄県にある真栄田岬などでよく行われている米国軍人及び軍属あるいはその家族によるダイビングの講習及びファンダイビング中の事故であるが，この問題についてはいわゆる地位協定及び刑事特別法[16]によって，米軍の任務外で行われている講習の指導者（インストラクター）やガイドが業務中[17]とみなされる状況であれば，その指導者やガイドには個人であっても個人事業者として[18]潜水士免許の取得が求められると考えられる。これは講習の指導者（インストラクター）やガイドが潜水士免許を持っているかどうかを確認する権利が日本側にあると考えられる根拠となり得，また事故が発生した場合に，当該者が潜水士免許を取得していなかった場合には，不法行為として日本の法の適用がなされるべきではないかと考える根拠となる。

---

13)と14)は次の④の16)と17)を参照

15) 独立行政法人労働政策研究・研修機構の「データベース」の「6．外国人労働者（104）外国人労働者」(http://kobetsu.jil.go.jp/kobetsu/book/104.html) には，「外国人労働者（不法就労者も含む）についても，労働基準法，労働安全衛生法，最低賃金法および労災保険法などの労働法規，並びに，厚生年金保険法は適用される。」とされる根拠となる最高裁判例を掲載し，解説している。

紹介されている判例は，不法就労者の労働災害の逸失利益に関する判断がなされた「改進社事件」（最高裁第二小判平成9年1月28日，平成5年(オ)2132号，民集第51巻1号78頁，労働事件裁判例集708号23頁，判例検索システム）である。

この解説などは，「データベース（労働政策研究支援情報）」（独立行政法人労働政策研究・研修機構　http://kobetsu.jil.go.jp/xmlhome.html）に掲載されている。

16) 『「労働基準法が国外にある日本の商社，銀行等の支店，出張所にも適用されるか否かの問題については，本法は，行政取締法規として，日本国内にある事業にのみ適用があるので（属地主義），右の商社，銀行等の支店，出張所等であって事業としての実態を備えるものについては，本法の適用はない。

しかしながら，例えば，日本国内の土木建築事業が国外で作業を行う場合において，一切の工事が日本にある業者の責任において行われており，国外における作業場が独立した事業としての実態がないと認められる場合には現地における作業も含めて当該事業に本法の適用があると解される。

ただし，現地で本法違反の行為が行われた場合には，刑法総則の定めによりその行為者に罰則を適用することはできず，日本国内にある使用者に当該違反行為の責任があるときに限り，その使用者が処罰されることとなる。」（厚生労働省労働基準局編『労働法コンメンタール③改訂新版労働基準法（下）』）

「日本国内にある外国人に関する適用については原則として外国人は，日本人と区別なく法の適用を受けるので，外国人の経営する会社，外国人労働者等についても，労働基準法は全面的に適用される。」（同上）

※　筆者は厚生労働省労働基準局に「潜水士免許とその外国人の取得義務について」質問を行った。以下にそれに対する回答教示（「潜水のまとめ」）からの引用を示すが、ただしこれは、「後に記す、行政解釈として示されている事柄については、厚生労働省労働基準局の考えとご判断いただいてかまいませんが、それ以外の内容は、いただいた内容に対する法令の当てはめに資するよう、可能な範囲で身近にある各文献を引用しながら、記していったものであります。本件は、ご質問・ご相談に対する一般対応として当班がそれにあたったものであり、ご質問に対して、個々の断定判断をするものではなく、また、厚生労働省の考えを回答したものではありません。記している文献も、これを推奨しているわけではありませんが、『労働安全衛生法のはなし〔改訂版〕』（中央労働災害防止協会）、『コンメンタール』（（株）労務行政）が発行しています。また、下記内容は、ご質問事項に関係すると思われる省庁とは何ら協議したものではありませんので、ご留意ください。」というコメントが付けられている。

関係法令
■労働安全衛生法
（就業制限）
第61条　事業者は、クレーンの運転その他の業務で、政令で定めるものについては、都道府県労働局長の当該業務に係る免許を受けた者又は都道府県労働局長の登録を受けた者が行う当該業務に係る技能講習を修了した者その他厚生労働省令で定める資格を

---

17)　「「在日米軍の構成員、軍属又はこれらの家族」に対する裁判権並びに在日米軍の使用する施設又は区域内での捜査方法については、いわゆる地位協定及び刑事特別法によって次のような特例が認められている。
①　在日米軍及び地位協定15条に定める諸機関（以下、「合衆国側」という）が労働者を使用する場合に労働基準法が適用されることは、地位協定第12条第5項において明文の規定が設けられているので、家事使用人以外は、労働者が日本人であると否とに関係なく、労働基準法は全面的に適用される。
⑤　在日米軍の構成員、軍属又はこれらの家族の犯した労働基準法違反の罪の裁判権は日本にあるが、地位協定第17条の規定によって、このうち合衆国の法令によって処罰できるものについては合衆国にも裁判権があり、裁判権が競合する場合で、在日米軍の構成員又は軍属の公務執行中の作為又は不作為によるものについては、第一次の裁判権が合衆国に属し、その他は日本国に第一次の裁判権が属する。」（同上）
18)　指導者やガイドは個人事業主という形態となる場合が多いと想定されるが、この場合、個人事業主が業務として潜水士免許取得義務に係わる労基法の適用を受けるかどうかについてであるが、「潜水のまとめ」で次のような教示を受けた。
　「労働安全衛生法第61条第2項の適用上の疑義について、次のとおり、地方労働基準局長の照会に対して、労働省労働基準局長が回答した解釈がありますので、紹介します。
　昭和48年にある事業場で発生した火災に関する事例ですが、『労働安全衛生法第61条第2項「前項の規定により当該業務につくことのできる者以外の者は、当該業務を行なつてはならない。」の「前項の規定により当該業務につくことのできる者以外の者」には、労働者のみではなく、個人事業主や一人親方等も含まれると解されるが如何。』に対して、昭和49年6月25日付け基収第1367号で『貴見のとおり。なお、労働安全衛生法第61条第2項の規定が、産業労働の場以外の場における同条第1項の業務についても、適用されるものではないことはもち論であるので、念のため申し添える。』と回答しています。」
　これは個人事業主であっても同法の適用を受けることを示していると考えられ、「例えば建設現場において、個人事業主や一人親方が無資格で移動式クレーンの運転を行ったとすれば、当然本条違反となる」。（畠中信夫著『労働安全衛生法のはなし〔改訂版〕』）

有する者でなければ，当該業務に就かせてはならない。
　2　前項の規定により当該業務につくことができる者以外の者は，当該業務を行なってはならない。
　3　第1項の規定により当該業務につくことができる者は，当該業務に従事するときは，これに係る免許証その他その資格を証する書面を携帯していなければならない。
第119条　次の各号のいずれかに該当する者は，6月以下の懲役又は50万円以下の罰金に処する。
　１．第14条，第20条から第25条まで，第25条の2第1項，第30条の3第1項若しくは第4項，第31条第1項，第31条の2，第33条第1項若しくは第2項，第34条，第35条，第38条第1項，第40条第1項，第42条，第43条，第44条第6項，第44条の2第7項，第56条第3項若しくは第4項，第57条の3第5項，第57条の4第5項，第59条第3項，第61条第1項，第65条第1項，第65条の4，第68条，第89条第5項（第89条の2第2項において準用する場合を含む。），第97条第2項，第104条又は第108条の2第4項の規定に違反した者
第122条　法人の代表者又は法人若しくは人の代理人，使用人その他の従業者が，その法人又は人の業務に関して，第116条，第117条，第119条又は第120条の違反行為をしたときは，行為者を罰するほか，その法人又は人に対しても，各本条の罰金刑を科する。

■労働安全衛生法施行
（就業制限に係る業務）**第20条**　法第61条第1項の政令で定める業務は，次のとおりとする。
　9．潜水器を用い，かつ，空気圧縮機若しくは手押しポンプによる送気又はボンベからの給気を受けて，水中において行う業務

■労働安全衛生規則
　第5章　就業制限（就業制限についての資格）
　第41条　法第61条第1項に規定する業務につくことができる者は，別表第3の上欄に掲げる業務の区分に応じて，それぞれ，同表の下欄に掲げる者とする。
（免許試験）
　第69条　法第75条第1項の厚生労働省令で定める免許試験の区分は，次のとおりとする。
　16　潜水士免許試験
別表第3（第41条関係）　業務の区分　業務につくことができる者
令第20条第九号の業務　潜水士免許を受けた者

■高気圧作業安全衛生規則
（潜水士）
第12条　事業者は，潜水士免許を受けた者でなければ，潜水業務につかせてはならない。

■いわゆる日米地位協定（「日本国とアメリカ合衆国との間の相互協力及び安全保障条約第六条に基づく施設及び区域並びに日本国における合衆国軍隊の地位に関する協定」）
○第12条
　3　最終的には合衆国軍隊が使用するため調達される資材，需品，備品及び役務は，合衆国軍隊の適当な証明書があれば，物品税及び揮発油税を免除される。両政府は，この条に明示していない日本の現在の又は将来の租税で，合衆国軍隊によって調達され，又は最終的には合衆国軍隊が使用するため調達される資材，需品，備品及び役務の購入価格の重要なかつ容易に判別することができる部分をなすと認められるものに関しては，この条の目的に合致する免税又は税の軽減を認めるための手続について合意するものとする。

5 所得税，地方住民税及び社会保障のための納付金を源泉徴収して納付するための義務並びに，相互間で別段の合意をする場合を除くほか，賃金及び諸手当に関する条件その他の雇用及び労働の条件，労働者の保護のための条件並びに労働関係に関する労働者の権利は，日本国の法令で定めるところによらなければならない。
〇第15条に定める諸機関
1(a) 合衆国の軍当局が公認し，かつ，規制する海軍販売所，エックス，食堂，社交クラブ，劇場，新聞その他の歳出外資金による諸機関は，合衆国軍隊の構成員及び軍属並びにそれらの家族の利用に供するため，合衆国軍隊が使用している施設及び区域内に設置するとができる。これらの諸機関は，この協定に別段の定めがある場合を除くほか，日本の規制，免許，手数料，租税又は類似の管理に服さない。

4 予見可能性の整理

これまで述べてきた予見可能性について整理する。

(1) 危険の予見が可能である立場

初級者から上級者に至るダイビングの講習プログラムや，消費者が指導やガイドを受ける際の基準・規準などを作成して販売することを含めたビジネス全体の設計管理者の立場にある者，あるいはそれに決定的な影響を与えている者は「指導団体」である。そして「指導団体」はその商品であるプログラム受講の目的である，その商品の購入者を最終認定者の立場で「認定」を行うことで講習商品の品質と役務契約の結果を保証して利益を得ている。そのため「指導団体」が，それらの結果に最終責任を持つと考えることは自然である。

そして「指導団体」は，少なくとも20年以上前から，人身事故の多くが，「指導団体」から指導者や引率者などの立場を認定されてプロ活動を認められた者の能力上の欠陥から生じていると指摘され続けていることを最も知る立場にある。

(2) 「指導団体」の予見可能性

「指導団体」は，前述で示したことを理由に，自らの商品の欠陥がもたらす致死的な危険を予見することが，少なくとも20年以上前から十分に可能であった。

5 事故抑止につながる法的対策の効果の考察

(1) 最高裁の判断を受けた業法の制定と役務商品へのPL法の適用をした場合の効果

商品ダイビングの品質上の欠陥が大きく改善され，消費者が直面する危険の度合いが下がる。

(2) ダイビング指導者資格の，更新制度を持つ国家資格化

指導者資格を，十分な技量と要件を要求する国家資格とし，その3年サイクルの再審査による厳格な更新制とすることで，指導者の役務品質上の欠陥は排除されていく。

6　その他の方法と現在の延長としての将来の考察
(1)　現行法の改正
沖縄県の水上安全条例の改正。
(2)　法による規制以外の選択肢
　現在のダイビングビジネスから完全に独立した非営利のダイバー養成システムの構築。あるいは現在のダイビングビジネスを監視・指導する第三者機関の設置。
(3)　現状のままで予想される未来
　昭和時代から20年間もの間，業者の「努力」があっても事故が許容範囲まで減少していないという状況では，どのような商業宣伝がなされても，実際の事故遭遇者は発生し続けると考えられる。このような未来は，社会にとって受け入れがたいものであろう。

第4章　ダイビングを除いた，水域で行う商品スポーツの責任

1　ラフティング

　これはゴムボートに乗って行う川下りであり，比較的急流を下ることを楽しむ目的で販売されている商品スポーツである。なおラフティング事故の民事判決は現在に至るも見つけるに至っていない。また事件名は筆者による。

(1)　刑事判決

①　利根川「デスロック」衝突事件

● 事故概要

　平成12年8月12日，Aが自社のガイドとともに，6人の乗客を（ゴム）ボートに乗せてラフティングを実施。その最中，同ボートがデスロック（という岩）に衝突・転覆して乗客甲を溺死させた。

● 前橋地裁の判決

　当時の新聞報道及び判決要旨によると，Aは「デスロックの手前において，ゴムボートから乗員を降ろし，川岸を歩行する方法によりデスロックを迂回して，事故の発生を未然に防止すべき業務上の注意義務があったのにこれを怠り，自己の操船技術及び乗員の力量を過信するあまり，（中略）同ゴムボートをデスロックに衝突・転覆させ，（中略）上記甲を同ゴムボートから水中に転落させて，溺死させた。」とした。

　さらに，Aが「自らもラフティングを楽しみたいという思いにとらわれ，かつ自己の操船技術と乗員の力量を過信して，コマーシャル・ラフティング業者として第1に重視するべきであった乗客の安全の確保のための迂回措置を怠ったものであって，その過失の程度は重大である。」とした。判決は，執行猶予つきの禁固刑（毎日　平成15年10月30日　他）であった。

(2)　海難審判庁裁決

①　利根川赤木コース「ロープラピットの瀬」事件

● 事故概要

　平成13年4月29日，2艇のボートのうち1艇が転覆して，その乗4人とトリップリーダー（複数のリバーガイドによって催行されるラフティングツアーの最高責任者）が落水し，女性客1人が溺死した。

● 海難審判の裁決

　A指定海難関係人（リバーガイド……転覆しなかったボートのガイド）が「落水者を速やかに救助できるよう，ロープラピッドの瀬を下見したとき，（中

略）落水者の救助体制を適切にとることについてB指定海難関係人（トリップリーダー）に進言しなかったことは本件発生の原因となる」（勧告はなし）B指定海難関係人は「落水者を速やかに救助できるよう，相互にロープラピッドの瀬の近傍の緩流域で待機するなど落水者の救助体制を適切にとらなかったことは本件発生の原因となる。」（勧告せず）（横浜海難審判庁裁決平成14年11月13日，平成13年横審第103号，海難審判庁HP）

　平成16年7月16日朝日群馬版によると，同15日，県警は，トリップリーダーが「危険性を認識しながら操船技術を過信し，より安全なコースを取ることなどをしなかったことが，事故につながった過失と判断した。」として，業務上過失致死容疑で書類送検を行っている。なお，ラフティング中の事故で刑事責任が問われたのは，「利根川「デスロック」衝突事件」に続いてこれが2例目ということである。

② 利根川紅葉峡「スリーシスターズの瀬」事件
● 事故概要
　平成13年5月20日，A指定海難関係人（トリップリーダー）のもと，2艇（Aの艇に6人の乗客，リバーガイドEが乗り込むもう1艇（E艇）に7人の乗客を乗せ，他社の艇を合わせて8艇で川下りを実行した。その途中，E艇が大岩に乗り上げて乗客6人が落水した。E艇にはEと乗客1人が残ったが後に2人とも落水した。乗客は全員救助されたが，Eは溺死した。
● 海難審判の裁決
　本件遭難は，「低体温症に対する配慮が不十分で，落水者を速やかに救助する体制をとらなかったことによって発生したものである。」（勧告せず）（横浜海難審判庁裁決平成14年10月31日，平成14年横審第20号，海難審判庁HP）

2　カヌー（カヌーツアー）
(1)　海難審判庁裁決
① 屈斜路湖カヌー転覆事件
● 事故概要
　平成15年6月4日　カヌーガイドが引率した3艇でのカヌーツアー中に，2艇のカヌーが高波を受けて転覆。第1のカヌー乗客2人中1人が溺死（低体温症），1人が溺水で13日間の入院，第2のカヌーの乗組員2人中，乗客1人が溺死（同），カヌーガイド（A指定海難関係人。3艇を所有する会社の代表兼ガイド）1人が低体温症で3日間の入院となった。
● 海難審判の裁決
　2艇の事故の審理が併合して行われ，本件転覆は，A指定海難関係人が，「天候悪化が予想された際，速やかに湖岸に戻らなかったことによって発生した」「乗組員が死傷したのは，低水温に耐えられる服装を着用していなかった

こと」によって発生したとした。（勧告せず）（函館地方審判庁裁決平成16年10月22日，平成15年函審第69号（第1），同第70号（第2），海難審判庁 HP）
　※　函館地方海難審判理事所は，平成16年10月29日，行政処分が見送られたことを不服として高等海難審判庁に二審請求を行った。同年11月12日現在，警察は業務上過失致死容疑で捜査を継続中である。

3　水域における商品スポーツの法的責任
(1)　安全配慮義務（注意義務）
業者の安全配慮義務（注意義務）については，最高裁がダイビング事故裁判で出した二原則と同じ内容が共通した判断基準となっている。
(2)　危険の予見とその回避義務
自然環境下の商品スポーツでは，業者側には高度なレベルの危険の予見に基づく結果回避義務がある。その義務には，販売したツアーを中止する義務も含み，これは業者側の権利でもある。事故の因果関係の証明には経験則が適用される。
(3)　今後の課題
現在は法的不備の状態が続いていることから，早急に次のような法整備が必要である。
①　業方の制定
・説明責任違反に対する処罰規定。
・商品スポーツビジネスが階層的事業構造をとっている場合，不法行為責任はその事業を支配ないしは指導する者，あるいは活動の最終認定権者が共に負うとする規定。
・業者の危険の予見に基づく商品実行の中止権限とその義務を明示する規定。
・人命やその安全に関係する資格販売業者には，その資格の欠陥が関係ないしは影響した人的損害について，刑事罰を含む責任を問う規定。
・人命やその安全に関係する役務商品の製造・販売業者は，消費者の損害に対する救済システムを準備する義務を負うことにする規定。
②　PL法の適用範囲に役務商品を加えるという法改正。

第IV部

山域と空域における商品スポーツ

第1章　山域での商品スポーツ

　山域での商品スポーツには散策登山（ガイドつき登山ツアー）がある。
　平成16年中旬までは，ガイドになるには北海道と長野県に条例で認定制度があったが全国的な統一制度はなく，その認定は各団体が独自に行っていた。そのため"自称"ガイドとして活動する者もいた。
　このような中，同年中旬以降，日本で唯一の全国的な職業山岳ガイドの組織である日本山岳ガイド協会が統一制度の認定制度をスタートさせた。
　この協会による山岳ガイドの資格は6段階あり，その資格のレベルに伴うガイド可能な内容は区別されている。すべての登山のガイドができる国際山岳ガイド，国内なら冬山を含めたすべての山岳ガイドができる上級登はんガイド，季節を問わずに，国内の極めて困難な岩壁や氷壁以外の山岳ガイドができる登はんガイド，積雪のない時期に限って，国内のよく整備された登山道などを案内できる登山・山地ガイド，里地・里山地域で，自然や民俗の解説ができる里山ガイドに分かれている。
　北海道庁の経済部観光のくにづくり推進室によると，平成17年に入って，日本山岳ガイド協会の資格とのグレードとの関連や費用面など，互換が可能かも含めて検討を進めて行きたいと考えているという。
　一般に商品スポーツとして販売される散策登山の実行環境とは，専門の訓練を必要とするような専用装備を用いずに，一般人がガイドに引率されて行うことが可能な山域である。
　登山には，特別な訓練が必要な冬山登山などのように，その致死的な危険性が社会的に認知され合意されているものがあるが，商品スポーツである商品登山では，積雪のある雪中散策登山を含めて，誰でもできるものとして，その登山プログラムを，特別な訓練のない一般向けに商品化して販売している。
　この役務商品の購入者は，一消費者として日常の生活の中で散策登山に参加しているのであり，社会的合意に基づく危険の責任を分担する同士型登山の実行者とは異なり，事故時の法理は商品スポーツのそれが適用されている。

1　法的責任

　散策登山では，消費者にとってダイビングのCカードシステムなようなものは存在しない。資格制度の下にあるのはガイド側（"自称ガイド"も少なからずいる）である。したがって消費者は商品登山を，ガイドつきの役務商品として購入

することになる。
(1) 民事責任
　商品スポーツの登山事故では民事裁判の記録が，原稿執筆時点でもその存在を把握できないため，参考として，指導者とそれに従う者の関係という点で似た関係にある国や県による研修登山の事例を紹介する。なお次の２．刑事責任の③羊蹄山ツアー登山遭難事件では民事裁判の結果が知られているが和解となっているのでそちらで簡単に紹介するに留める。
①　五竜遠見雪崩事件……県の責任
　平成元年３月に長野県が遠見尾根で行った研修登山で，研修生が雪崩に巻き込まれて死亡した。遺族は県に損害賠償を求めて提訴した。

　裁判で県側は，「雪崩の発生がいささかなりとも論理的に疑われる状況が認められればその予見可能性があると判断すべきではない」
　「雪崩発生のメカニズムは十分解明されておらず，雪崩の予測について試行錯誤的な研究段階にある法則や情報を前提として予見可能性を判断すべきではないのであって，講師らに対して（中略）注意義務を課すべきではない」と主張した。

　判決では，
　「Ａら参加者は，一般の冬山登山と異なり，万一の場合には雪崩等による生命身体に対する危険をも覚悟して本件研修会に参加したものではなく，また，雪崩等の危険性の判断については全面的に担当講師らにその判断を委ねていたものであり，担当講師らによって本件研修会が安全に実施されるものと期待していたものということができる。したがって，担当講師らは，このような参加者の安全を確保することが要求されていたというべきである」とし，講師らには，
　「雪上歩行訓練を実施した場合の雪崩発生の可能性について十分な検討協議を尽くした上，雪崩が発生する危険性を的確に判断して，雪崩による遭難事故を回避すべき注意義務を負っていた」とした（長野地裁松本支部判平成７年11月21日，平成２年(ワ)264号，確定『雪崩－人災への怒りと警告－五竜遠見雪崩裁判勝利記録』酒井さんの雪崩裁判を支援する会，1997年，236頁／判時1585号　78頁／『ダイビングの事故・法的責任と問題』128頁）。

　この司法判断は，商品スポーツ時の事故時の責任の所在についてと同じ基準での判断がなされている。
②　大日岳（だいにちだけ）雪崩事件……国の責任
　平成12年，富山県の大日岳で登山技術の向上を目的に旧文部省登山研修所が主催した研修登山で，学生２人が雪庇（せっぴ）[1]の崩落による雪崩で死亡した。遺族は損害賠償を求めて国を提訴した。これは著名な事件であり，裁判の経過や判

決内容についても広く報道やネット上での公開，また論議がなされていたこともあり，その内容を紹介する。

判決では講師の注意義務について，「参加者は，雪朋や雪庇開落等の危険性の判断については，最終的には講師らにその判断を委ねていたものであり，本件研修会が冬山登山に関する十分な知識及び経験を有する講師らによって安全に実施されることを期待していたということができる。したがって，講師らは，本件研修会を行うにあたっては，各研修生の登山歴及びスキー技術のレベルなどは様々であって，中には冬山登山の技術及び知識が未熟な者がいることを十分認識した上で，研修生の生命身体に対する安全を確保すべき注意義務を負っていたというべきである。」
「講師らは，危険を回避するために，原則として，雪庇の先端部分のみならず吹き溜まり部分にも進入しないように登高ルート及び休憩場所を選定すべき注意義掃を負っていた」
とした。

国側は予見可能性について，「本件事故当時の登山界においては，本件雪庇の具体的崩落原因を予見することは不可能であり，特に厳冬期の吹き掴まり部分についてはその危険性は知られておらず，むしろ丈夫であるものと認識されていたから，吹き溜まり部分に進入しないようにすべき注意義務はない」との主張をしたが，これに対して判決ではこれに対していくつかの理由を挙げて，「この点に関する被告の主張は理由がない。」
と退けた。また当時はこの雪庇の大きさが予見できなかったという主張に対しても，予見は可能であり，「講師らの登高ルート及び休憩場所の選定判断には過失がある」とした。そして，
「以上によれば，見かけの稜線上から十数m程度の距離をとって登高ルート及び休憩場所の選定を行った講師ちの判断には過失があり，見かけの稜線上から25m程度の距離をとって登高ルート及び休憩場所の選定を行えば，本件事故は回避できたので，過失と本件事故発生との間に相当因果関係が認められる」
として国に賠償を命じた（富山地判平成18年4月26日，平成14年(ワ)第48号(控訴)，判時1947号，平成19年7月26日名古屋高裁金沢支部で和解成立）。

この判決は，先の五竜遠見雪崩事件と同じ判断基準であり，一般の商品スポーツの場合と同様の判断がなされている。それは商品として販売されている引率登

---

1) 雪庇（せっぴ）とは山の稜線の風下側に形成される雪の吹き溜まりの一種である。この先端部分（ひさしのような部分）では踏み抜きなどによって転落する危険があることが広く知られており，冬山登山においては雪庇の先端部分に乗ってはならないとされていた。

山と同じく，危険を相互に負担しあう同志型登山とは異なり，指導者の存在と，その指導者と参加者との間の技量の差が大きかったことで安全に関する判断を指導者に依存していたという点で共通するからである。

　なお，平成19年7月26日に名古屋高裁金沢支部で国側と原告の和解が成立した。和解の内容は，一審判決を国がそのまま受け入れ，さらに再発防止のための検討会を公開で行うことや，亡くなった2人と遺族に国が謝罪するというもので，原告が求めた通りのものとなった。

(2) 刑事責任

　通常の商品スポーツ事故では，刑事事件裁判の情報が少ない傾向にあるが，商品登山ではいくつかの事例が認められる。

① ニセコ雪崩事件……ツアーガイドの法的責任

▶平成10年1月28日，2人のガイドに引率されたスノーシューイングツアー中に雪崩に遭い，2人の女性客のうち1人（24歳）が死亡し，1人（24歳）が6日間の入院となった。

●判　決

　判決ではガイドの義務について，「ツアーの参加者を，ツアーに伴い予想される前記のような危険から保護すべく万全の備えをし，その生命身体に対する侵害を生じさせる事態を招かないよう細心の注意を払わねばならないのは当然である」「万が一にでも遭難事故に遭うことがないよう慎重に判断・行動することができなければ，到底その職務を全うできないことが明らかである」とした。

　雪崩のような自然現象の事態の予見可能性については，「具体的な予見可能性は必ずしも発生メカニズムの学問的解明を前提とするものではない」として「雪崩発生の予見が十分可能であった」とした。そしてこれができなかったことを，「限られた情報・経験のみに頼った甚だ軽率な判断」と断じた。

　法廷はこの事故を，「結果回避可能性があったことは疑いの余地がない」とし，執行猶予つきの禁固刑を言渡した（札幌地裁小樽支部判平成12年3月21日，平成11年(わ)29号，判時1727号172頁，『ダイビングの事故・法的責任と問題』102頁）。

　この判決では，雪崩のような自然現象の予見可能性について，学問的発生メカニズムの解明を前提としなくても予見が可能[2]であるとし，限られた情報や経験に頼った判断が事故を招いたとした。これは商品スポーツでは自然現象を予見不可能と主張して業者が免責を求めることは認められないことを示している。またこれは落雷事故の引率者責任について最高裁で示された[3]ように，無知は免責の理由にはならないことを示してもいる。

---

2) 本書第Ⅱ部第3章3①東大ルンパール事件判決参照。
3) 本書第Ⅰ部第1章1(3)①参照。

② 　トムラウシ登山遭難事件……ツアーガイドの法的責任

> ▶平成14年7月11日，ガイドは登山ツアーを企画し，早朝から当時54歳から69歳までの男女7人を率いてトムラウシ山に入山した。しかし彼らは台風による悪天候で山頂付近で動けなくなった。ガイドら7人はヘリコプターで救助されたり自力で下山したが，女性客1人（58歳）が凍死した。他にも2人が意識不明や過度の衰弱から自力で下山できなくなった。

●判　決

　判決ではガイドの責任として，「ツアーを引率する山岳ガイドとしては，事前に気象情報を十分に把握すること」「ツアー客の生命及び身体の安全を確保し，もって事故の発生を未然に防止すべき業務上の注意義務がある」として，事故の原因を，「被告人の判断，行動は，ツアー客の生命及び身体の安全を何よりも優先すべき登山ガイドとしては，あまりに無謀かつ軽率なものであり，極めて基本的で重大な過失である。」とした。そして「同山の状況についてより詳しい情報を集めるなどして登山中止の選択肢を真剣に検討することなく，自己の判断のみに頼って登山を決行したのであり，被告人には，長年の登山歴や多数の登山ガイド歴からくる慢心があった」として執行猶予つきの禁固刑を言い渡した。

　判決ではまた，このような散策登山における客の立場を，「ツアー客は，登山のプロである被告人の登山ガイドとしての判断力及び技量を信頼し，いつ何時危険な状況に陥るかもしれない登山において，自らの生命を被告人に預けていたともいい得る」とした（旭川地判平成16年10月5日，平成16年(わ)204号，平成17年4月現在判例集未掲載／共同通信　平成16年10月5日他）。

　この判決では，自然現象の予見可能性と結果回避義務について，ニセコ雪崩事件より，より具体的に商品スポーツ販売側のなすべき注意義務を明示している。そしてガイドには，客が「自らの生命を被告人に預けていたともいい得る」と，その責任の深さを示している。

　また登山ガイドの義務を，「ツアー客の生命及び身体の安全を何よりも優先すべき」と明示したが，これはダイビングの二原則でも紹介した，消費者の「生命等に危険が及ばないように事故の発生を未然に防止するための措置をとるべき業務上の義務を負う」というものと，海保が出した「スキューバダイビング中の事故防止にかかる安全対策について」という文書で明示されているインストラクターやガイドの義務である「スキューバダイビングを提供する側の究極のサービスとは安全なダイビングの提供である」と同じ精神によるものであり，有料・引率型の商品スポーツに共通する業者の義務となっている。

③ 羊蹄山ツアー登山遭難事件（刑事および民事訴訟顛末）……ツアー添乗員の法的責任

▶平成11年9月25日，旅行会社の添乗員が14人の客を引率したツアーで，悪天候の中はぐれた2人の女性客（BとC）が遭難し，凍死した。

●刑事判決
　判決で添乗員の義務については，「添乗員にはツアー客の安全確保と，円滑な旅行実施の義務」があるとし，また「被告人が本件ツアーに当然に伴う人の生命・身体に対する危険を防止することを義務内容とする職務」とした。さらに「ツアー客が（中略）悪天候の中での不安・焦燥・誤解等も重なって状況判断を誤り，（中略）山頂付近を迷走するなどし，体力消耗・強風冷気等の悪条件から凍死等で死亡することを十分予見でき」るとした。そして「被告人は（中略）9合目付近で自集団からB及びCが後方に離れているのを熟知しながら，遅れてついてくるものと軽信し，その合流を待たずに9合目を出発してB及びCから離れ去った」ことを注意義務違反とした。
　予見可能性については，「予見可能性としても，その細部にわたって予見が可能である必要はなく，被告人の適切な引率を受けられずに状況判断を誤った結果として死亡するという程度の基本的部分について予見が可能であれば足りる」とした。さらにツアー会社に対しては，「被告人が単独添乗した背景に利益優先の企業体質」があると指摘した。
　判決は禁固2年，執行猶予3年となった（札幌地判平成16年3月17日，平成14年(わ)184号（確定），判例検索システム）。

■民事訴訟顛末
　遺族4人は，ツアーを主催した旅行社と元添乗員に計約1億2,000万円の損害賠償を求めた。この訴訟は，平成16年9月21日大坂地裁において同社側が約7,150万円の支払いと謝罪文の添付をすることで和解となった。
　和解条項に盛り込まれた謝罪文では，「安全を第1とすべき主催者側として，痛ましい事故が発生したことに責任を痛感する」とされた。
　また同じツアーで一時遭難した男性も損害賠償を求めて提訴したが，旅行社側が275万円を支払うことなどで和解となっている（毎日電子版他，平成16年10月19日，同20日，弁護士ネットウェブサイト（http://www.bengoshi-net.co.jp/））。

　この裁判では，ツアー添乗員がガイドを行った場合のガイドとしての取るべき責任が求められた。また司法は，事故を防止できるような人員の配置や優秀なガイドを付けなかった企業の利益優先の姿勢を批判した。
　判決では，登山時の予見可能性を，「予見可能性としても，その細部にわたっ

て予見が可能である必要はなく，（中略）死亡するという程度の基本的部分について予見が可能であれば足りる」と，東大ルンパール事件で最高裁が示した判断と同様の基準で規定している。

　これまでの散策登山の事故では，民事裁判の顛末について公開される事例はなかったが，この事件では後に和解がなったこと，そして謝罪文が出されたことが報道されたという点で，この事例が今後の被害者救済や企業の安全対策の向上に結びつき，よって事故防止のための参考となるものと期待される。

④　屋久島沢登りツアー死傷事件……ツアーガイドの法的責任

▶平成16年5月，ガイドに引率された屋久島の沢登りツアー客の男女4人が2日に屋久島に入り，5日までの予定で沢登りを始めた。4日朝，降雨のためツアーを中止し，下山しようと「千尋（せんぴろ）の滝」の上流で川を渡る途中，増水した川にツアー客4人が流され3人が死亡，男性1人が負傷した。

　この事件は事故発生当時から全国的に注目された事件であり，また昨今の商品スポーツ（散策登山）の事故の多さを考えると，表面的な量刑を見るのみでなく，よくその内容を知ることが必要である。この事例の研究は業者及び消費者双方にとって非常に有益である。

●書類送検の理由
　平成17年2月15日，鹿児島県警屋久島署は，この元山岳ガイドを業務上過失致死傷と旅行業法違反（無登録営業）の両容疑で，鹿児島地検に書類送検した。
　調べでは，元ガイドは屋久島の沢登りツアーを旅行業法に定められた国土交通相の登録を受けずに企画。事故当時，雨のため川の増水が予見できたにもかかわらず高台に避難するなどの回避義務を怠り川を渡ったことが事故につながったと判断した。報道によると，約20年の登山歴があり，屋久島での登山経験も豊富だったこの元ガイドは「鉄砲水が来る認識はあった」と認めているという。
　元ガイドは，登録を受けないままツアー客をホームページで募集し，さらに交通機関などの手配も行っていたことが，これは旅行業法違反にあたるとされた。
　この事件は，商品スポーツ販売においてよく行われているツアー（旅行）とセットになった商品が旅行業法違反であることを明らかにし，警察によってこれが容疑に加えられていることが重要である。安易なツアーとのセット商品による事故は多い（毎日電子版　平成16年年12月6日　同　平成17年年2月16日，朝日電子版　平成17年2月15日などより）。

●その後の経過
　起訴：平成17年7月21日　鹿児島地検は，元ガイドを業務上過失致死傷罪の罪で起訴した（MBCニュース　平成17年7月21日）。
　公判：平成17年9月1日の初公判で，元ガイドは起訴事実を認めた（MBC

ニュース電子版，TKU スーパーニュース電子版，中国新聞電子版，平成17年9月1日)。

公判日：平成18年2月8日　中国新聞電子版にて当日判決が出ることと求刑内容についてなどが報道される。

● **刑事判決の内容**

平成18年2月8日，元ガイドに対し，禁固3年，執行猶予5年が言い渡された。

(a)　山岳ガイドの注意義務（登山計画のあり方）

判決では，山岳ガイドの立場を「ツアーに参加する者の生命を預かる立場」とし，増水した川の渡渉時には「渡渉の最中に，何らかのトラブルが発生し，渡渉に通常より時間がかかっても，最悪の事態だけは避けられるように，安全かつ慎重な方策を採るべきである。」とした。また元ガイドが鉄砲水の予兆を察知しながらまだ余裕があると考えた予測も確実なものではなかったことから，「増水した河川の渡渉を決行した被告人の判断は，山岳ガイドとしての注意義務に違反する」とした。

(b)　遺族の苦痛と保険の問題

判決では遺族の方々の苦痛として，休職，望まない進路変更，生活の困窮，家族の焦燥などについて言及し，「被告人は，被害者らに対する賠償責任保険に加入しておらず，その結果，十分な賠償もされていない」とした。

こういった商品スポーツ販売業者には賠償責任保険に入らずに事業を行っている事例が見られる。これは事故に遭遇した消費者や残された家族などにとって見過ごせない状況である。この面での厳格なチェックや法の規定が望まれる。なおダイビング事故でも賠償責任保険に入っていない業者が死亡事件を起こした事例があり，その際には禁固刑の実刑が宣告されている。

(c)　量定の理由（事故状況の評価と元ガイドの行動）

量刑については，事故が最初のアクシデントの後に「様々な不運が重なって大惨事につながった」とし，さらに元ガイドが「自らの危険を顧みず懸命の救出活動を行っていた」，唯一命を取り留めた客が「寛大な処分を望んでいる」，元ガイドが「慰謝の措置に努めている」ことなどの諸事情を考慮しての量定となったことが示された（平成18年2月8日　共同通信，同9日　南日本新聞電子版，産経新聞電子版，毎日新聞電子版など）（鹿児島地判平成18年2月8日，平成17年(わ)185号(確定)，判例集未掲載）。

(3)　散策登山時の責任の整理

① 業者には，登山計画の中止を含めて，事故を未然に防止すべき注意義務がある。

② ガイドや添乗員には自然環境の変化による危険の予見義務があり，それは自然の変化が科学的に解明されているか否かに係わらない。またその細部にわたって予見が可能である必要はなく，基本的部分について予見が可能であれば回避責任が生ずる。

③ 特別な訓練を受けていない消費者に対して販売される役務商品としての散

策登山に関する責任は，同士型登山や危険を引き受けた冬山登山やピッケル登山，学校教育の一環として行われた行事中の事故の際の法的責任と異なり，商品スポーツにおける共通した理念の下に事業者側の責任が問われる。

第2章　空域における商品スポーツ

1　種類と特徴

空域における商品スポーツには，以下のようなものがある。
(i) パラグライダー：パラシュートを使ったグライダーによる空中遊泳。

　パラグライダーという商品スポーツを行うには，講習を受けた証としての「技能証」（自主資格：5段階，7種類）が必要とされている。これは文部科学省認可の育成団体として社団法人日本ハング・パラグライディング連盟（JHF）が発行しており，初級者レベル（パラグライダー練習生技能証A・B級）から上級者レベル（パラグライダー教員技能証など）までさまざまなランクの"資格"がある。

　JHFは技能証の発行以外に，大会（日本選手権の主催・世界選手権への選手の選考や派遣）の主催などと各種基準の制定などを行っている。

　パラグライダー実行者で技能証を得た者はフライヤーと呼ばれる。

　JHF以外の組織としては，プロのパラグライダー業界（全国のスクールや輸入業者などで構成されている）の団体として日本パラグライダー協会（JPA）があり，独自にJHFと異なる資格制度（自主資格：5段階6種類）を運営し，公認スクールでの講習の他に，競技やイベントも主催している。JPAの資格も，パラメイトからエキスパートパイロット，そしてプロ向けのインストラクターのものがある。

　パラグライダーでの飛行を簡単に体験できる商品としてタンデムフライトというものがある。これは体験飛行や観光用に用いられることが多く，2人の飛行者（フライヤー）も専用のハーネスで固定して一緒に飛ぶものであり，通常は後部にインストラクターのパイロットがおり，その者が操縦を行う。

(ii) ハンググライダー：人力で滑空するグライダーによる空中遊泳。

　ハンググライダーは，三角形状の翼の下にパイロットが位置して飛行するものである。これは骨がある剛翼機体のため滑空性能は良いが，組立てなどの作業と，広い場所が必要となる。パラグライダーとハンググライダーは同じ空域を飛行することもある。またパラグライダーと同じタンデム飛行が商品として販売されている。

(iii) スカイダイビング：航空機に乗って一定の高度（3,000～4,000m）まで昇り，そこからパラシュート降下をするものである。スカイダイビングの商品スポーツとして一般的なものは，消費者がインストラクターの前にハーネス

によって固定され，パラシュートの操作はインストラクターが行って，2人で一体となって行うタンデムジャンプがある。
(iv) **熱気球**：バーナーによって熱を加えられた空気を浮力とした気球によって空中を飛行するスポーツ。体験で同乗者となる商品もある。

(1) 空域商品スポーツの特徴

　空域で実行される商品スポーツの事故とは墜落事故だけに限らず，パラグライダー同士やハングライダー同士，あるいはパラグライダーとハングライダーが空中で衝突する事故がある。こういった事故では，死亡だけでなく，腰椎圧迫骨折などで神経を損傷して全治1～3ヵ月の重傷となるような事故や，半身不随となるような事故も多いという。

　こういった事故の特性があるためか，一般の旅行傷害保険では，空域でのスポーツは危険なものとして，特約がない場合には補償外とされているものが多い。ただしパラグライダーと熱気球は保険によっては特約無しで補償される場合がある。

　空域を実行環境とするパラグライダーに関しては，現時点では民事の一例しか公開されていない※。

　　※　参考例であるが，パラグライダー競技会で発生した死亡事故の責任を求めて争われていた民事裁判で，平成16年に被告側の団体が弔慰金の支払いと今後の事故防止のための大会規定の改定などの対策をとるという条件を遺族側に提示して和解となった事例がある。詳しくは「和泉恭子基金」（http://ikf.jp/）を参照。
　　【補足】パラグライダーを行う一般個人が，その競技団体などのように，その危険を良く知る団体の主催による，アマチュア同士がその技術を競う協議会などに参加したときに参加者（パイロット）が事故に遭遇した場合，それが上空の風のせいであったとしても，それによって主催者が完全に免責されるのが当然であるかという問題がある。それは空域でのスポーツには危険がつきものであり，また協議会の参加の条件として，パイロット自身が危険を引き受けるという免責同意書などに署名を要求されている場合があるからである。これに関しては本書第Ⅲ部第1章1(7)で紹介している「富士スピードウェイ自動車レース事件」が参考になる。ここにあるように，プロレーサーの事故であっても主催者に一定の責任が認められる以上，アマチュアの協議会においては，特に上空の風の変化や天候の状況に関する継続した情報の提供とそのリスク情報の開示を当然の義務とした主催者の安全配慮義務（注意義務）はより厳格に見られるべきと考えるのが自然であろう。

　静岡県では，空域・水域ともに商品スポーツがレジャーとして盛んに行われているが，その事故も多く，静岡県警は平成16年に「平成16年　レジャー事故発生状況」を作成（第Ⅰ部第1章6の(3)参照）し，多発する事故の実態に注目している。長野県の事例は資料を参照いただきたい。

　空域でのスポーツも，水域や陸域の商品スポーツと同様に，致死的リスクがある。これが商品化されて一般に販売され（学校の課外授業の一環として行われる

こともあるという），実際に重傷者や死者が少なからず発生している点では，水域・陸域と共通した問題が存在している。

① 商品としてのパラグライダー

次のような商品が販売されている。
- **体験**：緩やかなゲレンデを自分の足で走りながら，インストラクターの指導のもと空中に浮き上がる感覚を得た後にさらに高く飛ぶことを行う。
- **タンデムフライト**：2人乗り専用のパラグライダーを使用し，インストラクターと共に飛行する。

料金は，機材レンタル料・エリア使用料・傷害保険料・消費税　などで構成されるが，4,000円から5,000円が中心価格帯である。料金にエリア使用料が入っていなければ3,500円くらいからある。消費者は料金に何が含まれているかの確認は大切であり，保険の支払い金額や支払い条件の確認も必要である。なお，タンデムフライトは9,000円くらいからある。

② 商品としてのハングライダー

タンデムハングライダー（2人乗り）体験飛行は，1回あたり4,000円くらいから14,000円（大人）くらいとなっている。パラグライダー商品と同じように，消費者は料金の内容の確認が必要である。

(2) パラグライダー事故に関する裁判（民事）

> ▶パラグライダースクールのフライト練習中に，参加者が墜落受傷した場合のインストラクターの法的責任について言及された判決。

この裁判は，直接事故被害者とインストラクター間での争いではなかったが，パラグライダースクールの講習中の責任が判決で具体的に示されている。

判決では業者の注意義務と消費者の危険の引き受けについての両方が示された。

◆**注意義務**：「パラグライダーというスポーツの特殊性からして，インストラクターがその専門的な知識・経験によって参加者のフライト練習を安全に実施すべく周到な配慮をする」

◆**危険の引き受け**：「参加者も最終的には自分の安全は自分で守るほかないとの自覚をもって対処するであろうことは，特段の事情のない限り，一応信頼してよい」

その上で，この事故の責任を，インストラクターらの「独立の不法行為に起因する」と認定した（広島地判平成6年3月29日，平成4年(ワ)572号（控訴），判時1506号133頁。これは後に，広島高裁平成8年2月29日（棄却），平成6年(ネ)146号（確定），判例集未掲載となっている）。

判決では，パラグライダーというスポーツの特殊性から，練習実施中の事故の責任はインストラクターが負うものとされた。

ただしパラグライダーは，ガイドと一体となって行うタンデム飛行でない場合は，例え練習であっても単独で空中浮遊をしなければならず，その場合，急激な自然環境の変化に練習生が対応できなかった場合，インストラクターがそれを監視していてもただちに危険をカバーすることは物理的に不可能であるという特性をもつ。

したがって他の事例があった場合，練習生には，スクーバダイビングや散策登山の参加者よりも危険の引き受けの度合いが高く認められる可能性が高い。

ただしそうである以上，消費者に一定の危険を引き受けを求めようとする場合には，その説明責任の重要さは，水域・陸域スポーツに比べても重いと考えられる（ハングライダーにも共通）。

(3) スカイダイビング

スカイダイビングの商品スポーツでもっとも一般的なタンデムジャンプとは，「ベルトでつながれた2人が一体となってパラシュート降下する。これは準備や操作のすべてを「タンデムマスター」と呼ばれるインストラクターが担当し，パートナーに特別な技能は要求されないため初心者向けとされ，国内では年間約1,000人が体験している。」（毎日電子版　平成16年8月15日より）

スクールも多数あり，16歳以上で健康な人であれば1日地上研修を受ければ翌日にはジャンプができるという。

スカイダイビングにも国家資格はなく，国際航空連盟（FAI）によるAからDまでの技能証が設定されている。日本では（財）日本航空協会が，技能レベルの段階に応じてAからD（Dが最上位）の技能証を発行している。この技能証のレベルによって降下場（ドロップゾーン＝DZ，国内には現在6ヶ所）の条件や気象状態による降下制限が規定されている。またクラブによっては，アメリカの落下傘協会（USPA）の技能証制度を採用しているところもあり，これも降下回数と規定課目の条件によってAからDの4段階の技能証が発行されている。

国内のジャンパー人口は現役が300〜400人程度で，体験ジャンプを含めると，その数は4,000〜5,000人になるという。

① 商品としてのスカイダイビング

栃木県の渡良瀬遊水地にある藤岡ドロップゾーン（降下場）で行われているタンデムジャンプの体験料金は30,000円程度からあり，料金にはタンデム体験料金の他に保険料が含まれている。他の降下場では50,000円から60,000円弱程度で行われているところもある。

---

① タンデムジャンプ死亡事件
▶平成16年1月11日埼玉県川島町の荒川河川敷上で，高度約3,800mの軽飛行機から体験者とインストラクターが「タンデムジャンプ」を行ったが，メインパラ

シュートのトラブルへの対応に失敗し，墜落，2人とも死亡した（読売電子版　平成16年8月13日より）。

　埼玉県警は，平成16年8月12日，容疑者のインストラクターを死亡のまま業務上過失致死容疑でさいたま地検川越支部に書類送検した（読売電子版　平成16年8月13日より）。
　さいたま地検は10月29日までにこれを不起訴処分とした（毎日　平成16年10月30日より）。
　このように書類送検された背景には，この事故が十分な経験者が単独で行った降下中の事故ではなく，商品スポーツとして販売され，インストラクターが同行し，その操作責任を持っていたためと考えられる。
　※　平成16年11月には，日本人女性がグアム島で同じような状況の事故で死亡している。

② スカイダイビング落下事故
▶平成17年9月17日，埼玉県桶川市川田谷の荒川河川敷上空で，高度約3800mから，スカイダイビングをしていた，過去15回の降下経験がある女性（23）のパラシュートがうまく開かず，それに気付いた近くを降下中のインストラクターが女性に近づき，女性の背中のメインパラシュートを開くハンドルを引いた。しかし女性はほぼ同時に予備パラシュートを開いた。インストラクターの指示で女性はメインを切り離したがこれが予備パラシュートに絡み，きりもみ状態で落下，十分減速できないまま畑に腰から着地した。この女性は腰の骨を折るなどの重傷を負った。命に別状はないという（平成17年9月12日　東京，毎日，13日　産経，各電子版など）。

　この事故では，パラシュートがからまったにしても一定の効果があったため急降下が避けられたと見られる。事故原因は埼玉県警上尾署が調べている。なお報道によると，インストラクターは空中でこの女性の状況を見て救助をあきらめて離れたため無事であったという。

(4) 熱気球
　同乗して飛ぶだけなら特別な資格は不要であるが，パイロットとして自ら操縦する場合には「熱気球操縦士技能証明証」が必要となる。この技能証を発行する団体は，昭和50年（1975年）から活動している日本気球連盟（Japan Baloon Federation）である。
　技能証を得るには，16歳以上で日本気球連盟の会員となり，トレーニングの詳細やその履歴を記録している「トレーニング・ログ」を所有していることが必要である。いくつも項目のトレーニングを終え，取得試験を受験するために講習会を受講して，インストラクターの指導による10回10時間以上のフライトやインストラクター立会いによるソロフライトの経験などを経て，日本気球連盟の実施する筆記試験を受け，その上でインストラクターによるチャックフライトに合格し

て技能証が発行される。現在日本には，約2,000人の気球愛好家がいるという。
　気球が飛ぶのに適したエリアは全国で約30ヵ所となっているが，周辺の状況によって年間に飛べる時期は限られている。

①　商品としての熱気球

　熱気球への搭乗は，体験という形で商品化されている。温泉地や牧場などで，地上に係留したまま数分間浮遊するものから，実際にエリアで数十分飛行するというものまである。

▶商品例（価格は平成16年から17年当時の調査による）
　・係留フライト：所要時間は3分　1,000円
　・体験フライト：所要時間は5分　2,000円（大人）
　・フリーフライト：高度100〜300mを20分前後
　　　　　　　　　　2人の場合　　　1人当たり20,000円
　　　　　　　　　　3〜4人の場合　1人当たり15,000円
　・遊覧フライト：30分コース　1人　20,000円
　　　　　　　　　60分コース　1人　40,000円

　なおイベントなどの場合は無料体験飛行も行われている。
　またパイロットなどが自らの気球に第三者を同乗させることもある。この場合でも，人身事故時の法的責任は，その行為が無料であってもパイロットが問われる可能性が高い。したがってこういったスポーツを指導的役割によって引率する者は，対物のみならず対人賠償保険への加入が必須である。
　ちなみにスクーバダイビングのインストラクターの場合は，対人賠償保険額が10億程度の保険への加入が「指導団体」より義務付けられている。ただし，人身事故での保険金支払いがあると，その後の保険料が上がる恐れがあるとして責任回避に走り，結果として裁判となることでかえって経済的負担が大きくなる例が見られる。
　空域商品スポーツの関係者も，対人賠償保険に入っていても，事故のときに保険で払うとその後の保険料が上がる恐れがあるので支払い責任は避けたいと危惧していた。
　なお，ダイビングビジネスのプロとして長年の営業を行っていた者が死亡と重傷を含む事故を起こしたときに対人で無保険であったこともあって，刑事裁判で禁固刑という実刑がついた事例があるので，対人賠償の無保険は事業者ないしは指導的立場の者にとっては危険な選択であることは言うまでもない。
　熱気球の事故は，添付資料に示した静岡県の平成16年9月の燃料切れによる墜落のようなものもあるが，基本的には突風を主とした風の影響によっている。特に風によって係留ロープに絡んだことでの事故が少なくなく，手足や骨盤の骨折

などの事故が発生している。また風に流されて着陸場所からずれることで障害物に接触したり，さらに空中衝突事故も見られる。

② 民事裁判

熱気球の裁判事例で国内の事例は，日本気球連盟事故調査委員会が平成16年（2004年）3月28日に主催した「事故セミナー2004」で，民事訴訟の一審判決結果の報告を行った富山事件（富山事故）がある。

同連盟は，その機関誌『風船』113号（2004年6月）17頁で，裁判所からの鑑定人推薦の要請によって鑑定書を提出した理事から「富山事故の裁判に関して」とした報告を受け記載した。以下，それらを参考に事故の概要などを紹介する。

> ① **富山事件**（これは，機長の自己保有の熱気球に無料で同乗した一般人が事故で傷害を負い，その後，後遺障害が残存した事件で，機長の賠償責任が問われた事例である）
> 　平成9年4月13日，富山県新湊川市野村で，総飛行時間約104時間の経験がある機長と他2人による熱気球飛行の最終着陸時に6600Vの電線に接触，その電線の間にバスケット（籠状になっている人が乗る部分。着陸時のショックを吸収するよう籐でできているものが多い）が挟まって抜け出せなくなった。その後数分間バーナーをたき，バスケットをゆすり，また電線を手で押して離脱したが，進行方向に高圧線があり，また海岸が間近だったため急速に気球内の熱気を放出して急降下による着地を行ったことで搭乗者が負傷した。機長（パイロット）は骨折等全治3ヶ月の負傷，熱気球操縦技能証明の取得を志していたスチューデントパイロット（Pu/t）は全治3週間の負傷，同乗者（パッセンジャー）が胸椎圧迫骨折で全治2ヶ月の負傷となった。なお対人，搭乗者保険はかけられていなかった。
> 　当時の天候は晴れ，離陸時（午前7時10分）の風速は1 m/s，着陸時（午前8時25分）は5.8m/s（電線離脱後）。

同乗者を原告，パイロットを被告とする損害賠償請求訴訟判決が平成15年12月12日に出された。裁判所は被告の過失を認め，原告の後遺障害による逸失利益等を認める一部認容判決となった。判決では，約3,800万円の請求に対して約2,900万円の支払いを命じた。

この判決では，水域や陸域での商品スポーツの判決と同様，空中での商品スポーツにおいても，それがたとえ無料であっても，その活動をコントロールしている者が責任を問われている。

なおこの事故に対して，日本気球連盟の事故調査委員会は，ネットで公開している事故情報の「97事故報告集計」でこの事故へのコメントを載せている。

整理番号　97－011

概要：「ハードランディングで2名重傷，1名軽傷，開口部焼損，バーナーフレーム変形」P1コメント：「高圧線の手前は東西に広い田で，安心してランディングが可能と判断。余裕を持って手前に着陸していれば，このような事故は

避けられたと思う。」

■鑑定内容

裁判所の要請で鑑定を行った鑑定人は，事故の調査の結果，次のように鑑定した。

- ●着陸地点の選定の問題　《最終着陸地点を野村地区に設定したことは間違いであり，それ以前に最終着陸地点を設定するべきであった》
- ●電線に接触する前に，着陸をするためにおこなった気球操作　《電線上を通過するための高度選定とバーナー操作に誤りがあった》
- ●接触した電線から離脱する際の気球の操作　《電線離脱直後のリップラインの操作は中途半端で，目的のある操作をしていない。高圧線までの距離と風の強さを考えると，リップラインを引ききるか，リップラインを引かないで高圧線を飛び越えられる高度に上昇しなければならない》
- ●接触した電線からの離脱行為後の気球操作　《電線から離脱後，リップラインを引ききって急降下したことは妥当な気球の操作であった》
- ●電線に接触して停止した状態で，飛行を中止せずに継続した判断について　《電線に接触し停止した際，飛行を中止するべきであった》

■地裁判決検討

裁判所は，証言や証拠，及び鑑定を踏まえて，この事故以前に発生した，日本気球連盟が把握している全ての熱気球の電線接触事故において，電線に大きな被害を与えることなく取られた方法[4]（「熱気球が電線に接触した場合には，直ちにバーナーを焚くのを止めて飛行を中止し，熱気球の機体をそのままにして，電力会社に連絡して送電の停止や機体の除去を依頼する，乗員が地表に降りられる場合には乗員のみ地表に退避する，機体を電線から離脱させようとすることはかえって電線の被害を拡大する」という日本気球連盟の研修会における指導）を示した。

ところで判決では，フライトプランについては，「熱気球の飛行前に飛行の目的，気象条件及び乗員数によって燃料の搭載量や最終着陸地域を決定」して作成しなければならないとし，「熱気球は基本的に風任せで飛行するものであるから，同フライトプランは，相応の余裕をもったものではければならない。」とした。

そして着陸地点の選定条件として次のように原則を示した。

「最終着陸地域は，熱気球が同地域に到達したとしても，たまたま電線，人家及び河川上を飛行して着陸できないこともありうるから，最終着陸予想地域の風下に必ず着陸できる地域を確保することが原則である。たとい風向きの変化などによって当初考えていた方向に向かわず，飛行中に最終着陸予

---

4) ダイビングにおける「指導団体」の規準については，それを検証することなく採用した裁判があったが，この事例の場合は，過去の把握済みの全ての事例において大きな被害を出さなかったという実績を確認した上で判断基準とされている。

想地域を変更したとしても，同最終着陸予想地域の設定は，前記原則のとおり，その風下に着陸可能な地域がある地域にしなければならない。」

そして事故のあった着陸地点の選定について，「前記原則に適合しない最終着陸地域であった。」とした。

これは，水域・陸域でのスポーツの実行にかかわる事前の計画の原則についてと同様の判断がなされていることを示している。

つまり，レジャー（レクリエーション）スポーツの実行計画には，事故を予見した予備計画（この場合は風向きの変化があっても対応可能な計画）が準備されていなければならないという原則である。

ここではフライトプランが「相応の余裕をもったものでけれ（ママ）ばならない。」としているが，これが予備計画を含んだ計画のあり方を示していることは明らかで，その予備計画が，「風向きの変化などによって当初考えていた方向に向かわず，飛行中に最終着陸予想地域を変更したとしても」対応できるという計画であるべきことを物語っている。

裁判所は事故時の機長の操作についても検討した上で，次のように判断を行った。

「被告は，機長として本件気球を操作して本件電線上を通過するに当たり，本件電線の高さの2倍の高度を上昇又は水平に通過するよう本件気球を操作すべき義務があるのにこれを怠り，又は，本件気球が本件電線に接触して停止した際，直ちに飛行を中止して乗員を退避させるさせる（ママ）べき義務があるのにこれを怠ったために本件事故を生じさせたと認められる」として，「本件事故によって原告に生じた損害を賠償すべき義務がある。」とした。

ここで示されている，実行中のスポーツを状況によっては直ちに中止の判断をすべきとしたことは，商品スポーツの現場を統括する者の，危険を予見した結果回避義務が重いことを示しており，これは水域などの事故のときに求められているものと同じである。

また今回の飛行では，事故被害者は無料で搭乗させてもらっていたことで，機長から見れば，ある意味，熱気球の普及のために行ったボランティア的活動であったという見方もなくはない。しかし無償の行為であったとしても，それは免責の理由とはならない。指導的な立場にある引率者の注意義務が高いことがあらためて分かる事例である（富山地裁高岡支部判平成15年12月12日，平成11年(ワ)33号(控訴)，和解，判例集未掲載／判決文の引用と事件番号の公開にあたっては，裁判関係者より了解を得ている）。

ここで紹介した熱気球の事例の場合は，事故に遭った同乗者は，本来同乗するはずだった機長の知人が乗れなくなったために，代わって無償で同乗したものである。判決では機長の過失が認められて，賠償額も請求額に対して約8割となっ

ている。なお，事故に遭った同乗者には過失割合による減額はされていない。これは熱気球の操縦には高度の専門性が認められ，機長がその飛行計画と操縦の全体を支配していたからであると考えられる。したがってこのような専門的知識が不可欠なスポーツ種目の指導的立場の者の責任とは，非常に重いことが分かる。

　この事故の場合，機長は対人賠償保険をかけていなかった。今後こういった形態のスポーツを行う者は，たとえそれがボランティアで行うものであっても，それを企画・計画し，また実行・引率する者は，対人賠償保険をかけておく必要があることは言うまでもない。

> ② ケニア熱気球転倒事件
> 　平成元年8月7日，ケニアのマサイマラで行われたバルーン・サファリという熱気球の商品スポーツに参加した女性（45歳），同（41歳）が，熱気球の着陸時にゴンドラ（バスケット）が転倒し，搭乗していた原告Aが頸椎骨折，頸髄損傷，胸椎骨折，肋骨骨折等の傷害を負い，原告Bは頸髄損傷等の傷害を負った。
> 　両者は，旅行会社を被告として，損害賠償請求を行った（大阪地判平成9年9月11日，平成4年(ワ)4344号，棄却，交通事故民事裁判例集30巻5号1384頁）。

■**判決**：原告の請求は棄却された。

　裁判所の判断では，旅行契約を行った被告会社に対して，被告会社がケニアの熱気球飛行会社を選定した点について，その会社のそれまでの履歴から，この会社のパイロットが熱気球の資格としてアメリカの連邦航空局商業パイロット許可証，ケニア商業パイロット（熱気球）許可証を有しており，この事故発生まで約1,920時間の熱気球の飛行経験有していたこと，さらにこの会社が事故発生時までに約850人の乗客を乗せながら，重大な人身事故を起こしていないこと（ケニア共和国では，この事故発生までの十数年間で重大な人身事故は1986年（昭和61年）に地上職員が重傷を負った1件だけだった）などの理由から過失があったとはできないとした。

　しかし判決では旅行サービスの提供時の責任について，原告Aが「アフリカ旅行について専門と評価される被告に本件旅行の計画を相談し，被告から送付されたパンフレットを見てバルーン・サファリに参加しようと思い，被告の専門的知識・経験を信頼して本件旅行契約を締結したことが認められるが，このような場合，旅行サービスの提供について手配をする地位にある被告は，信義則上，旅行契約が主催旅行契約であるか手配旅行契約であるかにかかわらず，安全な熱気球旅行会社を選定すべき注意義務を負うと解するのが相当である（したがって，被告の債務不履行責任の有無を判断するに当たって，本件旅行契約が主催旅行契約であったのかそれとも手配旅行契約であったのかは関係がないと解されるから，この点については判断しない）。」と，旅行会社が商品スポーツの販売会社を選定する際の注意義務について述べた。

さらに原告の主張となる当時の添乗員の安全確保義務違反を前提とする被告会社の債務不履行責任も，その当時の事情を検討して問えないとした。ただしここでも旅行会社の安全確保義務を次のように示している。
　「原告らは，被告の専門的知識や経験等を信頼して，アフリカ旅行に添乗員が同行することを被告に依頼し，これを受けて被告は本件旅行に添乗員を同行させたものと認められ，このような場合，被告は，信義則上，旅行契約が主催旅行であるか手配旅行契約であるかにかかわらず，添乗員が同行する当該旅行の具体的状況に応じ，旅行者の安全を確保するよう適切な措置をとるべき義務を負うものと解するのが相当である。そして，この場合，添乗員はいわゆる履行補助者として右義務の履行に当たると解するのが相当であり，添乗員に右義務違反が認められる場合，被告は債務不履行責任を免れないというべきである。」
　被告旅行会社の説明責任についても，当時，熱気球の危険について説明しなかったことと事故の因果関係を認めることができないので被告会社の債務不履行責任を基礎付けることはできないとした。
　ここでも説明責任について重要な要件を示している。
　「本件事故発生前にケニアで発生した熱気球による重大な人身事故は１件だけであったこと，本件事故当時，被告においてもバルーン・サファリが危険であることを知らなかったこと（証人〇〇，弁論の全趣旨）に鑑みれば，バルーン・サファリの危険性を原告らに告知しなかったことをもって被告の債務不履行責任を基礎付けることはできない。」
　ここで重要な要件は，説明責任と消費者の損害の因果関係を否定するためには，
　㋐　それまでその種目の商品スポーツで重大な事故が事実上発生していないこと。
　㋑　そのため，商品スポーツを販売する側が，その商品の危険性を知らなかったこと。
の２つが条件として挙げられたことである。
　本書で取り上げた商品スポーツでは，現在その全てにおいて国内で重大な人身事故が報告されており，その条件において①は否定される。また「危険を知らなかった」という主張に関しても，本書で検証したように，商品スポーツの重大な人身事故については，その販売を職業とする者は，それらの事実を，その深度は別にしても，報道やさまざまな通信手段によって容易に知ることができる。したがって少なくとも日本国内や，日本の旅行業者が海外の商品スポーツ販売業者を紹介する場合に，本書で紹介したような商品スポーツの危険について知らないはずはなく（知らないですまされる問題でもない），知った上で，その奥行き情報に至るまで十分な説明を行い，「正常化の偏見」を排除べき義務があることが分かる。
　商品スポーツ販売業者を旅行会社が選んでカタログなどを通じて販売する場合，

上記のような義務が果たされていないことで，情報不足の消費者が被害に遭ったという話は少なくない。その結果は時に悲惨を極める。したがって，旅行会社が商品スポーツを販売する場合には，その商品スポーツのリスクと，現地でサービスを提供する業者の詳しい調査を行った上に，十分な調査と情報開示が必要である。

(5) 空域商品スポーツの販売側の義務

実際の空域事故で問われる責任の内容から，空域商品スポーツの販売者側やゲレンデ管理者には次のような安全配慮義務が存在する。

① 最新の地形・気象データの間断のない観察とそれに伴う危険の予見
② 事故や危険要因の早期発見のための監視体制の整備
③ 事故時の適切な救助・搬送体制の整備
④ 医療機関への連絡体制の整備
⑤ 危険情報開示義務と説明責任の履行
⑥ 以上を踏まえた，安全に終了できるための飛行計画

これらに水域や陸域での商品スポーツ事故で問われている責任の内容と，さらに本章1で示した参考例を見ても，空域での商品スポーツ種目の競技会を行う場合は，競技を行う場の管理上の過失があった場合には，主催者の管理責任や土地工作物責任も問われる可能性が高いので，厳重な注意が必要である。

(6) 空域での商品スポーツの法的責任の整理

空域における商品スポーツでも，業者の安全配慮義務は水域や山域のものと基本的な部分は共通している。

空域での商品スポーツでは，講習や体験などを含めたタンデム飛行やタンデムジャンプ，あるいはパイロットが操作する熱気球への同乗者という立場では，インストラクターやスクールなど，他の商品スポーツと同じように，指導的立場，あるいは引率者，管理者に責任が問われている。ただしその実行領域である空中では，消費者が飛行中は単独となる場合が多いことから，すでに十分な講習を終え，正しくその技能証を得ていれば，水域や山域の場合より危険の引き受けのレベルが比較的高く認められる可能性は高いと考えられる。

また空中での事故の特徴は，落下，空中衝突，着地の失敗などがあるということである。このような事故の形態は，たとえ商品スポーツの販売側が常時監視中に事故の瞬間を認めたとしても，特別な場合（パラシュート降下で，インストラクターがそばにいて対応した事例など）を除けば，空中にいる事故者のそばや，あるいは事故が起こる直前にそばに行って直接対処することもできない。

そうであるからこそ，業者が事業を行うにあたっては，安全に対する格段の注意義務を履行することと，消費者に対する，最新（特に刻々と変化する気象情報など）の奥行き情報の提供を怠ってはならないのである。

第Ⅴ部

総括—予見と責任

1 フェイルセーフ

(1) フェイルセーフと予備計画

フェイルセーフ（fail safe）とは，安全をより確実にするためにミスや不具合をあらかじめ想定してその影響や損害を最小限にとどめるための設計思想※のことである。商品ダイビングの消費が，人間が関係する役務商品である以上，そこに完全性は存在し得ない。したがって商品スポーツの実行（消費あるいは業者による役務の提供）におけるトラブルは，それが多くの場合致死性を伴うものでもあることから，常にトラブルは起こり得るものとして，最悪の事態を避けるための予備計画（fail soft とも言える。できれば複数）を用意し，予定の行動に支障が生じた場合に自動的に実行される，致死性を回避してより安全にその商品を終了するための計画が必要である。

例えばダイビングの場合にはダイバーの技量水準，体力，ダイビング前の体調，持病，潮の流れ，水圧によるダイビング中の体調の変化，水中生物との遭遇や接触，透明度，水温，潜水適性などのほかに，バディシステムの崩壊，見失いや対応の間違いなどの原因となるインストラクターやガイドの能力上の欠陥（間違った思い込みも含む），潜水講習上のプログラムの欠陥，持参すべき器材選択のミス，そしてパニック，他，多数のトラブル要因がある。散策登山なら，登山技量，体力，当日の体調，持病，気象の変化，気温の変化，雪崩や鉄砲水の問題，足場の問題，服装，通信器材，地図，非常糧食，他，多数のトラブル要因が，パラグライダーなら風の変化，器材の整備不良，空中で交錯する他のパイロットの技量，ハングライダーなど（エンジン付の飛行体も）との飛行計画のすり合わせの問題など，それぞれの要因から発生しうる事態を考慮した予備計画が必要である（もちろん，各スポーツにおいて使用する器材の故障の問題もある）。

本書で示したように，事故に結びつくトラブルは，それぞれの商品スポーツで，特にプロの側，指導者の側はまず予見可能と考えてよい。したがって商品スポーツは本来の計画とそれを踏まえた予備計画をセットとしてパッケージ化されたものとして販売されるべきである。それを「安全である。」とだけし，情報の公開を拒んだ上での販売活動は，商品の製造者と販売・流通者に不可欠な予見能力（異常事態の補足能力など）がないか，あるいは利益を優先させるためにそれを無視して（消費者の安全確保義務を無視して）予備計画用のコストを利益に転換していると考えられる。

※ ファイルセーフの設計思想：例えばオフィスで身近な複写機や複合機の例で見る。これらは時に機械の内部で紙づまりを起こすが，その処理は面倒であり管理者を悩ませる。しかしこれは，これらの機械の内部に幾つものセンサーをつけり，コピー時やパソコンからの印刷指示信号を受けた複合機（複写機・プリンター）が給紙命令を出して，それが一定の時間内に給紙センサーを通過しなかった場合に，プリンターは給紙にかかわるトラブル（用紙切れを含む）と見

なしてエラー信号を出したり，あるいは内部で紙が詰まったり絡んだりして正常な紙の搬送がなかった場合には機械が停止するからである。これが管理者や一般の使用者に面倒な作業を強いることになる原因である。しかし，このような停止機能を除いてしまうと，紙が機械内部で取り出し困難な詰まり方や巻きつきを起こす可能性が高くなり，エンジニアにも修復不可能なまでに壊してしまう恐れが生じるのである。つまり，異常の検知を早期に行って機械の動作を止めるメカニズムこそが，それを怠ることで事態を取り返しのつかないところまで行く前に対処をするという設計思想であり，これがフェイルセーフの設計思想なのである。

　致死性の高い商品スポーツでは，異常を予見してその徴候を早期に捕らえて事態収拾のために回復可能な時点でその実行を止める（そのスポーツを直ちに止めて退去する）ことが，人命の安全のために不可欠なことである。この実行を躊躇させる，あるいは異常事態の予見を軽く見る，または異常の検知による中止時点を伸ばすという心理は，「正常化の偏見」がもたらす。

　「正常化の偏見」の商業利用を禁止すべき理由はここにあるのである。

(2) 正常化の偏見

フェイルセーフを妨げる最も大きな要因は，「正常化の偏見」である。

これが浸透していると，消費者においては，フェイルセーフが用意されていない商品スポーツであってもそれに対する感性が働かない。そして手抜きや能力の欠陥の放置をもたらす。したがって「正常化の偏見」の排除は，商品スポーツにおいては不可欠かつ火急の要請であり，「正常化の偏見」を誘引または利用して商業利用することは厳に戒めなければならない。

2　責　任

(1) 商品スポーツにかかわる責任の概要

① 自然環境下における商品スポーツ販売業者の安全配慮義務（注意義務）については，その実行域を問わず，ダイビングにおける最高裁の二原則の主旨をもって共通している。
② 業者側には高度の危険の予見とその回避義務がある。
③ 業者からの一方的な免責要求（免責同意書等）は無効である。
④ リスクに対する業者の説明責任は商品スポーツを構成する不可分の要素である。
⑤ 消費者における危険の引き受けの度合いは，単独で行う場合の空域のみ若干高い。
⑥ 事故との因果関係の立証には，厳密な自然科学的な証明は必要ではなく，経験則に沿って証明できれば十分である。

(2) 事業者責任

① 消費者基本法と消費者契約法における事業者責任

商品スポーツ製造・販売・流通業者の中には，説明責任の十分な履行を行わず，

また危険の予見に基づく対策を打たないまま，それによって発生した事故の責任を消費者に対して「オウンリスク」，「自己責任」と主張して転嫁しようとする傾向が強い者（組織を含む）が少なくない。またこれを容易にするために，消費者と社会に対して，技能の講習の場やマスコミを使ってイメージコントロールを行い，加えて「正常化の偏見」の浸透を図り，それを商業利用する状況も見られる。これらは消費者基本法や消費者契約法に反しており，消費者に対する安全配慮義務違反，説明責任無視，そして知る権利の侵害でもある。

② 致死性の認知の隠蔽

商品スポーツによっては，20年以上に渡って死亡・行方不明者が多数発生し続けている種目もある。これらの事故に関する裁判例を見ると，同じような人的要因（役務商品としての能力の欠陥……見失ったり，事故者の救助ができない，正しい指導やガイドができない，説明責任が果たせないなど）から事故が発生している。このことから，致死性を強く認知される商品スポーツほど，その情報の核心部分が消費者に開示されない傾向があることが分かる。

(3) 商品スポーツ事業者に求められる責任の展望

① 役務商品の製造者責任……商品スポーツの製造（企画・計画）者責任が明確に法制化されるべきであろう。

② 流通・販売責任……危険を内包する商品スポーツの流通・販売責任はより明確に示されるべきであろう。

③ 品質責任……業者による契約内容の一方的な変更や，それによって品質低下を招いた場合には，債務不履行，または詐欺的商法としてその責任が問われるべきであろう。

④ 履行責任……業者による商品実行現場における手抜きなどの責任は，債務不履行責任として確立されるであろう。

⑤ 危険の予見とその回避義務……業者には高度の予見可能性が認められることから，予見無視や，結果回避義務の放棄の結果責任は，より一層厳格に問われてくるであろう。

⑥ 危険情報の説明責任（奥行き情報に関して）……「客が怖がってやってこなくなるから」という理由での説明責任の放棄（及び本当に危険なことについて十分な警告を行わないブリーフィングなど）は免責理由にはならず，今後はそこに含まれる悪意（消費者の安全より，危険性を隠蔽して誘客して目先の利益を優先させるという事業者論理）に対してはより一層の責任追及がなされてくるであろう。

⑦ 知らないことの責任……消費者の安全に関わる重要な情報に対する無知が，その結果に対する免責の理由とはならないという最高裁の司法判断は浸透していくであろう。

ここ何年もの裁判の傾向を見ると，商品スポーツの法的責任として，製造物責任法（PL法）と同様の法理が適用されてきている。これはもはやPL法に役務商品を加えるべき時が来ていることを示している。消費者基本法ではすでに商品（物質としての製造物）と役務（サービスやプログラムなどの無形製造物）を同列に扱ってもいることから，現状は製造物製造・販売者と役務商品製造・販売者との間で法の下の平等が達成されていないことになる。これが，商品スポーツのような人命にかかわる役務商品の製造・販売が無法状態にあると言えるような状況をもたらす原因となっている。
　今後は消費者に対する「正常化の偏見」の助長に結びつく業者（製造・販売者と業界マスコミや学者など）のイメージコントロールや情報提供義務の無視は，その責任をより明確に問われてくるようになる可能性が考えられ，また積極的にそうすべきであると考えられる。
　以上から，国家は消費者の生命身体の安全のために，役務商品をPL法の対象とすべきであり，さらに手抜きなどを防止するためにも，罰則規定を設けた役務商品責任法（仮称）の早期立法化をすべきである。

(4)　商品スポーツを販売する旅行会社（旅行代理店や旅行社とも言う）**の責任**
　旅行代理店がオプショナルツアーなどとして商品を販売する場合にどのような法的責任が生じるかは，ケニア熱気球転倒事件（本書第Ⅳ部第2章1(4)②）で判示されたものが最も具体的となっているが，ここではこれに加えて，次の2つの司法判断を紹介する。

> ■旅行業者の説明責任
> 　「主催旅行契約を締結した旅行業者は，旅行サービスの提供について手配し，旅程を管理する義務を負うのみならず，信義則上これに付随して，一定の場合に，サービス提供機関や旅行目的地における様々な危険性について，これを調査し，予測される危険を回避ないし排除するための合理的措置をとるとともに，旅行者に対し危険性を告知すべき義務があることは否定できない」（東京地判平成17年6月10日，平成15年(ワ)14514号（確定），判例集未掲載。ご遺族の了解の下に事件番号を記す）。

　これは，海外のリゾート地のビーチのごく浅い水域で波にさらわれ，その結果死亡された方のご遺族が，そのビーチで過去幾人もの死亡事故があったにもかかわらずその具体的危険性を事前に十分に説明しなかった日本の旅行業者の責任を問うた裁判の判決で示された旅行業者の説明責任に関した部分である。
　危険に関する情報は生死に関わるものであることを忘れてはならない。

　次は，海外ツアーに申し込んだ人たちが刺青を入れていたことで入国を拒否され強制送還を受けたことで，その情報を事前に説明する義務を怠ったとして旅行業者に損害賠償を求めた事件の一審判決からである。

まず，旅行業者と消費者の関係について，

「旅行内容や旅行先に関する情報について，専門家である旅行業者と一般旅行者との間には情報量，情報収集能力やその手段において大きな格差が存在しており，」

「海外旅行の場合には」「当該旅行中に安全や旅行先の治安等に関する情報，食べ物や疾病等，生命身体への危険性に関する情報についても，これらを収集し，旅行者に対して，告知説明すべき義務がある」

そして強制送還となった項目の告知や指導を㈳日本旅行業協会及び国土交通省から指導ないし行政指導を受けた事実はなく，また旅行業者においてこのような告知を一般的に行っている業者は存在しないという被告の主張に対して，

「海外旅行を主催する旅行業者には，前記のとおりの情報を入手し，提供し，説明すべき義務があると認められるので，これまで，国土交通省等から告知や指導がなされなかったとしても，被告の義務が消滅ないし軽減されるものではない。」と示した（京都地判平成18年3月28日，平成17年(ワ)989号(控訴)，判例集未掲載　原告の了解の下に事件番号を記す)。

これは，旅行業者には消費者の生命身体への危険性に関する情報を収集して十分に説明する説明責任が存在することを示しているが，商品スポーツをオプショナルツアーなどとして紹介販売する際にも，その商品スポーツに消費者の生命身体の安全にかかわる性質があったり，その商品を実行するショップ（個別ショップに限らずその業界で過去あったことでも）で手抜きや不法就労者などが雇用されていたり，実際の業務を雇員ではなく旅行業者が把握していない委託業者に投げているような可能性があれば，そこを十分調査してその情報を消費者に提供する義務があることを示している。またこの場合の安全情報には，事故の際の現地での対応の仕方や現地警察などの質，現地の法律リスクなどに関する情報，さらには客に対するショップのオーナーや雇員，また委託業者による性的関係の強要の可能性に関する情報も十分に提供すべきである。

また自由行動が中心のパック旅行では，当該地の魅力を，自由行動中に消費者がそこで行い（購入）得るアクティビティ（商品スポーツなど）の魅力を訴えることで販促としていることも多い。このような場合には，旅行社には，このような魅力と共にある危険情報についての調査責任とその結果の情報提供責任，そしてそれに付随した説明責任があると考えることは自然であり，パック旅行中の自由選択アクティビティ中の事故に，そのような事前の説明と情報提供が不十分な状況があった場合には，その行動の結果の全ての責任を消費者のものとすることは不自然である。

ここで，3つ目の事例として前述（第Ⅲ部第1章2(1)～(3)）の，特に 東京地判平成16年11月24日，平成12年(ワ)21770号）を参考にし，以下にそれをまとめた。

① 商品スポーツを旅行サービスの一環として提供したり手配する旅行会社は，信義則上，旅行契約が主催旅行契約であるか手配旅行契約であるかにかかわらず，安全な商品スポーツを提供できる会社を選定する注意義務を負う。
② 旅行契約が主催旅行であるか手配旅行契約であるかにかかわらず，旅行会社は旅行者の安全を確保するよう適切な措置をとるべき義務を負う。
③ 添乗員に注意義務違反が認められる場合，旅行会社は債務不履行責任を免れない。
④ 旅行会社は，販売する商品（スポーツ）について，その危険性を十分に調査し，その情報を旅行者に説明しなければならない。
⑤ 販売した商品で旅行者（消費者）が損害を被った場合，旅行会社が説明責任の瑕疵と消費者の損害の因果関係を否定するためには，
　(ア) それまでその種目の商品スポーツで重大な事故が事実上発生していないこと。
　(イ) そのため，商品スポーツを販売する側が，その商品の危険性を知らなかったこと。
　(ウ) 旅行者に対して，最新の調査と信頼できる根拠に基づく危険情報の事前説明を十分に行っていた場合。
という要件が必要とされる。

3 結　語

本書で取り上げた商品スポーツの危険性はすでに周知のものであるため，これらの商品スポーツの危険性について，旅行会社はその説明不足に関して上記(ア)と(イ)は免責要因とならないであろう。

なお，商品スポーツの危険性とは死に至るものであることから，通常のブリーフィング程度の，単に危険情報の入り口の提供程度では説明責任は果たされたとは見なされない（すでに見なされないという判決も出ている）可能性が，今後はさらに高まってくるであろう。したがって消費者の損害を防止するために，危険の予見とその回避義務のための十分な調査に基づく「特別の危険性」の説明と警告の徹底は，より強く求められてくる可能性が高い。

ところで旅行会社が販売する現地ツアー商品に対して，その商品（致死性のある商品スポーツの実行現場）をツアー会社の人が視察したことで十分な調査をしたと主張する向きもあるが，そのような視察だけで実態が把握できると考えることは軽率である。特に相手側に知られながらの視察の場合は，される側が手抜きなどのリスクが顕在化した活動状況を見せる可能性は少なく，さらに視察する側

が，その商品スポーツのリスクについて専門的知識を持っていなかった場合（自分たちになかったら，持っているものを雇えばよい）は，重要なことは何も把握できないと考えるべきである。したがって，単なる視察は，視察そのものの手抜きとなる場合があると考えるべきである。

したがって旅行会社のツアー販売担当者や商品開発担当者は，専門的知識を持つ，業界にコントロールされていない専門家をアドバイザーとし，あるいは雇い，その上で十分に商品を調査し，そのリスクの程度を判断するとともに，その結果を消費者に開示・説明するべきである。

またこういったことは，自由行動中に選択し得るアクティビティ（商品スポーツ）が販促上の魅力としているパック旅行などでも，程度の差ことはあれ，求められる義務である。

資　料

1. スクーバダイビングの平成14年から18年の国内事故一覧と分析
2. スクーバダイビングの平成12年から18年にかけての海外邦人事故一覧
3. 海外の水域レクリエーションスポーツ中の事故一覧
4. 「ダイビング・サービス提供者に係る安全対策」
5. 「スキューバダイビング中の事故防止にかかる安全対策について」
6. 「潜水者・遊泳者の死傷海難防止のために」
7. パラグライダーという商品スポーツの仕組み
8. パラグライダーの事故事例
9. ハングライダーの事故事例
10. 熱気球の事故事例
11. 「東京大学における潜水作業中の死亡事故について事故原因究明及び再発防止のための報告書」抜粋
12. 東京大学「安全の日」安全シンポジウム　発表資料１，２
13. 「商品スポーツを販売する旅行会社の説明責任」

● 商品スポーツ事故

1．スクーバダイビングの平成14年から18年の事故一覧と分析

●は死亡・行方不明。▲は入院など。△は救急出動。○は異常なし。■は詳細不明。
なお，死亡・行方不明以外の結果の判断には，主観的な判断も含む。

■平成14年

	発生日	県名	ポイント	事故者	分類	概　要	結果
1	1月5日	静岡	富戸	女(42)	不明	水深14mでレギュレーターが外れて溺水	○
2	1月20日	和歌山	串本	男(36)	講習中	インストラクター1人、ガイド3人、事故者含む客3人。事故者とそのバディは器材の準備に手間取っており、20分送れてエントリー。事故者は水中で気分が悪いと言って浮上。次第に呼吸困難となり死亡	●
3	2月10	静岡	富戸	女(31)	不明	ダイビングをした後、気分が悪くなり、ポイント近くにある自宅にたどり着くも倒れた。減圧症と見られた。	△
4	2月17日	和歌山	串本	男(38)	業務中	インストラクターが講習後、水中のメジャー回収に潜水し、浮上せず。海底で発見。死亡。	●
5	4月6日	沖縄	読谷村	男(21,25)	ファン	米軍人を含む軍関係者2人が沖合800m地点のリーフ上まで流されて漂流。通りかかったダイビング業者のボートに救助される。	○○
6	4月20日	静岡	井田	男(40)	ファン	水深35mまで潜って、インストラクターと3人で浮上していたが、事故者は途中で様子がおかしくなって沈んでいった。インストラクターはもう一人の客と浮上。事故者は死亡。窒素塞栓症とされた。人数比1対2。	●
7	4月28日	京都	舞鶴	男(60)	単独	事故者は友人1人と別々にダイビング中。行方不明となる。	●
8	5月4日	福井	越前町	男(60)	自己計画	事故者は友人2人とダイビングしたあと海面で溺水。病院へ搬送	△
9	5月1日	沖縄	座間味村久場島付近	男(53)	ファン	前日からダイビングを行っていた事故者は、浮上直後に体調の不良を訴えた。搬送された診療所で減圧症の疑いがあり、自衛隊のヘリで沖縄本島の病院へ搬送された。	△
10	6月6日	沖縄	ハテ島灯台沖	女(18)	ボランティア活動中	オニヒトデの駆除活動を行った後、船上で意識不明に陥り入院。疲労蓄積による痙攣発作(過去2ヶ月間無休で、1日平均3本の潜水)だった。	▲
11	6月23日	鹿児島	鹿児島本港	男(55)	自己計画	23日深夜零時過ぎ、単独のナイトダイビング中の事故。午後2時半ころ水深18mの海底で発見。	●
12	7月13日	和歌山	白浜町	男(19)	講習	人数比2(うち1人はイントラかどうかは不明)対7。客のうち4人が初心者。沖合い30mに行く途中に事故者を見失った。水深3mで発見。一時意識不明の重体だったが、その後回復。	△
13	7月13日	沖縄	真栄田岬沖合	女(26)	ファン	何人かで潜り、急浮上したあと、海面でマウスピースが外れて溺水。	○
14	7月17日	静岡	大瀬	女(47)	不明	救急車が現場に着いたときには事故者の意識はしっかりとしていた。	△
15	7月20日	静岡	脇の浜	女(20)	不明	沖合い約15mで溺水。救急車がついたときには事故者はテントの下で酸素を投与された。	△
16	7月23日	静岡	伊豆海洋公園	女(32)	不明	ダイビングポイントにレギュレーターを装着して潜水するときにパニックに陥った。救急車が着いたときに、意識は朦朧としており、手足の脱力感、頭痛、吐き気を訴えていた。	△
17	7月28日	静岡	伊豆海洋公園	男(33)	不明	沖合い約30mで潜水中、水温が下がったことでフィンが脱げてパニックになり溺水。	△
18	7月30日	沖縄	本部町	女(47)	講習	水深4.2mのところでマスククリアの練習中に溺水。浮上後海面で意識を失う。意識不明のまま病院に搬送されたが、8月8日に死亡。人数比1対2。	●

266　資料

19	8月4日	沖縄	辺戸岬沖	男(35)	ファン	単独潜水中にタンクの残圧がなくなって浮上し、岸にたどり着けず漂流。近くにいた漁船が発見して救助。	○
20	8月7日	静岡	吉田	男(27)	不明	日中にダイビングをし、帰宅後気分が悪くなってめまいや吐き気、そして何度も嘔吐し、救急車を手配。	△
21	8月7日	静岡	大瀬	男(38)	不明	ダイビング後、上がってから気持ち悪くなってシビレが出た。脳梗塞と診断された。	△
22	8月10日	静岡	大瀬	女(29)	不明	ダイビング中に溺水。1ヶ月以上入院。	▲
23	8月11日	静岡	伊豆海洋公園	男(45)	ファン	伊豆海洋公園沖合い 50m付近で仲間にはぐれて浮いているところを第3者に発見された。	●
24	8月11日	静岡	神子元	女(31)	不明	神子元島付近でダイビング中に負傷した	△
25	8月12日	沖縄	与那国島	女(40)	ファン	ドリフトダイビング中、事故者がパニックを訴えて浮上。イントラが溺れている仲間を発見し浮上。その後意識不明の重体が続く。人数比 4 対 10。	▲
26	8月16日	新潟	佐渡	男(37)	ファン	事故者は経験はあるが初心者。講習と混載のダイビング。人数比 1 対 8。事故者はダイビング中に意識不明となって、結局死亡。	●
27	8月17日	静岡	大瀬	女(48)	不明	潜水中、水を飲んだ。入院。	△
28	8月23日	岐阜	手取川	男(24)	ファン	地元の人は危険として泳がないポイントで、10人でナイトダイビングを行う。事故者が見えなくなり、水深1.2mの水底で発見。死亡。	●
29	9月1日	静岡	伊豆海洋公園	男(38)	不明	ダイビング終了後、引き揚げ中、海岸で波により転倒して負傷。	△
30	9月1日	静岡	伊豆海洋公園	男(44)	不明	ダイビング終了後、引き揚げ中、海岸で波により転倒。顔面蒼白で手足のしびれ、脱力感を訴えた。	△
31	9月1日	静岡	伊豆海洋公園	女(47)	不明	ダイビング終了後、引き揚げ中、海岸の波打ち際で波の影響で近くにいた人とぶつかって打撲負傷。	△
32	9月11日	沖縄	チービシ	男(28)	講習	人数比 1 対 4 での講習。事故者が気分が悪くなり海面で嘔吐。しびれもあり救急車にて病院に搬送。過呼吸と診断された。事故者は始めての潜水であり、海で泳いだのも 10 年ぶり。	△
33	9月12日	沖縄	西表島	男(52)	ファン	水深約15m付近から浮上していたが、その後、船から約30m離れた海面で浮いた状態で発見されたが心肺停止状態だった。病院で死亡確認。人数比 1 対 3。死因は「冠状動脈不全」とされた。	●
34	9月14日	静岡	大瀬	女(31)	不明	ダイビング中に泳いでいるときに肩が外れた。	△
35	9月23日	静岡	八幡野	男(27)	不明	エキジット後、めまい、悪心を訴え、救急車を依頼。	△
36	9月29日	静岡	大瀬	男(51)	ファン	人数比 1 対 6 で行われたファンダイビング。事故者は水深13mでレギュレーターの調子が悪いと合図をした。インストラクターは、他の5人を水中に待機させたまま、事故者を潜水開始地点下の水深13mまで引率していったが、途中で水中のダイバーのもとに戻っていた。その間に事故者は海底に沈み死亡。死因は心不全とされた。	●
37	9月29日	福井	小泊	男(28)	自己計画	魚つきのため単独ダイビング。定置網に絡み溺死。	●
38	10月14日	徳島	牟岐大島	女(29)	自己計画	人数比 2 対 5。水深 8mで 20 分の潜水のあと、海面でぐったりとなった。港に向かう途中に意識を失い、死亡。事故者の経験 6 回(本?)。	●
39	10月20日	沖縄	石垣島	女(37)	ファン(?)	人数費 1 対 4。残圧が少なくなったためガイドが一緒に浮上して船内へ。過呼吸で病院へ搬送。	△
40	10月26日	沖縄	恩納村	女(24) 男(約25)	自己計画	米軍人 2 人でファンダイビング中、沖合いに流され溺水。ホテルのボートに救助されたが男性が死亡。	○●

	発生日	県名	ポイント	事故者	分類	概要	結果
41	11月13日	静岡	初島	男(31)	ファン	事故者は、インストラクター等5名とともにダイビングを行っていたが、ガイドロープに沿って浮上途中に行方不明となった。仲間らで捜索したところ、付近の海上で発見したが意識がなかった。	●
42	11月24日	北海道	幌武意	女(30)	講習	プール講習もせずに、ドライスーツで直接海洋実習を行う。講習はダイビング禁止海域で行われた。コースディレクターのオーナーは他の客を案内し、事故者は非常勤のインストラクターと1対1で講習を受けた。事故者は前日の講習は体調不良で午後の分を中止していた。事故者はこの日マスククリアの失敗によって溺水した。インストラクターは1人で対処できず意識不明となる。そのまま入院し、その後12月2日に死亡。	●
43	12月10日	沖縄	本部	男(16)	体験	修学旅行中、人数比1対2で体験ダイビング。溺水。救急車で病院へ。	△
44	12月21日	沖縄	座間味	女(58)	ファン(?)	水中でエア切れ。空気が切れるまでインストラクターが気づかず。急浮上で意識不明。肺水腫と減圧症	▲

■平成15年

	発生日	県名	ポイント	事故者	分類	概要	結果
1	1月3日	沖縄	伊良部島	男(48)	ファン	人数比1対3の。事故者が浮上するとき、荒天の中、乗船してきたダイビングボートの船底にぶつかって溺水。	●
2	1月3日	沖縄	伊良部島	男(29,33,33,35,35,36,36,37,37,38,40,45,46,49,50,56)女(24,28,29,30,32,31,32,33,35,不祥)	ファン	人数比4対22。荒天のためボートの錨が外れて漂流。ボートは無人。4人が付近のボートに救助され、22人が海岸に泳ぎ着く。	○×26
3	2月7日	沖縄	渡嘉敷村儀志布西	女(34)	ファン	人数費1対1。ガイドが、講習を入れて15本の経験しかないダイバーに、自分がエイを見たいがために無理なダイビングを強要しダイバーは減圧症となり1ヶ月の休職。	▲
4	2月17日	沖縄	伊計島	男(24)	自己計画	米軍人4人の自己計画ファンダイブ。水深10mで発見した洞窟に入った。他の3人は浮上したが、事故者が行方不明となった。翌日、洞窟内で器材等を装着した状態の遺体を発見。	●
5	3月2日	静岡	熱海	男(51)	不明	インストラクターに付き添われた4人がダイビングを行い、11時30分、Cカード保持者の事故者が陸に上がる際に高波を受けて溺水した。軽傷。	△
6	3月19日	静岡	富戸、伊豆海洋公園	男(19)男(43)	不明	最初の事故者が他の3人とともに、もう1人の事故者らダイバー14人を引率指導中に浮上しようとした際に事故に遭った。救助隊が到着すると、43歳の事故者は意識不明。入院となったが、その後退院。もう1人の事故者(19歳)も意識不明。医師が酸素を投与していた。水中でパニックとなり、救助されるときに溺れた模様。ドクターヘリで搬送。	▲▲
7	3月23日	北海道	積丹 幌武意漁港	女(26)	指導中	インストラクターコース中にパニックダイバー役の指導員がパニックになり、レギュレーターを口から外し急浮上。水面下数mのところで酸欠により脳梗塞状態となり、約1ケ月の入院。	▲
8	3月23日	北海道	斜里町ウトロ	男(37)	ファン	流氷ダイビング。2対2。これにホテルのスタッフダイバー2人が別パーティとして同じタイミングで潜水。氷の穴下の水中では単独行動。意識を失って氷に背を向けて浮いていた事故者を偶然仲間が発見、直ぐに流氷上に引き揚げた。仲間は人工呼吸を実施。その後事故者は病院へ搬送され入院。	▲

9	3月29日	沖縄	宮古島八重干瀬	男(52)	ファン	人数比1対5。エキジット時、ガイドが事故者のトラブルに気づかず。5分後に水面でレギュレーターを外して暴れている事故者を発見。溺水。その後船に引きあげてCPRを実施。病院へ運んだが死亡。	●
10	4月19日	東京	八丈島	女(26)	ファン	人数比1対2。悪天候下、ガイドが客2人を見失い1人でエキジット。その後、客の1人は自力で上がるが、またその約1時間後、事故者が消波ブロックのところで発見される。頭部打撲などで死亡。	●
11	4月24日	静岡	宇久須黄金海岸	男(32)	不明	事故者は水深約12mにおいて、何らかの原因により急浮上して溺水。救急隊が到着したときには意識不明。	▲
12	5月3日	東京	八丈島	男(?,?)女(?,?)	ファン	ファンダイビング中、男2人、女2人の4人が潮に流され、警察やボランティア4人などが捜索にあたった。その間ダイバーたちは乙千代ケ浜から妻里海岸付近まで流されたが、近くを通ってきた船に救助された。	○○○○
13	5月4日	鹿児島	知林ケ島	女(38)	自己計画	家族や友人計3人とのダイビングだが単独でダイブ。約30分後、浮上した事故者が水面で「助けて」と叫んで水中に没す。捜索の結果、水深5mの海底で口からマウスをはずし仰向けに沈んでいる事故者を発見、船に揚収するもすでに意識はなく死亡。	●
14	5月10日	沖縄	下地島	男(21)	ファンか講習か不明	人数比2対3 水深約40mからの浮上中に減圧症の症状が出る。意識が朦朧となり、病院へ搬送。	▲
15	5月11日	静岡	大瀬	女(23)	不明	消防にダイビング事故発生との連絡が入る。軽症です む。	△
16	6月8日	東京	新島	男(33)	ファン	事故者はショップツアーに参加し、新島B提からダイビングポイントに向かい出港し、海中で事故が起き死亡した。	●
17	6月8日	千葉	勝浦	女(51)	ファン	人数比1対1 エキジットしてボートの梯子を上がろうと足をかけたところで嘔吐し、後ろに倒れた。そこにいたスタッフがすぐにボートに引き揚げ、CPRを実施。病院に搬送されたが死亡。死因は心筋梗塞。ただし朝食をとってから100分未満で潜水。	●
18	6月9日	和歌山	串本	男(51)	不明	事故者が1時間経っても浮上してこないので、不審に思った渡船業者が海底を探したところ、水深20メートルの海底で発見。事故者は病院に搬送されたが死亡。大量に水を飲んでいた。事故者のタンク残圧はゼロだった。	●
19	6月10日	沖縄	下地島	女(29)	ファンか講習か不明	人数比1対2 水深約30m付近で事故者がパニックとなり、ガイドがオクトパスで強制送気を行いながら浮上。しかし呼吸が停止して、意識不明となった。スタッフたちが酸素投与等適切な処置を施したところ一命を取りとめた。その後数日入院し、治療。	▲
20	6月21日	秋田	男鹿半島戸賀	女(78)	講習中	人数比1対2。バディブリージングの練習中溺水。浮上後意識喪失。CPRを行いながら海岸へ。事故者は救急車到着までに意識は回復。数日の入院。	▲
21	6月22日	神奈川	小田原	男(45)	自己計画	2人で潜水する予定で波打ち際で機材を装着中、事故者が波に引き込まれ、バディは事故者を見失う。その後、他の潜水グループが水深約3mの海底で仰向けに沈んでいる事故者発見、揚収。CPRを行いつつ消防に連絡したが死亡。死因は溺死。	●
22	6月28日	静岡	大瀬	男(24)	自己計画	事故者は仲間6人と一緒に潜っていたが、水深約15mの所でレギュレーターが外れて溺水。水面で溺れているのを仲間が助けたが意識を失う。病院に搬送され、減圧症の疑いもあるということで一週間の入院と治療後退院。	▲
23	7月3日	沖縄	儀志布島	男(29)	ファン	人数比2対6。ガイドの1人はインストラクター見習い。事故者は残圧が50になったことをイントラに知らせたがイントラはこれを無視。水深10mの海底から事故者がもがきながら急浮上開始。インストラクターが後を追って浮上したが、事故者はパニックになり、事故者は海面で意識を失った。スタッフたちは事故者にCPRを行って病院に搬送したが死亡。事故者のタンク残圧はゼロだった。	●

1．スクーバダイビングの平成14年から18年の国内事故一覧と分析

No.	日付	場所	地点	性別(年齢)	種別	概要	記号
24	7月6日	沖縄	粟国島筆ン岬	男(27) 女(26,30)	ファン	人数比1対5でドリフトダイビング。そのうちイントラ1人と客2人が浮上後、緊急用フロート等で位置を知らせたがボートに気づかれず漂流。海上保安庁と水難救済会などが捜索。水難救済会の漁船が粟国島の南南東約4キロ(事故発生場所約4.8キロ)で海面を漂流していた3人を発見無事救助。	○○○
25	7月21日	静岡	富戸、伊豆海洋公園	男(38)	不明	ダイビング中気分が悪くなり、浮上後救急車により搬送。	△
26	7月21日	静岡	富戸、伊豆海洋公園	女(55)	不明	ダイビング中気分が悪くなり、浮上後救急車を呼ぶ。救急車到着時、ダイビングサービス職員に支えられて酸素投与され、息苦しさを訴えていた。	△
27	7月22日	沖縄	宜野湾	男(62)	体験	人数比1対2。ボートのアンカーロープを伝わって浮上中、水深2m付近でレギュレターを外しパニック。イントラが緊急浮上させたが意識不明。船上にいた船長と引きあげCPRを実施。病院に搬送後、死亡。	●
28	7月26日	福井	美浜町白瀬海岸	男(63)	自己計画	友人を含めて4人でビーチエントリー。事故者はベテラン。友人たちは経験1〜2年。友人たちは水中で事故者のスピードについていけばぐれたことで事実上の単独潜水。事故者が戻ってこないので捜索。沖合約70mの水深約3〜5mの海底で発見。	●
29	8月3日	東京	八丈島	女(37)	ファン	人数比1対2のツアーで、事故者は浮上後、気分が悪くなった。減圧症で入院。	▲
30	8月3日	和歌山 串本	大島	男(35,35) 女(34)	ファンか講習か不明 人数比1対2	大島通夜島沖合いで潜水。潮流の影響により自力で帰岸できなくなる。ダイビングボートを呼び寄せようとしたが気づかれずに漂流。漂流中、防波堤で魚釣り中の釣り人に発見され、漁船に救助される。	○○○
31	8月3日	福井	越前白浜	男(30,53)	ファン	人数比1対2。最初の事故者(53歳)がマスクのストラップが切れパニック状態となる。このときイントラがもう1人の客を水中に留め、パニックダイバーと浮上して船に上げる。イントラが水中に戻ると二人目の事故者(30歳)はレギュレーターを外し、海底にうつ伏せに横たわっていた。死因は溺死。最初の事故者は肺水腫の疑いで数日入院。	●▲
32	8月3日	宮崎	南郷町竹之尻港沖	女(25)	ファン	人数比2対10。事故者はレギュレーターを不完全にかんだまま潜ろうとしてフィンが外れ、慌ててレギュレーターを口から外してフィンをつけようとしたところ海水を飲んで溺れた。イントラは他のダイバーによって知らされるまでこのトラブルに気付かず、すぐに水中を探したが、事故者は船の真下の海底に仰向け状態で沈んでいた。人工呼吸等実施しつつ船上に引揚げ、客の中にいた医師がCPRを実施。救急車に引き渡した。	▲
33	8月4日	鹿児島	沖永良部島	男(55)	自己計画	友人のために良いダイビングポイントを捜していたとき、自分が用意した紐にからみ、溺死、沈降。翌日水深60mで発見。	●
34	8月6日	東京	小笠原兄島	男(20)	ファン	人数比2対18。事故者は2回目のダイビングのあと船上で器材の片付けを行っていた。このとき徐々に全身のカが抜けていく症状に見舞われた。医師による診察の結果、Ⅱ型減圧症と診断。自衛隊の航空機で内地に移送。	▲
35	8月9日	長崎	壱岐島沖	男(38) 女(36)	業	事故者たちはダイビングポイント調査のため潜水。20分後ダイビングボートから200m離れた海面に浮上。泳いで戻ろうとしたが潮流に流され、ボートも気付かず漂流。トロ箱型の発泡スチロールにつかまり漂流していたところ漁船に救助された。	○○
36	8月12日	沖縄	慶良間	男(64)	ファンか講習か不明	イントラは2〜3分間隔で客の動静を監視。事故者が意識を失いレギュレータを吐き出したのでイントラが浮上させた。事故者は自発呼吸をしていたが意識朦朧。那覇港で救急車を要請。命に別状はないが後遺症が残ると診断。	▲
37	8月14日	東京	伊豆大島	男(33)	ファン	事故者は水中でパニックになって溺水し、港に運ばれて意識を失うなど。重症。肺水腫の疑いがあり、ヘリで島外の医療機関に搬送。	▲
38	8月14日	長崎	福江	男(28)	ファン	人数比2対12。ダイビングボートが事故者らを下ろして、福江港に戻ろうとした際、潜っていた事故者に気付かずに両足をスクリューに巻き込んだ。事故者は出血多量で死亡。	●

No.	日付	県	場所	性別(年齢)	ファン/講習	概要	記号
39	8月19日	静岡	雲見	男(19) 女(38)	ファンか講習か不明	人数比2対2。事故者はイントラとバディ、友人は同サブイントラとバディ。水深12mで浮上する途中、事故者の残圧が少なくなったため友人がオクトパスを与えて浮上。水深7m付近で事故者がパニックを起こした。友人は緊急浮上した後、救助のため再潜水しサブイントラと協力し事故者を救助。救急隊に対し男性は嘔吐、胸の痛みを、女性は顔面蒼白で、嘔吐、胸の痛みを訴えた。	▲▲
40	8月23日	京都	宮津越浜海水浴場	男(58)	自己計画	事故者は21日夕方に一人で潜水に出かけたが帰宅予定日の翌日朝までに戻らず。家族の通報によって、23日から巡視船やヘリなどで捜索。民間ダイバーが海底で器材装備のまま沈んでいるのを発見。	●
41	8月23日	静岡	大瀬	男(29)	ファン	人数比1対7。講習も同時に行っていた。ファンダイバーの事故者が水深25mからイントラと共に浮上後、ぐったりしているのをイントラが気づいた。病院で約2時間半後に死亡。新聞報道では死因を「潜水病」としていたが、警察の記録では「空気塞栓症」。	●
42	8月30日	静岡	熱海	女(61)	ファン	人数費は1対3。水深約20mで事故者が右手で胸を打つ動作をし、呼吸不調を示す合図を行ったため、イントラと同行者は浮上を開始。途中で様態が急変。イントラが事故者をつかんで浮上、船に引き上げる。事故者は呼吸停止、意識不明。救急車に引き継いで病院に搬送するも死亡。死因は溺死。器材は問題なしだった。	●
43	8月31日	静岡	安良里	女(59)	ファンか講習か不明	人数比2対8。事故者は当日2回目の潜水中、水中で友人と見合って笑ったときに海水を飲む。事故者は口からレギュレーターを外してパニックとなった。イントラがレギュレーターをくわえさせて浮上し。救急車に引き継いで病院に搬送。数日の入院。	▲
44	8月31日	静岡	熱海	男(53)	不明	4人で潜水。海面の状況を確認しないまま浮上したところ、漂泊監視中のダイビングボートスクリューに右前頭部を接触させて負傷。事故者を病院に搬送。全治1～2週間との診断。	▲
45	9月4日	兵庫	須磨	女(22)	講習	人数比1対2。ビーチエントリーで講習中、イントラが事故者を見失う。約2時間半後、海保及び消防の潜水士が捜索し、水深約3.5mの海底で発見。死亡。透明度1m程度だった。	●
46	9月6日	沖縄	恩納村	女(39)	ファン	事故者は水深30mで急に呼吸ができなくなりバディのオクトパスを使用してイントラとともに約4分で海面に浮上。頭痛、めまい、また呼吸が苦しいとの症状を訴える。ダイバーショップで様子を観たが救急車を要請	△
47	9月11日	静岡	大瀬	男(66)	講習中	事故者はCカード保有。10人のダイバーと講習中に器具の使用不備で溺水。	△
48	9月13日	静岡	大瀬	男(59)	不明	ダイビング中、水深4mのところでパニックになり、浮上して息を吸おうとしたが、水面でタンクの重さで海中に押し戻され溺水。意識喪失。数日入院。	▲
49	9月14日	静岡	大瀬	男(17)	講習中	人数比1対3でアドバンスの講習。某校教諭がイントラ。講習生は全員高校生。水中でイントラが事故者を見失う。イントラが陸に上がって救助のダイバーを求めた頃、別のダイブショップのスタッフが水深16m地点で事故者を発見。事故者を浮上させ、CPRを実施し、救急車に引き継ぐが死亡。	●
50	9月20日	徳島	牟岐沖	男(52)	ファン	人数比1対3。事故者は水深約15mでパニック状態となり自らのレギュレーターを外し急浮上した。しばらくすると事故者は意識を失った。イントラがボートに揚収し、CPRを施しつつ港に搬送し、救急車に引き継いだが死亡。死因は肺破裂。パニックの原因は自前のレギュレーターの故障と見られている。	●
51	9月21日	長崎	外海町	女(60)	ファン	人数比1対15。事故者は外海町沖の大墓島(おおびきしま)の島影で午前11時半ごろから潜り始めた。午後1時半になっても浮上してこないため、ダイビングボートの船長が海保に通報した。現場は当時、強風波浪注意報が出ていたという。4日間の捜索でも発見できず。	●

No.	日付	場所	地点	性別(年齢)	種別	概要	結果
52	9月27日	島根	大社町日御碕沖	女(55)	ファン	3回目の潜水時に、事故者が水深約17〜18m付近でマスククリアの失敗からバディなどと浮上を開始。途中、事故者がレギュレーターを外してもがき始めたので共に浮上していたダイバー(スタッフ?)が自分のを与えたなどしながら浮上。ボートに揚収、CPR等を実施。入港後救急車に引き継ぎ病院へ搬送され治療が施されたが死亡。	●
53	9月27日	沖縄	阿嘉島沖	男(30,34) 女(28,29,34)	ファン	人数比1対4。ドリフトダイビング後、オレンジフロートを上げてもボートに発見されず漂流。その後、ボートの船長が、浮上予定時間を経過しても5人が浮上してこないとのことから海保へ連絡。その後捜索中のヘリコプターが現場から約7.4キロ離れた海上で漂流中の5人を発見し、救助。	○○○○○
54	9月28日	神奈川	江ノ島沖	男(54)	ファンか講習か不明	人数比3対7。2回目の潜水の後、イントラは事故者がいないことに気づき捜索。水深約10mの岩場で発見。ボートに引き揚げ応急措置。すると事故者の意識が戻り、港で救急車に引き継ぐ。1日入院。	△
55	10月4日	高知	宿毛沖	男(51)	ファン	事故者は9人の仲間と潜水したが単独行動。その後、仲間のダイバー1人が水面に浮いている浮いているフィンを発見し、その近くの泡に気づく。仲間がその泡をたどって潜水したところ、水深約6mのところに、フィンとレギュレーターが外れ仰向けになっている事故者を発見。直ちに事故者を引き揚げて救急車へ引き継いだが死亡。	●
56	10月5日	静岡	伊豆海洋公園	女(41)	不明	事故者は仲間4人と午前10時20分ころからダイビングを開始。約40分後にダイビングを終えて岸についたときに波に呑まれ、両腕を岩場に打ち付けて怪我をした。事故者はCカード保持者。軽傷	△
57	10月5日	静岡	富戸	女(24)	不明	事故者はダイビングサークルの仲間6人(全体で7人)とともにビーチエントリー。潜水開始から約11分後水深34mまで降下した事故者をグループの1人が発見。すぐに気道を確保しつつ浮上。救急車を手配。救急車で搬送中に意識を回復。	▲
58	10月6日	福井	越前町梅浦	男(58)	ファン	人数比2対3。空気残量が乏しくなったダイバーから浮上するという取り決めで潜水。事実上の単独。一度、事故者が浮上しているのを他のダイバーが確認しているが、その後、他のダイバーが浮上したところ、事故者がいないことに気が付く。事故者がボートから北に約30m離れた海底(水深約25m)に意識がなく沈んでいるのを発見。CPRを行いつつ救急車に引き継いだが病院で死亡を確認。	●
59	10月14日	静岡	清水港	男(48)	自己計画	事故者は仲間3人と潜水を開始。透明度も悪く、すぐばらばらに。誰もが慣れているポイントなので気にせず単独で継続。その後事故者は足をつり、タンクの残量もなくなったので、器材を外して浮上。他の2人は、事故者が上がってこず、それがあまりに長かったため、陸に上がって救助を要請。海上保安庁、警察、消防が船を出したが、漁船が事故者を見つけて救助。岸壁で救急車に引き継ぎ。低体温症の疑いで病院へ。	△
60	10月14日	神奈川	葉山港	女(27)	ファン	人数比2対1。事故者はハンデキャップダイバーであったが潜水経験あり。事故者がマスククリアミスでパニックとなり意識を失う。その後CPRを実施。病院へ搬送後、医師から生命に別状なしとの診断。	△
61	10月19日	福井	敦賀市色浜	男(56)	講習中	人数比1対4。事故者は1回目漂流。2回目の講習で水面移動中に、1人で引き返していくのを別のグループのイントラが発見。救助のために近づくと事故者は沈降。やがて事故者の不在に気付いたショップイントラと捜索。海底で発見したが溺死。	●
62	11月1日	東京	式根島	女(?)	自過失	仲間内だけのグループでの2回目のダイビング中に事故が発生。事故者は直接病院へ運び込まれた。その後、死亡が確認された。	●
63	11月13日	宮崎	日向灘	男(47)	自己計画	事故者は友人とボートで横島海岸1200m沖に向かった。友人はダイビングをせず、事故者が2度目の潜水時に浮上せず、行方不明となった。その後12月5日に北浦町沖で漁船が操業中に死体を発見。	●

	発生日	県名	ポイント	事故者	分類	概要	結果
64	11月13日	沖縄	久米島	女(28)	ファン	人数比1対2。潜水開始後約5分後の水深約37mの海底に着底と同時に、事故者がガイドに「パニック」と記載したので浮上開始。水深15～16mでレギュレーターを外そうとしたのでガイドが押さえ、意識不明の状態で浮上。ダイビング船でCPRを実施、いったん自発呼吸が再会したが、病院で死亡。	●
65	11月15日	静岡	富戸,伊豆海洋公園	女(20)	不明	人数費不明。事故者は潜水中、水深15mから急浮上。救急車を呼ぶ。救急隊が到着時、事故者は寒気と吐き気を訴えていた。	▲
66	11月26日	静岡	井田	女(29)	不明	Cカード保持者の事故者は6人のグループで、午後2時ころから水深10m程度のポイントで潜っていたが突然水没して行方不明となった。全員で事故者を捜し、約10分後に発見されたが重傷と判断された。なお、事故者の残圧は十分残っていた。	▲
67	11月29日	東京	伊豆大島	女(26)	ファン	事故者はこの日3回目のダイビングで、水中でパニックになって溺水。事故者は王の浜に引き揚げられたが、救急車が到着したときには意識を失っていた。その後意識を取り戻したが、肺水腫の疑いでヘリで島外の医療機関に搬送。	▲
68	12月14日	静岡	大瀬	男(46)	自己計画	2人で潜水。事故者は500本以上の経験有り。透明度5m程度。事故者がバディの視界から消えたので、バディは5分間探して浮上して陸へ上がる。そのとき事故者はCPRを受けていた。別のパーティのイントラが水面を移動中に、事故者が仰向けに浮いているのを発見。事故者は岸の近くまでは意識があったが、陸で意識を失う。人工呼吸を行ったが死亡。死因は溺死。	●
69	12月31日	東京	八丈島	男(?,?)	ファン	ナズマドでダイバーが漂流。漂流した男性ダイバー2人は自力で生還した。潮流が早く大騒ぎとなった。	○○

■平成16年（東京大学農学部潜水作業事故全学調査委員会との共同調査）

●－死亡・行方不明／▲－入院／△－救急車出動・自力で病院搬送（入院した可能性もある）／○－無事

	発生日	県名	ポイント	事故者	分類	概要	結果
1	1月1日	沖縄	恩納村	男(●41、●54、47)	ファン	米軍属の3人は、午前8時頃にビーチからポイントまで移動中にうねりに危険を感じ浜辺に戻り始めたが高波にもまれて沖合いに流された。1人は自力で海岸まで泳ぎ着いたが、41歳の男性は9時ごろに万座毛南端から50mに浮いているのを発見されたが死亡。51歳の男性は正午頃岩場に打ち上げられていたのを発見されたが死亡。現場は潮流が早く、地元のダイバーも近づかない場所であった。	●●○
2	1月3日	静岡	宇久須	女(28)	ファン	事故者はショップツアーに参加。黄金崎海岸からショップスタッフとバディを組んでエントリー。沖合い140m、水深13mの海底で事故者の動きが突然停止。バディが確認すると意識喪失。直ちに浮上させて3人で人工呼吸を実施しながら海岸へ。救急車で病院に搬送。軽度の溺水で1週間程度の入院。	▲
3	2月29日	福井	敦賀港金ヶ崎	男(60)	ファン（ショップは？）	事故者を含む5人がボートから潜水。11時05分ころの浮上時に事故者は「助けてくれ」と叫びながら沈降。船に先に上がっていた2人が潜水準備の上に救助に向かったが、水深4mでレギを外して仰向けの状態の事故者を発見。11時10分頃ボートに揚収。11時20分に港に入港して救急車で病院に搬送。12時20分死亡が確認された。溺水による窒息死。	●
4	3月18日	沖縄	北谷	男(20-24)、他男17人年齢不詳、他は性別年齢不詳	講習中	米軍所属ダイバー24人は講習のため北谷町宮城海岸からエントリーを開始。20～30分程度潜水後、岸に戻るため浮上したところ、天候悪化により沖合いに流された。海保の船舶が漂流中の15人を救助、残り9人は自力で岸に泳ぎ着く。	○×24

	日付	都道府県	場所	性別(年齢)	種別	概要	結果
5	3月21日	北海道	羅臼	女(30)	ファン	事故者はショップのツアーに参加。9時57分にローソク岩から潜水開始。人数比1対4。イントラは事故者を見失ったことを15分後に気づき引き返した。するとレギを口から外した状態の事故者を発見。揚収し、救急車で病院へ搬送したが死亡が確認。死因はおう吐物による窒息死。	●
6	3月21日	和歌山	串本	女(30-34)	ファン	事故者は13時にインストラクターと須江漁港を出発。ポイントに着き、インストラクターに続いてエントリーした事故者に船長が気づかずにボートを約15m前進させたところ海面で浮上した事故者を発見。事故者はインストラクターに救助されたが、右大腿部裂傷などで約1ヶ月の傷害と診断された。	▲
7	4月18日	千葉	勝浦	男(35-39)	業務	事故者はショップの支配人。18日に鵜原沖のダイビングスポットに設置されたブイを撤去するため、15時05分頃、同所地先の長入港からダイビングボートに船長とともに乗り組んで出港。15時15分頃から単独で潜水し作業を開始した。水深24mの海底でブイの錨(約10kg×3個)を磯縄から外す作業を約15分かけて実施し、十分な減圧潜水を行った後海面まで浮上し、15時37分頃に船上で錨縄を揚網機で揚収していたが、急に全身に痺れ及び吐き気をもよおしたため作業を中断して帰港し、16時18分頃、救急車で病院へ搬送された。	▲
8	4月24日	沖縄	粟国島	男(23、33)女(29)	ファン	午前9時30分、粟国港を出港し、ダイバー3人(2人客、1人インストラクター)は午前9時45分頃から潜水開始、午前9時55分頃ダイビングを終え浮上したところボートが転覆しており、船長は転覆船に乗ったまま流されていた。ダイバー達は自力で粟国島に泳ぎ着き、インストラクターは漁船に救助を求め捜索に向かった。午後00時50分、航空機がうつぶせ状態の船長を発見し漁船が揚収したが死亡していた。(船長は非ダイバーのため事故者とカウントせず)	○×3
9	5月23日	徳島	海部郡麦町	女(50-54)	ファン	事故者はツアーに参加、人数比1対1で潜水。水深約15mで事故者が浮上の合図をしたので浮上を開始、途中事故者はパニックとなる。イントラが抱きかかえるようにして浮上。病院へ搬送したところ溺水の疑いで入院。事故者は通常よりも濁った海水に不安を抱いてパニックになったとのこと。	▲
10	5月30日	沖縄	慶良間	女(50)	ファン	事故者は那覇新港から出港してポイントに。イントラの指示でエントリー。船長が操縦席から船尾方向に移動する際に半ズボンのすそをクラッチに絡ませてボートを後進させ、船尾付近にいた事故者を負傷させた。事故者は揚収されて病院に搬送。診断の結果、左眉裂傷、前額部に裂傷、左手首の骨折、左肋骨の骨折などの傷害を負っていた。	▲
11	6月3日	静岡	富戸、伊豆海洋公園	男(60)	ファン	ショップのツアーに参加。仲間総数7人でダイビング開始後、ポイントから事故者1人がシュノーケルで海面を移動を先行、約40m沖合いに投入されている潜行用ブイで待機中の10時15分頃に溺水。第一発見者は某ダイビングスクールのイントラ。潜行を開始しようとしたところ、水深2mの海中に身体を仰向けにして沈んでいく事故者を発見。客を海面で待機させ、水深4mにシュノーケルを咥えたまま沈んでいた事故者を抱えて浮上。海面で人口呼吸を行ったところ自発呼吸を開始。救急車内で意識を取り戻し病院へ搬送された。	▲
12	6月6日	静岡	富戸、伊豆海洋公園	男(49)	不明	事故者は?回の潜水の後、シャワーを浴びている際にめまいがして救急車を要請。救急車の到着時、事故者は更衣室前の歩道で担架に仰向けになっていた。意識はしっかりし、自分で酸素投与をしていた。回転性めまいを訴え、眼振が有り、瞳孔左右縮瞳していた。	△
13	6月19日	静岡	富戸、伊豆海洋公園	女(34)	不明	午前中、事故者はダイビングのためエントリーし、波にもまれ負傷、救急車到着時には海岸で座り、左膝部変形痛みを訴えた。意識ははっきりしていた。	△
14	6月21日	沖縄	西表島	女(45-49)	ファン	人数比2対4で水面を移動中、事故者が潜水開始と勘違いして1人10mまで潜り、追いかけてきた同行のイントラに制止され浮上。喉に違和感を訴え、定期船で自力で病院へ行く。呼吸器系に軽い障害が見られ1週間程度入院。	▲

	日付	都道府県	場所	性別(年齢)	種別	概要	判定
15	6月26日	静岡	宇佐美	男(30)	ファン	人数比1対5のツアー。水深約18mからの浮上時に約6mで安全停止。浮上再開後、水深約2mで事故者が息苦しさから浮上速度を速める。イントラがこれを静止しつつ浮上したが事故者はパニックとなっており、レギを外したときに海水を誤飲。溺死。	△
16	7月3日	和歌山	串本	男(28)	不明	事故者はボートダイビングで2本目にインストラクターに引率されていたが水深18mで体に異変を感じ浮上。水深5m付近でパニックに陥る。減圧症の疑い。12時ごろ救急車を要請。	▲
17	7月9日	沖縄	伊江島	性別年齢不明	ファン	ショップのオーナー兼ガイド兼船長が、ダイビングを終えた潜水客を乗せてボートを発進させる際に、船上の潜水客に対する安全確認が不十分のままガンネルに掛けた取り外し式はしごをそのまま発進した。このはしごが水流によって移動し潜水客に接触し、全治1週間の前頭部裂創の怪我を負った。	△
18	7月11日	静岡	伊豆海洋公園	男(35)	ファン	10時30分頃5人でビーチエントリー。沖合約40mのブイから潜水開始。しかし事故者が潜水してこないことから10時40分同行者が確認のために浮上。するとブイにしがみつきレギ呼吸中。BCの肩口排気バルブから空気が漏れて浮力が保たれなかったことからパニック状態となっていた。潜水を中止して岸に引き返したが、息苦しさを訴えて途中でレギを外し溺水。	△
19	7月17日	沖縄	仲ノ御神島	男(40-44)	ファン	事故者はダイビング中に急に太ももがつり、バディに知らせずに単独で浮上。潮の流れが強く、近くのダイビングボートに近づくことができずに漂流。近くでダイビングをしていた他のショップのボートに救助される。	○
20	7月18日	静岡	脇の浜	女(42)	不明	イントラによると、事故者は水深約17m付近で左前胸部の痛みをバディに訴えた。救急車到着時、事故者は浜で左向きに横たわり、酸素が投与されていた。顔面蒼白、喘鳴呼吸で呼掛けに左前胸部を叩く仕草をした。橈骨動脈不触、ショック状態。	△
21	7月21日	北海道	余市島泊海岸	男(36)	ファン	事故者は余市島泊海岸から単独でエントリー。潜水終了予定の16時30分になっても浮上してこないことから友人が110番通報。捜索したが発見できず、23日13時15分ごろ従弟が潜水捜索中に出足漁港沖で発見。16時20分ごろ揚収。検視結果は溺死。発見時レギを外していたことから何らかの原因でパニックになっていたと推定。	●
22	7月23日	愛媛	南宇和郡	男(21)	講習中	7時30分頃から父親の指導で初めてのダイビングの練習。先導の父親が振り返ると事故者の姿が見えなかったため110番通報。11時に捜索中のダイバーにより岸から約50m水深約18mの海底で発見。発見時、事故者のタンクは外れていた。溺死。	●
23	7月24日	沖縄	辺戸	男(35)	ファン	事故者は7月26日に勤務先の病院から捜索願いが出された。その自家用車は2、3日前から海岸沿いの道に放置されており、車両にはタンク1本が残っていたのでダイビングに出たまま行方がわからなくなったとされた。辺戸岬ドーム周辺の海域や海岸線を捜索するが行方不明。	●
24	8月1日	静岡	伊豆海洋公園	男(30)	ファン	事故者は会社の同僚等8人で潜水。事故者は空気の消耗が他の者より多く、当初計画の半分の約20分間ほどで1回目の潜水を終えた。2回目の潜水を午前11時45分から12時20分と計画し、潜水を開始。12時00分頃、水深30mくらいのところでバディが残圧を確認したところ70だった。事故者とバディは他の者たちと離れてエキジットポイントに向かった。12時05分頃、水深20mで事故者の残圧を確認したところ30となっていたため海底を離れ徐々に浮上。そして12時10分頃、水深13mで事故者がエア切れを起こした動作をするためバディが自分のレギを咥えさせた。しかし事故者はパニック状態となっており、海水を誤飲して溺水。	△
25	8月7日	静岡	伊豆海洋公園	男(34)	ファン	事故者はビーチから同僚等計5人でエントリー。午後3時50分ころ水深15mの海底で事故者のウエイトベルトが緩み、肥満のため締め直しが出来ず、海底で直立	●

					状態となった。同僚等2人で事故者のベルトの締め直しをしていたところ、事故者のレギが口から外れているのを発見。原因不明。直ちに同僚がパージボタンを押しながらレギを事故者にくわえさせたが、意識が無かったことから全員で緊急浮上。事故者にレギュレーターをくわえさせつつBCジャケットにエアーを充填し、浮力を確保しながら海岸まで曳航した。事故者は心肺停止状態だったので、付近のダイバーに救急車の出動を要請した。	
26	8月8日	神奈川	葉山	男(40-44)	ファン	事故者は会社の同僚4人と葉山町芝崎にダイビングに訪れ、8日午前10時50分から1時間の予定で2人と3人に別れビーチエントリー。約5分後、1人が体調不良を申し立てたのでもう1人が付き添って海岸に引き返す際、事故者が「俺はこのまま行く。」と言い、1人で沖合いに潜水していった。他の2人は予定時間に浮上したが事故者がタンクの容量（約1時間）を30分経過しても浮上地点の集合場所に戻らなかったので110番通報。9日10時50分、付近海中を捜索中の民間ダイバーが水深約4m程度の海底に仰向けに沈んでいる事故者を発見。	●
27	8月9日	静岡	大瀬	男(40)	不明	18時前に現場に救急隊が到着すると事故者はめまいと吐き気を訴えた。潜水病（減圧症）の疑い。	△
28	8月13日	京都	久美浜	男(53)	ファン	事故者は仲間と共にボートに乗船。16時30分頃から先に仲間が潜水を開始。準備が遅れた事故者は16時40分頃から潜水を開始した。16時43分頃、ボートから約30m離れた付近に事故者が浮上。事故者はボンベを下にして海面に仰向け状態で浮く休息の姿勢をしていた。16時45分頃仲間が浮上してきたときにも同じ姿勢で動かないことから不審に思って事故者に接近したところ口から泡を吹いていた。人口呼吸を実施しつつ津居山港に帰港して救急車を手配。事故者を病院に搬送して救命措置を実施するが、19時07分、死亡が確認された。	●
29	8月15日	静岡	大瀬	男(43)	不明	事故者はダイビングをしていてフィンが外れて浮上、溺水。20時頃、救急車が要請された。3週間以上の入院が必要となった。	▲
30	8月22日	静岡	井田	男(44)	不明	事故者は13時50分、インストラクターを含む仲間5人とともに、岸から10m、水深2mをダイビング中に急浮上し、気絶溺水。救急車が要請された。	▲
31	8月22日	静岡	菖蒲沢海岸	男(47)	不明	10時35分ころ、事故者は仲間3人とダイビング中に海水を飲み込み溺水。付近にいた他のダイバーに救助された。仲間2人は、直前に岸に向かっており、事故時の状況は見ていない。	△
32	8月29日	福井	丹生郡八ツ俣沖	男(41)	ファン	事故者は13時30分頃から付近海岸沖合いで友人2人と水中スクーターを使用してダイビングを行っていた。14時30分頃、友人2人は海岸に戻ったが事故者の姿が見当たらないことから再度沖合いに戻り捜した。14時40分頃、仰向け状態で浮いている事故者を発見、救助し、心肺蘇生を実施。県防災ヘリにより15時51分に病院に搬送されたが17時25分に死亡が確認。事故者はウエイトベルトがはずれ、タンクの残圧が無いことから、海中で空気欠乏となりベルトを外して浮上したが何らかの理由により海水を大量に吸飲し溺水したと考えられる。	●
33	9月4日	静岡	八幡野	女(46)	ファン	事故者は仲間7人とシュノーケリングで沖合いに移動し潜水を開始。11時50分頃、先に水深3mの海底で待機していた事故者の頭上から潜行してきた仲間のフィンが事故者のマスクとレギに接触、両方とも外れてしまったため海水を飲み込み溺れた。付近にいた仲間がこれを認知し、直ちに事故者にレギを咥えさせながら海面に浮上させて救助を求め、11時53分にダイビングセンターの職員が救急車の要請を行った。意識は清明であるが救急車により病院に搬送され2-3時間の点滴治療となった。	△
34	9月4日	福井	立石(タテイシ)市	男(64)	ファン	事故者は人数比2対4で、14時45分に潜水を開始。15時00分頃事故者が異常のサインを出したのでインストラ2人が浮上させたところ事故者は嘔吐し、意識を失	▲

					った。事故者は人工呼吸により意識を取り戻し、漁港に搬送後、15時47分、救急車に引渡された。医師の診断では、事故者はダイビング中に心不全に起因する呼吸困難を起こしたと推定され、1-2週間の入院が必要とされた。	
35	9月5日	佐賀	鎮西町	女(23)	講習中	事故者は講習をファンダイバーを伴った混載ダイビングの中で受けさせられた。そしてインストラクターは初心者の事故者を水深約17mの海中まで連れて行き、そこで緊急浮上の訓練を行った。しかし事故者がパニックとなって溺水。このときインストラクターは事故者を直ちに浮上させることができなかった。事故者は水中で5-6回呼吸したあと自らレギを外した。浮上後事故者は人工呼吸を受けながら港に搬送されて救急車に引継がれ病院の集中治療室で治療を受けたが、17日後、低酸素脳症によって死亡。	●
36	9月8日	沖縄	慶良間	男(52)	ファン	事故者は16時頃から1対6でダイビングを開始。16時30分頃、事故者の姿が見えないことに気付いたショップ経営者が付近を捜索していたところ、17時00分頃水深15mの水中でレギが外れた状態でうつ伏せで浮いていた事故者を発見し、診療所に搬送。その後診療所医師により18時03分に死亡が確認された。	●
37	9月11日	静岡	神子元	男(25-29)女(30-34)	ファン	ツアーに参加した事故者2人は人数比1対5で8時49分にエントリー。潜水中の水深約31mの海底で客1人の残圧が60になったと申告を受け、潮流に乗りながら浮上を開始。約50m東に流された水深23mの地点に大きな岩場があったので6人はこの岩場に一旦掴まり浮上を中止。9時17分、再度イントラが客5人に浮上のハンドシグナルを発した。しかし客5人は潮流の影響を受けて両手で岩塊に掴まる状態であったので3人のみが浮上を再開し、2人が浮上せず行方不明となった。	●●
38	9月12日	静岡	大瀬	男(30-34)	ファン	事故者は9時6分、大瀬崎先端付近から人数比1対4(男女各2人のグループ)とともにビーチエントリー。9時7分にイントラは耳抜きを指示、9時8分に耳抜きの確認を行ったが耳抜きができなかった事故者と男性1人に岸に戻るよう指示。他の3人を引率して水深28m地点にて潜水を実施。事故者と男性が岸に戻ってくる途中、距岸約20m付近において事故者が突然急浮上した。このためもう1人の男性も浮上して声を掛けたが、事故者はパニック状態で自らレギを外して、苦しいと言いつつ溺れて沈んでいった。男性は沈んでいく事故者を見たが自分も海水を飲んでいたことから、付近の水上オートバイと岸にいたダイバーにも救助を要請した。その後ダイバーにより事故者は揚収された。事故者は意識不明、呼吸なしの状態であり、病院に搬送された。	●
39	9月12日	兵庫	竹野町	女(32)	ファン	事故者はショップのナイトダイブツアーに友人と参加。午前1時頃から潜水を開始。1時30分頃緊急浮上の練習のため水深10mの海底にタンクを置いてガイドロープをつたい海面に浮上、事故者が水深5m付近でガイドロープから手を離したため、不審に思ったイントラが事故者を確保して浮上したが既に意識がなかった。救急車で病院に搬送し蘇生医療を施したが医師により午前4時19分9死亡が確認された。検視の結果、死因は心不全による突然死。	●
40	9月17日	沖縄	久米島町ハテの浜	女(47)	不明	事故者はダイビング中、レギが口元から外れた。それを発見した救助者が事故者を抱きかかえて海面まで救助した。自衛隊の急患ヘリにて病院へ搬送。肺水腫の疑い有り。生命に別状なし。	▲
41	9月19日	東京	岡田港	男(45-49)	ファン	事故者はダイビング客9人と9時5分頃にダイビングポイントの秋の原海水浴場沖合に到着。4人と6人のグループに分かれて潜水を開始。9時15分頃、事故者のフィンが外れて修復中にバディとはぐれ漂流。付近のペンションオーナーが所有船で現場に急行し、9時40分頃、事故者を揚収し救助。事故者に怪我なし。	○
42	9月25日	静岡	雲見	男(30-34)	ファン	事故者は2対5で牛着岩付近のダイビングポイントで12時9分頃から潜水を開始。12時35分頃、客1人の	●

	発生日	県名	ポイント	事故者	分類	概要	結果
						残圧が少なくなったのでイントラ1人が引率して浮上したが、残るイントラは事故者ほか4人をそのまま近くの海中洞窟に事前準備のないまま、また水中ライトも持たず、バディシステム崩壊のまま1列で引率誘導。イントラは洞窟奥まで行かずに引き返す。イントラは洞窟を出ても人数確認を行わずに浮上。12時40分頃になってイントラは事故者がいないことに気付き、イントラと客4人がボートから捜索するが発見できず。後に捜索に参加した他のショップのダイバーによって洞窟最深部で発見される。	
43	10月28日	神奈川	江之浦	女(62)	講習中	午前11時過ぎ、江之浦漁港で講習を行っていた事故者のレギュレーターが外れて溺水。	△
44	10月30日	静岡	大瀬	男(53)	不明	水深3mのところで溺水。救急車を要請。入院。	▲
45	12月23日	沖縄	下地島	男(35)	業務	事故者(イントラ)が13時頃から2本目のダイビングを開始した後の13時45分頃、ともにダイビングをしていた客に対してフリーダイビングを指示した後一人で海中に潜水を始めた。その後の減圧中、急に潜水器材を脱ぎ捨てて14時10分頃海面上に顔を出し救助を求めたため、同僚がダイビング船上に引揚げた。事故者の減圧症が疑われたことから平良港へ輸送し、待機中の救急車で病院へ搬送。	▲
46	12月26日	高知	柏島	男(24)	業務	人数比2対1。8時20分頃から潜水を開始。ショップのオーナーと客は9時20分頃浮上したが事故者のスタッフが見当たらなかった。オーナーはダイビングボートの係留補強と次回ダイビングの事前サーチをしているものと思っていたが、10時45分頃になっても帰船しないことから事故の発生を感じ、通りがかった同業者に協力を求め5人で捜索。11時20分頃、ボート付近30mの海底に沈んでいるのを発見。病院に搬送したが12時10分、死亡が確認された。死因は溺死。事故者はベテランであるが、潜水中何らかの原因により遊泳不能となり、海水を誤飲し、死亡したものと推定される。	●
47	12月27日	静岡	宇佐美	女(40)	不明	この日2回目の潜水(23〜25m)の1時間後に体調不良を訴えた。原因不明。救急車到着時にはイントラに付き添われ、海岸にあるショップの椅子で仰向けになっていた。意識はしっかりしており、浮遊感を訴えた。	△
48	12月30日	沖縄	与那国	男(20-24)	ファン	人数比2対12の総数14人でダイビング中(最大水深26mに1-2分)、水深15-18m付近で事故者が1人で26mまで潜ったためイントラが制止。浮上前に水深5mで5分間安全停止した後、船へ上がった。その後久部良漁港に入港したが事故者は腰が痛いとのことで船上で20分程度横になる。この異変に気づいたスタッフが診療所に運び診察。減圧症の疑いも持たれる。	△
49	12月31日	東京	八丈島	男(36、?)	ファン	15時過ぎ、底土海岸で事故。事故者の男性は何回か八丈島で潜っていたことで友人を連れてきた。しかし不馴れな場所だったのか、エキジット場所を間違って波にあらわれた。救助隊は手伝った程度。	○○

■平成17年（東京大学農学部潜水作業事故全学調査委員会との共同調査）

●－死亡・行方不明／▲－入院／△－救急車出動・自力で病院搬送（入院した可能性もある）／○－無事

	発生日	県名	ポイント	事故者	分類	概要	結果
1	2月12日	沖縄	久米島	男(42)	不明	イントラ同行。ファンか講習か不明。事故者は友人がエア切れを起こし、2人で事故者のレギを共有して浮上する際にマスクとレギが外れ、さらに船の錨についていたロープが事故者のタンクに絡まってパニックとなり溺れかけた。このとき同行していたイントラと付近でダイビングをしていた他のグループが発見し救助。救急車で病院に搬送。	△
2	3月20日	三重	尾鷲市	女(51)	ファン	人数比3対6のファンダイビング中、水中で事故者のレギュレーターが外れる。翌日死亡が確認される。	●

3	5月2日	東京	八丈島神湊漁港内	男(54)	講習中	1対1で講習中、事故者は過呼吸と思われる失神状態で救助された。2日間検査入院。	▲
4	5月2日	沖縄	伊良部島	女(35)	業務	帰港中のダイビング船から女性インストラクターが海中に転落。海中に転落した際、かなりの出血を伴う怪我をしたため港から救急車で病院に搬送。	▲
5	5月4日	静岡	宇須久	女(23)	不明	救急車が到着すると事故者は海岸付近の広場に収容されていた。事故者は意識がなく低体温だった。潜水病(減圧症)の疑いがあった。	▲
6	5月6日	鹿児島	加計呂麻島	男(37)女(28)	ファン	人数比1対2。ガイドは10分で男性客を見失う。事故者は女性客も捜索させるが、5分後、ガイドはこの女性も見失う。ガイドは5分後、海中で浮かんでいる女性を発見。男性は約3時間半後、地元ダイバーの捜索隊に発見されたが水死。女性は重態のまま翌日死亡。天候・海況は良好。	●●
7	5月14日	沖縄	ナガンヌ島	男(48)(32)(24)	ファン	インストラクター1人とダイビング客2人が浮上したところ、降雨による視界不良のためダイビング船が発見できずに漂流。しかし緊急用のシグナルフロート(オレンジ色)を揚げていたため発見。約4時間後、巡視船に発見救助された。怪我などなし。	○○○
8	5月29日	北海道	積丹町	男(45～50)	ファン	事故者はドライスーツ内に空気を入れすぎたことから水面で動けなくなり友人に空気を抜いてもらう。その後事故者は意識を失う。ただちにボートに引き上げCPRを行ったが搬送された病院で死亡が確認された。死因は胸部圧迫による心不全。	●
9	6月5日	鹿児島	桜島沖	男(56)	ファン	バディが事故者を見失った。水深約20mの海底で事故者を発見。病院で水死が確認。	●
10	6月11日	沖縄	久米島	女(74)	不明	事故者はダイビング中苦しそうにしているところを潜水業の男性に発見され、水深10m付近から浮上、救助され病院へ搬送。治療の結果、減圧症、肺気腫の疑いから自衛隊のヘリで病院へ搬送された。	▲
11	6月18日	静岡	大瀬	男(43)	不明	溺水:中等症(1日以上の入院)	▲
12	6月19日	静岡	伊豆海洋公園	男(49)	ファン	ダイビング歴20年以上でインストラクターの資格を持っていた事故者は水深40mの海中に沈んでいた。約3時間後、病院で死亡が確認。死因は水死。	●
13	6月25日	宮崎	鞍埼鼻灯台沖	男(20-24)	ファン	事故者は友人と2人でダイビングを開始したが実態は単独ダイブ。事故者が水面を移動中、強い潮に流されて漂流。岩場に打ち付けられて這い上がる。海保、消防、警察の捜索によってこの岩場で発見。怪我などはなかった。	○
14	6月30日	沖縄	浜川港	女(20-24)	体験	人数比1対2の体験ダイビング中に1人が浮上。その際イントラは体験ダイバー1人を海中に放置して浮上。この間に残された体験ダイバーが溺水。	△
15	7月2日	静岡	大瀬	男(63)	不明	詳細不明。消防が出動記録。	▲
16	7月4日	東京	八丈島ナズマド	男(30-34)	調査	事故者が単独で浮上時、リーダーとバディを含むメンバーはその場から移動。その後リーダーは同行動中のインストラクターから事故者の不在が指摘される。数時間後、捜索隊は事故者を水深約11mの海底で発見。タンク残圧150。事故者の経験10本未満。	●
17	7月7日	沖縄	慶良間島	女(40-44)	体験	慶良間島沖合いでインストラクターと女性観光客1人が1対1でダイビングを行っていた。水深4mのところで、女性のマスクに水が入ったことで女性がパニックとなる。インストラクターが落ち着かせ浮上し、その後病院に搬送。減圧症等の発生はなく経過入院。	▲
18	7月9日	静岡	井田	男(38)	業務	事故者は「フリーダイビング(素潜り)日本選手権」の大会スタッフで、海中パトロールのため、水深50m付近まで潜っていた。浮上予定になっても浮上してこなかったため、ほかのダイバーが水中を探したが行方不明。	●
19	7月17日	鹿児島	屋久島	女(30-34)	ファン	人数比2対8でファンダイブ。浮上してボートに揚がろうとしたところ、ボートにしがみついていたダイバーが離れるのを確認せずに船長が機関を始動。船尾側にいた事故者がプロペラの吸入流に巻き込まれ、頭部裂傷とわき腹に打撲を負う。	▲
20	7月17日	和歌山	串本	女(64)	ファン	事故者は潜水開始後5分経過時、水深17mで気分不良となり浮上。船上で意識を失ったが後に回復。救助	▲

21	7月26日	広島	沖野島	男(25)	ファン	隊到着時、事故者は意識があり麻痺もなかった。水深約8mの海底に事故者が沈んでいるのを潜水隊員が発見。単独潜水及び潜水前飲酒。	●
22	7月27日	沖縄	石垣島	男(30-34)	業務	事故者はインストラクター。客3人を連れて水深15-18mで潜水後浮上する際に安全停止を行わず。右手のしびれと胸の痛みのために付近のダイビングボートで港へ搬送。減圧症のため10日の入院。	▲
23	7月30日	静岡	初島灯台	男(25-29)	ファン	事故者が水深18m付近で息苦しさを訴えたため、イントラが自分のレギを咥えさせ、自分はオクトパスを使って浮上。事故者は浮上時に意識を失った。その後初島からドクターヘリで病院へ搬送。溺水で入院。生命に別状なし。	▲
24	7月31日	福井	舞鶴	男(61)	ファン	事故者は仲間8人とファンダイビング。バディシステムとらず。事故者は単独ダイビングが習慣。事故者はCカードをとってから6年以上でこの年6回目。コンピューターゲージの記録によると、最大水深11.8m、潜水時間51分。発見時の残圧はゼロ。仲間が事故者を海面でレギュレーターを外し、うつ伏せで浮かんでいるのを発見。約2時間半後に死亡。死因は水死。空気欠乏と考えられる。	●
25	8月17日	高知	宿毛市土佐鳥帽子	男(55-59)	単独	事故者は絡んだロープ除去のために潜水したが戻らず。捜索し、水深38mの海底で発見。BCの給気パイプが外れていた。潜水開始直後、浮力調整ができずにパニックになったと推定。死因は溺死。	●
26	8月29日	鹿児島	与論島	女(25-29)	業務	事故者はイントラ。前日客8人に付き添って3回の潜水を行う。同日夜になり左肩の軽い痛みなどがあったが無視。29日に初心者に体験ダイビングを行っていたときに呼吸に違和感を感じて減圧症と自覚し減圧症の専門医療機関にフェリーで向かう途中で容態が悪化。救急車で搬送される。医師の診断も減圧症であり、再圧治療を継続して行うことになる。	▲
27	8月29日	静岡	雲見	男(66)	ファン	事故者は仲間5人と共にダイビングツアーに参加。水深16m付近で残圧が少なくなったのでイントラからオクトパスを借りたが海水を誤飲し、再度自分のレギを咥えようとしてパニックとなり急浮上。海面で意識を失った。この付近のダイビングボートに揚収し、酸素投与の結果意識を回復。港に救急車が到着したときには既に事故者は陸上で酸素が投与され、意識はしっかりしていた。診察の結果、減圧症及び肺水腫と診断され、ドクターヘリで病院に搬送。生命に別状はなし。	▲
28	8月29日	福井	敦賀市	男(49)	ファン	事故者は単独潜水をしていたが予定の時間に戻らず。翌日早朝に同海水浴場の海底に沈んでいるのを発見された。事故者は10年のダイビング経験があったが、この日は5年ぶり。発見時、事故者はレギを口から外し、残圧は125で、鼻から出血していた。パニックからの溺水と考えられている。	●
29	9月4日	静岡	土肥	男(37)	講習中	1対2で講習中、事故者が水中3mの集合予定地点に現れなかった。つまりインストラクターが事故者を見失った。その後の捜索で、事故者は1時間程後に水深37m付近で発見したが病院で死亡が確認された。	●
30	9月9日	沖縄	竹富島	男(20)	研修	事故者は7月に専門学校から研修生としてダイビングショップに派遣されていた。ダイビングポイントで船を係留しようと潜水した際に溺死。	●
31	9月10日	和歌山	串本	女(36)	講習中	1対8で講習中にインストラクターは事故者を見失った。事故者は水深5mの海底に沈んでいるのを発見され、すぐに引き揚げられたが、間もなく死亡。溺死。	●
32	9月12日	静岡	戸田	女(29)	不明	溺水のことで救急車が出動。軽症。	△
33	9月18日	和歌山	和深	男(33)	ファン	1対6でダイビング中にインストラクターが事故者を見失う。後続のグループのガイドが水深14mの海底で発見。海水吸入による窒息死と診断。救助時、口腔に吐血の痕跡があったことから、嘔吐による呼吸困難からの窒息死と推定された。	●
34	9月23日	沖縄	竹富島	男(53)	ファン	経験700本の事故者はガイドや他のダイビング客5人と水深7mのポイントで一緒に潜っていたが、その後	●

35	10月3日	沖縄	恩納村	女(35-39)	ファン	見えなくなり、ダイビングポイントの北500mの海上で心配停止状態で浮いているのが発見された。発見時にはタンクを装着しておらず、海底で発見されたタンクには空気がかなり残っていたという。事故者はマスクトラブルでパニック状態となる。イントラはレギを外して急浮上する事故者にレギを咥えさせようとするが事故者はそれを外して急浮上。病院に搬送された。診断では軽い肺水腫で2-3日の入院。	▲
36	10月8日	沖縄	久米島	男(54)	業務	客5人が潜水中にダイビング船が転覆。船長は翌日溺死体で発見。客5人はすぐに漁船に救助された。（船長の死亡は死者にカウントせず）	○○○○○
37	10月10日	長崎	五島市	男(58)	ファン	1対10でダイビング。事故者はボートから30m地点で船長に合図するがボートからロープを投げても届かず、ショップ経営者が引き揚げのため海中に入ろうとしたところ磯波で波にもまれ事故者を見失った。その後、事故者がうつ伏せで浮いているのが発見され病院に搬送されたが死亡。死因は水死。事故者のダイビング歴は15年。当時海上は約8m風で、島の近くでは複雑な波が立っており、波にのまれた模様。	●
38	10月10日	静岡	神子元島沖	男(46)	ファン	船長が潜水中の子供を揚収するために附近のダイバー5人に船から離れるよう指示したが、船尾付近にいた事故者に気づかず操船を開始。事故者は同船のスクリューにより左手首を左前腕開放性骨折。ドクターヘリで病院に搬送され、手術。命に別状なし。	▲
39	10月30日	静岡	大瀬	男(61)	不明	溺水で重症（2週間入院）	▲
40	11月13日	千葉	鵜原(うばら)港A号防波堤灯台	女(40-44)	講習か体験	事故者は1対4で、岸から10m、水深4mの海域でパニックとなり海面に浮上。呼吸困難から意識喪失。事故者は未経験者。岸でCPRを行い、意識回復。救急車で病院に搬送。生命に別状なし。1日入院。	▲
41	11月17日	東京	八丈島ヤケンヶ浜	男(49)	ファン	臨時にイントラをするために来たという事故者と友人の2人がファンダイブのためビーチエントリーしスノーケルで移動中に溺水。友人が陸に揚げたが心肺停止状態となり、搬送先の病院で死亡が確認。	●
42	11月19日	沖縄	大度海岸	男(60-64)	ファン	事故者は仲間14人でビーチエントリー。水深18m地点で事故者のマスクに海水が半分入っていたの肺マスククリアを行う。その後1人で1〜2m急浮上したので仲間2人で抑えながらゆっくり浮上。海面で意識を失う。付近の船で搬送して救急車に。意識不明のまま後日死亡。急性心筋梗塞と判明。	●
43	11月19日	東京	伊豆大島野田浜	女(35-39)	講習中	人数比1対4でOWの講習。沖合い80mくらいで1人の講習生のフィンが外れているのにイントラが気づき、その者のフィンを履かせている間に事故者の講習生1人を見失う。すぐに水中と水面を探したが見つからず、イントラは講習生3人を連れてエキジット。見失った講習生は他のダイバーが曳航して陸上に上げていた。CPRをしながら救急車で島内の病院に搬送。心肺停止状態。そのまま人工呼吸だけで10日経過し、都内の病院に搬送。4日後に死亡。	●
44	11月25日	静岡	富戸、伊豆海洋公園	女(16〜19)	不明	事故者は水深15〜29m付近から急浮上。救急隊到着時、意識はしっかりしていたが、頭痛、嘔吐があったと訴え、酸素投入されていた。	不明
45	12月3日	沖縄	恩納村	男(20-24)	ファン	事故者は仲間5人とダイビング。事故者は4人と離れて1人漂流。事故者は釣り人が投げた釣り糸を胴体に巻きつけて漂流を防止し、救助艇によって救助された。事故者の生命身体に異常なし。	○
46	12月9日	東京	伊豆大島秋の浜	男(36)	講習中	事故者は人数比1対3で混合気体潜水の講習中、水中で心肺停止状態となった。特殊救難隊員のCPRによって呼吸と意識が回復。病院での検診の結果肺に海水が入っており、都内の病院に転診。事故者は海中で何かおかしいと感じ、酸素分圧計を見たところゼロに見えたため予備タンクのレギを咥えなおそうとした後に意識を失ったとのこと。	▲
47	12月23日	静岡	赤沢	男(50〜54)	不明	救急隊到着時、事故者はワゴン車の後部座席で仰向けになっていた。意識はしっかりしており、四肢の先が冷たく、両足がけいれんしていると訴えた。	不明

1．スクーバダイビングの平成14年から18年の国内事故一覧と分析

■平成18年

●－死亡・行方不明／▲－入院／△－救急車出動・自力で病院搬送（入院した可能性もある）／○－無事

※ 平成18年以降分は，事故者の年齢表示はすべて統計資料と同じ，5歳刻みでの分類表示としている。

	発生日	県名	ポイント	事故者	分類	概　要	結果
1	2月21日	和歌山	串本（潮岬灯台）	男（20-24）	ファン（ショップか個人？）	事故者はボートエントリーでダイビング中に水深30mから6分かけて浮上した。減圧症にかかり病院に搬送。命に別状なし。船酔いをしていながら潜水を行ったことが原因と考えられる。防災ヘリで移送。事故者の経験は1年以上3年未満。	△
2	2月23日	沖縄	与那国島（西崎灯台）	男（35-39）	ファン	事故者は午前9時30分頃から，ボートエントリーで水深15mにて40分間程の潜水を実施。午後1時30分より2本目の潜水を水深18mで30分間実施。さらに午後3時30分より3本目の潜水を，シュモクザメを見るために，水深9-12mの間で35分間実施。その後浮上を開始し，水深10mで3分間，同5mで3分間安全停止を実施して浮上。事故者は午後4時15分頃ダイビング船上に揚がった5分後，右腰部から右足全体にかけて痺れを伴う麻痺の症状が発生。症状を訴えてから5分後，ダイビング船は与那国島久部良港に入港。事故者は直ちに同島診療所に搬送されて応急処置。海保に急患輸送が手配された。同診療所の医師は症状が軽度であると診断し，本人が高気圧治療を希望したことから石垣島への搬送。事故者は10年以上の経験者。	△
3	2月25日	沖縄	仲里港北防波堤灯台	女（50-54）	ファン	事故者はダイビング歴が55回あり，ツアーで来沖した。事故者を含む客8人は地元インストラクター1人と共に船でダイビングポイントに向かい，25日午前10時20分頃からダイビングを開始。水深5～8m付近で，事故者が胸を押さえて苦しがる素振りをみせたことから，インストラクターが事故者を浮上させ船上に揚収。揚収直後，徐々に意識，呼吸，脈拍が弱くなり，約5分後，心肺停止の状態となったため，消防へ通報。インストラクター等は事故者にCPRを施しつつ帰投。事故者は船上で息を吹き返したり停止したりを繰り返していたが，25日午前10時41分，真泊港着岸直後，消防救急隊が確認した時には心肺停止の状態で。事故者は病院に収容されたが，26日死亡が確認された。事故原因は不明。	●
4	3月4日	北海道	斜里町ウトロ東	男（50-54）	ファン	事故者はショップ主催の流氷ダイビングツアーの参加者11人の1人。4日午前11時20分ごろ，流氷がなかったため海岸の約20m沖合で2対2の人数比で通常のダイビングをしていた。事故者はインストラクターと一緒に潜り始めたが10分後にレギの不調を訴えて浮上。続いてインストラクターが浮上。事故者のレギはフリーフローを起こしていた。そのため共に岸に戻る途中の11時30分頃，事故者が突然あおむけになり口から泡を吹きながら意識を失った。12時45分，搬送先の病院で死亡が確認された。死因は溺死。過呼吸によってパニックになったと見られている。事故者は初級レベル。事故者の当日の人数比は1対1だったという。事故者の潜水時間は約10分程度。	●

	日付	場所	地点	性別・年齢	種別	状況	備考
5	3月12日	沖縄	真栄田	男(20-24、25-29、40-44)女(25-29)	ファン(漂流)	事故者らは昼すぎから10人のグループで潜水。海が荒れてきたため岸に戻ろうとした際、高波で客の女性が海岸伝いに東へ50mほど流された。これを知った引率のインストラクター(男25-29)や近くにいた別グループの米軍人(男40-44)らが助けに向かったが高波で戻れず。女性はその後さらに東の海上で、別のグループのインストラクター(男20-24)とともに海保のヘリによって救助された。この男性は無傷。女性は額に軽い傷だけで命に別状なし。事故者のインストラクターと米軍人は一時行方不明となる。2人はこの日救助されず、9時間後の翌日、洞窟で手を振っていたところを米軍ヘリなどが発見。レスキュー隊2人が、約50メートル崖下の洞窟に入り救助、午前1時15分頃、崖の上から海保と消防、米軍関係者らが人力でロープを引き上げた。2人に怪我はなかった。事故当時、現場には強風注意報が出ていた。	○○○○
6	3月12日	静岡	大瀬	男(35-39)	講習中	事故者はインストラクターになるための講習を受けるために他の2人とともに3月11日から1泊2日の予定で大瀬にきていた。12日の講習は人数比1対2で午後12時から午後1時の間の予定で、ビーチエントリーで水深25mまで潜水。その後水深15m付近まで浮上し、水平移動しながらバディとの間でバディブリージング(リカバリィ)の講習が行なわれた。午後12時35分頃、突然事故者のフィンの動きが止まったことに異常を感じたインストラクターが接近したところ、事故者がレギュレーターを口から外したのを発見、直ちに浮上し、午後12時40分頃付近にいた者に救助を求めた。救急車で救命処置実施後(CPA状態)、ドクターヘリに乗せ、病院へ搬送。病院にて死亡が確認され、空気塞栓症と診断された。	●
7	3月19日	沖縄	座間味(嘉比島灯台沖)	女(※海保資料では35-39)	ファン(ガイド)	事故者の女性は午前11時10分頃から座間味沖南西約3.2キロでダイビング客6人を引率してエントリーを開始。午前11時50分浮上し。その際、手足の痺れや目の焦点が合わない旨を訴えたため、船長が118番通報で救助を要請。午後1時頃座間味港に入港し、救急車に引渡し、待機していたヘリで午後3時すぎ病院に搬送。医師により軽度の減圧症と診断され、2時間以上チャンバーで治療。同行のスタッフによれば、事故者はダイビング終了前、水深5mで3分間の安全停止は行っていた。	△
8	4月9日	静岡	雲見	男(25-29)	ファン	人数比2対2でファンダイビング中。大牛・子牛の岩付近の水深約18mでエア切れと思い込みパニックになってレギを外して溺水。数日の入院。	△
9	4月6日	長崎	西海市崎戸崎江ノ島横曽根灯標	男(55-59)	ファン漂流	経験10年以上の事故者はダイビングボートに乗船し、午前中は友人2人とともにダイビングを行っていたが、午後は友人2人は船酔い等の理由からダイビングを行わなかった。事故者は1人で江ノ島南西沖のニシガイ瀬でダイビングを開始。ダイビング中の午後2時10分頃に浮上したところ、自分の位置がダイビングボートよりも南南西約300メートル離れていたため戻ろうとしたが、風浪により戻ることが出来ないと判断。ボンベの残圧を利用してエアーホイッスルを鳴らしたが、ダイビングボートは気付かず。事故者は長期戦になると判断し、バランシングベストを膨らませ、流れるままに漂流を開始。漂流中の午後6時20分頃、漁船が付近を航行してきたので、エアーホイッスルや水中ライトで存在を示したところ気付き、同船に救助された。	○

	月日	都道府県	場所	性別(年齢)	種別	状況	
10	5月1日	東京	小笠原村嫁島南端	男(40-44)	ファン	経験10年を超える事故者は、ダイビング客25人及びスタッフ3人が乗船のうえ、午前9時30分頃嫁島付近海上に到着。1本目の潜水ポイントを事故発生場所の通称マグロ穴付近の浅根に決定、客を2班に分けてドリフトダイビングを実施。事故者の班は客12人、現地インストラクターが1人。潜水開始前、総員に対し現地インストラクターによるブリーフィングが実施された。潜降後、インストラクターの指示により約40m先の根に移動。この時の事故者の残圧は110キロだった。その後、移動指示を出すべくインストラクターが、タンクをナイフで叩いたところ、十数m離れた水深22～23mの位置に事故者を確認。近づいたところ、カメラが根の割れ目に挟まり意識がなかった。午前10時00分頃船に掲収、CPRを実施しながら父島へ入港。事故者は救急車で午後12時10分に村診療所に搬送されたが、午後1時5分、死亡が確認。死因は溺死。	●
11	5月4日	沖縄	渡嘉敷村黒島南側	男(40-44)	ファン	経験10年を超える事故者は、友人と計2人でダイビングツアーで沖縄入り。那覇市在のショップスタッフ2人及び他のダイビングツアー客14人とともに那覇ハーバーを出港、午前9時30分頃渡嘉敷村黒島南側立標付近のダイビングポイントに到着。午前9時40分頃からインストラクター1人と友人のツアー客4人とともにダイビングを開始。その約10分後、事故者が水深10メートルの海底付近で立ったまま両腕を震わせ痙攣しているのをインストラクターが発見し船上に引き上げた。搬送後医師により死亡確認。	●
12	5月5日	沖縄	池間島	男(50-54)	ファン	ダイビング経験が5年以上のDMで経験284本の事故者は、浅い水深でのファンダイビングのツアーを申し込む。しかし現地では水深30mの海底の岩のアーチまでのダイビングとなっていた。事故者らはに他のダイビング客6人と共に、午後1時00分頃、池間島漁港から出港し、午後1時51分頃より人数比2対7で潜水を開始。最大水深28.2mまで潜水し、浮上中の午後2時13分頃、事故者のバディ(妻)が異常に気付き、インストラクターに訴えた。インストラクターが確認したところ、事故者の意識が朦朧としていたため船上に引き上げた。その後、呼吸困難となったためインストラクターが人工呼吸をしながら池間漁港向け搬送。救急車で病院に搬送。事故者は急性減圧症脳脊髄型と診断され耐圧治療を実施。その後、沖縄本島内病院へ搬送され治療等実施。診断の結果、II減圧症と診断され、重度の後遺障害を負った。なおガイドは当時潜水士免許不所持。そのため後にショップと代表が労基法違反で有罪となる(ガイドは起訴猶予)。	▲
13	5月5日	静岡	大瀬	男(30-34)女(30-34)	講習中	講習中に女性が水深16m地点で苦しくなり、男性インストラクターが女性をコントロールしながら浮上させた。女性が水深5m地点で意識を失ったため男性インストラクターが救助した。救助後、男性インストラクターが体調不良を訴えた。減圧症と見られるが命に別状はなかった。	△△
14	5月5日	和歌山	すさみ町	男(50-54、50-54)	漂流(個人)	経験2年20本の事故者A(初めてボートダイビング)と、ボートダイビングの経験があり、8年157本の経験のある同Bの二人と友人3人の計5人は、ダイビングボートをチャーター(ガイドなし、他のグループと乗船)し、午前10時45分頃からグループでダイビングを開始。午前11時00分頃全員で浮上を開始。水深5メートル付近で安全停止中の11時5分頃、事故者が急浮上。バディB等もこれを追って浮上。残りのグループが浮上したところはボートの南約50メートルだった。AとBはさらに約10メートル離れて浮上。午前11時20分頃、他の3人は泳いでボートに戻った。Bが「浮き輪」と叫んでいたので、船上から救命浮環を流したが届かず、2人は沖に流された。午前11時50分頃、ダイビングボート及び付近船舶が意識のない2人を揚収、救急車で病院へ搬送。午後1時過ぎ死亡が確認。死因は溺死。漂流時間は約20分。	●●

284　資料

	日付	場所	ポイント	性別(年齢)	区分	内容	判定
15	5月28日	静岡	富戸港南防波	男(30-34)	ファン	潜水歴が6年でダイブマスターのCカードを持つ、経験400本の事故者は、ダイビングショップが主催するダイビングスクールにオブザーバーとして参加した。そしてインストラクター引率のもと静岡県伊東市富戸港のスロープから入水(ビーチエントリー)、最大深度15mのダイビングを実施し終了後、同スロープから上陸しようとした午後4時頃、南東からのうねりにより流されスロープに施設されている手摺りに顔面を強打した。事故の連絡を受けたショップ職員が119番通報を行い、救急車により病院に搬送された。全治10日間で入院の必要はなし。	△
16	6月2日	沖縄	久米島ハテノ浜沖ダイビングポイント「カスミポイント」	男(55-59)	ファン	経験が20本の事故者はダイビングショップのツアー客9人とともに午後3時28分頃、人数比1対4で3度目のダイビングのために船から海に入った。同35分頃、ダイビング船上にいたスタッフが、浮いて流れている事故者を発見し、船に引き上げたが、心肺停止状態だったので、心肺蘇生を実施しながら消防に通報した。事故者は一時は自発呼吸を取り戻したが、病院の医師により午後6時頃に死亡が確認された。現場は水深約10m。肺に強い鬱血(心不全)があった。	●
17	6月14日	静岡	八幡野	女(45-49)	講習中	事故者は海洋実習を行うため、夫及びショップインストラクターとスクール生徒の4人で、八幡野港内で、最大深度10mの海洋実習を2回実施した。その後、民宿で咳及び血痰の症状が出たが、体調が特に悪いことがなかったことから宿泊。14日の午前8時40分頃に集合した際に体調の異常の有無の確認があったが、事故者は、海洋実習は少し怖いが体調はよいと回答した。9時00分頃八幡野港に到着、前日と同じメンバー4人で固まって、レギュレーターにて呼吸しながらウエイトの装着を実施していたところ、事故者は息苦しくなり意識を失った。その事故者を仰向けにして、他の講習生と3人でエントリー場所のスロープまで曳航救助した。病院の診察の結果、肺水腫を起こしており、レントゲンの状態から、前日には既に肺に水が浸入していた可能性が高いとのこと。入院3日。	▲
18	6月24日	静岡	宇久須	女(30-34)	ファン	経験本数38本の事故者は、宇久須のビーチでスポーツクラブのダイビングツアー(参加者28人)に参加。インストラクターと共にダイビングポイント向け計9人で泳ぎ始めたが、午後12時30分頃になり、過呼吸症候群の症状を呈し、同行していたインストラクターに対して「息が苦しい。」旨を訴えた。そのためインストラクターは事故者を確保し、浜から45mの海面から陸岸に向かったが、途中で事故者の意識がなくなった。そのため海岸到着後119番通報をした。事故者は救急車により病院に搬送され、救命措置を受けたが蘇生せず、約1時間後、死亡が確認された。(肺塞栓)。	●
19	6月25日	静岡	伊豆海洋公園(門脇埼防波堤)	女(25-29)	講習中	事故者はショップの講習に参加。ビーチエントリーでダイビングを開始した。しかしタンクのバルブの開度が不十分だった。水深5m付近を移動中には異常がなかったが、深度14mに達したときにレギュレーターからの空気供給が止まり、事故者はパニック状態になって緊急浮上した。インストラクターは事故者が浮上していくのに気づき、直ちに追いかけて予備のレギュレーターを事故者に与えようとしたが、事故者は受け入れずに浮上を続けて海面に浮上した。そのとき咳込み、海水を嘔吐した。午前11時57分頃に救急車を要請。病院に搬送して診断の結果、異常はなかった。1日の経過観察入院となった。エントリー前にバディ同士で器材チェックを行い、本人も自身の器材をチェックしたが、器材に異状はなく、レギュレーターからの吸気も可能だったことから、バルブの開度が不十分であることには気づかなかった。(事故後ボンベの吸気バルブを確認したところ、開度は全開から1回転)。	▲

	日付	場所	詳細場所	性別（年齢）	種別	概要	備考
20	7月1日	沖縄	渡嘉敷村黒島北側ハテ島灯台	女 (30-34)	大会参加	事故者は日本バリアフリーダイビング大会に参加のため来沖。事故現場においてダイビングを終了し、アシスタントのバディーに背後から抱きかかえられ浮上中、海面が近くなったことから、安心してレギュレーターを噛むカが弱まったことからレギュレーターを自然に外してしまい、その際、海水を飲み込み、パニック状態に陥って溺れた。事故者は病院に搬送されたが意識ははっきりしていた。	△
21	7月2日	福井	敦賀市立石の立石海岸付近	男 (55-59, 45-49,40-44,50-54,50-54,50-54) 女 (40-44)	ファン（漂流）	1対6のファンダイビング。ガイドの男性(55-59)と男性客5人、女性客1人は、2日午後から現場付近にプレジャーボートを停泊させてダイビングをしていた。ガイドが錨を引き揚げようとしたところ、綱が切れてボートはバランスを崩したまま漂流、座礁したため、近くの岩場に避難していた。現場は、敦賀半島北端の立石岬灯台から南西に約1キロ下のがけ下の岩場。午後6時10分ごろ、海保に「ボートが座礁して計7人が海岸で孤立した」と携帯電話で通報。3日午前零時すぎにヘリコプターから海上保安庁の機動救難士が岩場に降下。7人に食料を渡して付き添った。夜明けを待って同庁の特殊救難隊員が午前5時15分ごろに救助活動を再開。泳いで1人ずつ岩場の近くに止めた小型艇に運び、約1時間後に全員を救助。	○○○○○○○
22	7月16日	和歌山	西牟婁郡すさみ	女 (50-54)	ファン	事故者はダイビングサークルのツアー（ツアー客4人、ガイド2人）に参加していた。事故者はダイビングポイント「赤土出」でダイビングボートから他のツアー客とともに入水を開始したが、タンクのバルブを開け忘れていたため、入水直後に呼吸不能となり溺水。同ツアーのガイドが事故者を揚収、周参見漁港で救急車に引継ぎ病院へ搬送したが、命に別状はないものの、肺に水が入っているおそれがあるため、ドクターヘリで病院へ搬送、検査入院となった。ガイド2人はツアー客全員にタンクのバルブを開放するように指示していた。事故者のダイビング経験は3年で20本。	△
23	7月16日	静岡	大瀬	男 (50-54)	ファン（ショップか個人か不明）	午前7時45分ごろ、事故者が仲間3人と潜水中、水深8m地点で気分が悪くなり、ドクターヘリで静岡市内の病院に運ばれた。病院の診断結果、既往症の発症によるものであった。	△
24	7月16日	静岡	大瀬	女 (60-64)	講習中	午前11時20分ごろ、初心者クラスのダイビングスクールに参加し、インストラクター2人を含む6人で海上をシュノーケル使用沖合50mのブイに行く途中で誤って海水を飲んで溺れたため、伊豆の国市内の病院に搬送された。命に別状なし。	△
25	7月16日	静岡	大瀬	女 (50-54)	講習中	午後1時ごろ、事故者がインストラクターら5人と潜水中、水深6mの地点で潜水器具が口から外れて溺水。ドクターヘリで静岡市内の病院に運ばれた。事故者以外の3人はいずれもダイビングの経験が浅いか、久しぶりの潜水だった。	△
26	7月17日	鹿児島	南さつま市の宇治群島沖「ガラン瀬」付近	男 (70-74, 40-44,35-39) 女 (30-34)	漂流（ファン。ショップか個人か不明）	経験10年以上の事故者4人を含むダイバー9人は、ダイビングボートからダイビングを開始した。北への潮流が予想より早かったため、約20分後の午前6時47分頃浮上。マーカーブイを上げてボートの到着を待っていた。ボートは、浮上した4人から遠くに見えていた。そこで救助を求めるホイッスルを鳴らしたが彼らからの視界から消えた。船長は同じ頃事故者等の西側に浮上した5人のダイバーを先に揚収した。約3時間後、4人が、見当違いの方向を探すボートを見た後、ボートは彼らからの視界から消えた。船長は潮流の方向を南と思い込み南へ移動を開始していた。4人は漂流することとなった。午後7時30分頃、ダイバーの1人が、接近してきた海保の航空機に向けて水中ライトを振った。午後7時40分ごろそれに気づいた捜索機からの連絡で彼らは巡視船に救助され、救急車で病院に搬送された。診断の結果、全員軽い熱中症の為検査入院したが、18日午後全員退院。漂流時間は13時間。	△△△△

No.	日付	場所	ポイント	性別(年齢)	種別	概要	結果
27	7月21日	和歌山	串本(有田.港内)	女(40-44)	講習中	水深2～3mの港内でバディダイビングの練習中、海水を誤飲。消防到着時ダイビングのショップで横になっていたが、意識や呼吸は正常だった。	△
28	7月27日	鹿児島	大島郡瀬戸内町待網崎灯台	男(45-49)	ファン	経験が10年以上ある事故者は、午後1時50分から、インストラクター等計6人でダイビングを実施。水深21メートルで咳き込み、その際海水を吸引したことによりパニック状態となり、海面への急浮上を行う行動をとった。この状態に気付いたインストラクターが事故者の急浮上を静止しようとしたが、止めることができずインストラクターも事故者に付き添うように急浮上して事故者の身体を確保した。海面に出た際意識ははっきりしていたが、口から血が混じた海水を吐いたため、インストラクターが事故者をダイビングボートに引上げるとともに119番通報して救急車の手配を行い、救急隊に引き継いだ。	△
29	7月30日	高知	宿毛市沖の島	女(30-34)	ファン(ガイドが見失い行方不明)	5年以上の経験を持つ事故者は、友人2人と共にダイビングショップが主催するボートダイビングツアー(ツアー客10名、ショップダイバー2名)に参加。午前9時30分頃、最初にショップオーナーが潜行し水深約18メートルで客を待受けた。客はガイドロープを使って順次潜行。最後にショップ従業員が潜行した。最初の潜降から10分後に人数を確認したところ、7番目にエントリーした事故者の姿がなく、付近の海面と海中を捜索しても見つからず、海保に救助要請した。8番目のエントリー客の話では、自分の前にいた事故者らしき者がガイドロープを使わずに潜行しているのを確認している。オーナーは当時、客に対し、南の潮流があったことから、ガイドロープを放さずに潜行するよう指示したとのこと。事故者は前日も他のポイントでダイビングを行っており、前日、当日共に体調不良には見えなかった。持病なし。	●
30	8月?日	静岡	富戸、八幡野、赤沢のいずれか	女(16-19)	不明	詳細不明。消防が出動。	不明(死亡とは認めず)
31	8月23日	沖縄	池間島	女(45-49)	ファン	経験3年以上の事故者はダイビングショップの所有船に計6人で乗船し、ファンダイビング目的で池間漁港を出港。午前10時頃にアイフヌンミガマに到着した。船上でブリーフィング等を行った後、午前10時12分頃にガイドが客の前後を挟むような潜水体系で、全員で潜水を開始した。海底に沿いながら4分間で水深10m、距離約50mを移動して水深15mの海底に到着し、暫くの間、珊瑚や魚を観賞していたが、潜水開始時から緊張の為耳抜不調であった事故者が、午前10時28分頃パニック状態となり、気づいたアシスタント及びガイドが急浮上させた。浮上当初事故者は心肺呼吸停止状態だったが、海面で応急処置を施すと意識が回復し、搬送のため池間に入港するころは完全に回復した。診断は軽い溺水。	△
32	8月28日	静岡	伊豆海洋公園	男(35-39)	不明	過呼吸となり意識喪失。軽症ですむ。	△
33	9月9日	沖縄	伊江村具志漁港西方3.5キロ通称シュウベーダイビングポイント	男(45-49)	ファン	経験が1年未満で16本の事故者は初日に2本潜水。事故者は当時咳き込みをしていたという。2日目に2本潜水。事故時は友人2人とインストラクター2人(人数比2対3)で午後1時15分頃から伊江島沿岸でダイビングを開始した。午後1時50分頃、水深10メートルの海底を移動中に事故者がゆっくり斜めに浮上し出したので、インストラクター1人も浮上した。すると事故者は水面でびっくりした表情をした後意識を失った。その後伊江港で診療所医師を乗船させて手当てをしながら渡久地潜水まで搬送し救急車へ引き渡した。事故者は沖縄本島の病院に搬送されたが死亡。解剖の結果心肥大(急性心機能障害)。	●

	日付	都道府県	場所	性別(年齢)	状況	概要	判定
34	9月17日	静岡	伊豆海洋公園(門脇埼防波堤)	男(16-19)	講習中	事故者はインストラクターの引率のもと、午前9時に伊豆海洋公園へ12人で訪れた。午前10時から1時間半、タンクを使用せずにシュノーケルを使用した海洋実習を行い、午後1時50分からタンクを装着してビーチエントリー。水深10mでダイビング器材の慣熟訓練実中に残圧を確認したところ100をさしており、入水時には200あったことから空気の消費量が多いことが心配になってパニック状態となり溺水した。インストラクターは、事故者の様子がおかしいことから自分のオクトパスを事故者にくわえさせ浮上、救急車により病院に搬送した。当直医師の診察の結果、レントゲン写真の状況から肺炎を併発する恐れがあることから入院治療となった。事故者は緊張しやすい性格だったとのこと。	△
35	9月23日	兵庫	豊岡市竹野港北防波堤灯台	女(40-44)	ファン(個人)	5年以上の経験を持つ事故者は、友人と兵庫県所在のショップから潜水用のタンクを借り、午前11時00分頃に二人でビーチエントリーで潜水を開始した。午後12時00分頃、タンクの空気がないことに気付き、二人で水面まで浮上して、周囲の他のダイバーグループに大声で助けを求めて、付近岩場に向けて泳いだ。しかし事故者が海中に没したので、友人と、救助に駆けつけたほかのグループのダイバー1人とで事故者を引き揚げ、付近の釣り人に救急車の要請を依頼した。当時意識不明の状況だったが、現場付近に偶然居合わせた医師と、友人及び救助ダイバーの3人で事故者の蘇生処置を施したところ、海水を嘔吐して自力呼吸を始めた。その後、事故者は到着した救急車に引き渡され、病院に搬送された。	△
36	9月?日	静岡	オレンジビーチ、新井、川奈のいずれか	女(30-34)	不明	詳細不明。消防が出動。	不明(死亡とは認めず)
37	9月29日	静岡	伊豆海洋公園	女(65-69)	講習中	講習中、パニックとなる。	不明(死亡とは認めず)
38	10月1日	静岡	神子元島	女(25-29)	ファン	事故者は友人3人と共に南伊豆町のダイビングボートに乗船、午前8時25分頃、神子元島南側に位置する通称「カメネ」ポイントに到着、8時30分頃、友人3人、他の客2人、ガイド1人と共に1本目のエントリーを開始。予定深度の水深30m付近(水深は50m)で魚を鑑賞中、事故者が突然パニック状態となり、自らレギュレーターを取り外した。パニック状態の事故者を確認したガイドがオクトパスを勧めたが拒否。しかしガイドが事故者を落ち着かせてオクトパスをくわえさせ、事故者のBCに空気を入れて浮上。付近海上で待機していたダイビングボートに引き揚げ、待機中の救急車に引き渡し、病院に搬送された。事故者の意識はあり、命に別状はなし。事故者のダイビング経験は7年(55本)、深深度潜水経験は1から2回。タンクは当初200、船上へ引き揚げた際のタンク残圧は60だった。	△
39	10月8日	静岡	初島	女(30-34)	ファン	経験1年未満の事故者は、夫と共に熱海市のショップガイドの引率で、総員7人でダイビングを行った。2回目のダイビングをビーチエントリーで実施、最大深度21mに到達。この後、エキジットポイントに向けて移動中の午後1時30分頃、水深10mでガイドが後方を確認した時、事故者が浮上を開始していた。そのためガイドは事故者を追いかけ、水深4m付近で確保した。しかし浮力が大きくそのまま共に海面まで浮上した。浮上し、事故者に異常の有無を確認したところ夫と共に大丈夫との返答だったため、再度潜降して他の者と合流した。その後全員で深度10mを維持し、エキジットポイントに移動中に事故者があわてた様子で浮上しようとしたので、ガイドと夫が寄り添って浮上、浜まで曳航した。その後事故者が寒くて気持ちが悪いと訴えたことから救急搬送を依頼。減圧症の恐れがあることからドクターヘリで救命センターに搬送された。しかし減圧症ではなく、体調不良と診断された。	△

40	10月9日	鹿児島	南さつま市笠沙町高崎鼻北約150m	男(55-59)	ファン	10年以上の経験がある事故者は、ショップのツアーに参加し、他の客3人と共にダイビングボートで出港した。久多島で約1時間ダイビングを行い、その後、現場に午前11時10分頃に着いた。事故者等4人は、11時34分からダイビングを始めた。約20分経過したころ、事故者の姿が見えないため、パーティはダイビングを中止して周りを捜した。午後12時30分頃、事故者がうつ伏せ状態で浮いているのを船長が発見、揚収した。このとき事故者は呼吸停止状態だったので、人工呼吸等を行いながら片浦漁港まで搬送。事故者を救急車に引渡し、病院に搬送。しかし医師により死亡が確認された。	●
41	10月9日	静岡	波勝岬灯台	男(35-39)	ファン	経験5年以上の事故者は、ショップのファンダイビングに申し込み、インストラクター及び他客3人とともに、ダイビングボートに乗船し、雲見港を出港。牛若岩付近海域でダイビングを開始。ダイビング中水深20m付近で事故者がパニックを起こして急浮上を開始したことから、インストラクターが事故者の浮上速度を落としつつ一緒に浮上した。浮上後、乗船した時に顔色が悪かったので酸素を吸わせた。このため顔色がよくなった。救急車引継時には、呼吸、意識とも異常は認められず、手足のしびれ等の減圧症の症状もなかった。しかし念のためドクターヘリで静岡市の済病院に搬送した。命に別状なし。	△
42	10月19日	静岡	伊豆海洋公園(門脇埼防波堤)	男(50-54)	ファン	経験が3年未満の事故者は、伊豆海洋公園に4人で訪れ、午前11時28分にインストラクターとバディを組んでビーチからエントリー。最大深度の19.2m到達時、空気消費量が多いためダイビング計画を変更。エキジットポイントに引き返し始めた。帰路の途中インストラクターが残圧を確認したところ、残圧が50となっていたので、自分の予備レギュレーターを事故者に使用させた。エキジットポイント到着後、事故者は予備レギュレーターから自分のレギュレーターに戻し、立ち上がって誘導ロープに掴まったところ、意識を失って倒れた。伊豆海洋公園スタッフが、付近のダイバーと協力して事故者を陸に引き上げ、119番通報。救急隊が到着時には、呼吸拍動はあったが意識がないことから、ドクターヘリを要請。救急車でヘリポート搬送中に意識を回復。ドクターヘリで病院に搬送。診察の結果、過呼吸による酸欠状態。海水誤嚥の可能性があることから、入院し経過観察することとなった。	△
43	10月9日	静岡	雲見	男(35-39)	不明	経験5年の事故者は、水深20mでパニックとなり急浮上。消防到着時、体が重いという症状を訴えていた。減圧症の疑い。	△
44	10月15日	静岡	雲見	男(25-29)	不明	ボートエントリー時、船が動き出し、事故者はプロペラに接触して足を負傷。軽症。	△
45	10月23日	沖縄	御神埼灯台	男(40-44)	ファン	経験1年未満の事故者はダイビングボートに乗船し、インストラクター2人、ダイビング客10人の計12人でダイビングを行っていた。2回目のダイビング中、事故者の空気残圧が少なくなったため、インストラクターが事故者と共に浮上した。浮上後、事故者は波をかぶって大量に海水を飲み込み、パニックにより溺水した。一時意識を失っていたが、救急車内で意識を回復した。命に別状はなく、2〜3日程度入院。	△
46	10月?日	静岡	富戸、八幡野、赤沢のいずれか	男(45-49)	不明	詳細不明。消防が出動して対応。	不明(死亡とは認めず)
47	10月28日	静岡	雲見	男(20-24)	不明	ボートからエントリーし、浮上したところ頭部を船体に強打して負傷した。消防到着時、事故者は意識清明だった。軽症。	△

	月日		場所	性別（年齢）	種別	状況	
48	11月13日	沖縄	石垣島（石垣市大崎沖合大崎先端）	女(55-59)	ファン	経験3年以上の事故者は、ダイビングボートに乗船し他のダイビング客16人の計20人で出港した。ポイント到着後、午前10時10分頃にエントリーを開始。約20分後に、水深約15メートル付近でインストラクターに対し、「苦しい」と合図を送った。器材等を確認しても異常は無く、2人で浮上を開始。事故者が落ち着いていたため、インストラクターは水深約10m付近で減圧を行い、事故者からレギュレータを受け取り確認した。しかし異常は認められず、約1分間程度で浮上。そのとき事故者の口から細かい泡が吐き出たため船上に引き揚げた。このとき事故者の意識は朦朧となり、呼吸が徐々に弱まって停止した。このためインストラクターが人工呼吸を開始して自活呼吸が再開。その後付近のダイビングボートから酸素ボンベを借りて酸素の投入を続けながら帰港。午前11時23分頃、入港し待機していた救急隊に引き継いだ。	△
49	12月2日	静岡	熱海（熱海魚見崎沖合い約200メートル付近海域）	女(20-24)	ファン	インストラクターを含め6人でダイビング中、事故者はレギュレーターの空気供給が少なくなったと思ってパニックを起こし、水深19m付近から自らの判断でウエイトを外して急浮上した。この時溺水。命に別状なし。	△
50	12月2日	静岡	熱海	女(20-24)	ファン	経験1年未満の事故者は、友人と熱海市のショップのファンダイビングに参加、客3人とインストラクターの計5人で、午前11時14分から、ダイビングボートのアンカーロープを伝って潜降開始。事故者は12本目のダイビングであり、ドライスーツの使用は初めてだった。このため水深8m、14m、20mで、インストラクターが事故者の浮力調整のチェックを行った。その後、11時26分頃、水深20m付近で水中生物を観察中に事故者が水面に向かって急浮上を開始、それに気付いたインストラクターが事故者を追って浮上。海面に仰向け状態で浮き、上半身を起こそうともがいている事故者を確保した。このとき事故者が「苦しい」と訴えたので、ドライスーツのネックシールを開放、BCのエアーを少し抜いて気道を確保した。事故者は口から水を吐いた後に泡沫を吐き、意識が薄くなってきたので、器材を外し、揚収、港に搬送した。原因は、息苦しさからパニックとなり、自分でウェイトを外して急浮上したもの。	不明（死亡とは認めず）
51	12月6日	静岡	熱海市熱海魚見崎沖	女(20-24)	ファン	人数比1対5でボートからのファンダイビング開始約5分後の水深20mで、事故者が溺水して緊急浮上。急浮上で血管が詰まる減圧症のような症状になりドクターヘリで搬送された。救出時に腰のウェイトは外れていた。	不明（死亡とは認めず）
52	12月16日	静岡	田子	女(60-64)	ファン	5年以上の経験を持つ事故者は、夫と共に田子を訪れ、ガイドの引率で他の客2人の計5人で、田子の弁天島付近海域で午前11時10分頃からダイビングを行っていた。11時50分ころ、水深約6メートルの海中でBCに空気を入れて浮上しようとしたが、BCに空気が入らなかったので、ウェイトの重さから沈んでいった。これをガイド等が助けて海面まで浮上し、船を待った。このときうねりにより海水を誤飲して肺に入って意識を無くした。そのため午後12時1分ごろ、ガイドが消防に通報し、ドクターヘリで病院に救急搬送された。	△
53	12月17日	静岡	伊豆海洋公園（門脇埼防波堤）	男(65-69)	ファン	事故者はインストラクターの引率で午前10時40分にダイビングを開始。11時5分頃、水深18mで魚の観察をしていたときに呼吸困難を訴えた。これをAが介助して浮上を開始。11時8分に浮上後も、事故者が息苦しいと訴えたので、仰向け状態でマスクを外し、海岸まで曳航。曳航中は微弱ながらも呼吸を確認できたが、陸上に引き上げた後に意識を喪失してCPA状態となった。現場に駆けつけた伊豆海洋公園のスタッフがAEDで除細動を実施したところ呼吸を再開。その後救急隊に引き継がれた。事故者は救急車内で意識が回復し、ドクターヘリで病院に搬送。事故者はダイビング中に心筋梗塞を発症したもので、2週間の加療入院が必要	△

					と診断された。事故者のダイビング歴は20年、300本。	
54	12月31日	東京	伊豆大島(トーシキ海岸)	男(55-59)	ファン	5人でダイビング中、2人(AB)の空気残量が低下した為、2人で海中ロープを伝って陸を目指していたが、途中1人が浮上。その後2人で泳いでいたときにAが遅れて流され、それに気づいたBが救助に向かった。BがAに近寄って確認したところ、残圧が0になっていて意識がなかった。そこで陸にいた釣り人2人と引き揚げてCPRを開始。海上のうねりは大きかった。消防が到着時、事故者は岩場に仰向けになっており、インストラクターや仲間によってCPRが実施されていたが、呼吸及び脈がなかった。除細動モニターはフラットで瞳孔左右散大。死因は溺水。	●

■静岡県，沖縄県，東京都のポイント別事故発生状況

　※　これは平成17年までの上位3都県である。他に和歌山県の事故が多い。

(ア)　静岡県（平成11年から18年まで）

ポイント名	事故件数	死亡・行方不明事故件数	事故者総数	死亡・行方不明者数	生存事故件数	生存者数
富戸・伊豆海洋公園	41件	6件	44人	6人	35件	39人
大瀬	27件	11件	28人	11人	16件	17人
雲見	8件	2件	9人	2人	6件	7人
神子元島	7件	2件	10人	4人	5件	6人
八幡野	5件	2件	5人	2人	3件	3人
熱海	5件	1件	5人	1人	4件	4人
井田	4件	2件	4人	2人	2件	2人
宇久須	4件	1件	4人	1人	3件	3人
初島	3件	1件	3人	1人	2件	2人
土肥	2件	2件	2人	2人		
安良里	2件	1件	2人	1人	1件	1人
赤沢	2件	1件	2人	1人	1件	1人
吉田	2件	1件	2人	1人	1件	1人
田子	2件	1件	2人	1人	1件	1人
宇佐美	2件		2人		2件	2人
脇の浜	2件		2人		2件	2人
城ヶ先	1件	1件	1人	1人		
清水港	1件		1人		1件	1人
菖蒲沢	1件		1人		1件	1人
戸田	1件		1人		1件	1人
川奈	1件		1人		1件	1人
波勝岬	1件		1人		1件	1人
不明（及び開示不可）	4件		4人		4件	4人

(イ) 沖縄県（平成11年から18年まで）

ポイント名	事故件数	死亡・行方不明事故件数	事故者総数	死亡・行方不明者数	生存事故件数	生存者数
恩納村	9件	3件	14人	4人	6件	10人
久米島	6件	2件	10人	2人	4件	8人
慶良間	6件	2件	6人	2人	4件	4人
真栄田	5件	2件	11人	2人	3件	9人
石垣島	5件	1件	6人	1人	4件	5人
与那国	5件		5人		5件	5人
西表島	4件	2件	15人	2人	2件	13人
本部	4件	2件	4人	2人	2件	2人
伊良部島	4件	1件	29人	1人	3件	28人
下地島	4件		4人		4件	4人
竹富島	2件	2件	2人	2人		
宮古島	3件	1件	7人	1人	2件	6人
渡嘉敷島	3件	1件	6人	1人	2件	5人
座間味	3件		3人		3件	3人
犠志布	2件	1件	2人	1人	1件	1人
伊計島	2件	1件	3人	1人	1件	2人
辺戸	2件	1件	2人	1人	1件	1人
粟国島	2件		6人		2件	6人
チービシ	2件		2人		2件	2人
池間島	2件		2人		2件	2人
宜野湾	1件	1件	1人	1人		
大度海岸	1件	1件	1人	1人		
仲里港	1件	1件	1人	1人		
伊江島	1件	1件	1人	1人		
北谷	1件		24人		1件	24人
阿賀島	1件		5人		1件	5人
ナガンヌ島	1件		3人		1件	3人
読谷村	1件		2人		1件	2人
伊江島	1件		1人		1件	1人
仲ノ御神島	1件		1人		1件	1人
浜川港	1件		1人		1件	1人
ハテ島	1件		1人		1件	1人
せらがき	1件		1人		1件	1人
御神崎	1件		1人		1件	1人
不明	1件		1人		1件	1人

(ウ) 東京都（平成11年から18年まで）

ポイント名	事故件数	死亡・行方不明事故件数	事故者総数	死亡・行方不明者数	生存事故件数	生存者数
伊豆大島	10件	5件	10人	5人	5件	5人
八丈島	9件	3件	14人	3人	6件	11人
小笠原	3件	2件	3人	2人	1件	1人
式根島	1件	1件	1人	1人		
新島	1件	1件	1人	1人		
不明	1件		1人		1件	1人

■静岡県，沖縄県，東京都の年度別事故発生状況グラフ（平成11年から18年まで）

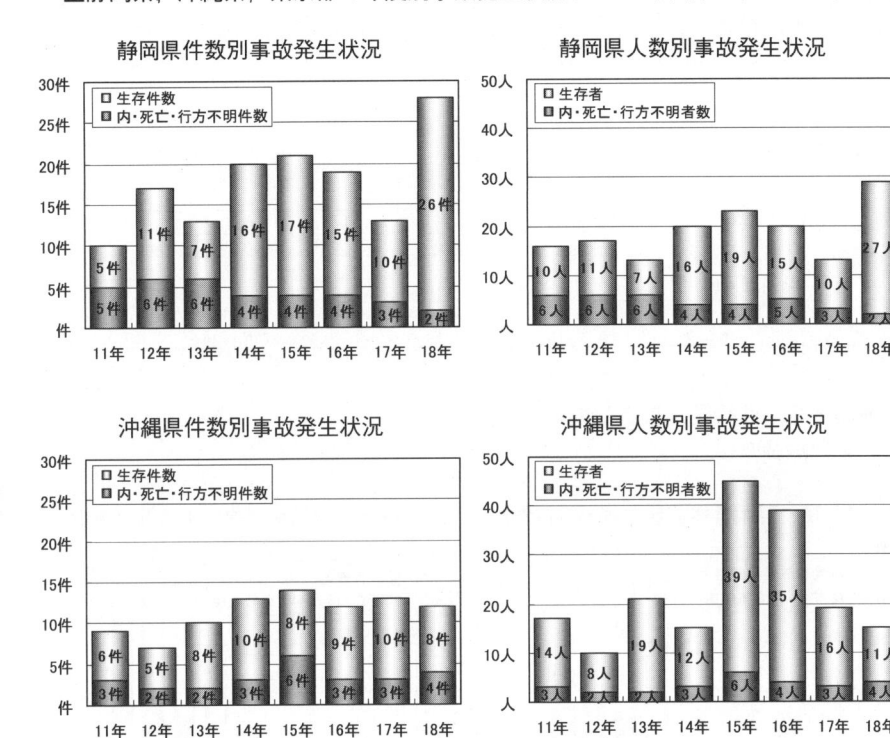

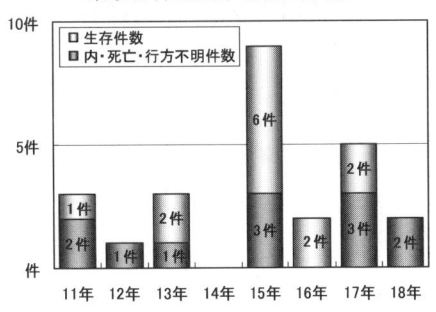

静岡県件数別事故発生状況

年	生存件数	内・死亡・行方不明件数
11年	5件	5件
12年	11件	6件
13年	7件	6件
14年	16件	4件
15年	17件	4件
16年	15件	4件
17年	10件	3件
18年	26件	2件

静岡県人数別事故発生状況

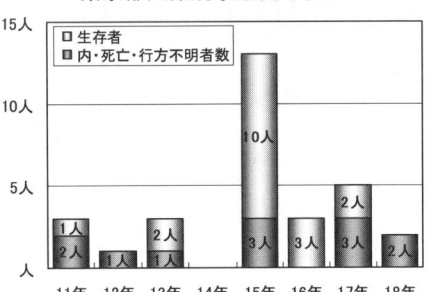

年	生存者	内・死亡・行方不明者数
11年	10人	6人
12年	11人	–
13年	7人	6人
14年	16人	4人
15年	19人	5人
16年	15人	–
17年	10人	3人
18年	27人	2人

沖縄県件数別事故発生状況

年	生存件数	内・死亡・行方不明件数
11年	6件	3件
12年	5件	2件
13年	8件	2件
14年	10件	3件
15年	8件	6件
16年	9件	3件
17年	10件	3件
18年	8件	4件

沖縄県人数別事故発生状況

年	生存者	内・死亡・行方不明者数
11年	4人	3人
12年	8人	–
13年	19人	–
14年	12人	3人
15年	39人	6人
16年	35人	4人
17年	16人	3人
18年	11人	4人

東京都件数別事故発生状況

年	生存件数	内・死亡・行方不明件数
11年	1件	2件
12年	–	1件
13年	2件	1件
14年	–	–
15年	6件	3件
16年	–	2件
17年	5件	3件
18年	–	2件

東京都人数別事故発生状況

年	生存者	内・死亡・行方不明者数
11年	1人	2人
12年	–	1人
13年	2人	1人
14年	–	–
15年	10人	3人
16年	–	3人
17年	2人	3人
18年	–	2人

■講習・体験中の年齢別性別事故者数（A～Mの年齢層の明細は，85頁のグラフを参照のこと）

男女年齢分布 講習か体験中の事故	A	B	C	D	E	F	G	H	I	J	K	L	M	合計
男性死亡・行方不明者数	1人	1人	2人		4人	3人	1人	1人	2人	1人				16人
男性生存者数	3人	1人	1人	1人	1人			2人	1人		2人			12人
事故者計	4人	2人	3人	1人	5人	3人	1人	3人	3人	1人	2人			28人
女性死亡・行方不明者数		6人	1人	1人	2人		1人			1人				12人
女性生存者数		3人	2人	1人		2人	1人	1人		2人	1人		1人	14人
事故者計		9人	3人	2人	2人	2人	2人	1人		3人	1人		1人	26人
男女合計														
死亡・行方不明者数	1人	7人	3人	1人	6人	3人	2人	1人	2人	2人				28人
生存者数	3人	4人	3人	2人	1人	2人	1人	3人	1人	2人	3人		1人	26人
事故者計	4人	11人	6人	3人	7人	5人	3人	4人	3人	4人	3人		1人	54人

■静岡県，沖縄県，東京都の月別事故発生状況

1．静岡県

H11－18 静岡県事故発生状況（件数）

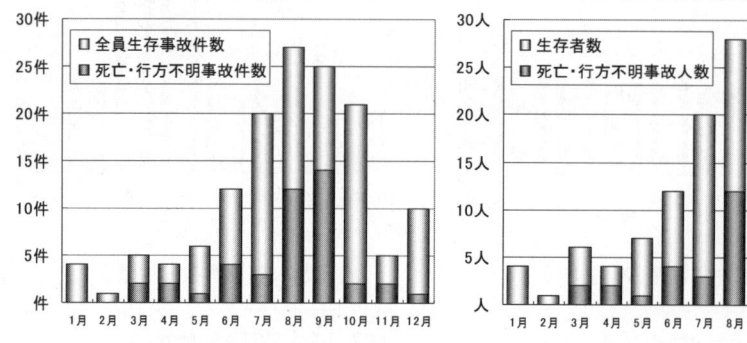

H11－18 静岡県事故発生状況（人数）

2．沖縄県

H11－18 沖縄県事故発生状況（件数）

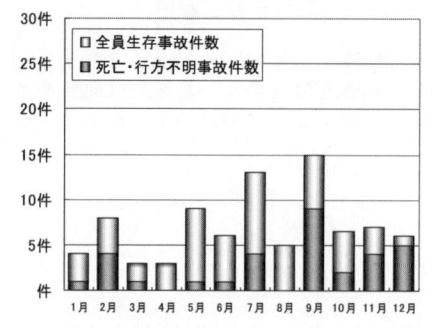

H11－18 沖縄県事故発生状況（人数）

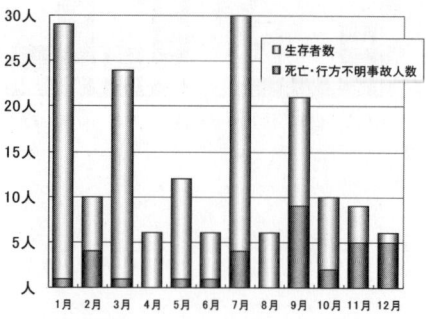

※ 3月に性別不明6人，7月1件1人，他生存の5人性別不明，他に不明件数1件。女性の生存1人の発生月不明。

静岡県は事故発生件数と人数がほぼ一致している。これは事故に遭う人数が，1回の事故で1人程度であることを示している。これに対して沖縄県では，事故件数と人数が一致しない。これは，一度の事故で多人数が同時に遭遇する事例が少なくないことを示している。このデータから見ても，これら2つの県の事故の傾向を分析し，それぞれの特徴に合った事故予防策や条例の制定が早急に必要であることが分かる。

3．東京都

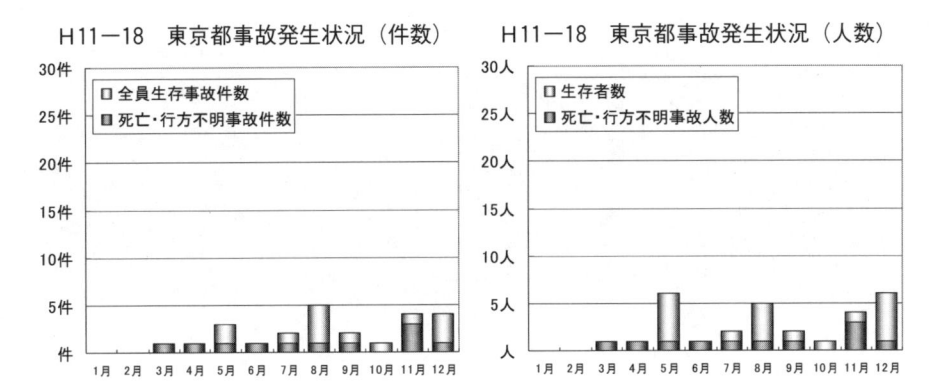

H11-18　東京都事故発生状況（件数）　　H11-18　東京都事故発生状況（人数）

東京都では，年の後半に若干事故増加の傾向が見られる。東京都は事故件数は上位両県に対して多くないが，その事故時の致死率の高さは看過できない傾向である。都による，消費者保護の観点からの積極的な立法対策が望まれる。

2．スクーバダイビングの平成12年から18年にかけての海外邦人ダイビング事故

　下記の資料は外務省提供資料に，筆者が直接本人に面談して各種証拠を確認した，在外公館に届けられなかった1例を加えて作成した。またこれには，平成16年に，日本人と結婚して日本在住のダイバーの1事例を含んでいる。17年では，心肺停止状態で意識不明のまま日本に移送された事故者の帰国後の確認は取れなかったが，事故等の状況から死亡とカウントした。また平成18年分で，現地報道で一度に2人の事故者がいた事故があったが，外務省資料では1人分の資料しかなかった。そのため筆者の判断で，これを現地報道のとおり，2人として扱った。

　事故発生日は，届出があった日となっている場合があり，その場合は発生日に若干のズレがある。そして表中の性別が白抜きの事例は死亡・行方不明。また平成11年（1999年）以前の事例は拙著『ダイビング事故とリスクマネジメント』参照のこと。

　　※　平成18年以降分は，事故者の年齢表示はすべて統計資料と同じ，5歳刻みでの分類表示としている。

管轄公館名	発生日付	性別	年齢	概要
パラオ	平成12年 2000/5/8	男	51	ダイビング中に行方不明となり、海上保安庁へ航空機にて捜索依頼があった。死亡。
ニュージーランド	6/11	男	29	当地南島カイコウラ海岸ピナクル岩礁沖合にてダイビング中、友人と離れて行方不明となり水死。
オーストラリア (ブリスベン)	平成13年 2001/1/10	男	?	ケアンズ沖のノーマン・リーフ付近にてダイビングを行った後、事故者が船まで泳いで戻る途中に死亡。
米国 (ハガッニャ)	2/3	男	44	サイパン島の「グロット」にてダイビング待機中、大波にさらわれて海に落ちた。数分後に助けられ、救急車にて病院へ運ばれたが死亡。
パラオ	4/29	男	23	インストラクターである事故者は、所属するダイビング会社主催のツアーに客として参加したが浮上して来ず、捜索の結果、水中で浮遊、死亡しているのを発見された。
米国 (ハガッニャ)	6/10	男	59	ダイビング中に異変をきたし、病院に搬送されたが死亡。
タイ	6/20	男	23	ヘー島(コーラルアイランド)に来ていた事故者が、ダイビング中に死亡。
シンガポール	7/14	男	50	マレーシアの南アウル島沖でダイビング中、3本目に入ろうとし、顔を海につけたところで動けなくなり死亡。
スリランカ	11/10	男	37	モルジブにてダイビング中心臓麻痺を起こし、治療のためバンドス島に移送したが死亡した。
パラオ	平成14年 2002/1/20	男	35	事故者を含む在留邦人が自らボートをチャーターしてダイビングに出かけた。事故者が予定時間になっても浮上してこないため、ボート、セスナ機で捜索。8時間後に海上を漂流しているところを無事救出された。
スリランカ	2/20	女	69	モルジブでダイビング中溺死。
タイ	4/14	男	66	3名でコーラルアイランドでダイビング中、気づくと事故者のみ逸れ、波にのまれたと捜索。すぐに事故者を発見し、ボートでプーケットに連れ帰り(その際既に息無し)バンコク・プーケット病院にて手当てしていたが蘇生せず。
パラオ	4/26	女	29	ダイビング中、水位7m付近で事故者の姿が見えなくなり、その後他のダイバー等が捜索し、2時間後に水深67m付近で発見。死亡。
メキシコ	9/26	女	64	ラパスより船で2時間程のスポット「エルバホ」でエントリー時に気を失った。すぐに船に引き上げられたが、救助の要請を受けて駆け付けた海軍医師により溺死が確認された。
インドネシア (スラバヤ)	平成15年 2003/1/31	男	54	事故者はバリ島北部ブレレン県ムンジャンガン沖合で、日本人インストラクターと共にダイビング中、酸欠と思われる症状で死亡。
ハワイ ホノルル	7/29	女	22	JTBのオプショナルツアーのダイビング講習で、減圧症発症時間のリスクを無視した不適切な講習が行われたことで減圧症となった講習生に対して、事故者の帰りの飛行機搭乗まで一日あることに目をつけ、さらに疲労度の高いダイビング講習を半ば強引に販売され、翌午前中の出発で帰国後に重度の減圧症となった。
マレーシア パヤ島	平成16年 2004/1/1	男	31	パヤ島で昼食後すぐにダイビングを行い、水中で未消化の食物を吐き、それが気管に詰まって死亡。

国・地域	日付	性別	年齢	概要
オーストラリア（シドニー）	1/5	男	37	イルデ・パン島（ニューカレドニア）沖合いでダイビング中に急死。
オーストラリア（パース）	1/31	女	26	パース沖でのダイビングで、この女性が利用したダイビングショップの船外機付きゴムボートのスクリューに右腕を巻き込まれ、創傷、骨折、入院。その後退院し、通院しながら治療継続。
ハワイ ホノルル	5/22	女	24	ダイビング中に溺れて死亡。
エストニア タリン	6/21	女	57	首都タリン郊外のバルト海で現地ツアーに参加してダイビングをしていた女性が溺死。海底27mのところで水死体で発見された。
米国（ハガニァ）	7/16	女	51	日本人インストラクター1人（男）と講習生2人（女51歳 事故者 とその娘）の2名で、最初の海洋実習中に、事故者がマスククリアに失敗して溺水し、病院に搬送、治療を受けた。
インドネシア（スラバヤ）	8/30	男	42	ダイビング中に酸欠状態となって意識を失い、病院に搬送。
インドネシア（スラバヤ）	9/13	女	37	ダイビング中に酸欠状態となって病院に運ばれた。
オマーン	10/23	女	36	ダイビングを終え、迎えに来ていたモーターボートに海から揚がろうとしたところ、誤って左足がスクリューに巻き込まれ、負傷。事故後救急車で病院に搬送、治療。全治6週間。
グアム	11/1	男	57	グアムで、日本人と結婚して日本に在住の外国籍男性が、ダイビング中の事故で死亡。
フィリピン（セブ）	11/9	男 男	25 20	セブ州マクタン島沖で8日午後8時半ごろダイビングを始めた、現地人インストラクターとしていた2人が行方不明となった。そのまま2人は戻らず、9日に25歳男性が水死体で発見された。20歳男性は行方不明。
シンガポール（コタキナバル）	11/21	男	67	シパダン島でダイビング中、潜水病（※筆者注：減圧症と見られる）に罹患し、病院に搬送されたが、一週間後に病院で死亡。
インドネシア	平成17年 2005/2/11	女	26	ダイビング中に酸欠状態となり、病院に搬送され、後日退院した。
パラオ	2/12	男	61	2本目のダイビングを終え浮上した際、海面にて仰向け状態となり、同行のインストラクターが脈を確認したところ、既に心臓が停止していた。
マレーシア（プラウアオ沖）	3/5	男	45・31・33	マレーシア（プラウアオ沖）でのスキューバダイビングのため舟で赴く途中波をかぶり沈没、全員無事救出されるも3人が旅券を無くし、ジョホールバルで旅券の再発給を受けた。
ハワイ	3/11	男	48	スキューバダイビング中死亡した。（※詳細不明）
オーストラリア（ケアンズ沖）	3/17	男	22	ケアンズ沖で体験ダイビング中呼吸困難に陥り、水面に浮上し意識不明となる。空路病院まで搬送され、生命維持装置が必要となる危篤状態であったが、その後急速に回復し、3月末に帰国した。
インドネシア	3/23	女	?	ダイビング中に酸欠状態となり、病院に搬送され、後日退院した。
フィリピン（ボホール島）	4/15	女	67	ボホール島でダイビング中に、意識不明となり心筋梗塞で死亡。
インドネシア	5/28	女	37	ダイビング中酸欠状態となり入院。後日退院。

場所	日付	性別	年齢	概要
マレーシア（ティオマン島）	6/5	男女	37 32	日本人経営の現地ショップが客に黙って練習生をガイドにつけ、2人がボートとスクリューに接触、男性は上腕と前腕骨折、スクリューでの2箇所裂傷、女性は右ひじ近くの前腕に10針縫う裂傷。事故者は事故後自力でジョホールバルまで移動して手術・入院。不法就労の疑いがある練習生はすぐに帰国。日本人経営者は異様な言い訳をして医療費を払わず。
サイパン（グロット）	7/16	女女	25 25	日本人女性インストラクターが日本人講習生2人を相手に上級コースの訓練中、深さ約20mでその一人の女性がパニックとなり、助けようとしたインストラクターが、この客と共に急浮上しようとして行方不明となった。16日中に講習生が、翌日インストラクターが遺体で発見された。（※筆者注：このパーティには講習生以外にも5人の客が何人も同時にいた模様。これらの客は他のショップのガイドの誘導で浮上したとのこと。）
サイパン	7/23	女	29？	サイパン北部でスキューバーダイビング中に何らかの原因で異常な呼吸をしていたダイバー（客）が最終的には心肺機能停止状態となり、病院に搬送された。意識不明のまま日本へ移送された。（※洞窟ダイビングだったとの情報もある。）
グアム（ブルーホール）	9/20	男	26	ブルーホールから浮上後に減圧症になり、米海軍の施設で6時間の再圧タンク治療を受けた。後に回復し、帰国した。
オーストラリア（レディーエリオット島）	9/23	女	30	クイーンズランド州レディーエリオット島でスキューバダイビング中に気圧性肺障害等により溺死した。浮上した時にすでに呼吸をしていなかった。
ベリーズ	10/25	男	25	スキューバダイビング中に遭難し、2日間漂流した後に保護された。同人は衰弱しているものの生命に別状はなく、後日帰国した。※筆者による未確認情報ではあるが、DMのガイドとダイバー4人（アメリカ人3人、日本人1人）の乗ったボートのエンジンが故障。4人は海に入って岸まで泳ごうとしたが漂流。翌々日にバラバラに発見され病院に収容。アメリカ人女性は死亡していた。DMは後に自分も泳ぎ、8時間の翌午前1時頃に一人岸に泳ぎ着いたという情報がある。
ニュージーランド（クック海峡）	11/19	女	28	ウェリントンでダイビング中に船や仲間を見失って4.5Km漂流し、警察の巡回艇に救助された。事件当日は水が濁って水中の視界が悪く、また風も強かったため、流されてしまったようである。
オーストラリア（ケアンズ沖）	11/20	男	67	ケアンズ沖ヘイスティンリーフでダイビング中死亡。事故者は日本人8人のグループでダイビングツアーに来ていた。浮上後スノーケリングをしていたが、友人が近づくと意識を失っていた。事故者はダイビング経験が長かったという。

国・地域	日付	性別	年齢	概要
パラオ (ペリリュー島)	平成18年 2006/2/5	男 男	20-24 35-39	ダイブマスターのA氏(20-24)と旅行者のB氏(35-39)の二人の日本人ダイバーが、ペリリューエクスプレスにてダイビング中、強い潮流に流され、漂流。約30時間後、捜索の飛行機にて発見され、救助船にて無事救助された。二人は16マイル漂流して、アメリカ沿岸警備隊が、Angauarの8海里南にて発見され、日本の気象観測船「啓風丸」に救助された。二人はウェットスーツを着用し、カメラとフロートは持っていたが、捜索の飛行機に合図する鏡や懐中電燈は持って居なかった。海面には2～3mの波があったが奇跡的に見つかったとのこと。極度の日焼けと低体温症の症状があったが命に別状はなかった。
タイ (プーケット)	3/1	男	25-29	事故者は体験ダイビング中にショップのガイドから見失われた。4時間後、水中の岩に引っかかっていたのを発見された。
サイパン (サイパン島北西部)	4/14	男	不明	サイパン島北西部でダイビング中に溺れ、グアム島の病院にヘリコプターで搬送された。
ニュージーランド (オークランド)	6/24	男	60-64	ダイビング中、意識を失い、病院に搬送された。
ニューカレドニア	8/16	女	30-34	仏領ニューカレドニアでダイビング中、脳内出血により緊急搬送された。
エジプト (シャルム・エル・シェイク)	8/31	男	25-29	ダイビング中に事故者が急浮上を始めたため、インストラクターがこれを止めようとしたが失敗。水中を捜索していたところ、約20分後に水深10m付近の岩場に頭を打ち意識不明となっていたところを発見されたが、搬送された病院で死亡が確認された。
タイ (タオ島)	9/28	女	30-34	タオ島でダイビング中に溺れて病院に搬送された。
アメリカ (ハワイ)	11/22	男	55-59	ダイビング後、意識を失い病院に搬送された。

3. 海外の水域レクリエーションスポーツ中の事故一覧

※ 以下は外務省提供資料から作成。性別が白抜きは死亡・行方不明。

■サーフィン

管轄公館名	発生日付	性別	年齢	概要
オーストラリア(シドニー)	平成12年 2000/2/21	男	20	シドニー郊外のボンダイにてサーフィン中、高波に巻き込まれ、浅瀬に頭から転落し、頚椎骨折、入院。
インドネシア(スラバヤ)	平成13年 2001/7/18	男	36	バリ島サーフィン中、事故者は行方不明となる。15時頃、友人の1人が海面に浮いているのを発見。死亡。
インドネシア(スラバヤ)	8/13	男	40	バリ島サーフィン中、事故者が海中に投げ出された。友人達が救助したが、病院で死亡が確認された。
オーストラリア(シドニー)	平成14年 2002/4/20	男	23	バイリンベイでサーフィン中に死亡。
インドネシア(スラバヤ)	平成16年 2004/3/24	男	不明	ケラマスビーチでサーフィン中にオーストラリア人とぶつかり受傷。34針縫う。
インドネシア(スラバヤ)	10/13	男	39	ロンボク島でサーフィン中に、岩にぶつかり意識を失う。友人が海から引き上げ、病院へ搬送。50針縫う。重傷のためバリへ移送し、入院。両足を動かすことができず、少し動かせるようになって日本へ緊急移送。
インドネシア(スラバヤ)	平成17年 2005/6/23	女	35	サーフィン中、サーフボードが左足の太ももにあたり大怪我をし、病院へ搬送され、手術を受けた。
オーストラリア(ブリスベン)	平成18年 2006/3/14	男	30-34	サーフィン中にボードから落下して海水を飲み、肺に海水が浸入。意識が混濁し、病院へ搬送され治療と検査をうけた。同日中に退院。
アメリカ(グアム)	11/12	女	24-29	友人と共にタロフォフォ地区でサーフィンをしていたところ、波にさらわれて溺れ、救急車で救急病院に搬送されたものの、翌日死亡。

■スノーケリング

管轄公館名	発生日付	性別	年齢	概要
アメリカ(ハガッニヤ)	平成12年 2000/6/11	男	48	当地の海でスノーケリング中、溺死。
アメリカ(ロスエンジェルス)	7/18	女	34	スノーケルによるダイビング中に溺水。その後、死亡。
インドネシア(スラバヤ)	7/19	男	56	スノーケリング中に溺水。CPRを実施したが回復せず。病院到着時には心肺停止状態。死亡。
マレーシア(コタキナバル)	7/23	男	75	シパダン島でスノーケリング中、溺水。死亡。
タイ	平成13年 2001/2/10	男	57	プーケットツアーに参加していた事故者は、コーラル島でのスノーケリング中、水深50cmの浅瀬でうつぶせで浮いていたところを発見されて岸へ。既に心臓停止。後死亡。
タイ	6/6	男	73	サムイ島でスノーケリング中、事故者が苦痛を訴えたため病院へ搬送。
アメリカ(ホノルル)	8/22	男	68	オアフ島カネオヘ湾でスノーケリング中、海面に浮遊していたのを発見される。死亡。
アメリカ(ハガッニヤ)	平成14年 2002/6/11	男	54	ロタ島テテトビーチでスノーケリング中、開始20分後に意識不明となって浮いているのを妻が発見。死亡。
アメリカ(ホノルル)	6/21	女	53	オアフ島ハナウマ湾でスノーケリング中、溺死。
アメリカ(ホノルル)	8/31	男	58	マウイ島モロキニ付近でスノーケリング中、心臓欠陥動脈硬化症により死亡。
アメリカ	10/23	男	72	オアフ島ハナウマ湾でスノーケリング中、溺死。

管轄公館名	発生日付	性別	年齢	概要
タイ (ホノルル)	11/12	男	52	ピピ島でスノーケリング中、溺死。
オーストラリア (ブリスベン)	12/14	男	28	事故者はケアンズに拠点を置くダイビング会社でインストラクターとして働いていたが、タウンズビルから北東120マイルの珊瑚礁海域でシュノーケリング中に溺死した。
アメリカ (ホノルル)	12/29	女	71	オアフ島ハナウマ湾でスノーケリング中に溺水。ライフガードの救助が早かったことから一命を取り留める。
アメリカ (ハガッニャ)	平成15年 2003/2/11	男	62	サイパン島南部のビーチでスノーケリング中、行方不明となる。その後海中で発見。死亡。
スリランカ	11/9	男	49	モルディブのリゾートでスノーケリング中に溺死。
アメリカ (ハガッニャ)	平成16年 2004/2/10	男 女	51 51	サイパン島南東部のビーチでスノーケリング中に、高波で溺水。引率者が夫を救助中に妻が行方不明となり、2日後発見されたが両名とも死亡。
フィリピン	3/13	男	80	パラワン島エルニド村に滞在中の日本人がスノーケリング中に水死。
アメリカ (ホノルル)	3/27	男	75	家族と共にカネオヘ湾でのスノーケリングツアー参加中に溺死。
アメリカ (ハガッニャ)	9/2	男	不明	サイパン島西部のマニャハ島でスノーケリング中、高波で溺れかけた。病院で治療を受けたが命に別状無し。
モルディブ	9/21	男	51	ワネバギリゾートに滞在中の日本人がスノーケリング中に水死。
アメリカ (ハガッニャ)	10/1	男	67	ホテルの前のビーチでスノーケリング中、呼吸困難となり吐血。レスキュー隊員がCPRを行ったが、救急車内で死亡が確認された。
オーストラリア (ブリスベン)	平成17年 2005/1/5	女	61	ケアンズ沖グリーンズ島で溺死。監視員のいないところで1人でライフジャケットを着て、シュノーケリングをしていたが、うつ伏せになって浮いているのが発見された。
アメリカ (ホノルル)	8/15	男	63	スノーケリング中に溺死した。
オーストラリア (ブリスベン)	11/11	男 女	32 27	ケアンズ沖グリーン島近くの海でシュノーケリングをしていた際溺れ、助けようとした夫人も一緒に溺れた。夫人はすぐに引き上げられ助かったが、夫は既に手遅れで死亡。
フィリピン (セブ)	平成18年 2006/1/12	男	75-79	スノーケリング中に死亡。
マレーシア (コタキナバル)	3/8	男	75-79	スノーケリング中に海水を飲み意識を失う。市内の病院に搬送されたが、死亡が確認された。
オーストラリア (ブリスベン)	3/26	男	55-59	スノーケリング中に溺れ、水難救助員により浜辺に引き揚げられたが死亡。
アメリカ (サイパン)	3/28	女	65-69	ロタ島テテトビーチでスノーケリング中に溺れ、搬送された病院で死亡が確認された。
アメリカ (グアム)	6/27	男	40-44	テニアン島東部の海岸でスノーケリング中に溺れて死亡。
インドネシア (バリ)	7/3	男	40-44	ロンボック島ギリノメにおいて夫婦でスノーケリング中、高波にのまれた。妻は急ぎ海岸に泳ぎ着き助かったが、夫はそのまま沖に流され、その後、通りかかった船舶に救助され、病院に搬送されたが死亡。
アメリカ (ホノルル)	8/14	男	55-59	スノーケリング中に意識不明となる。
フィリピン (セブ)	9/9	男	55-59	スノーケリング中に溺れて死亡。
メキシコ (コスメル島)	12/10	女	65-69	コスメル島でスノーケリング中に意識を失い、病院に搬送されたが死亡。

■その他（水難事故）

管轄公館名	発生日付	性別	年齢	概要
アメリカ (ニューヨーク)	平成12年 2000/2/27	女	18	留学生の事故者はホストファミリーとカヌーに乗り、転覆、死亡。
メキシコ	3/27	男 男 男	不明	バハカリフォルニア州バイーアデロスアンヘレスの海上で、乗っていた小船が転覆。乗員9人中4人（日本人2人）が死亡。他に日本人1人が行方不明。
タイ	平成13年 2001/7/6	男	32	プーケット観光中、ホテル前のビーチで遊泳中、波に呑まれて死亡。
タイ	平成14年	男	不明	チョンブリ県サタシップ郡のジョム・ティアンビーチでジェットスキー中に

国	日付	性別	年齢	概要
	2002/3/7	男		溺水。警備船が救助し、病院に搬送。
アメリカ(ﾊﾟｶﾞｯﾆｬ)	4/7	男女	不明	サイパン島西部のビーチからホテルの貸しボートで沖に出た際、珊瑚礁と概要の境界で転覆。漂流。同乗のホテル従業員を含め全員救助。
アメリカ(ﾊﾜｲ)	8/14	女	43	オアフ島カネオヘ湾でJTBのオプショナルツアーのヘルメット式水中歩行を行っていたときに体調不良となり病院に搬送。死亡。
アメリカ(ﾊﾟｶﾞｯﾆｬ)	平成16年 2004/3/2	男	不明	サイパン島南西部のラグーン内で、先導していた係員のジェットスキーに追突。
アメリカ(ﾊﾟｶﾞｯﾆｬ)	4/20	男	21	サイパン島西部の宿泊ホテル沖で友人らとジェットスキーを行っていたときに事故に遭った。
タイ	9/13	男	不明	パタヤでジェットスキーを運転中に、友人のジェットスキーの側面に突っ込み、器材を損傷した。
タイ	平成17年 2005/5/1	男	25	ジェットスキー事故で大腿骨及び肋骨骨折。医師の付添いで日本に搬送した。
アメリカ(ﾊﾟｶﾞｯﾆｬ)	7/2	男	23	ジェットスキーにて遊技中、側面から走行してきたジェットスキーに衝突され、肋骨4本を折る負傷を負った。
タイ	8/18	男	5	ウオータースライダーで単独で滑り落ち、プールで溺れ、意識が喪失。ICUで治療を受けた。当初意識及び自立呼吸できないものの、後に反応が戻り、回復。
タイ	12/16	女女	? ?	オプショナルツアーでサメット島に向けてスピードボードに乗船中の海上でボートが上下に揺れ転倒し負傷する。
タイ(ﾊﾟﾀﾔ)	平成18年 2006/3/1	男	25-29	水上バイクをレンタルして乗車していたところ、海上でタクシー用の水上バイクと接触。（怪我なし）
アメリカ(ｸﾞｱﾑ)	3/20	男	75-79	宿泊先ホテル前のビーチで溺れ、病院に搬送されて処置を受けたが、容態は回復せず、19日夕方、収容先の病院で死亡。
タヒチ	3/30	女	60-64	仏領タヒチにおけるツアー参加中の女性が、海岸で遊泳中に行方不明となった。（生死不明）
アメリカ(ｸﾞｱﾑ)	4/2	女	10未満	3月下旬より家族と共に観光旅行に来ていた。事故者は宿泊先のプールで溺れ、搬送先の病院で死亡。
トリニダードトバコ	4/30	男	25-29	北部の海岸でボディ・ボードで遊泳中、波に巻き込まれ、前頭部を海底に激突し、前頭部を3針縫う負傷を負った。
アメリカ(ﾎﾉﾙﾙ)	5/7	女	不明	ツアー客の老女が、ホテルのプールで溺れ、危篤状態となった。死亡。
アメリカ(ﾃﾈｼｰ)	5/18	男	15-19	テネシー州にある学校の体育の授業中、プールで事故者生徒が死亡。
アメリカ(ｻｲﾊﾟﾝ)	6/1	男	65-69	サイパン島北部の宿泊先のホテルのプールから出るときに意識不明となり、死亡。
アラブ首長国連邦(ｱﾌﾞﾀﾞﾋﾞ)	6/2	女	35-39	モーターボートに乗船していたところ、夕刻となり、視界が悪くなって浮遊ブイに激突。
アメリカ(ｻｲﾊﾟﾝ)	6/27	男	20-24	サイパン島南部のビーチで、友人らと遊泳中に行方不明となり、発見後、搬送先の病院で死亡が確認された。
中国	7/1	男	50-54	死亡（詳細の記録なし）
アメリカ(ﾎﾉﾙﾙ)	7/5	男	不明	ツアー客が溺れ、意識不明の重態となった。
アメリカ(ｸﾞｱﾑ)	7/28	男	35-39	滞在先ホテル前のビーチで遊泳中に何らかの理由で溺れ、発見した姉の通報により病院に運ばれたが死亡した。
オーストリア(ﾄﾞﾅｳ川流域)	7/31	男	20-24	ドナウ川でボムボートに乗ったり泳いだりしていたところ、川の流れにのみこまれて行方不明となり、約4時間後、遺体で発見された。
アメリカ(ﾎﾉﾙﾙ)	8/7	女	不明	ワイキキの浜で強い波に首筋を打たれ昏倒。病院に搬送された。
アメリカ(ｶﾝﾎﾟﾝﾃﾞｲﾙ)	8/12	男	20-24	イリノイ州カンボンデイル市において、留学生が同市近郊のキンケイブ湖に泳ぎに行き、深みにはまってしまい、溺死。
アメリカ(ﾎﾉﾙﾙ)	8/26	男	不明	家族旅行中にハナウマ湾で溺死。
アメリカ(ﾎﾉﾙﾙ)	9/3	男	30-34	ワイキキのホテルの庭先の海に飛び込んだところクビを骨折。現地病院に収容された。
アメリカ(ｻｲﾊﾟﾝ)	9/20	不明	25-29	サイパン島西部のホテル前ビーチで、乗っていたバナナボートが転倒して顔面を負傷。

国	日付	性別	年齢	概要
中国（瀋陽）	9/21	女	40-44	溺死。（詳細不明）
ベトナム（ミャチャン）	9/28	男	20-24	ミャチャンにおいて、水の事故で死亡。
ブラジル（マセイオ）	9/28	男	25-29	アラゴアス州マセイオ市の海岸で溺死。
タイ（ラン島）	10/1	男	40-44	ラン島からパタヤへスピードボートで戻る際に高波でバランスを失い、ボートの梯子に腰を強打し、腰骨を骨折。
シンガポール	10/8	男	10未満	水死。
アメリカ（グアム）	11/4	男	45-49	海水浴中に溺死。
アメリカ（グアム）	11/8	男	30-34	ふざけて海に飛び込んだところ、水深が1m程度しかなかったために頭部を強打し、頭部骨折。
タイ	11/11	男	65-69	ジェットスキーに乗船していたところ、前方からジェットスキーが向かってきたため、よけながらスピードを落として停止していたが、前方のジェットスキーが乗り上げてきた。
ニカラグア	11/19	男	50-54	エルココ海岸で海水浴をしていたところ、波にさらわれて溺水。すぐに一緒にいた同僚らが助けたが、既に息はなく死亡。
アメリカ（サイパン）	12/7	女	60-64	事故者はサイパン島沖のマニャガハ島のビーチで浮いているところを発見され、病院に搬送されたが死亡が確認された。
パラオ	12/25	女	75-79	パラオの海水浴場で遊泳していたところ、事故者が突然動かなくなった。病院で蘇生を試みたが、死亡が確認された。

■タイ国プーケット島において発生した邦人の水難事故

　次に，タイの人気観光地のプーケットにおける水難事故を外務省作成資料から紹介する（スマトラ沖地震津波被害は除く）。なお一部前記のプーケットの事故と重複する。この表は，有名な観光地における油断（「正常化の偏見」）を防止するための資料である。

発生日付	発生場所	性別	年齢	概要
平成元年 1989/8/5	プーケット島 カタヤビーチ	男	46	5日に行方不明となっていた男性を水死体で発見。
平成2年 1990/1/28	プーケット島	男	26	スクーバダイビング中に行方不明となり、約1時間後に水死体で発見される。
5/12	プーケット島	男	43	ダイビング中に溺死。
9/2	同島　シャークポイント	男	31	ダイビング中に溺死。
9/3	プーケット島	男	36	遊泳中、荒波に呑まれ溺死。
平成6年 1994/1/1	プーケット島	男	44	水深7～8mの岩場でスノーケリング中、急に水没。友人が海底で発見したが死亡。
平成9年 1997/2/23	プーケット島	男	20	ジェットスキー中、友人のボートと衝突。意識不明のまま死亡。
6/18	プーケット島 カロンビーチ	男	23	沖を遊泳中に溺死。
平成10年 1998/8/22	プーケット島 タラン	男	48	遊泳中、大波に呑まれて溺死。
12/21	プーケット島	男	45	ダイヤモンドホテルのプライベートビーチでスノーケリング中に溺死。
平成11年 1999/7/11	プーケット島 パントンビーチ	男	56	遊泳中、大波に呑まれて行方不明。その後海中で発見。死亡。
平成12年 2000/7/21	プーケット島	男	51	遊泳中、大波に呑まれ、すぐ救助されたが、同日夜に死亡。
7/21	プーケット島	男	54	遊泳中、大波に呑まれ、すぐ救助されたが、翌日死亡。
平成13年 2001/2/9	プーケット島 カタイビーチ	男	45	溺死。
2/10	プーケット コーラル島	男	57	スノーケリング中、水深50cmの浅瀬でうつ伏せで浮いているのを発見。後死亡。

5/18	プーケット マイトン島	女	37	ビーチで友人とスノーケルをしていたが、15時過ぎの昼寝中に事故者がいないのに友人が気付き、ホテルの従業員全員と探したが、18時過ぎ、水死体で発見。一人でビーチに出かけた模様。
7/6	プーケット島	男	32	宿泊先のホテルの前で遊泳中、波に呑まれて死亡。
9/1	プーケット島	女	41	ホテルアマンプリの前の浜辺に浮いているのを発見された。遊泳中に溺死した模様。
平成14年 2002/4/14	プーケット コーラル島	男	67	3名でダイビング中、事故者のみ逸れ、波にのまれたと捜索。すぐに事故者を発見し、ボートでプーケットに連れ帰り(その際既に息なし)バンコク・プーケット病院にて手当てしたが蘇生せず。
平成16年 2004/2/16	プーケット カロンビーチ	男	30	ビーチ沖でベッド型浮き輪から海に転落し溺水。応急措置によって一時蘇生したが死亡。
平成18年 2006/3/1	プーケット島	男	25-29	事故者は体験ダイビング中にショップのガイドから見失われた。4時間後、水中の岩に引っかかっていたのを発見された。死亡。

4．「ダイビング・サービス提供者に係る安全対策」

昭和63年8月　海上保安庁警備救難部救難課

※　海上保安庁より許可を得て転載。頁数の関係でレイアウトの一部変更と小型船舶法令備品一覧表は略

※　これは昭和時代に作られたものであるが、現在もほとんどがそのまま通用する重要な文書である。

はじめに

　最近、国民の余暇活動の活性化や潜水器材の進歩等によりレジャー・スキューバ・ダイビングが盛んになってきておりますが、ご承知のとおり、ダイビングは水中高圧下での活動である関係上、小さなトラブルが大事に至ることもあり、十分な安全対策を講じておくことが重要であると言えます。

　このため、スクール、ガイド、ツアー、ボート・ダイビング、体験ダイビング、潜水器材の貸出し等のダイビング・サービスを提供している方におきましても、これらのサービスの提供に際して、適切な安全対策を構ずる必要があるものと考えられます。

　本冊子は、ダイビング・サービス提供者に係る安全対策として、(社)日本水難救済会に設けられている「スキューバ・ダイビング安全対策調査研究委員会」において取りまとめられた成果を踏まえて作成したものです。

　今後、本安全対策がダイビング・サービスを提供している関係者の間に普及し、一般ダイバーの方々が安心して楽しむことができる安全なダイビング環境が整備されることを切に望んでおります。

　おわりに、本安全対策の策定に御尽力いただいた関係者の方々に対し、この場を借りて御礼申し上げます。

　昭和63年8月11日
海上保安庁警備救難部
救難課長　○○○○（氏名略・・・筆者）

ダイビング・サービス提供者に係る安全対策

　スクール、ガイド、ツアー、ボート・ダイビング、体験ダイビング、潜水器材の貸出し等のダイビング・サービスを提供している者（以下「ダイビング・サービス提供者」という。）は、下記の各項目に十分な注意を払うとともに適切な措置を講ずることにより、事故の防止を図るよう努める必要がある。

記

1. 事前の安全確認事項及び準備事項
(1) 潜水器材等のチェック
　① 潜水器材の機能・作動状態の点検
　　　スクールの受講生又は一般ダイバーに潜水器材を貸出しているダイビング・サービス提供者は，別表1の要領により各器材の点検を行い，その機能・作動状態が良好なものを貸出す。
　② 潜水環境に適した潜水器材の確認及びその装着状況のチェック
　　　インストラクター又はガイド・ダイバーの管理下でのダイビング・サービスを提供する者は，ダイビング開始前に各ダイバーが潜水環境に適した潜水器材を所有しているかどうかをインストラクター又はガイド・ダイバーに確認させるとともに，エントリー前には別表2の要領により，各ダイバーに対し，バディ同士で潜水器材及びその装着状況の点検を実施するようインストラクター又はガイド・ダイバーに指導を行わせる。
　③ 救急・救助器材の準備及び携帯
　　　ダイビング・サービス提供者は，次の救急救助器材を準備するよう努め，ダイビング・サービスの提供に当たり，必要に応じ，インストラクター又はガイド・ダイバーにこれらの器材を携行させる。
　　　i　救急用具（人工呼吸用レサシェテーター，止血帯，三角布，包帯，副子，ガーゼ，舌圧子等）
　　　ii　担架
　　　iii　携帯用酸素吸入器（人工蘇生器）及び酸素ボンベ
　　　iv　救命浮環
　　　v　毛布，ロープ
　　　vi　飲料水，食酢
　④ その他ダイビングに必要なもののチェック
　　　ダイビング・サービス提供者は，提供するサービスの内容及び潜水環境の状況に応じ，ボート，A旗，ロープ，いかり，浮環，無線機，双眼鏡，拡声器等を準備し，インストラクター，ボートの操縦者又はガイド・ダイバーは，開始前にこれらのものの有無についてのチェックを行う。
(2) 潜水環境に関する情報の収集及び提供
　　　ダイビング・サービス提供者は，事前に次の潜水現場の環境に関する情報を海上保安庁，気象庁をはじめテレビ，新聞，雑誌等のマスメディア，漁業協同組合，リゾート施設等の関係先からそれぞれ入手し，潜水現場の状況を把握しておくとともに，スクールの受講生又は一般ダイバーに対し，これら情報のうち必要な事項を適切な方法により（口頭，掲示板，パンフレット，図面等）周知する。
　　　また，インストラクター又はガイド・ダイバーの管理の下に海域においてスクールの受講生又は一般ダイバーを潜らせようとする場合には，当該海域におけるダイビング経験を有するインストラクター又はガイド・ダイバーによりダイビングを行わせる。
　　　さらに，インストラクター又はガイド・ダイバーがダイビング経験のある計域であっても，当日の状況が通常と異なる場合には，受講生又は一般ダイバーを潜らせる前に現場の状況を再度確認する。
　① 気象，海象
　　　天候，気温，風浪，うねり，海潮流（速さ，方向，地形による偏流），潮汐，海面上の視界，水中の透明度，水温

　　　　② 船舶交通の状況
　　　　　漁船の操業状況及びプレジャーボート等の活動状況
　　　　③ 漁船，定置網等の設置状況及び工事等の活動状況
　　　　④ 危険な海洋生物の生息状況
　　　　⑤ その他の情報
　　　　　海底の地形，海草の繁殖状況，海底の堆積物，釣りの状況等
　(3) 潜水活動に関係する法令等の遵守
　　　ダイビング・サービス提供者は，サービスの内容に応じ，次のダイビングに関係する法令，都道府県条例及び地元関係者等との取り決め等について熟知し，法令違反や無用のトラブルを起こさないようにする。
　　　　① 港則法，海上交通安全法，海上衝突予防法
　　　　② 船舶職員法，船舶安全法
　　　　③ 労働安全衛生法
　　　　④ 高圧ガス取締法
　　　　⑤ 漁業法，漁業調整規則
　(4) 適格な者によるサービスの提供
　　　ダイビング・サービスを提供する者は，ボート・ダイビングの場合には小型船舶操縦士等の所要の海技免状を有する者によるボートの操縦を，ガイド・ダイビングの場合には現地の海域の状況を熟知している者によるガイドを行わせる等サービスの形態に応じ，必要な知識，技能，経験及び資格を有する者によりサービスを提供する。
　(5) 健康状態，体調及び実力等の確認
　　　インストラクター又はガイドダイバーの管理の下でのダイビング・サービスを提供する者は，当該サービスの開始前に，スクール又はボート・ダイビング，ガイド・ダイビング，ダイビング・ツアー，体験ダイビング等（以下「スクール又はファン・ダイビング」という。）の参加者の健康状態及び体調を自己申告書により確認し，提出してもらった申告書は保管しておく。
　　　また，Cカード及びログブックにより参加者の潜水能力及び経験，前回のダイビング状況を確認する現在，ログブックを携帯していないダイバーもいるが，今後，インストラクター又はガイド・ダイバーによるダイビング・サービスを受ける場合には，Cカード同様ログブックも携行するよう周知を図る。
　　　さらに，スキューバ・ダイビングを開始する前に，参加者に泳力テスト又はスキンダイビングを行わせ，各参加者の泳力又はダイビングの実力を把握することが望ましい。
　　　また，インストラクター又はガイド・ダイバーは，事前に，参加者から自分の技量について不安に感じていることなどを聴取しておき，初心者，前回のダイビングから期間のあいている者，高齢者，不安を抱いている者などを抽出しておく必要がある。
　(6) シリンダの貸出しに当たっての注意
　　　シリンダ（ボンベ又はタンク）を貸出しているレンタル・ショップは，関係法令を遵守するとともに，レンタルを希望している者がスキューバ・ダイビングの経験を有しておらず，かつ，インストラクターを伴っていない場合には，安全の観点からシリンダを貸出さないようにする注意が必要である。
　(7) スクール等への参加の可否の決定
　　　インストラクター又はガイド・ダイバーの管理の下でのダイビング・サービスを提供している者は，参加希望者の健康状態又は体調がダイビングに適していないと

判断される場合や参加希望者の潜水技能のレベルが開催しようとするスクール又はファン・ダイビングの技能レベルに適していないと認められる場合には，その旨説明して参加を見合わせるようにする必要がある。
(8) バディの組合せ及びチームの編成
　インストラクター又はガイド・ダイバーの管理の下でのダイビング・サービスを提供する者は，次の要領によりバディを組合せ，チームを編成する。
　① 気心の知れた者同士をバディにするとか，技量のレベル等を考慮してその組合せを決定する。
　② チームの編成
　　スクール又はファンダイビングの主催者は，潜水計画の内容，水深，潜水環境の状況，参加者の技能，経験等を考慮して，インストラクター又はガイド・ダイバーと一般ダイバーの適切な人数比を設定し，インストラクター又はガイド・ダイバーが参加者を十分監視できるような形態でチーム編成をする。
(9) 潜水計画の作成，ダイバーへの周知徹底及び関係先への連絡
　インストラクター又はガイド・ダイバーの管理の下でのダイビング・サービスを提供する者は，無減圧潜水を原則とする潜水計画を作成し，必要事項を一般ダイバーに対し周知徹底するとともに（潜水計画の作成要領別紙参照），必要に応じ潜水時に利用する潜水ショップ又はリゾート施設管理者等に次の事項を連絡しておき，迅速かつ適切な救助措置等が講じられるよう配慮しておく。
　また，潜水器材のレンタル・ショップは，インストラクター又はガイド・ダイバーが付き添っていない一般ダイバーに潜水器材を貸し出す場合には，次の事項のうち必要な事項を把握しておく。
　① インストラクター又はガイド・ダイバーを含む参加者全員の氏名，年令，性別，住所，電話番号
　② ダイビング・サービス提供者の氏名又は会社名，住所，電話番号
　③ 潜水開始日時及び終了日時
　④ 潜水場所及びコースの概要
　⑤ ダイビング・サービスの種類（スクール，ボート・ダイビング，夜間ダイビング，水中写真撮影等）
(10) ダイビング中止の判断
　インストラクター又はガイド・ダイバーは，エントリー直前に次のような状態になった場合には，スクール又はファン・ダイビングを中止する。
　なお，現地のコンディションの判断に当たっては，現地のダイビング・ショップ，リゾート施設等の関係者の意見を参考にする。
　① 気象・海象等の潜水環境が悪化した場合
　② 潜水環境に必要な用具が不十分であり，又は準備できない場合
　③ 参加者を十分監視できる体制でなくなった場合
　④ その他ダイビングを行うに当たり危険であると判断される場合
　また，参加者が次のような状態になった場合には，当該参加者のダイビングを中止させる。
　① 健康状態又は体調が悪くなった場合
　② 潜水環境に必要な潜水器材が不十分な場合
　③ その他ダイビングを行うに当たり危険であると判断される場合

2．ダイビング中の安全対策

　インストラクター又はガイド・ダイバーの管理の下でのダイビング・サービスを提供する者は，インストラクター又はガイド・ダイバーに対し，次のようなダイビング中における安全対策を講じさせる。

(1) ダイバーの監視体制

　チームの編成に当たり，上記1．(8)②のとおり参加者を監視できる体制とするほか，海岸の近くで潜る場合には，海岸に見張りを配置するよう努める。また，ボート・ダイビングの場合には，ボートに見張りを必ず配置する。

(2) 船舶などとの衝突防止対策

　ダイバーと船舶との衝突を避けるため，ダイビング中には国際信号書に基づくA旗を掲揚してダイビング中であることを示し，他の船舶に注意を喚起する。また，インストラクター又はガイド・ダイバーは，参加者に対し浮上時には水深3メートル程度で一旦浮上を止め，水中音に注意を払うとともに，水面上を注視するよう十分指導しておく。

　ボート・ダイビングの場合には，ボートの見張りは他の船舶が潜水海域に近づかないよう注意を行う。

(3) エアー切れ防止対策の実施

　水中でシリンダのエアーが切れることは，ダイバーにとって非常に危険なことであることから，インストラクター又はガイドダイバーは，ダイビング中又はダイビング開始前に，常に次の事項に留意し，その確認を行うよう参加者を指導する。

　① 残圧計を使用すること及びバディ相互間での残圧チェック
　② 潜水前の圧力チェック
　③ 浮上を開始すべき圧力の設定及びそのチェック

(4) バディシステムの励行

　インストラクター又はガイド・ダイバーは，バディ間及びチーム間の意志疎通を図るため，エントリー前に水中でのコミュニケーションの方法（手先信号，水中メモ板，音響信号，ロープ等），緊急浮上法，バディの一方を見失った場合の処置等について参加者に対して確認を行うとともに，次のバディシステムに関する留意事項を参加者に対し十分指導し，ダイビング中はこれを励行させる。

　① バディは互いに寄り添い，離れないように注意する。（緊急時に援助可能な距離は，2～3メートルとされている。）
　② 潜水中は相手に注意を払い，事前に打ち合わせた事項を守る。
　③ 互いに見失った場合には，最大限1分位捜した後浮上して待つ。

(5) 方位の確認及び海象等の変化に対する注意

　インストラクター又はガイド・ダイバーは，一般ダイバーを引率してダイビングを行っている間は海底の目印，水深，コンパスの方位，太陽光線の方角等によりエキジット・ポイントの方位を確認し，潮流，水温等の海象及び地形の変化に注意を払う。

　ボート・ダイビングの場合は，潮流の上手に向かって潜降し，アンカーロープ，潜降ロープ等を利用して昇降する。

(6) 浮上開始の場合の注意

　① 潜水計画終了の場合

　　インストラクター又はガイド・ダイバーは，潜水計画が終了した場合には（所定の残圧又は潜水時間になった場合），残圧空気量の少ないダイバーから先に浮上を開始させるか，又は予め定めておいたバディの順に浮上を開始させ，最後に海底に参加者がいないことを確認した後浮上する。

② トラブルが発生した場合
　　インストラクター又はガイド・ダイバーは，ダイビング中にトラブルが発生した場合には，トラブルの状況，スタッフの有無及びその人数，気象・海象の状況等に応じ適切に対処する。対処の具体例としては，次のようなことが考えられる。
　　ａ．インストラクター（又はガイド・ダイバー）1名と参加者のみの場合には，グループ全体の状況を把握しながら全員が浮上し，状況に応じエキジットする。
　　ｂ．インストラクター（又はガイド・ダイバー）と参加者の他にアシスタント・インストラクターがグループ全体をコントロールし，スタッフが各々の問題に対処する。ただし，スタッフが一部の参加者を引率して浮上する場合には，インストラクターにその旨伝えてから浮上を開始する。
　　ｃ．一部の参加者がグループからはぐれてしまった場合には，一分位その場にとどまり周囲を確認する。当該参加者を発見できない場合には，参加者全員を浮上，エキジットさせた後，インストラクター及びスタッフにより捜索を開始する。

　なお，トラブルとは，次のような状況が考えられる。
　・参加者の体調や圧平衡が不良となった場合
　・潜水環境（特に，潮流，水中視界）に異変を感じた場合
　・参加者が疲労した場合
　・エキジット・ポイントの方向を見失った場合
　・残圧空気量が異常に低下した場合
　・ボート等からリコール・サイン（呼戻し信号）があった場合
　・一部の参加者がグループからはぐれた場合
　・その他参加者の生命身体に危険を及ぼすような状況になった場合

(7) パニックの抑止
　　水中でパニックになることは，非常に危険であり，トラブルの発生につながる可能性が高いことから，インストラクター又はガイド・ダイバーは，次の事項を考慮して参加者のパニックを未然に防ぐ工夫が必要である。
　　① 参加者の体力，技能，経験及潜水環境等に応じたダイビングの実施
　　② バディ・システムの励行
　　③ 予想される危険（泥巻上げによる視界不良，海草や狭所における身体拘束，エアー切れ，過呼吸状態等）を予め教えておくこと
　　④ 参加者に不安感や精神的ストレスがある場合のダイビングの中止

　　また，パニックの徴候として次のようなものが考えられるが，インストラクター又はガイド・ダイバーは，受講生又は一般ダイバーにこのような徴候が見受けられる場合には，ダイビングを中止させるべきである。
　（ストレスやパニックの徴候の例）
　〔陸上〕
　　○急に静かになった。又は，急におしゃべりになった。
　　○落ち着きがなく，そわそわした感じ。
　〔水面〕
　　○信号やサインに応答できない。
　　○水面から顔を上げたがる。

　　　　　○マウスピースやマスクを外したがる。
　　〔水中〕
　　　　　○早い呼吸
　　　　　○早いキック
　　　　　○大きく見開いた目
　　　　　○立ったような姿勢での泳ぎ
(8) 緊急時のレスキュー能力
　　小さなトラブルが大きなトラブルとなり事故発生へとつながることから，参加者が次のような状態に陥った場合には，適切に対処できるようインストラクター又はガイド・ダイバーに必要な能力を身につけさせておく必要がある。
　　　　　○足がつった場合
　　　　　○水を吸ってむせた場合
　　　　　○エア切れになった場合
　　　　　○突然めまいになった場合
　　　　　○息切れをした場合
　　　　　○気分が悪くなった場合
　　　　　○海草などにより身体が拘束された場合
　　　　　○有害，有毒生物に出会った場合
　　なお，インストラクター又はガイドダイバーは，参加者に水面でのトラブルが発生した場合には，まず，トラブルが発生した参加者の浮力を確保させ，深呼吸により気持ちを落ち着かせ，また，海底でのトラブルが発生した場合は，急に浮上せず海底にとどまらせ，呼吸を整えさせる等して，参加者の事故防止を図るよう留意しておくことが必要である。

3. ボート・ダイビングの場合の注意事項
　　ボート・ダイビングのサービス提供者は，前記までの安全対策を講ずるほか，次の注意事項を遵守し，必要な事項をボート・ダイビングの参加者に周知する。
(1) 法廷書類の確認及び携帯
　　　海技免状（小型船舶操縦士等），船舶検査証書，船舶検査手帳等の法定書類を確認し，海技免状を携帯し，船舶検査証書及び船舶検査手帳を船舶に備付けなければならない。
　　　なお，ボート・ダイビングに使用する長さ12メートル未満の小型船舶は，下図の船舶検査済票が貼付しているものを利用する。
　　　　　　　　　　船舶検査済票

　　　　　　　　［検査済 63 日本小型船舶検査機構］ 250-12345

(2) 法廷備品及びダイビングに必要な用具の確認
　　① 救命浮環，救命胴衣，消火器等の法定備品を確認し，いつでも使えるようにしておく（法定備品の一覧表別表3参照）。
　　② カレントライン（先端に浮環の付いたもので50メートル位の長さ）・ロープ，浮環，A旗等のダイビングに必要な用具を確認する。
　　③ ダイバーの安全な昇降を確保するため・ボートにテンダーを・又は昇降用ボードを備えておくことが望ましい。

(3) 船体，機関等の点検
　① 船体，機関の異常の有無，燃料，飲料水，ビルジの量を確実に点検し，機関の試運転を出港前に必ず行う。
　② 「トランシーバ」などの無線機がある場合には，出港前に必ずテストし，連絡手段を確保する。
(4) 最大搭載人員の厳守
　船舶検査証書に記載された最大搭載人員を厳守する。
　また，ダイバーを乗船させる場合には，バランスよく平均に乗船させ，シリンダ等の携帯品はできるだけ低い所に置き，次の方法により携帯品の重量に応じて乗客の人数を減らすことが望ましい。
　（乗船人数の決め方）
　一人当たりの携帯品の平均重量が5kgを超えるときの乗船人数は，次の表の係数を船舶検査証書の最大搭載人員に乗じた人数

携帯品重量(kg)	5	10	20	30	40	50
係数	0.97	0.94	0.88	0.83	0.77	0.72

　注) 携帯品の重量が表の中間にあるときは，係数の中間挿入法により計算する。
　（具体例） 潜水器材一式（シリンダ1本を含む）の重さが約30kgであることから，最大搭載人員が10人のボートの場合，8人位が適当な乗船人数となる（10人×0.83＝8.3人）。

(5) 海上交通ルールの遵守及び無謀な運航の禁止
　① 海上衝突予防法，港則法及び交通安全法に定められた海上交通ルールを遵守する。
　② 海水浴場等遊泳者やダイバーが活動している海域等では，近くを高速で航走したり，ジグザグ航走するなどの迷惑をかける行為や危険な行為は行わない。
(6) 船内での注意
　① 乗船者が片側の舷に集まったり・むやみに立ち上がったりすると，ボートの復原力を減少させることとなり，転覆の危険を増大させることとなることから，船内での移動には十分注意するようダイバーに周知しておく。
　② 小型ボートにおいては，動揺により潜水器材が一方の舷に移動し，大傾斜を生ずる等の危険性が考えられるので，これらの器材の積載方法に留意する必要がある。
　③ 直射日光にさらされる場所にシリンダを長時間露出させることは避けるようにする。
　④ 船内には，燃料油等の危険物もあることから定められた場所以外では喫煙しないようダイバーに注意しておく。
(7) エントリー・エキジット・ポイントの決定について
　事前にインストラクター，ガイド・ダイバー又はグループリーダーとエントリー・エギジット・ポイント，潜水時間等の潜水計画についての打ち合わせを行い，気象，潮流，水深等を考慮して適当なエントリー・エキジット・ポイントを定める。
(8) エントリー前の確認事項及び準備事項
　① 現場に到着したら，ボートを固定させた後，正確な船位を確認する。
　② A旗を掲揚する。
　③ カレント・ラインを流す。

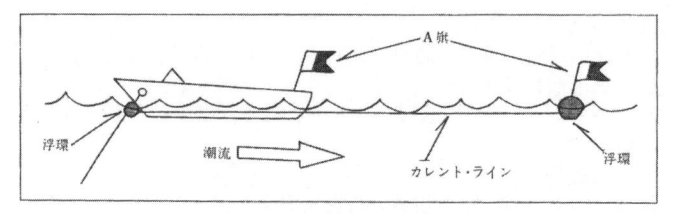

（図：ボート、浮環、カレント・ライン、潮流、A旗）

④ テンダー又は昇降用ボードを準備する。
⑤ インストラクター又はガイド・ダイバーがいない場合には，別表2の要領により潜水器材及びその装着状況の点検をバディ同士で行わせる。
⑥ 呼戻し信号（リコール・サイン）を再確認する。
⑦ 時計の照合を行い，エントリー時間及びエキジット時間を確認する。

(9) エントリー及びエキジット時の注意
① 必ずエンジンの停止，海面上の障害物及び他のダイバーの有無を確認し，左右舷から順番にエントリーさせる。また，必要に応じ・ダイバーのエントリーの補助を行う。
② エキジットの際には，潜水器材の引き上げやダイバーの乗船の補助を行い，必ず人数を確認する。
（あらかじめ，エントリーの順番，エキジットの順番を決めておくのも一つの方策である。）

(10) 見張りの配置，船位の確認及びダイバーの監視
① 航行中に見張りを置き，船位を確認することは，安全な航海の基本である。
② 航走中はもとより，漂泊，錨泊して，ダイビングを行う場合にも，見張りを船に残し，ダイバーの監視及び他の船舶の接近に注意を払うとともに，定期的に船位を確認する。

(11) 水中にいるダイバーの呼戻し及び潜水中におけるエンジンの使用
① 観天望気，ラジオや仲間との交信により最新の気象情報を入手するよう努めるとともに・気象，海象の悪化，トラブルの発生等ダイバーを呼戻す必要が生じた場合には，あらかじめ定めておいた音響信号によりダイバーを呼戻す。
② ダイバーの潜水中にボートを動かす必要が生じた場合，ボートの操縦者は，ダイバーを推進器により巻き込まないよう十分注意して操縦する。

(12) 予備のシリンダの準備
ダイバーが装着しているシリンダのエアー切れ等の万一の場合に備え，安全対策の一環として予備のシリンダ（レギュレーターの付いたもの）数個をボートの水面下約3〜6メートルに吊下げしておくことが望ましい。

4．事故発生時の連絡体制

事故発生の際の捜索救助体制を迅速かつ的確に行うため，ダイビング・サービス提供者は，あらかじめ次のような救助機関，医療機関等の関係先との連絡体制を設定し，事故発生時には本体制により緊急連絡を行う。

5．事故発生時の処置

事故が発生した場合には，インストラクター又はガイド・ダイバーは，次のような応急処置をとる。なお，迅速かつ的確な救助・救急活動に資するため，予め最寄りの公的救助機関，専門医療機関，潜水ショップ等の連絡方法及び電話番号を把握しておく必要がある。

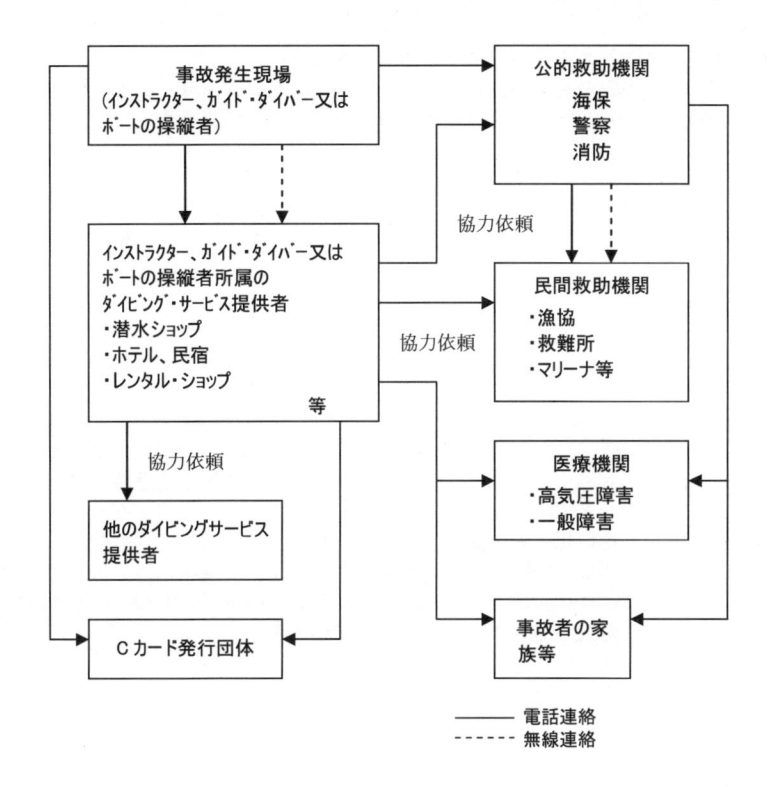

```
                                                  ┌─────────────────┐
                          ┌──────────────────────▶│  公的救助機関    │◀─┐
┌──────────────────────┐  │                       │    海保         │  │
│   事故発生現場       │──┘                       │    警察         │  │
│ (インストラクター、   │                          │    消防         │  │
│  ガイド・ダイバー又は │                          └─────────────────┘  │
│  ボートの操縦者)     │                                   ▲           │
└──────────────────────┘              協力依頼             ┊           │
         │                                                 ┊           │
         ▼                                                 ┊           │
┌──────────────────────┐                                                │
│ インストラクター、    │─────────────────────────┐                     │
│ ガイド・ダイバー又は  │                         │  ┌─────────────────┐│
│ ボートの操縦者所属の  │                         └─▶│  民間救助機関    ││
│ ダイビング・サービス  │        協力依頼            │  ・漁協         ││
│ 提供者                │───────────────────────────▶│  ・救難所       ││
│ ・潜水ショップ        │                            │  ・マリーナ等   ││
│ ・ホテル、民宿        │                            └─────────────────┘│
│ ・レンタル・ショップ  │                                               │
│                    等 │                            ┌─────────────────┐│
└──────────────────────┘                            │  医療機関        ││
         │                                          │  ・高気圧障害   ││
         │ 協力依頼                  ───────────────▶│  ・一般障害     ││
         ▼                                          └─────────────────┘│
┌──────────────────────┐                                               │
│ 他のダイビングサービス│                            ┌─────────────────┐│
│ 提供者                │                            │  事故者の家族   ││
└──────────────────────┘                            │       等        ││
         │                                          └─────────────────┘│
         ▼                                                              │
┌──────────────────────┐                                               │
│   Ｃカード発行団体   │───────────────────────────────────────────────┘
└──────────────────────┘
                                              ─────── 電話連絡
                                              ------- 無線連絡
```

① 自ら救助可能な場合には，直ちに事故者を救出し，適切な応急処置を施した後，速やかに専門医療機関に搬送する。この場合，事故者以外の他の参加者を速やかにエギジットさせる。

② 参加者が潮流に流されたり，各方不明になった場合には，他の参加者を速やかにエギジットさせ，公的救助概関をはじめとする陸上関係者に上記４の連絡体制により連絡した後，スタッフとともに可能な範囲で自ら捜索を行う。

６．潜水終了後の確認等

インストラクター又はガイド・ダイバーは，ダイビングを終了した時，次の事項について確認等を行う。また，ダイビング・ツアーを企画している旅行会社をはじめとするダイビング・サービス提供者は，参加者がダイビング終了後の帰路，高地，高所のルートを通過する場合又は航空機に乗る場合には，溺水の深度，休養の時間等に応じた旅行計画を立てるよう配慮すべきである。

① ダイバーの人数
② 身体的又は生理的な障害の有無
③ 潜水計画連絡先への終了した旨の連絡
④ 実際に潜った深度及び潜水時間等（ログブックへの記入）

また，ダイビング・サービス提供者は，事故者に対する適切な医療に活用されるようサービスを提供したダイバーの実際に潜った深度及び潜水時間等を記録，保管しておく。

7．一般ダイバーに対する安全に関する情報の提供

　一般ダイバーの安全意識の高揚を図るため，ダイビング・サービス提供者は，パンフレット，ポスター，掲示板，口頭等の方法により，次のような安全に関する情報の提供を行う。

　　① 潜水器材のレンタルを行っている　　———　　・器材のチェックリスト
　　　　ダイビング・サービス提供者　　　　　　　　・潜水環境に適した器材のリスト
　　　　　　　　　　　　　　　　　　　　　　　　・レンタルの条件

　　② ①以外のダイビング・サービス　　　———　　・現地毎のダイビングの中止基準
　　　　提供者　　　　　　　　　　　　　　　　　・現地潜水環境に関する情報
　　　　　　　　　　　　　　　　　　　　　　　　・ダイビング・サービスの内容及
　　　　　　　　　　　　　　　　　　　　　　　　　び現地潜水環境に適した器材の
　　　　　　　　　　　　　　　　　　　　　　　　　リスト
　　　　　　　　　　　　　　　　　　　　　　　　・器材のチェック・リスト
　　　　　　　　　　　　　　　　　　　　　　　　・初めての海域では，ガイドを付
　　　　　　　　　　　　　　　　　　　　　　　　　けて潜ること等

8．Cカード発行団体に係る安全対策

　Cカード発行団体は，認定したインストラクターが，受講生に対しスクールの講習時においてダイビングに必要な知識・技能（潜水器材の取扱い方法，潜水生理等）を教えるほか，安全留意事項も十分教えるよう指導する。

　また，Cカード発行団体が認定したダイバーであってもガイド・ダイビングのサービスを提供している者に対しても上記1～6の安全事項を遵守するよう指導する。

別表1

器材名	『保守管理』及び機能・作動状態のチェック
マスク スノーケル	点検 (1)目視検査 ・ガラス・ゴム部分の傷・劣化(特に、ゴムの部分全般のひび割れ、スカート部の亀裂) ・ストラップの取付け状況・ガラスの汚れ (2)気密状態 手入れ・保管 (1)使用後真水で洗浄し、日陰で乾燥させる。 (2)直射日光にさらさない。 (3)必要な補修及びパーツの交換を行う。 (4)型崩れの防止
フィン	点検 ・目視検査 ・傷、劣化の状況 ・変形の状況 ・ストラップの取付け状況 手入れ・保管 ・マスク・スノーケルに同じ
レギュレーター 残圧計	点検 (1)外観検査 イ.レギュレーター ・中圧ホースの傷・劣化・変形(特に、ファースト・セカンド各ステージへの取付け部) ・ファースト・ステージのフィルタースクリーンの錆、塩、泥、汚れ ・セカンド・ステージのダイヤフラム・排気弁の傷、異物のかみ込み、油分の付着 ロ.残圧計 ・高圧ホースの傷・劣化・変形(特に、ファーストステージ・指示部への取付け部分) ・指針の変形・位置(中心のズレ、0を示しているか)・脱気時の針の下降のなめらかさ等 ・ゲージ、ガラスの傷・ズレ ・安全弁の特色 (2)機能検査 イ.レギュレーター ・シリンダに取付けて、気密性を確認する。 ・実際に呼吸し、空気の供給状況(流量、呼吸抵抗等)を確認する。 (注)加圧しないで強く吸引すると弁の反動を起こすことがあるので注意すること。 ・流量調節機能があるものは、その作動状況も確認する。 ロ.残圧計 ・他の圧力計と比較し指示値が正確かどうか確認するとともに、高圧ホースの状況を再チェックする。 ・加減圧時の指針の滑らかな動き
レギュレーター 残圧計	手入れ・保管 (1)使用後、真水で洗浄し、塩分を十分取り除く。その際、セカンド・ステージから高圧ホース側への浸水防止にも注意する(タンクに取付け、圧力をかけた状態で洗浄する。)。 (2)日陰で乾燥させる。 (3)衝撃を与えたり、ホース類に無理な力を加えない。 (4)ファースト・ステージの設定圧をみだりに変えない。 器材台帳1による管理 取得年月日、故障修理、部品交換、オーバーホールの時期、状況を記録し、個々の器材の来歴及び現状を明確にする。 輸送時の注意 損傷や異物の侵入を招かないように輸送する。
シリンダ (タンク)	点検 (1)外観検査 ・(ヒビ、亀裂)、発錆の状況 ・Oリングの有無と劣化の有無・レギュレーター取付部の変形異物の有無 ・耐圧検査の実施年月 (2)充填空気の吟味 ・充填年月日(充填後3ヵ月以上経過しているものは使用しない) ・充填圧力 ・空気の臭気、味の有無 充填時の注意 (1)過充填の防止 (2)不良空気充填の防止(自動車や船舶のエンジン排気ガスの混入には、特に注意する) (3)充填年月日を表示する。 手入れ・保管 (1)使用後は、真水で洗浄し、塩分を取り除く。 (2)直射日光にさらさないで常温下で保管する。 (3)転倒、転落防止の措置を講じる。 (4)充填済タンクと未充填タンクの区別を明確にする。 器材台帳による管理 ・取得年月日、耐圧検査の実施年月・成績などをタンク毎に記録し・来歴・現状を明確にしておく。 輸送時の注意 (1)衝撃を与えない。 ・タンクの転倒、転落の防止 ・バルブ保護キャップ、毛布等の使用が望まれる。 (2)直射日光、高温にさらさない。 (3)ガソリン等危険物と混載しない。

器材	点検・手入れ・保管
浮力調整具	**点検** (1)外観検査 ・各部の損傷・劣化の状況 ・安全弁、迅速継手の異物のかみこみ ・膨張装置の CO_2 カートリッジ、作動機構の状況 (2)機能検査 ・レギュレータ及びタンクに装着し、すべての給排気機能の作動状況を確認する。 ・気室の気密性を確認する。 ・安全弁の作動状況を確認する。 ・タンクに取りつけ・ホール状況を確認する。 ・空気が入っているので飛び込みは控える。 **手入れ・保管** (1)使用後は、真水で洗浄し、塩分・異物を取り除き、日陰で乾燥する。 (2)損傷・型崩れの防止 **器材台帳による管理** 　取得年月日、故障・修理の状況等を器材毎に記録し、来歴・現状を明確にしておく。
保護・保温スーツ	**点検** (1)目視検査 ・ウェット・スーツの場合 ・生地の破れ亀裂 ・劣化(ネオプレーンの潰れ、硬化等) ・ドライ・スーツの場合 ・生地の破れ、亀裂、劣化 ・シール部分の損傷、劣化 ・給排気機構の状況 (2)機能検査(ドライ・スーツのみ) ・スーツのシール部分を適当な方法で密封し、スーツの気密性を確認する。 **手入れ・保管** ・使用後は、真水、洗剤で洗浄し、塩分・汗、異物等を取り除き、日陰で乾燥させる。 ・スキンの生地には、パウダーを塗布する等生地の材質に応じた処置を施す。 ・型崩れ、気泡のつぶれ、折り目、しわの防止に注意する。 **器材台帳による管理** 　取得年月日・使用、修理の状況をスーツ毎に記録し、来歴、現状を明確にしておく。
深度計	**点検** (1)目視検査 ・各部の損傷、劣化の状況 ・液もれの有無 ・気泡の発生の有無 ・指針のズレ、外れ (2)機能検査 ・あらかじめ水深の解っているプールで指示値をチェックし、誤差を知っておく。 **手入れ・保管** (1)使用後は真水で洗浄し、日陰で乾燥させる。 (2)衝撃を与えない。 **器材台帳による管理** 　取得年月日、使用、故障・修理の状況を器材毎に記録し、来歴・現状を明確にしておく。
時計	**点検** (1)目視検査 ・動いているか。 ・ベルトの劣化・取付状況 ・浸水の有無 ・電池切れの徴候 ・リューズの締め込み (2)機能検査 ・時刻の照合 ・ベゼルの動き ・各種の機能の確認(可能なもの) **手入れ・保管** (1)使用後は、真水で洗浄し、日陰で乾燥させる。 (2)衝撃を与えない。 (3)水中でリューズを絶対に動かさないようにする。 **器材台帳による管理** 　取得年月日、故障・修理の状況を時計毎に記録し、来歴・現状を明確にしておく。
コンパス	**点検** (1)目視検査 ・各部の損傷状況 ・液もれの有無 ・指針のズレ (2)機能検査 ・指針の動きはスムーズで安定しているか ・ベゼルの動き **手入・保管** (1)使用後は真水で洗浄し、日陰で乾燥させる。 (2)磁力のある物に近づけない。 **器材台帳による管理** 　取得年月日、使用・故障の状況を器材毎に記録し、来歴・現状を明確にしておく。
ナイフ	**点検** (1)目視検査 ・各部の損傷劣化 ・刃身等金属部の発錆 ・刃身とハンドルのがたつき ・収納ケースのバンド・止め具の具合 (2)機能検査 ・収納ケースへの納まり具合 ・各カッター部の切れ具合 **手入・保管** (1)使用後は真水で洗浄し、水分を拭き取る。 (2)発錆部は、サンドペーパーと石鹸で落とす。 **器材台帳による管理** 　取得年月日、使用、手入の状況をナイフ毎に記録し、来歴・現状を明確にしておく。

ウェイトベルト	点検 (1)目視検査 ・鉛の変形の損傷 ・各部の損傷・劣化の状況 ・ベルトのほつれの有無 ・重量 (2)機能検査 ・バックルによるベルトの固定・離脱の状況 手入れ・保管 (1)使用後は真水で洗浄し、日陰で乾燥させる。 (2)高所に置かない。
水中ライト	点検 (1)目視検査 ・電池、接点、配線等各部の損傷・劣化の状況(Oリングを含む) ・浸水の有無 (2)機能検査 ・点灯し、光の発光状態を確認する。 手入れ・保管 (1)使用後は真水で洗浄する。 (2)電池の交換・充電を行う。 (3)Oリングにシリコングリスを適量塗布する(異物の付着に注意) (4)衝撃を与えない。 器材台帳による管理 取得年月日、使用・故障・修理の状況を記録し、来歴・現状を明確にしておく。

コンピューターゲージ	点検 (1)目視検査 ・傷、劣化の状況 ・電池切れの徴候 (2)機能検査 ・陸上での作動確認(システム・チェク、大気圧による0点調整 手入れ・保管 (1)震動、高低温、化学薬品、磁界、無線高周波は絶対にさける。 (2)スプレー類の使用はいっさい禁止 (3)直射日光、氷点下に近い状態に長時間さらさない。 (4)終了後、直ちに真水につけ、この後、ぬるま湯で塩分・ミネラル付着分を洗いおとす。 (5)陰で乾燥後ケースに入れ、慎重に保管する。 (6)定期的(年1度)に販売店で点検を受ける。

別表2

器材等	確認事項	確認手順
B.C.D (Buoyancy Control Divice)	パワーインフレーターの排気動作確認 CO₂カートリッジ (注)CO₂カートリッジが付いていないBCDもある。	・パワーインフレーターの吸気ボタンを押した時、押しただけBCDの中にエアが供給されるか、又、排気ボタンを押した時、排気口より押しただけエアーが出ているかを音により確認する。 なお、吸排気機能については、器材により異なるが、すべての吸排気機能の作動状況を確認する。 ・緊急時にCO₂カートリッジがすぐ引けるようひもが正しい位置にきているかどうかを確認する。
ウエイトベルト	・正しい位置に装着しているか ・緊急時に他の物に引っかからないで捨てられるか	・ウエイトベルトに他のホース類がはさまっていないか、又ウエイトベルトのリリースバックルの上に他のベルト類がかぶさらず正しい位置ですぐ取り外しができるかどうかを確認する。
リリースバックル	・器材のはずし方の確認	・緊急時に自分、又は、バディの器材をはずすにはどうしたら良いか、バックルの種類とはずし方を確認する。
エア供給確認		
メインレギュレター	・必要な時に必要な分だけエアーが供給されるかを確認 ・エアーが適切な量であるかを確認	・パージボタンを押して、押した時だけ空気が出て、離したらすぐ止まるかどうかを確認する。但し、機種によっては空気が出続けるものがあるが、これらの吸排気が正しく作動しているかどうかを確認する。 ・実際、セカンドステージから呼吸をしてみてスムーズに行えるかどうかを確認する。 ・臭気の有無を確認する。 (臭いのあるものは使用しない。)
オクトパス	・同上	・同上 ・バディ同士で位置と使用方法の確認
シリンダバルブ	・十分開いているかを確認	・バルブを反時計回りに止まるまで回し、半回転戻しておく。
残圧	・タンク圧力の確認	・バディ同士で互いの残圧をチェクし、声に出して確認しあう。
最終チェック		・エントリー直前に最終チェクを行う。フィン・マスクを正しく装着しているかどうかを確認・BCDにはエアは入っているかを確認 ・BCDにはエアは入っているかを確認

小型船舶法令備品一覧表は略

別紙

潜水計画の作成要領

基本事項　1．事前の計画
　　　　　2．事前の準備
　　　　　3．出発直前の準備
　　　　　4．潜水現場での潜水計画

具体的手順
1．事前の計画
　（バディの編成と目的を決定）
　　ダイビング・プランの作成に当たりまず最初に行うことは，バディ及びチームの編成と潜水目的を決めることである。
　　チームは，各潜水毎に同一の潜水目的を持ち，常にその目的に沿って行動しなければならない。また，インストラクター又はガイド・ダイバーがチームのリーダーとなるが，リーダーの指示に従うよう参加者に周知しておく。
　（スポットの選択）
　　参加者の潜水に関する知識，技能，経験，前回の潜水時期及び潜水目的等を考慮して，適切なスポットを選択する。
　　最初の目的地のコンディションが悪いこともあるので第2候補も選んでおくと良い。いつが最適の条件になるかも検討することが必要である。
　　なお，インストラクター又はガイド・ダイバーの知らないダイビングポイントで潜る時は，事前にオリエンテーションを受けるべきである。
　（時間の設定及び無減圧潜水の遵守）
　　出発から帰着までのタイムスケジュールを明確にし，現場においてはエントリー，エキジットタイムを決め，無減圧潜水を守り，全体に余裕のあるスケジュールにすること
　　なお，一インストラクター又はガイド・ダイバーが採用している減圧表と参加者が採用している減圧表が異なる場合には，インストラクター又はガイド・ダイバーが採用している減圧表によりダイビングを行うこととし，あらかじめ，その旨説明して参加者の了解を得ておくこと
　（潮汐表を調べる）
　　潮の干満の時間と潮の高さは地域ごとにかなり違っている。
　　干満は潮の流れを伴い，ダイビングのコンディションに影響を与えるため，事前に潮汐表により検討が必要である。一般的に満潮時はコンディションが良いとされている。
　（潜水器材，交通，宿等の確認）
　　潜水器材，現地までの行き方を確認し，宿等の予約をする。

　（潜水環境を調べる）
　　ダイビング・スポットにおける漁業者（漁船の操業状況，漁網の設置状況，漁業権等），プレジャーボート，磯釣り者等の活動状況を調べ，トラブルを避け余裕のある計画を立てる。

（ボートダイビングにおける打ち合わせ）

　ボートダイビングの場合には，ボートに見張りを配置するが，見張りと潜水者との連絡手法については事実上，音響信号に頼らざるを得ないので，事前に信号の意味を確認しておく。

　また，ボートの操縦者又は見張りと潜水目的，潜水時間，ポイントなどの潜水計画について十分打ち合わせておくこと。

2．事前の準備

（全器材の点検，シリンダへのエアー充填）

　潜水環境，目的等に必要な器材が揃っているかをチェックする。器材の機能不良によってダイビング事故が起こることは稀なことであるが，器材に問題がある場合には，それがトラブルの原因となることがあることから，全器材の点検が必要である。また，シリンダのエアーの充填を行い，作動状態，圧力，味などを点検する。

例：マスクのストラップ類のチェック，レギュレーター，BCD類の作動チェック，器
　　材の修理，オーバーホール等のチェック etc.

（チェックリストで再チェック，器梼のパッキング）

　全ての器材を一ケ所へ集めてチェックリストを必ず使って忘れ物がないかを確認する。

　確認された時点で器材のパッキングを行う。

3．出発直前の準備

（天気予報の確認）

　出発する前に最新の天気予報を調べ，現地のコンディションの確認をする。

（潜水計画を第三者に1部預ける）

　いつ帰るか又，予定時間に戻らない場合にはどの様な手配をするかなどについての計画をショップの他の従業員に1部預ける。

4．現場での潜水計画

（コンディションの判断）

　ダイビングスポットに着いてまずやるべき事は，スポット全体を見渡せる場所及び水辺の両方から，コンディションの良否を判断する事である。

　ダイビングコンディションに適していないときは中止するかコンディションの良い他の水域へ移動すること。

（たどるコース，エントリー／エキジットポイントの決定）

　コンディションが良いと判断したらエントリー／エキジットのポイントを決定し，ダイビング中にたどる概略コースを決定する。

　不慣れな海面では，スキンダイビングにより事前に潜水海域の観察を行うことが望ましい。

（手信号の復習）

　手信号を含め連絡方法，バディシステムのテクニック，離れた時の対応策などについて打ち合わせる。

（時間，水深，空気の使用量の決定）

　予定の潜水深度，時間，残圧いくらで潜水を終了するか，さらに緊急時の手順などについての了解を得ておき，ダイビング前に出来るだけ多くの事を話し合い了解を取り合うこと。

（潜水器材の装着及び点検）　別表2参照

5.「スキューバダイビング中の事故防止にかかる安全対策について」

平成15年9月30日付　各関係団体あて　海上保安庁警備救難部救難課

　※　海上保安庁より転載の許可を受けている。なおこれに付属する事故統計資料は，本書の事故分析資料があるので略。

各関係団体あて
スキューバダイビング中の事故防止にかかる安全対策について

　平素より海上保安業務には格段のご理解とご支援を賜り厚く御礼申し上げます。
　さて，海上保安庁が認知した平成15年1月から8月までのスキューバダイビング中における事故者数は36人で，うち14人が死亡・行方不明となっており，前年の同期と比較すると事故者数で24人，死亡・行方不明者数で7人増と大幅に増加している状況にあります。
　これは，スキューバダイビング中における年間の事故者数及び死亡・行方不明者数で過去5年間で最も多かった平成11年の同期に比べ，事故者数では既に大きく上回っており，死亡・行方不明者数では同数となっている状況です。(別添1参照，略)
　また，本年のスキューバダイビング中における事故は，インストラクターまたはガイドの方々が同行しているにもかかわらず，ダイビング開始前における安全留意事項の不徹底，ダイビング計画における安全性の欠如及びダイビング実施者の技量に応じ不測の場合に備えた要員不足等により発生している事例が見受けられます。(別添2参照，略)
　さらに，スキューバダイビング中における事故は，周年発生しておりますが，昨今のスキューバダイビング愛好者の増加に伴い，今後さらに事故が増加することが懸念されるところであります。
　一方，スキューバダイビングは，基本的に自己責任のもとに実施されるものではありますが，水中という活動環境の特殊性ゆえ，危険と常に隣り合わせであり，その安全確保については，ダイビング実施者の自己責任に加え，インストラクターによる適切な指導やガイドとの連携協力が不可欠かつ極めて重要であると考えられます。
　つきましては，本年におけるスキューバダイビング中における事故の状況をもとに，スキューバダイビングを提供する側のインストラクターまたはガイドの方々にあっては，安全なダイビングの提供が究極のサービスであることに鑑み，貴会員であるインストラクター等スキューバダイビング提供者に対して，直接又は会誌，メール等を通じて，事故防止に係る安全対策の再徹底等について，周知・指導していただくなどご協力を賜りますようお願い致します。
　なお，本年の事故事例を踏まえ，スキューバダイビング中の事故防止にかかる安全対策の基本事項例について，以下のとおり列挙しましたので，周知・指導の際に活用していただければ幸いです。

スキューバダイビング中の事故防止にかかる安全対策の基本事項例

1．海潮流の状況等に関する情報を海上保安部署，(財)日本海洋レジャー安全・振興協会等から入手し，緊急時の対応なども含めた安全な潜水計画を立案し，実施する。
2．ダイバー間及び監視者と予め，入水・浮上時間，緊急時の対応及び安全留意事項等に関して十分な打ち合わせを実施する。
3．ダイビング実施前には，インストラクター，ガイド及びダイビング実施者間において，器材の取扱い，ダイビングポイントの状況等について確認し，さらに，必ずバディーを組み，常に異常の有無を確認しあい，不測の場合における対処方法等につ

いても確認し，冷静に行動する。
4．ダイバーは，万一漂流した場合に備え，フロート，発光信号及び音響信号等の装備を携帯し，また，ダイビングボートには，無線設備，携帯電話等，陸上との連絡手段を確保する。
5．ダイビングボートによるダイバーの監視は，事故を防止するうえで重要な要素の一つであることから，ダイビングの形態に応じて，操船者に加え，専従の監視員を配置する。
6．ダイビングショップ等ダイビングサービス提供者は，ダイバーの潜水計画を把握し，予定時刻になっても帰投しなかった場合には，予め設定した連絡手段により，ダイバーの安全を確認する。

6．「潜水者・遊泳者の死傷海難事故防止のために」（許可の下に同資料9頁を転載）

門司地方海難審判庁那覇支部　平成17年3月

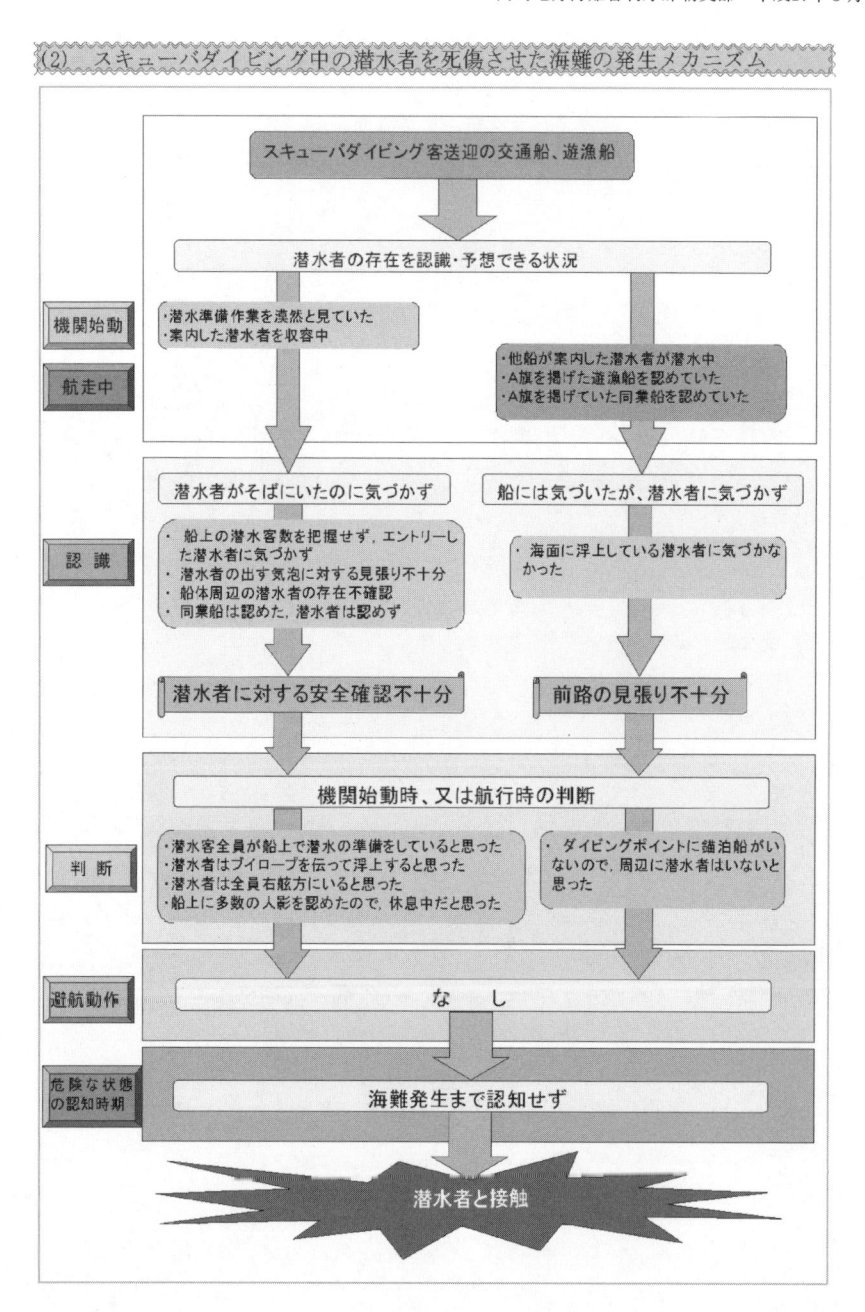

(2) スキューバダイビング中の潜水者を死傷させた海難の発生メカニズム

スキューバダイビング客送迎の交通船、遊漁船

↓

潜水者の存在を認識・予想できる状況

- 機関始動／航走中
  - 潜水準備作業を漠然と見ていた
  - 案内した潜水者を収容中
  - 他船が案内した潜水者が潜水中
  - A旗を掲げた遊漁船を認めていた
  - A旗を掲げていた同業船を認めていた

- 認識
  - 潜水者がそばにいたのに気づかず
    - 船上の潜水客数を把握せず、エントリーした潜水者に気づかず
    - 潜水者の出す気泡に対する見張り不十分
    - 船体周辺の潜水者の存在不確認
    - 同業船は認めた、潜水者は認めず
  - 船には気づいたが、潜水者に気づかず
    - 海面に浮上している潜水者に気づかなかった

  → 潜水者に対する安全確認不十分　／　前路の見張り不十分

- 判断（機関始動時、又は航行時の判断）
  - 潜水客全員が船上で潜水の準備をしていると思った
  - 潜水者はブイロープを伝って浮上すると思った
  - 潜水者は全員右舷方にいると思った
  - 船上に多数の人影を認めたので、休息中だと思った
  - ダイビングポイントに錨泊船がいないので、周辺に潜水者はいないと思った

- 避航動作：なし

- 危険な状態の認知時期：海難発生まで認知せず

↓

潜水者と接触

7．パラグライダーという商品スポーツの仕組み

パラグライダーという空域での商品スポーツの仕組みについては，和泉恭子パラグライダー事故裁判支援基金代表世話人植松幹夫氏による「パラグライダー事故防止のために」（平成16年12月）というレポートが参考になる。ここに参考資料として，転載の許可を得て掲載する。

パラグライダーには，その統括団体としてパラグライダーフライヤーとハンググライダーフライヤーの組織とされる，社団法人日本ハンググライデイング連盟（略称：JHF）があり，一般フライヤーからの会費収入を運営資金にして活動している。

この理事や委員の中には一般フライヤーも参加して活動もしているが，社団を構成する各都道府県連盟の役員は，ほとんどがその地域のパラグライダー関連業者やハンググライダー関連業者で構成されている。

従って，彼らが正会員として議決権を持つ JHF の最高意志決定機関の総会では，彼らに共通した利害関係が反映されやすい傾向が見られる。JHF 理事選出にも各都道府県連盟の推薦が必要であり，その傾向は引き継がれている。

JHF には安全性委員会があるが，競技委員会予算500〜600万円に対し安全性委員会予算は20数万円と格差があり，その活動には限界がある。

パラグライダー関連事業者からは，一般に事業利益にマイナス影響のある情報はユーザーに伝わらず，そのため事故があった場合にも，ユーザーはテレビや新聞の報道で知る以外に詳細な情報は得られない。実際には新聞報道に至らない事故も多く発生しているが，その場に居合わせた数人以外は事故の存在を知ることもないというのが現状である。

事故の際の機種や機材，操作法，事故当日の気象状況と地域特性や空域の混雑状況などの，事故の原因や要因となった要素だけでもわかれば，他のユーザーは危険要素を遠ざけることができ，類似した事故の再発は防ぐことができるはずである。

一　パラグライデイング，エリア，フライヤーについて
1　概　　要

パラグライデイングは入門から数段階の教習課程を経て，操作（飛行）技術を習得するようにプログラムされている。各段階を終了した時点で，それぞれのレベルを示す技能証が交付される。また飛行場所と着陸場所がセットされて管理されていることが多く，これらを総称して「エリア」と呼んでいる。エリアの管理者は，大きくスクール経営者，クラブ，地方公共団体に分類される。

2　フライヤーとは

一般に「パイロット」と呼ばれる技能証を取得すれば，単独での飛行が可能なレベルに達したフライヤーと認知され，殆ど全てのエリアで自由に飛行できる。但し一部のエリアにおいては，さらに上位の技能「クロスカントリー」の所持者を要件とし，飛行する空域を限定している所もある。また，ごく一部のエリアでは技能証所持者に対してさらに独自の試験を課して，フライトを許可している。

JHF（Japan Hanggliding Federation）日本ハンググライデイング，パラグライデイング連盟の交付している技能証は国際的な仕組みにリンクしている。パイロット技能証を持っていれば国際技能証（IPPIカード）を申請し取得することができる。IPPIカードは，多くの国で認知されていて，それを示せば海外においても自由に飛行することができるようになっている。

教習の主体は，教習員自体が経営するスクール，教習員を雇用して経営されているスクールに分けられる。

教習課程の内容は，JHF（の主として教習検定委員会）が作成したパラグライデイン

グ教本という冊子にまとめられている。入門者には有償で配布されている。スクールによっては，必ずしもこの教習課程通りに講習を行っている訳ではないが，一般的な事項は網羅している。

実技は一般にインストラクター（通称イントラ）と呼ばれる指導員が指導する。指導員の資格として，JHFは教員と助教員の2種類を制定している。教員と助教員は登録されている。教員・助教員資格は，JHFにより実技試験が行われ，認定される。

過去の教員試験においては，フライト実技の他にフライト技術や安全知識に関する模擬講義を行い，その内容で合否が判定されたこともある。

スクールに入校して教習を受けるフライヤーは，原則としてJHFに登録してフライヤー会員になる。フライヤー資格を得るとJHFからの文書（JHFレポート）が2ヶ月に一回送られてくる。またフライヤー資格が有効な期間中は第三者賠償責任保険に自動加入される。フライヤー登録はスクール備え付けの用紙を使って年間3500円の登録費を振り込むだけで技能に関係なく得ることができる。

技能証を取得するためには，JHF教員が筆記試験と技能試験を行い，教員が認定した証明書をJHFに送り，JHFが技能証を発行する仕組みになっている。

3　フライヤー会員

JHFに登録しているフライヤーは，約1万人で，競技を行う少数の競技者フライヤーとパラグライデイング関連業務を生業としている少数のプロフライヤーと趣味として飛行を楽しむ一般フライヤーに分けられる。

技術を習得した後，JHFに登録しないで飛行している者も皆無ではなく，また禁止されてはいない。

しかし多くのエリアや競技会は，飛行条件としてJHFのフライヤー登録を義務づけている。飛行ルールを守らず，操作技術が未熟なものの飛行は，他のフライヤーにとって迷惑行為であるし，空中衝突などの危険な行為だからである。

フライヤーの大多数を占める一般フライヤーの多くはサンデーフライヤーと呼ばれ，土日の休日をパラグライデイングで過ごす趣味としている人たちである。彼らは安全で楽しく飛行することを望んでおり，また彼らの中には滞空時間1000時間を越える飛行体験を持っている者もいる。彼らの安全についての知識経験は，プロフライヤーや競技フライヤーに負けないものである。

パラグライデイングは，禁止条件を遵守しさえずれば，安全なスポーツであることを身をもって示すことの出来る人たちである。

二　機体検査，マニュアル

1. パラグライダーは，アルプス登山などの降下用具としてパラシュートから発達したので，パラグライデイングに使用される用語は，グライダー（機体）をはじめとして日本語が少ない。翼はキャノピーと呼ばれ，人を釣り下げる紐はラインと呼ばれる，など。
2. 機体は殆どが輸入品である。外国で製造され，外国の安全性の検査機関で安全性を検査され合格した機体をJHF安全性委員会が認定し，JHF登録機体として公表され，市販される仕組みである。
3. パラグライダーは，初級者用，中級者用，上級者ないし競技者用と，使用する者の技術ランクに応じて安全性を判断するという仕組みが採用されている[注1]。
4. 日本ではパラグライダーの製造販売を取り締まる法律がないので，合格機でない，安全性の証明のない機体を販売したり貸与する行為は禁じられていない。
5. 合格機には機体の性能を示すマニュアルを添付して販売されるが，日本語マニュアルを作成する際，インストラクターの指示に従うという文言に置き換えてしまっ

て，機体に関する正確な情報を削除している場合や，輸入業者によっては，日本国内販売だけマニュアルを添付しない場合もある。

三　事　故

1．事故原因は気象，機材，操作に大別できる。
2．気象とパラグライデイング

　　パラグライデイングが安全なスポーツであるためには，気象が安定しているときしか飛ばないということが大切である。

　　風速は，機体の許容限界として秒速6〜7メートルとされている。機体の前進速度を超える風速やそれに近い風速では，風に対し機体は前に進むことができず，追い風では機体速度（30km前後）＋風速となり，離着陸は非常に危険となる。

　　空中で危険が生ずるのは翼がつぶれた場合である。翼が潰れると滑空状態が崩れて速度を失うが，ラインで翼から吊り下がる操縦者は慣性で滑空していたそれまでの速度で進もうとし，速度を失った翼を支点に急ブレーキがかかるので振り子状になり，さらに深刻な次の翼変形に陥る。片側の翼が潰れた場合，潰れた側が速度を失い，潰れていない側は滑空するので急激な旋回に陥り，回復が困難となる。

　　安全の面からは，風速そのものではなく対地速度の方が重要といえる。危険が生ずるのは翼がつぶれた場合である。その場合は急ブレーキがかかるので，人にかかる力は風速や飛行速度が基準になるのではなく，対地速度が制動されるという考え方が重要である。対地速度は前進速度＋風速であるので，それだけの速度をもって前進中の人に対し，つぶれた翼から，急ブレーキが働くという思考径路が必要である。

　　安定した気流が安全である理由は，一定方向にゆるやかに全体が動いている空気である安定した気流の場合は，翼がつぶれにくいし，つぶれた場合でも，大潰れになりにくく，また機体の動きを予測することが可能で，対応のスピードとして人間の能力の範囲内であるため，対応が比較的可能だという点である。従って原則として潰れから回復可能であるといえる。これに対し上昇風と下降風が隣接し境面に渦が生じているような場合や，山塊，建造物など障害物により生じた乱気流など，荒れた気流では，翼がつぶれやすく，つぶれた場合，大潰れになりやすく，機体の動きを予想することも，機体の動きに対してすばやく対処することも困難で，早い機体の動きを統御して通常飛行（正常な姿勢）に戻すことが難しくなる。

　　パラグライダーは，設定された一定速度の範囲内で飛行する場合に滑空状態が保てるので，基本的に前進速度を失うことは危険を意味する（なお，パラグライデイングで，失速という言葉は，滑空状態を失うことを意味し，前進速度を失うという意味には使用されない）。従って事故原因と潰れの因果関係を検討する場合，回復操作が適切に行われたか即ち操作ミスがなかったかの判断は，事故機の動きを正確に確定した後（目撃情報が在ると確定しやすい），翼がつぶれにより，既に前進速度にブレーキがかかって，人が急ブレーキによる制動力を受けて振り回されている状態（振り子運動と旋回）で落下し始めているということを忘れてはならない。旋回を止めるためになされる回復操作は，更に前進速度を失わせる結果となるから基本的に危険な操作であることを忘れてはならないのである。

3．機材と事故

　　安定した気流であって，離着陸時でなく，高度も十分にある飛行中の事故の場合は，機材の欠陥が事故の原因と疑われて当然といえる。

4．操作と操作ミス

　　事故は操作ミスによっても生ずる。しかし翼のつぶれそのものは，操作ミスでは

生じない。

　　機体の安全性は，翼のつぶれからの回復性能を意味するが，機体そのものに回復性能がないため事故が発生することもある。
5．パラグライダーの操作

　　パラグライダーは飛行中足で操作するアクセルと呼ばれる加速装置とトリムと呼ばれる加速装置がある。いずれも飛行中の翼の前傾角度を変更する装置である。これらを用いて加速が可能である。またブレークコードと呼ばれる翼の後縁に接続されている紐を引くことにより前進速度を遅くすることが可能である。ブレークコードにより前進速度を0にすることも可能である。また体重移動により左右上下に方向転換が可能である。
6．一般に競技用の機体は，そうでない機体と比べて高速飛行が可能であるが荒れた気流の影響を受けやすく，つぶれからの回復が困難とされている。
7．マヌーバートレーニング

　　翼が潰れると，通常飛行即ち滑空状態を前提とする，翼の強度や，揚力が失われ，翼形もフライヤーも，通常の姿（姿勢）を保てなくなる。翼が前進速度を失うことにより，重力が，強力な力となって人を振り回すので，安全性が失われる。こういう場合に備えて，一般のフライヤーに対しても，湖上での訓練が行われている。この訓練のことをマヌーバートレーニングと言っている。
8．緊急事態

　　パラグライダーの翼がつぶれた場合など緊急事態が起こったときは緊急パラシュートを投下して落下速度を遅くして安全に着陸する。あるいはトリーランディングといって木に飛びついて落下の衝撃を緩和する。

　　地面に着陸する際には走ることによって衝撃を緩和するよう指導がなされている。

　　パラグライダーは，体重が軽い人がバラスト（荷重）を載せて飛行することが許されているが，着陸の際足にかかる危険が倍増するので，自己の体重に適した機体を使用するよう指導が行われている。

四　事故の責任

　以上の記載の項目に従って，各人のもつポジションによって事故に対する責任が発生し，また責任の内容が異なる。

　エリアの管理に過失があれば管理者が責任を負う。エリアの管理者が誰であるかは公表されている。

　教習内容が不適切であったり，実際の指導に過失が認められ，事故と因果関係がある場合には指導員の責任が発生する。

　指導員を雇用しているものには，使用者責任が発生する。

　教本作成者の場合は事故発生の予見可能性が問題となるであろう

　競技会開催者には国際航空連盟 FAI（Federation Aeronautique Internationale）策定の競技ルールや競技会開催者のためのガイドラインが公開されている（英文）。日本語版は，JHFの上部団体である財団法人日本航空協会 JAA（Japan Airsports Association）にある。ここには気象および機材，運営・進行などにつき，安全配慮義務が規定されている。

　競技会開催者には，競技会当日の気象および選手の使用機材についてと，会場となる場所や，競技コース設定の安全配慮義務がある。

　パラグライダーは，初級者用，中級者用，上級者ないし競技者用と，使用する者の技術ランクに応じて安全性を判断するという仕組みが採用されている。機材の販売業者には，操作性の難易度を偽ったり，技術が未熟であることを知りながら，十分な説明をす

ることなく上級機を販売した場合などには，商品についての説明義務違反が認められるであろう．

注1　検査機関としてはSHVとDHVが有名で，検査基準はドイツ安全基準とフランス安全基準アフノールとがあり，内容は若干異なる．合格機には，操作マニュアルが作成される習わしである．DHVの基準により検査が行われた場合は，検査機関の検査の際のデータも記載されている．アフノール基準の場合は基準そのものが，「殆ど毎日飛行し卓越した技術を持ったフライヤーのための機体」といった言語表現で機体の性能が表示される．
　　パラグライダーの安全性は，翼の大きさや形とラインの長さ（飛行中の翼の形状はラインの長さの組み合わせにより変化する特性があるので，）も明記される習わしである．

　　「和泉恭子基金」（http://ikf.jp/）はパラグライダー事故で亡くなられた方の裁判をきっかけに集まった有志によって，裁判での和解後に同様の事故被害者の支援を行うことを目的に作られた．基金の内容，連絡先などについてはホームページを参照されたし．

8. パラグライダーの事故事例

① 長野県

長野県はスキーやスノーボードなどの冬のメジャーなレジャースポーツが大変盛んであるが，雪のない時期は空域でのスポーツであるパラグライダーも盛んに行われている。

パラグライダーの事故の実態は，残念ながら全国的な調査のデータを知ることはできなかったが，一般の商品スポーツ消費者が，パラグライダーという商品の事故の実態を知ることは，スクーバダイビングと同じく，事前の用心（心の準備，業者選択時の準備，保険の特約契約の準備など）ができるという利益をもたらす。

ここに，長野県警調べによるパラグライダーの事故を紹介する。

なお，長野県で警察が認知した事故は，平成15年は下記の4件があったが，平成16年は発生していないという。

平成15年はスクーバダイビングでは空前の事故多発年であったが，空域の商品スポーツでも同じ傾向を見せたのが偶然であったのかどうかは，今後の研究を待つものとする。

平成15年

発生日	場所	性別	年齢	負傷程度	状況
4月7日	平谷村高嶺山	男	49	重傷	指導員について講習中，飛び立った直後の上昇気流に押し戻され約150m落下負傷
8月6日	大町木崎湖	女	37	重傷	指導員について講習中，上空100mの地点で360度の旋回中に操作を誤り，きりもみ状態に回転しながら墜落
8月21日	白馬村遠見	女	41	重傷	講習中，ランディングポイントに向けて降下中，同じく降下中の者と接触し墜落
10月21日	下伊那郡大鹿村	男	56	重傷	練習中，離陸に失敗し約2m墜落して負傷

② 静岡県

平成16年　静岡県警調べ

発生日	場所	性別	年齢	負傷程度	状況
3月7日	丹那イクス	男	40	軽傷	資格を持つ事故者がランディング中突風にあおられた。
5月15日	大浜海岸	男	47	死亡	強風に煽られるように海へ墜落。死因は水死。
9月16日	遠州灘海岸	男	55	重傷	飛行前，エンジンが倒れてきた。
11月3日	富士山須走口	男	48	軽傷	資格を持つ事故者が乱気流を無視して落下
12月18日	函南町畑	男	41	軽傷	資格を持つ事故者が強風のため着陸しようとし失敗

③ その他，新聞記事などから

以下に，平成16年と17年に発生したパラグライダーの事故をいくつか紹介する。これらは報道されたものだけであり，実際の事故の実数は，ダイビング事故の実態を例に考えても，これを上回るであろうと考えられる。

平成16年

発生日	場所	性別	年齢	負傷程度	状況
5月1日	山梨県 芦川村	男	62	死亡	約50回の飛行経験者がパイロットライセンスの講習中，富士河口湖町大石から上昇気流を受け，御坂山塊の峠を越えて同村上空に飛来。近くの沢に着地しようとしたが，木に引っかかり，バランスを崩して体を岩場に打ち付けた。
5月1日	栃木県 大平町西山田	男	44	死亡	パラグライダー歴11年の事故者は晃石山山頂付近から滑空。着陸寸前に墜落。事故当時はやや風が強く，事故者のパラシュートの一部が上方からの風でつぶされたという。
5月19日	山形県 白鷹町	女	46	死亡	約20回のフライト経験があった女性が講習中に小学校体育館に不時着し全身を強く打った。
7月4日	岡山県 笠岡市生江浜	男	50	死亡	一度上昇した後，風にあおられてバランスを失い，きりもみ状態で墜落した。

平成17年

発生日	場所	性別	年齢	負傷程度	状況
1月2日	静岡県 富士宮市猪之頭	男 女	26 22	無事 負傷	2人が上空で接触し，墜落した。女性は骨盤を骨折。男性は無事。事故当時は12～13機が飛行中だった。
6月25日	兵庫県 豊岡市	女	50	負傷	名色高原スキー場上空を飛行中の事故者のパラグライダーがきりもみ状になって墜落。事故者は両足の骨を折る重傷を負った。事故者は仲間5人と標高730mの山頂から離陸。上空約50mの高さで急に失速したらしい。（毎日電子版より）
7月10日	北海道 網走市	男	22	負傷	事故者は端野メビウススキー場で飛行中に約5m下のゲレンデ中腹に墜落した。事故者は骨盤を折るなど3ヶ月の重傷。事故者は所属大学のパラグライディングクラブの仲間20人とパラグライダーをしていて，風にあおられ，バランスを崩した

8．パラグライダーの事故事例

					と見られる。（読売電子版より）
9月10日	宮城県 仙台市	男 男	52 59	負傷 負傷	泉ケ岳スキー場の頂上付近から滑空した2人の事故者が空中で接触して墜落した。2人は胸や腰の骨を折る重傷。2人はそれぞれ着陸しようと降下中だった。事故者たちは地上から約15m上空で接触、着陸用に整地された草地に落下したという。2人はパラグライダースクールの受講生。事故時は視界はよかったという。（毎日電子版より）
9月23日	京都府 亀岡市	男	62	負傷	府内在住の事故者が三郎ケ岳（標高613m）の頂上付近から滑空して着地しようとした地上約3mの高さから墜落し、右手首を骨折するなど重傷を負った。事故者の飛行歴は約1年。着陸の際に操縦を誤って失速したらしい。（毎日電子版より）
11月1日	群馬県 みなかみ町	男	19	死亡	東京都内の男子大学生の事故者は大学のサークルの仲間ら約10人とともに三峰山で開かれたパラグライダースクールに参加していた。事故者は標高約900m地点から離陸し、上空30mに達したところで体がハーネス（背もたれ付きの座席）からずり落ちて墜落し、頭を強打。2日朝、死亡した。3か所で固定する全ベルトの締め忘れが原因とみられている。事故者には約80回の飛行経験があったという。（読売電子版／毎日電子版より）

参考	平成17年のモーター使用パラグライダー事故				
8月27日	北海道 小樽市	男	49	負傷	小樽市の草地で事故者のモーターパラグライダーが墜落。事故者は両足の骨を折るなど重傷を負った。事故者のモーターパラグライダー歴は2年だった。この日は午前中から飛行を始め、2回目の飛行開始から1,2分後、地上約30mの空中でバランスを崩して、きりもみ状態となって落下したらしい。事故当時は晴れていたが、上空は風が強めでモーターパラグライダーには適さなかったという。（読売電子版より）

9月19日	群馬県明和町	男	33	負傷	利根川河川敷で事故者操縦のエンジン付きパラグライダーが着地後、はずみで転倒。事故者はエンジン（約30ｋ）の枠部分に右足を挟まれ、骨折した。（毎日電子版より）
12月4日	群馬県安中市	男	58	負傷	事故者はモーターパラグライダーで飛行中にバランスを崩して上空約70ｍから農地に墜落して足などを骨折した。事故者は10年以上の飛行経験があるが、同種のパラグライダーは数回しか乗っていなかった。（毎日電子版より）

参考（平成16年8月22日の産経新聞電子版より）

「JHF（日本ハング・パラグライディング連盟　東京）によると，今月8日現在でのパラグライダーとハンググライダーの事故件数は全国で32件で，昨年1年間とすでに同じ。死者は8人で昨年の7人を上回っている。事故の約9割が中・上級者によるものという。」

9．ハングライダーの事故事例

ハングライダーの事故について，報道された最近の例を紹介する。

平成16年

発生日	場所	性別	年齢	負傷程度	状況
2月28日	静岡県 丹那イクス	男	34	重傷	ランディング中，風にあおられたという。
4月12日	大分県 玖珠町	男	32	死亡	ハングライダー歴10年の事故者は1人で離陸した。しばらくは順調に飛んでいたが突然，墜落。事故当時，強風は吹いていなかったという。

平成17年

発生日	場所	性別	年齢	負傷程度	状況
1月2日	大分県 玖珠町	男	30	負傷	飛行中に積雪した毛無山の中腹に墜落。肩に軽い怪我を負う。
4月17日	石川県 白山市八幡町	男	57	死亡	墜落現場から約1キロ東の獅子吼高原のテイクオフ場（白山市）から離陸。事故者はグライダーコースから外れ墜落。
11月19日	和歌山県 紀の川市	男	50	負傷	事故者のハングライダーが紀の川河川敷の高さ約5mから墜落，事故者は首に重傷を負った。着地の際にバランスを崩したらしい。（毎日電子版より）

10．熱気球の事故事例

静岡県警調べ資料から，熱気球の事故事例を一例紹介する。熱気球の人身事故は，その他に骨折事故などがいくつか発生している。

平成16年

発生日	場所	性別	年齢	負傷程度	状況
8月20日	群馬県 板倉町	男 男	30歳代 20歳代	負傷 負傷 （他に1人負傷）	渡良瀬遊水地の堤防で，熱気球が着陸したところ，事故者2人が乗ったバスケット部分が燃え上がった。2人は気球から逃げだし，堤防にいた仲間2人と消火にあたったが，3人が顔や胸に軽いやけどを負い，病院に搬送された。警察はバーナーやボンベに何らかの不具合があり，漏れたガスに引火したとみて原因を調べた。（読売電子版より）
9月3日	静岡県 村櫛町山中	男 女	57 22	救出	燃料を使い果たし墜落。

11.「東京大学における潜水作業中の死亡事故について 事故原因究明及び再発防止のための報告書」抜粋

　この報告書は国立大学法人東京大学潜水作業事故全学調査委員会より平成18年3月30日に公表された。この中から，一般的な意味でのダイビング事故の原因に関する部分と事故を防止するための部分を抜粋をする。
　この報告書は東京大学のホームページで公開されている。同ホームページの，広報・情報公開＞記者発表一覧＞記者会見「東京大学潜水作業事故全学調査委員会報告書」(http://www.u-tokyo.ac.jp/public/public01_180330_02_j.html) を参照のこと。

■潜水事故発生パターンについて

　「毎年数多く発生している商品ダイビング中の事故」の「パターンとは，潜水に関する危険を十分に知る努力をせずに，安全面を軽視することで危険の予見に基づく常識的な危機管理を潜水計画（文書によるものであるなしに関わらず）に反映しないことである。今回は特に一般のレクリエーション（レジャー）スキューバダイビングよりも安全性を軽視していた。このような危険の軽視には，潜水計画立案・実行者に，潜水事故を軽視し，そのもたらす結果を甘く見る「正常化の偏見」があったと考えられる。つまり事故は潜水の楽しさの強調と危険の軽視の宣伝などを受け入れ，さらに研究室でこれまで事故が起きていない状況が幸運にも続いていたこととそれが今後も続くだろうと考えていたことで，潜水はそれほど危険でないと見る習慣が生じ，これを土台として潜水作業を行っていたことにすべては起因している。」（18～21頁「4．事故発生に関わる安全確保対策の不備　1）潜水作業の危険性そのものに関する認識の欠如」から抜粋）

■講習の品質上の問題について

　学内の研究室やダイビングサークルのメンバーに対して行った，ダイビング講習の受講内容についてのアンケートの結果，「ダイビングがポピュラーなマリンスポーツとなりつつあるなかでダイビング講習ビジネスの過半から3分の2を占める「指導団体」と称する大手民間企業による講習プログラムという役務契約の履行状況が，近年より一層低下してきているため習得できるダイビング技量のレベルが年々低下し，加えて「正常化の偏見」が深く浸透してきている実態が確認された。この団体の講習では，講習で使用されたテキストを，講習終了後に講習生に渡さない事例も少なくない。これは，講習後，講習生自身による講習内容の検証や，習得できたとされた技量レベルの確認，維持，向上をより困難にしている。」「こうした状況を背景とした業界によるイメージコントロールは，ダイビングの安全と快適さを強く強調し，リスクは業界システムの関与外で起きていることとしている。さらにこのことは事故の危険についての真摯な関心を減退させる効果をもたらし，ダイビングに対する「正常化の偏見」の浸透を促す。そして潜水全般における危機管理意識の減退をもたらす。これはダイビングビジネスから見ると，講習生やダイバーに指導者間の能力品質の差によって生じるリスクへの事実上の無関心を招き，講習及びガイドにおける安全対策費の削減を容易にする。さらにファンダイビング時などのガイドの質や客の人数構成内容を含め，それに潜水用商品や関連商品の安全品質に対する関心を薄め，安全性を軽視した商品でも販売上の妨げを受けなくする。
　加えてこの施策により，指導者となるインストラクターやダイブマスターなどもこのビジネスシステムのなかで養成されることになり，ダイビングの安全面における負の連鎖を防ぎ得ない。」（18～21頁「4．事故発生に関わる安全確保対策の不備　1）潜水作業の危険性そのものに関する認識の欠如」から抜粋）

■事故の再発防止のための分析と施策について
　報告書では，事故に至る問題点を次のように分析し，施策を提案した。
「　ⅰ）ダイビングの危険性に対する認識の甘さとその原因と言える近年のスキューバダイビング講習の商業主義に起因するもの
　　ⅱ）採集作業実施に関する計画策定や緊急時対応等の作業計画や安全管理の面に起因するもの。
　　ⅲ）安全管理，安全教育等大学の安全管理システムの欠落に起因するもの
　　ⅳ）遵法意識の不足に起因するもの
　　ⅴ）研究・教育における安全確保を外部の眼でチェックすることが行われてこなかったように研究室の閉鎖性に起因するもの
　　ⅵ）大学自身の不十分な安全管理体制を生みだした大学の安全文化に起因するもの
　　ⅶ）ダイビングの危険に関する情報収集不足，適正なダイビング知識の提供や技量
　　　　確認実施等ダイビングの安全に関する大学間の情報交換を含む横断的な機能の不足に起因するもの」

「　6）全国の大学における潜水作業事故防止に向けての取り組みの必要性
① 研究・教育活動や学生のダイビングクラブ等の活動を含め，潜水作業の危険性を周知徹底し，潜水事故を防止するための国内横断的な組織的対応が必要である。このためには潜水業務従事者のための潜水事故の実態や安全確保に関する講座の開催，安全のための各種マニュアルの整備・公開等による取り組みが必要である。
② 事故防止策の確立のためにダイビング関連業界に加えて公的機関（海上保安庁等国土交通省関連部局，全国の警察，消防等）や保険会社に対してダイビング事故の詳細情報の開示要求に向けて取り組むべきである。さらに，外務省等を通じて海外の情報入手についても検討すべきである。
③ 潜水作業に関する事故事例に加えてトラブルやHH事例のデータベース作成への取り組みが必要である。これらデータベースについては，必要に応じ公開するものとする。
④ 潜水技量向上や安全確保・維持のために大学独自のCカードの発行に向けて取り組むべきである。当初は東京大学学内での講習やチェックダイビング実施とこれらの受講修了者に対する修了証の発行からスタートし，将来は全国の大学，研究機関に普及を図ることが望ましい。
　　この認定証の発行には，研究作業に不可欠な技量要素の習得を義務付けるなど，達成すべき一定の水準を明確に定め，その習得技量品質を，研究に携わる期間中つねに維持できるシステムを構築する。又研究作業の安全性を高めるために，使用器材の品質に関する最低要求基準を明確に示し，作業のために使用する器材を選択する際に，ファンション性よりも安全性を重視するように，意識の改革を図るものとする。
⑤ 以上の取り組みは東京大学単独の行動では限界があり，全国の大学，研究機関等の連携が効果的である。このため文部科学省，国大協等にも協力を求める必要がある。
⑥ 大学における研究活動やその他の活動において，潜水作業が必要な者，あるいは必要となる可能性のある者については潜水講習の受講やチェックダイビング，あるいはファンダイビングを通じた技量の維持向上が求められる。しかしながら，ここ20年以上にわたって，ダイビングの事故は継続的に発生し，近年は，平成17年を除

いて事故の7割前後が，ダイビング業者によるダイビング講習や潜水ガイド中に発生している。これはダイビング業界の安全確保策が不十分であることを示しており，大学の努力だけで大学関係者が潜水事故発生にまきこまれることを防止するのは困難である。

　従って，潜水技量習得のための講習や技量維持のためのファンダイビング中にも，学生を含む大学関係者が事故に遭遇する可能性を否定できない。こういった事故をめぐる裁判では，刑事・民事ともに指導やガイドなどを行った業者の法的責任が認定されている。これは「指導団体」によるインストラクターやガイドなどのダイビング技量養成事業（人命の安全を確保できる潜水計画立案能力，指導・監督能力，注意義務履行能力などを確実に習得させ，それを認定することでその能力の品質保証を行う事業）として提供されるダイビング講習等の役務商品の品質＝能力に，安全確保に関する部分が不十分であること，従ってこのようなインストラクター養成事業システムに安全面に関して問題点が内在していることを物語っている。

　このような現状から，大学の研究事業のために自助努力によって潜水技量を習得しようとした者や技量の向上を求めた者が，こうした安全面の認識が乏しいダイビング講習受講やインストラクター・ガイドの引率により重大な事故に直面する可能性は否定できない。大学はこの点の対応策に直接は関与できないが，問題の重要性を考慮するとこの種の事故発生防止のための環境づくりが必要であると考えられる。

　加えて，事故の際の捜査を進めやすくするための法理論の確立や，弁護士が事故遭遇者やその家族・遺族のサポートのために活動しやすい法的環境の整備が必要である。このために刑事・民事上の法的な責任論の明確化のための研究を急ぐ必要がある。そしてその成果を一般に開示することが社会への還元に貢献することになる。

　このことは，研究上の必要からダイビングの講習を受けようとする者の安全面における法的側面からのバックアップとなり，結果的にダイビング業者がより安全なダイビング講習やガイドを提供する動機づけともなると考えられる。

　又講習を受講する者や，インストラクターやガイドなどの案内を受ける者にもダイビングの危険に関する自覚を促し，結果的に事故を未然に防ぐための各種取り組みを呼び起こす効果が期待できる。これは今回のような事故を未然に防ぐ手段としてガイドを雇い入れる必要がある場合には，特に重要な意味を持つ施策である。

　上記の目的のために，大学当局及び法学部関係者，そしてダイビング事故の専門家が協力し，ダイビング事故関連分野における法理論の確立を急ぐ必要がある。

⑦　潜水作業の安全率向上のために大学が独自のダイビング技量認証システムを実施するためには，ダイビングの技量のチェックができる優秀なプロのインストラクターをリストアップし，依頼する必要がある。そのためにインストラクターの技量と実績に関する一定の基準を定めるとともにインストラクターの技量の確認によって質的レベルの高いインストラクターリスト作りに向けて取り組む必要がある。

7）同様の事故を防ぐために大学が社会に発信すべき事項
　①　役務提供商品に対する製造物責任法（PL法）の適用要求
　　　ダイビング業界はピラミッド型の業界形態（階層的事業構造）をとっている。ダイビングビジネスの最上位にある「指導団体」は，一般ダイバーやインストラクターなどの養成プログラムの製造・販売やその結果の認定事業を下部の講習機関やインストラクターを通して実施することを目的とした事業を行っている。又養成されたインストラクターなどが講習やガイドという事業を行う場合には，通常「指導団体」と会員契約を結んだうえでないと実施できないような仕組となっている。そして会員は「指導団体」の規準や指導に従ってビジネスを行っている。このためダ

イビングに関する役務商品を中心とした一連の事業は「指導団体」の実質的な指導・監督下にあると言える。従って会員個々の事業の結果に対する最終的な責任は「指導団体」にあると考えるのが自然である。又，ダイビング技量の認定事業においては，一般ダイバーやインストラクターとして必要な技量の習得度合いや講習等の認定事業の質を客観的に評価する第三者機関が存在しない。このため，「指導団体」などが習得度合いを適正に確認することなく客をダイバーやインストラクターなどとして認定（技量の保証）した場合には次のような問題が生ずる。実際にはそのレベルに至っていない未熟な受講者の場合には，受講者は自らの技量に関して過大評価をすることになる。それは技量未熟な被認定者と一緒にダイビングを行う者や当該被認定者の指導やガイドを受ける者の安全を脅かし，それはときに致死性の危険につながることにもなる。

こういったダイビング事業の構造から生ずるリスクから消費者（ダイビング講習を受けるものや引率されるダイバー）を保護する必要がある。消費者基本法では製造物である「商品」と役務である「役務商品」を同一に扱っている。消費者基本法のこの点を踏まえて製造物責任法の条文に「役務商品」を加えることを政府に求める必要がある。

② 明示と黙示の品質保証の確認

ダイビングビジネスのような危険を内包したダイビング技量の講習や場（ファンダイビングなどの実施場所）を，インストラクターの技量について厳格な適正検査と必要な訓練（十分な救命技術など）を経ることなく一般向けのレジャー商品としてダイビング講習や体験ダイビングのような形で販売する場合には，そのプログラムやプログラムの実行と一体となった指導者や引率者（インストラクターやガイド）の技量と彼らの指導・指示行為には，消費者の安全を保証する明示と黙示の品質保証がなされているとみなすべきであることを明確に示す必要がある。

③ 説明責任の厳格な履行要求

研究や業務上の必要から，ダイビングの技量の維持・向上を目的に「道場」や「ジム」「スクール」等で訓練が必要な場合があることも考えられる。こうしたケースについても安全上の問題が存在することから，この種の訓練ビジネスを実施する事業者には，危険についての具体的な情報開示と説明責任を果たす義務があることを明示すべきである。加えて，この義務に対人賠償保険の加入を含めるべく，関連した法令の整備を求める必要がある。又，特に受講者側には自動的な危険の引き受け（黙示の危険の引き受け）は存在しないことも明示すべきである。ただし内弟子や競技者として，明らかに一定の危険を引き受けて訓練や指導を受ける者については，その実行中に生じた損害に関し事業者に一定の免責を認めるべきことは当然である。

④ 情報開示の請求

ダイビングの事故情報は高い公共性を有するが，これを管理する諸官庁による情報開示の基準や，業界団体及び業界と関係の深い団体によって提供される事故情報の内容はダイバー側の安全確保やそのための調査研究にとって必ずしも十分なものばかりではない。従って公的機関，特に政府関係機関には，事故事例の分析をダイバーの安全確保の観点から実施できるように，集計・加工されていない詳細情報の開示を求めるべきである。

⑤ 偏ったイメージコントロールと「正常化の偏見」の商業利用の禁止の訴え

「正常化の偏見」を促進するような広告やイメージコントロールを禁止する法規制を求めるべきである。特に楽しさと安全を強調するのみで内在する危険性を明示しない「正常化の偏見」の商業利用は消費者（サービスを受けるもの）側のより高

い危険に結びつく（今回のA氏の事故はその典型例）ことから，罰則を設けた立法を求める必要がある。この場合のイメージコントロールとは，人命にかかわる危険に関する情報の意図的もしくは不作為による過小評価や，過小評価に結びつくような情報の加工・操作，又は危険情報の開示義務を果たさずに安全や安心を一方的に宣伝する行為などを言う。例えば六本木回転ドア事件の刑事判決では，安全に関わる情報は営業上不利であっても開示義務があるとしていることからも，法の趣旨は調査委員会の見解と異なるものではない。これは客観的な危険情報の開示や安全に係わる情報開示を必須のものと考えるものであり，現在の社会の価値観とも合致する。」（28～41頁「5．再発防止策の確立に向けて」）

　以下は，同報告書と同事故公開された，その要約（「東京大学潜水作業事故全学調査委員会報告書要約」）から，前述の該当部分を整理した部分である。

■抜　粋
「5．再発防止策の確立に向けて
　1）　潜水作業死亡事故に至った原因の総括
　今回の潜水作業事故は次に述べるような数多くの重大な問題点が複合して，起こった事故と言える。問題点を大別すると下記のように分類される。
ⅰ）ダイビングの危険性に対する認識の甘さとダイビング講習レベルの低下
ⅱ）潜水作業計画策定や緊急時対応等の作業計画や安全管理計画の問題
ⅲ）安全管理，安全教育等大学における安全管理システムの欠落
ⅳ）遵法意識の不足
ⅴ）研究・教育における安全確保面における研究室の閉鎖性
ⅵ）大学自身の低レベルの安全文化
ⅶ）ダイビングの危険に関する情報収集不足等横断的な機能の不足

　2）潜水作業現場責任者の責務
①　安全確保対策を配慮した潜水計画の確認とメンバーへの徹底
②　水中という認識の下，バディシステムの確実な履行と異常時の対処法の確認
③　器材の十分な点検（特に初めて使用する器材は試用が必要）
④　メンバーの緊急時の連絡先と緊急連絡手段，連絡体制を確保
⑤　潜水士免許等必要書類の携行と作業者の技量と経験を確認
⑥　作業メンバーの健康状態の確認（前後の行動予定や移動手段を含めて）
⑦　自ら又は信頼できる潜水ガイドによる絶えざる安全監視
⑧　異常発生時における作業中止と危険回避のための適切な処置・器材の携行
⑨　作業終了後の所定様式による報告書の作成

　3）　研究室責任者の責務
①　メンバーの動静監視体制とバディシステムの確実な履行を織り込んだ安全確保に十分配慮した作業マニュアルの作成
②　毎回の潜水作業について，作業マニュアルに基づいた潜水作業計画の作成
③　潜水作業に伴う資格保有の確認と潜水技量や潜水経験の定期的把握
④　潜水作業に関して安全教育を実施（チェックダイビングや潜水講習も含む）
⑤　他研究室との連携及び内外の安全情報の収集
⑥　技量把握と技量不十分と判定された者に対する技量向上訓練実施

⑦　潜水作業メンバーの選定にあたって安全確保が可能な構成とすること
⑧　所定の健康診断の受診と共に，過去の病歴や事故の有無に配慮すること
⑨　使用器材については管理基準を定めての保守点検と使用訓練実施
⑩　潜水作業報告書の様式制定，作業後の作成指示，保存
⑪　研究室構成員の連絡先等に関する情報の掌握，緊急連絡網の確立
⑫　上記再発防止策確立までの潜水作業禁止

　4）　農学生命科学研究科としての責務
①　本報告と提言を受けて再発防止策確立の責務
②　全学と連携して，研究室間の情報交流実施，潜水作業の安全確保及び事故防止策の徹底。
③　再発防止策策定と履行状況の点検，安全確保対策の風化防止
④　潜水作業を含めての危険作業を含む研究教育活動の実態把握，安全確保対策の点検と整備
⑤　法令遵守の徹底と履行状況の点検・確認を行い，違反時には研究教育停止のルールを早急に確立するための取り組み
⑥　安全確保は研究教育の大前提の認識の徹底の下，安全の確保と安全文化の確立を目指しての安全衛生管理体系の強化

　5）　東京大学全学としての責務
①　全学の安全衛生管理体制の強化と安全衛生面に携わる人材の計画的な育成
②　部局安全衛生管理体制の強化と安全管理を担当する要員の増強と人材育成
③　全学及び部局における安全衛生管理に係わる責任と権限の見直し強化，階層構造のより明確化
④　危険作業等の実施状況把握と無資格・無免許作業禁止の徹底及び資格取得の計画的推進
⑤　潜水作業実施研究室の全学横断的な情報交換組織作成（学生サークル考慮）
⑥　大学の安全レベル向上のための色々な手法の導入と安全文化の再構築
⑦　研究教育面での安全に関する意識改革と研究室間の壁の打破
⑧　各種屋外の研究活動について事前届出，緊急時対応を含む安全確保策の推進
⑨　再発防止，安全対策の風化防止のための絶えざる努力

　6）　全国の大学における潜水作業事故防止に向けての取り組みの必要性
①　潜水作業事故防止のための大学間の横断的，組織的対応
②　事故詳細情報開示を各種公的機関や保険会社等に請求，事故防止策の研究
③　事故事例等のデータベースを作成し，必要に応じ公開
④　大学独自の潜水講習を実施，大学独自のCカード発行への展開
⑤　大学，研究機関が連携した活動に向けて文部科学省等への協力要請
⑥　潜水事故が多数発生していることに鑑み，ダイビング業界への指導や事故の責任に関する法理論の整備への取組
⑦　インストラクターの評価基準の設定と優秀な者のリストアップ

　7）　同様の事故を防ぐために大学が社会に発信すべき事項
①　ダイビング講習のような役務提供商品について，講習の欠陥の発生を防止するために，製造物責任法（PL法）の適用の要求
②　ダイビングのインストラクターやガイドの技量と行為には安全を保証する明示と黙

示の品質保証がなされていることの確認要求
③　ダイビングの講習等には安全上の問題が内在することより，危険に対する説明責任と保険の加入の要求
④　事故事例解析が可能な情報開示を関係機関に対して要求
⑤　「正常化の偏見」を利用した広告やビジネスの禁止の要求」
　　（以上は，「要約」5～7頁）

12．東京大学「安全の日」　安全シンポジウム　発表資料　1
　　平成18年7月4日（火）13：00～17：30　東京大学弥生講堂
■「安全なダイビングのための技術習得，器材の選定及び保守・点検」
　　　　　　　　　　　　東京アクアラングサービス　島田誠一氏講演資料

　標記シンポジウムにおける島田氏の了解の下に掲載する。なお本人による加筆などがなされているため当時のものと全く同じではない。使用されている写真で提供者の付記がないものは，本稿に掲載するために島田氏の協力の下，筆者が撮影した。

　　はじめに
　　第一章　知識の習得
　　第二章　器材の選定　及び保守点検について
　　第三章　潜水技術の習得
　　陸上で考えられる危険について
　　終わりに

はじめに
　ダイビングは様々な形で私たちの間に広まり，器材の発達や指導カリキュラムの充実によって，誰もが安全に楽しめるスポーツになりました。しかし，特殊な環境下で実施される行為のため，様々な要因が直接危険性につながる可能性があります。安全にダイビングを実行するためには，人為的な問題に対処するための万全な体制と，自然環境に対する，深い理解が必要になります。そういった部分は，ダイビング指導団体のマニュアルに文章として書かれていることではありますが，本質的な部分で完全ではありません。
　よりよい潜水環境を作りあげるためには，基礎技術を現場経験の積み重ねによって発展させ，安全性の配慮を試行錯誤し，その結果得られた情報を，正しく伝達することができる指導者と，その情報を受け取る側が，リスクに対する認識を強く持ったときに，初めて実現可能となります。
　それでは，安全なダイビング環境を実現させるために，どのような要素が必要か，いくつかの項目に分けて考えていきたいと思います。ダイビングは大別すると3つの要素によって成り立ちます。
　その3つとは，
1，正しい知識
　これは，高気圧環境下の物理的変化と，スキルの情報，海況判断など，広い意味での知識の事をさします。
2，使いやすく，耐久性にすぐれた，信頼性が高い器材の正しい使用。
　購入者側が器材選択の判断をするための基準は，紙面や広告，インターネット等，視覚的な情報が圧倒的に多く，スキルの指導者が一人一人のダイバーに，器材選択のアド

バイスをおこなう，触覚的な情報が少なく感じます。良い器材の選択は，質の高い指導者からの情報提供が有用です。
3，知識を実行することができる，スキルの習得。
　以上，この3つは，安全潜水を実行するために不可欠な要素です。どれかひとつが欠けても，安全なダイビングの実現に問題が発生し，安全性が低下することは，過去の実例が証明していることと思います。

第一章　知識の習得

　安全なダイビングのための技術習得は，潜水作業を目的としてカリキュラムを受けるダイバーと，レジャーダイバーと言われている一般のダイビングと，根本的には同じです。最初に，十分な学科，ディスカッションをおこない，しっかり知識を身に付けることが大切です。そのためにはリゾートなどにありがちな，講習生が表面的な学科を受講せざるをえない環境を，変えていく必要もあるでしょう。また，指導団体が効率を高めるために推奨する，手軽に自宅で学習できるシステムは大変便利ではありますが，教材となる器材に直接触れる機会がないため，イメージばかりが先行してしまい，実際にプール，海洋に行った場合に，インストラクターと受講生，双方にストレスが発生することが多く，これらはダイビング業界の問題点として，今後改善していかなくてはならない課題と思います。
　それでは，正しい知識を得るためにはどうすればいいのでしょうか。経験的に感じるのは，教材によって自習を促す性質の学科をおこなうのではなく，教える側と教わる側が，一定時間以上同じ空間に向き合い，少しずつでも確実にお互いの信頼関係を築きながら，レクチャーを進めていく，コミュニケーション重視の学科が，認識の確実性と，知識に関連付けを持たせる上でも理想的です。この方法のメリットは，指導者側は受講生の性格，適正を把握することができ，受講者側は，実習に当たっての不安材料を取り除く事ができる可能性が高いということです。そういった意味で，ダイビングの学科は，知識の習得以上に，メンタルケアー的な要素を含めながら進めていく事ができれば，この段階で実技講習にあたっての安全性を高める結果につながる可能性が，高くなります。
　また，最近の傾向として，インターネットなどの通信媒体にて，必要な知識を取得する方法も考えられますが，実質的な指導者が存在しない知識の吸収は，水中環境という特殊性から考えれば，きわめて抽象的な情報も多く，責任者が介在しないため，状況に応じた情報の選別もむずかしく，現実にトラブルに遭遇した場合，混乱につながる可能性もあり，バランスのよい学習方法とは違う気がします。
　ダイビングは非常にメンタルな要素が多く，特殊な環境下では記憶の喪失がおきることも現実的にありますから，本当の意味で身の安全につながる知識の習得は，実際の潜水環境と結びつけ，関連付けをおこなった上で，学習する必要があるかもしれません。特に指導する側は，それらについて習熟している必要があり，受講者は潜水環境という特殊性を理解し，率先して問題解決の糸口を知る努力が必要です。

　次に，水中環境に適応するための，具体的なトレーニング方法を考えてみましょう。
　この方法は，イメージと現実を一致させ，それを繰り返すことによって，ダイビング環境を理解する，よいやり方だと思います。
1，ダイビング前に潜水環境について考察する。
　これは海洋環境に対する情報を吸収し，それを元に，潜水中のイメージを頭の中でシュミレーションすることをさします。
2，潜水中に潜水前のイメージとの相違点を水中で考察する。
　これは一致する部分が多いほど理想的ですが，自然環境は予測のつかない変化は当然

であり，多少の差異は常に発生しますから，相違点を水中でしっかり記憶するか，メモをとるといいと思います。
3．浮上後，相違点に対し，上級者から的確な指導を受ける。
　これについては，上級者が常に行動を共にすることは難しいかもしれません。その場合は，自問自答することになりますが，それでも大きな意義はあると思います。

　ある程度のレベルにあるインストラクターは，この3つの項目を，常に繰り返すことが習慣になっていることが多く，イメージと現実との差を，比較，学習し，安全管理に役立てています。このことは，海洋環境だけではなく，日常生活の安全管理にも該当すると思います。
　たとえば車の運転は，瞬時の状況判断の繰り返しによって成り立ちますが，目から入る情報をバランスよく処理できるならば，当然情報量を多く認識できるドライバーのほうが安全性は高まり，それは適正もありますが，日常的な動態予測のイメージトレーニングの効果が強くあらわれる，顕著な例だと思います。ダイビングも情報の吸収と行動判断の積み重ねによって成り立つ行為ですから，これらと同じ性質を持っています。
　潜水前の計画と，実際の水中環境との相違は，経験と情報吸収の能力，スキルの安定に左右され，ストレスに比例する傾向があります。このことから経験の少ないダイバーは，水中環境から，より強くストレスを受ける傾向があることを，グループ全体が常に認識する必要があると判断できます。ダイビング事故の発生は，潜水前と潜水中の相違点が予想を越えて大きくなり，結果パニックにつながることも考えられ，このことからも，様々な環境でダイビングの経験を重ねていくことの重要性が，理解できます。
　今まで述べた事は，東京大学環境安全本部から発行された，「野外活動における安全衛生管理・事故防止指針」の中にあります，KYT，危険予知トレーニングと基本的に内容は同じです。
　危険予知活動は，作業前にグループ単位で実施することはもちろん，潜水中でも状況によっては，常に自分の頭の中で危険回避をイメージすることができれば，理想的だと思います。しかし，本来の潜水目的に集中できるまでのスキルが，そなわっていないダイバーは，危険をイメージすることが困難になりますから，潜水内容によって，スキルの欠如は，安全性の低下に直接影響するものと，容易に推察できます。

○参考例　潜水作業時のKY内容（島田誠一氏提供）
作業場所－　某プラント　作業内容　水
　　　　　　中ポンプによる水中堆積物
　　　　　　排泥。
潜水方法－　陸上に設置した低圧コンプ
　　　　　　レッサーから，各ダイバー
　　　　　　に送気ホースによってエ
　　　　　　アーを送るフーカー潜水，
　　　　　　全面マスク。
使用機材－　22キロワットSDKポンプ2
　　　　　　台連結，水中電話，圧力警
　　　　　　報機，ポンプ緊急停止用配
　　　　　　電盤。

危険のポイント
　1　送気コンプレッサーが止まり，エアー切れになる。

  2　土砂に体が埋まり，拘束され緊急浮上できなくなる。
  3　マスクに水が入り，溺れる。
  4　送気ホースが破裂し，エアーがストップする。
対策
  1について　バックアップ空気元の設置，始業前点検，監視員の配置。
  2について　作業中の周囲状況確認。極端に一箇所を掘り下げない。
  3について　緊急浮上経路の確保，各ダイバー装着前にチェックをする。
  4について　圧力警報機の常時監視，鋭利な突起物にホースが接触しないように環境を整える。
 グループ単位で問題点を洗い出し，最優先項目を従事者は全員で指差し呼称。
 「本日の潜水作業についての安全重点ポイント，始業前点検ヨシ！」
 このような形で，危険箇所を洗い出し，危機管理意欲を個別に上昇させます。
 具体的に共通の作業内容について，作業員全員が危険箇所を考える事は，本来の危険回避はもちろん，作業員の体調，精神状態，作業内容の把握状態を観察するにも，よい習慣と思います。
 ダイビングについての知識を得るためには，ダイビングそのものについての学習はもちろんですが，付随する環境，潜水者の精神状態，グループ管理，潜水実行の前後についても深く掘り下げて考える必要があります。特に作業潜水は通常のレジャーダイビングと違い，潜水そのものが目的ではなく，手段に変化することを常に念頭に置く必要があります。
 これは日常的な2次元の平坦な環境の意識から，水中の上下が加わる3次元に，意識を切り替える意味合いを含んでいます。
 潜水作業では水中環境に対するストレスが，一般的なダイビングとは違う性質を持ちます。
 水中作業は，ダイビングそのものについてのストレスと，作業の実行に対するストレスの，両方がダイバーに発生する事を理解しておく必要があります。
 作業目的で手に工具，採取用ネット，ロープ，カメラ等を携帯して潜水を実行する場合，
 未経験者は両手が拘束されるのと同等のストレスを感じることも多く，手に物を持ったとたん，その身体的不自由さから，状況判断が極端に低下し，普段問題なく出来ていた，中性浮力，残圧管理，マスククリア，潜降スピードのコントロールなどが出来なくなる事実は，水中という特殊な環境のストレスが，行動に影響を及ぼす，典型的なパターンだと思います。
 初心者が最初に受講するオープンウォーター講習の後半は，方向管理をするためのコンパスナビゲーションの講習をおこないますが，計器に意識が集中した結果，バディーとの距離感が希薄になり，本来の計器を使用する事によって安全性を向上させる，という目的と，正反対の結果が起きる傾向は，ダイバー全体が認識に値することだと思います。
 また，水中環境は水温の低下や透明度の悪化など，常に快適な状況を期待できないことも多く，これは車の運転中に携帯電話を使用する状況や，真夏の炎天下で長時間，緻密な作業を強いられることに類似する性質を持ちます。一般的なダイビングマニュアル，視聴覚教材で得られる知識は一般的なファンダイビングの基礎部分であり，実際の潜水中の作業にあたっては，事前に潜水目的にそった知識の習得が不可欠だと感じます。グループ単位で潜水作業を成立させるためには，一般のダイビングマニュアル以上のレクチャーを受ける必要があり，よいリーダーの存在が事故防止につながります。

第二章　器材の選定

（島田誠一氏提供　2点とも）

　安全なダイビングを実行するためには，使いやすく，正常に機能する器材の準備が不可欠です。ダイビングは器材に依存し，しかも身につける種類が多い特殊性があり，それらは食物連鎖のように関連しあい，ひとつの輪のように完全でなければなりません。
　それでは，器材が安全性に影響する重要な項目をいくつかあげてみます。

1，使用目的に適した器材であること

　通常の作業潜水以外のダイビングでも，潜水目的が水中撮影の場合，レスキュー活動の練習の場合，また，潮の流れの速い場所なのか，潮流のない砂地の場合なのかによって，適した器材は変化していきます。一般のダイバーは，潜水目的の最大公約数的な器材を選択するわけですが，水中生物の採取，水底の沈殿物のサンプリング，などの特殊性が加わった場合，その目的に少しでも適した器材を選択する事は，潜水者の環境を快適に整える部分で，重要な項目です。安全に対する配慮の第一歩は，活動環境を整えることと言われますが，ダイビングは一人のダイバーが身に付けるダイビング器材の良し悪しが，共に潜水するメンバーの安全性に，強く影響する特殊性を持っています。

2，サイズが適合していること

　大きすぎて保温性が保てないスーツは低体温症の初期症状になる事もあり，思考能力の低下を招き，それが状況判断の誤りにつながり，危険を招く可能性もあります。波が高い環境で水面に浮上した場合，BCに多くエアーをいれ，十分な浮力を得る必要がありますが，BCがきつすぎた場合ダイバーを圧迫し，ストレス状態に陥る可能性もあります。
　パニックは二つの重複したトラブルが重なる事によって，発生することが多いのですが，
　ダイビングの場合は，自然環境によるストレスに，器材によるストレスが重なった場合，精神的，肉体的ダメージが強くなります。また，マスクに水が侵入し，視界が妨げられた時に，ゆるすぎるフィンが脱げてしまった時などの，器材による二重のトラブルもパニックになる原因に成り得ます。このように考えても，体のサイズに完全に適したサイズの器材は，安全性を確保する上で，とても大切な項目です。

3，使いやすい器材を適切に使用すること

　ダイビング器材は様々な製品が市場にあふれていますが，デザインを優先したために，機能が犠牲になっている製品も一部存在します。過去に，製品開発の手順として，ダイビングの知識がないデザイナーに図面を作成してもらい，その形で製品化が出来るよう

にメカニカルな部分を作成したという話しを聞いたこともありました。また，その逆に機能だけを優先したプロ用の器材もあって，上級ダイバーに人気がありますが，そのように機能を可能な限り追及した器材は，デザインも良い製品が多く，機能美にあふれ，初心者や女性ダイバーが使っても，使いやすい器材が多くあるように感じます。

ダイビング器材は，極端に透明度が悪い潜水条件や，ナイトダイビングなど，非常にバリエーションに富んだ環境で快適に使用できる必要性があります。また，機能を犠牲にしない範囲で構造が単純なことも大切で，瞬間的に操作を判断できない器材は，危険性を回避しにくい傾向があります。次に挙げる項目は，よい器材を選ぶために，必要最低限の条件ですが，意外にシンプルなことに気がつきます。

「とっさに手探りで，目を閉じていても正確に使いこなすことが出来る器材であること。」

「使用環境が変化しても，安定した性能を維持できる器材であること。」

「計器類は，視認性がよく，目盛りや表示が細かすぎないもの。」

しかし，これらを十分に満たす器材は意外に少なく，基礎設計と耐久性に問題がある製品も，多く見受けられます。

それでは，各器材の映像を見ながら，それぞれについて考えてみましょう。

マスクについて

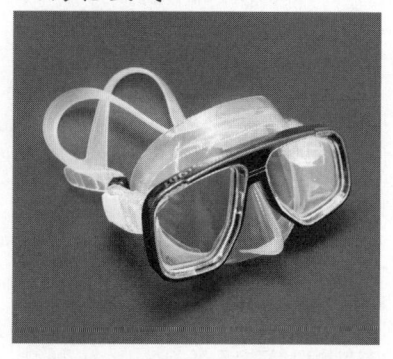

※偏光ガラスを使用したマスク

様々な形のマスクが販売されていますが，よく顔にフィットし，内部に水が入ったとしても，問題なく水を排出できる機種が全てではありません。特に外国製のマスクは，日本人の顔の形にフィットしない製品も多く，ノーズポケットが大きすぎ，圧力変化に対応するための，"耳抜き"をするさいに，鼻をつまみにくい製品もあります。

また，一部メーカーの機種によってはデザインを優先するあまりに，水の排出が犠牲になっている機種もあります。

マスクの不適合は，非常にストレスにつながりやすい部分なので，よい器材の選定はとても大切です。また作業環境によってはマスクを使い分ける必要も考えられます。

水中撮影を頻繁にするならば，ファインダーに集中しやすく，外部から光線の侵入が少ない，ガラスの周りの顔に当たる部分がブラックのものが好まれるかもしれません。

また，グループ単位で水底の生物採取などをおこなうなら，バディー同士がはぐれにくい，

視界の広さを優先させた，サイドにもガラス面がある，3面マスクなどが安全性に対し，有利だと思いますし，ガラス面が瞳に近い機種なら，単眼マスクでも視界は広くなります。

シュノーケルについて

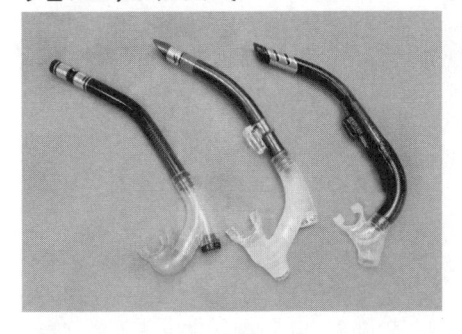

一般にスクーバダイビングに使用することは、少ないように感じるダイバーも多いと思いますが、漂流してしまった場合やダイビングポイントの下見のためにシュノーケリングすることもありますから、性能のよい機種の選択はもちろん大切です。使用するダイバーの肺活量や口の大きさ、使用環境によって選択基準が変わります。パージ弁つきのシュノーケルは、水の排出がやりやすく便利ですが、使用する環境によっては海草の切れ端等の浮遊物が排水弁に挟まり、水が浸入する原因になる可能性もあって、海草を主体に研究する潜水目的の場合は、他に最適な機種があるかもしれません。

シュノーケルは、マウスピース部分とパイプ部分がジョイントになっている製品が多いのですが、ジョイント部分の強度が弱い製品も見受けられ、注意が必要です。よい機種を選択するためには、実際に複数の製品を使用して、内容を把握することができれば最適だと思いますが、現実的に一般のダイバーがそれを実行することは困難だと思います。よい見識者を得ることができて、その情報を活用できれば理想的です。

フィンについて

水中の推進力ももちろん大切ですが、波打ち際の生物を採取する場合や、手に作業用器具を持った状態で立つことも多いことを考えると、フィンの性能とは別に、靴の性能も要求されます。フィンを履いた状態で滑りやすい波打ち際を歩行する時もありますから、研究目的なら、フットポケットの底が滑りにくい形状のタイプが適しています。転倒、脱臼などの怪我を防ぐためには、グリップ力も考慮した器材の選定が大切で、それらの要素から機種を絞ると、ゴム製のフィンが適していることがわかります。ゴムフィンは昔から人気のあるジェットフィンが有名ですが、最近では反発係数が大きい素材のフィンも開発され、徐々に人気が出てきています。

潜水ポイントが沖にあり、船上からエントリーする場合、フルフットタイプのフィンはフィット感も良く、推進力も大きく、選択肢として考えられます。しかし、極端にブレードが長いフィンは、潜水目的によっては、水中の取り回しが不便になる可能性もあります。また、フルフットタイプは、ブーツを履かずに使用できるフィンですから、足の防寒対策の考慮と、擦過傷になる可能性も考えて使用します。フィンの色については、ゴムフィンはブラックの製品が多いのですが、透明度の悪い状況でグループ管理をするために、視認性の良いホワイトのフィンを選択肢に加えてもいいと思います。

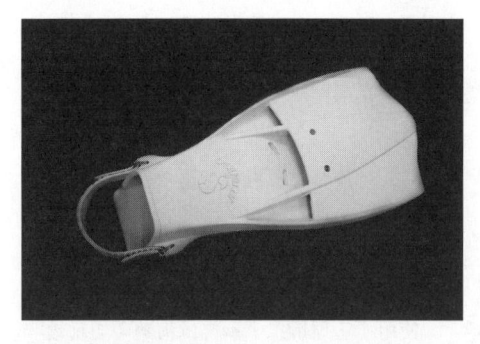

スーツについて

怪我を防ぐためと，体の保温をするために，ウエットスーツやドライスーツを着用しますが，大切なのは体にフィットしていて，水温に合った保温性のスーツを着用する事です。特にきつすぎるスーツは，呼吸の苦しさにつながり，ストレスが増加します。

血流を妨げるほどきついスーツは，減圧症や頚動脈洞反射につながり，危険を招く可能性もあります。一般的なダイバーは，水温に対し保温性が少ない器材で潜る傾向がありますが，作業潜水が目的の場合，潜水時間が長くなるにつれヒートロスが多くなり，集中力が低下し，状況判断も鈍くなりますから，十分な保温性のスーツを用意することで作業性と安全性が向上します。

また，全体に黒っぽいスーツを着用した時は，バディーとはぐれやすくなる事を考慮し，日中でも水中ライトを携帯するか，面積の広い器材は色が明るいものを選択すると，バディーとの安全性が向上しますが，生物採取，撮影などの潜水目的では，特定の色彩に警戒反応をおこす種類の生物もいるために，あらかじめ対象生物の習性を，把握する必要も考えられます。

レギュレータについて

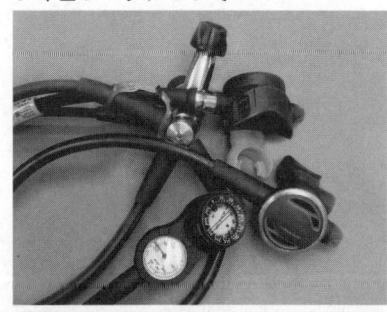

どのような機種を選んでも，空気は供給されますが，機種によっては初期性能が安定して持続しない製品もあります。壊れにくく，作りのしっかりしたレギュレータを，きちんと保守点検して使用するのが一番ですが，性能の良し悪しを判断するためには，構造を理解し，実際に使用して，モニターするしか方法はないと思います。

また，意外に知られていないのですが，マウスピースのサイズが口に合っていない場合，無理にあごに力が入り，筋肉が硬くなり，それによって耳抜きに影響が出る事があります。これはシュノーケルも同じです。外国メーカーのレギュレータは，小柄な日本人女性にはホースが長すぎ，マウスピースも大きすぎ，潜水に支障となる場合もあります。

理想的には，使用者の呼吸パターン，口の大きさ，体格や肺活量等を考慮し，レギュレータの機械的な呼吸抵抗の調整と，マウスピースのマッチングが出来れば最適です。

また，淡水の河川や沼，海洋でも汚水の環境で潜水を実施する時は，緊急用の呼吸装置のマウスピース内部が土砂や堆積物で汚染され，エアー切れなどの緊急時にマウスピースをくわえても，呼吸が出来ない可能性もあるため，一回一回の潜水の合間に，セカンドステージ内部を洗浄できるレギュレータが望ましいのですが，特殊工具がないとセカンドステージをオープンに出来ない機種もメーカーによっては存在し，機種選択には注意が必要です。
　これらの事を総合的に判断し，レギュレータの機種を決定するためには，潜水目的に必要な項目を列挙し，その全てをクリアーできる機種を絞り込む作業が必要になります。

BC について

　水面でプラスの浮力を得るためと，水中で中性浮力を作るため，BC はとても便利な器材でありますが，ハードな使用環境でも十分な性能でダイバーの安全を守ることができる器材は意外と少なく感じています。BC に起きがちなトラブルを上げてみました。

浮力体からのエアー漏れ

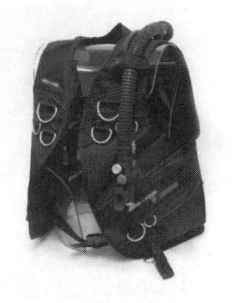

　この映像は，2つとも同じ製品ですが，左は新品，右は2000本ほど使用した BC です。基礎設計がよい BC は，使い込んでも新品と同じ性能をもちます。
　エアー漏れついては，浮力体に穴が空いた場合と，排気弁などに異物がはさまり，エアーが抜ける場合や，操作部分の不良が考えられます。ダイビング使用後に，浮力体内部に不自然なほど多量の水が侵入していたら，どこかに穴が開いているか，破損がおきている可能性が高く，エアー漏れを発見する，ひとつの目安になります。

インフレーターの作動異常

　吸気ボタンが塩の結晶や錆などによって，押されたまま元に戻らず，吸気がストップできない現象や，排気ボタンが戻らず，エアーが抜ける現象が実際に発生しています。
　これは，設計の悪さもあり得ますが，メンテナンスの不備が原因によって起こる事が多いと感じます。また，作動異常とは違いますが，人間工学的に不適切なボタン配置の機種もあり，エアー給排気の操作がやりにくいパワーインフレーターは，ダイバーが吹き上がりを起こすことにつながり，減圧症を引き起こす原因に成り得ます。

プラスチック，樹脂系パーツの破損

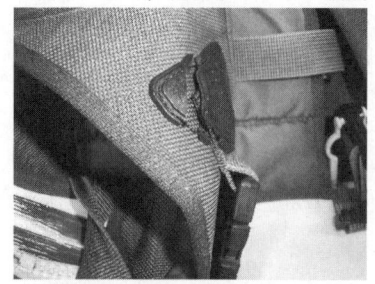

（島田誠一氏提供）

ショルダーベルトタイプのBCは，肩のベルト周辺のパーツに合成樹脂の素材が多く使われていて，比較的劣化が早く起こる傾向があり，損傷や機能上の不具合が起きることがあります。また，タンク固定部分のパーツも樹脂系の素材が使われることが多く，強度や構造に問題がある場合，潜水中にBCからタンクが抜け落ち，その結果，口からレギュレータが外れ，事故につながる可能性もあります。

これらの項目から考えると，BCの良し悪しはレギュレータと同じく，様々な環境で安定した性能を発揮でき，耐久性が必要十分である事が絶対条件となります。

浮力体の生地の張り合わせ強度は特に重要で，この部分が甘いと徐々にエアー漏れが起きてしまい，水中ではもちろん，水面で漂流した場合の生存率に直接影響することも考えられます。

BCはこれらの項目をクリアーした上で，操作性の良さ，エアー給排気のやりやすさ，水中のバランスが優れていれば理想的です。また，これらの項目は，ドライスーツを選ぶ基準に近いものがあります。

ダイビングコンピューターについて

減圧症の防止，浮上速度警告機能の便利さと，データ管理のやりやすさから，ダイビングコンピューターの携帯は必須です。できるだけ水中の表示がシンプル，かつ明瞭な機種選択が好ましく，悪条件で咄嗟に表示を把握でき，それらを満たした上で，エラー表示の少ない，バッテリー性能が長期持続する製品が最適だと思います。ダイビングコンピューターの活用としては，水底に沿って分割した測点の水深を計測し，実際の海図，水中構造物の図面と比較すれば，堆積物のリューベ数※，構造物の変形を計測できますし，土砂の移動も観測できるかもしれません。また，潜水開始地点の水深を計測しておけば，水中で現在地が不明確になっても，コンパスとの併用で開始地点に戻れる可能性も高くなります。ダイビングコンピューターは応用によって，様々な安全管理に使用できる，便利な器材なのですが，故障の可能性も考え，ダイブテーブルも常に携帯できれば理想的です。

　　※　リューベは1立方メートルのことで，m^3をリューベと言っている。建築や，ガスを扱う業者はおおむねリューベで総量を表している。たとえば，100気圧の10リットル容器に入る気体の総数は10×100＝1000リットル　1リューベとなる。

シグナルフロートについて

BCのポケットなどに常に携帯するべき器材です。船舶から離れて浮上し，漂流した場合や，船の航路に誤って浮上した時は，シグナルフロートを立てることによって，格段に安全性が向上します。ダイバーによっては，長さ5mのラインをつけて，浮上途中の安全停止に使用することもあるでしょう。構造が比較的シンプルなシグナルフロートは，ドリフトダイビング時の浮上合図等の常用に適しています。また，複数を携帯して潜水すれば，水中のマーキングにも使用できます。最近ではレーダーに反応するフロートも開発され，今後の安全対策に期待できます。

水中ライトについて

　夜間のみならず，日中でも透明度の低い潜水環境なら，バディーとはぐれるのを防ぐため，水中ライトを使用します。水面で漂流し，時間経過で太陽が沈んだとしても，水中ライトや類似する光源があれば，ダイバーは発見されるか確立が高くなります。照射時間の長いLEDバルブ※の水中ライトは，その点で圧倒的な優位性があり，水中，水面の両方で長時間，ダイバーの位置を示すことが可能です。また，複数のLEDによるバルブ構造の水中ライトは，発光部分の面積が大きいため，外部からの視認性が良く，グループ管理に役立ちます。水中ライトは水没が起きないように，常日頃の保守点検を実施し，バッテリー寿命は常に把握して使用する必要があります。常用が少ないサブライトは，電池式の場合，電池寿命が分かりにくいのですが，ライトに新しい電池を入れるときに，ペイントマーカーで電池の接触面以外に日付を記入しておけば，おおよその目安になります。

　　※　照明機器は，発光部分をバルブという。ダイビングライトの発光パーツもほぼバルブ
　　　というので本文中に使用した。

器材の保守，点検について

　器材の保守点検について，潜水後は，以下にあげる項目を推奨します。

1　きちんと洗浄し，乾燥させる。

　マスク，フィンなどの構造が単純なものは，流水で塩や砂を洗うだけで良いのですが，レギュレータ，BC，水中カメラなど，構造の複雑な器材は，半日から1日ほど水に付けて，結晶化した塩分を溶かし，そのあと流水で溶けた塩分を洗い流すと理想的です。

2　異常の有無を確認し，正しく保管する。

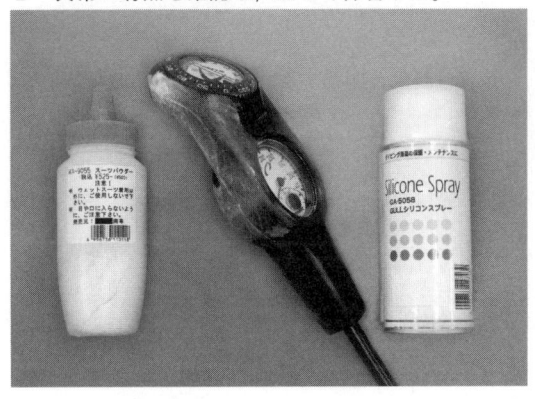

　ダメージが起きやすい，各ストラップ，マウスピース，バックルや樹脂で出来たパーツは破損や亀裂がないか良く確認します。
　器材の長期保管の時は，ゴム部分のメンテナンスをしておけば，劣化の速度が遅くなります。シリコンスプレー，タルカムパウダーで皮膜を形成すると良いでしょう。
　この時，シリコン製品にシリコンスプレーが付着すると，変形する原因になりますから，注意が必要です。

　　※　タルク　人体に無害な粉末，含水珪酸マグネシウム

第三章　潜水技術の習得

　前半に，技術の習得には，必要な知識と良い器材の使用が前提であることを述べましたが，ここでは，それがすでに備わっている事を前提としてお話します。

　技術の習得には，特別に困難な事は少なく，基本的には基礎の反復練習と，それの応用によって発展させることができます。特に水中という特殊環境下において，著しく思考能力が低下し，判断能力が鈍くなる，低水温，視界不良，暗渠，閉鎖空間，などは，基礎技術の完全な習得と，先に述べた手探りで全ての器材が完全に操作できることが，最重要項目となり，潜水環境によっては，とっさの事態に，体が無意識に反応するくらい，繰り返しのトレーニングが必要なこともあります。水中で撮影，採取などの作業をおこなうのなら，ダイビング技術以上に，撮影器材，器具の扱い，ロープワークをこなせる必要があり，それは地道なトレーニングによって初めて可能となります。

　それでは，安全性を向上させるスキルについて考えてみましょう。

1　潜降，浮上のスピードコントロール，姿勢，耳抜き

　潜降時の圧力変化に対応するためには，耳抜きや浮力調整に不自由がないように，必要に応じて潜降速度をコントロールする必要があります。この技術を一番効率よく取得するためには，シュノーケリングのスキルを学習します。ここで説明するシュノーケリングとは，マスク，シュノーケル，フィン，ウエットスーツ，ウエイトベルト，それにライフジャケットと同じ意味の，BCの着用を前提とします。

　シュノーケリングの時に，水面でプラスの浮力を得るためには，エアータンクは使用しませんから，BCの吸気は肺の息を吹き込む事によって実施することになります。この練習によって得られるメリットは，スクーバダイビングでエアー切れになった場合，水面でプラスの浮力にできるスキルが，身につくことにあります。また，口でエアーを吹き込む事によって，吹き込む空気の量と，浮力の相関関係が体で理解できるメリットがあります。

　シュノーケリングでBCのエアーを抜き，潜降を開始する時は，完全にBCのエアーを抜いてしまう必要がありますから，当然正しいエアー抜きの姿勢が身につきます。エアータンクを装着しないシュノーケリングでは，体が身軽なために，これらのスキルを練習するには最適な環境です。シュノーケリングによって身につく，BCのエアー操作，潜降姿勢，フィンワーク，適切なウエイト量は，スキューバのスキル向上に，密接に関係します。

　スキューバダイビングでエアータンクを装着した時の浮上では，BCの浮力を細かく調整し，適切な速度で浮上するトレーニングができていれば，それにより中性浮力の技術が向上し，ダイビング中の水中落下，急浮上を防ぐことにつながり，安全性が向上します。

2　緊急時に重要な，ウエイトベルトのクイックリリース

　ダイビング事故の多くは，圧力変化が大きく，環境の変化が極端で，水面近くの浅い場所で発生することも多く，意外と深い水深での事故発生は少ないように思います。

　それはおそらく，水中と空気中の境界線である水面近くは，特殊なストレスが発生しやすい環境だからではないでしょうか。例えば，潜降時においては鼻呼吸ができなくなるストレス，器材に対する不信感，制限される視界，などがありますし，浮上時の状況については，水面近くは圧力変化が増大することから，BCの浮力コントロール失敗による吹き上がりや，船舶への接触，各ダイバー同士が浮上速度にバラつきがあるために起きる，バディーの喪失などが考えられます。しかし，直接事故につながりやすい原因

として考えられることは，水面でプラスの浮力を得る事に失敗すること，が一番大きいのではないでしょうか。ダイビング事故のほとんどは，「とっさにウエイトベルトを外して捨てていれば助かっていた。」ことが多く，言い換えればウエイトを外すトレーニングがいかに重要かを示すことにつながります。

　水中の配管の内部など，水面に浮上できない環境は別として，ある程度の重量があるウエイトを，不自由なくコントロールできるというスキルは，事故防止のために，もっとも大切な項目だと思います。特に潜水目的によっては，適正ウエイトの2倍から3倍近くのウエイト量で潜ることもありますから，そのような状況では，緊急時にウエイトを外すことに失敗することは，ダイバー自身に相当なリスクが発生します。水底で重量のあるサンプル採取を実行するときなど，フィンを装着せずにオーバーウエイトで潜るときは，水面につながる地形や構造物を，常に念頭において潜水する工夫が必要です。また，最近比較的多く見受けられる，BCのウエイトポケットに鉛のウエイトを入れる，ウエイトベルト一体型のBCは，ウエイトとBCを独立した器材と認識しにくく，どうしても緊急時にクイックリリースの意識が薄くなるために，より注意が必要です。

特殊な訓練について
　潜水作業について，使用する工具，器具を完全に把握する事は，円滑な作業を実施するにあたり，とても大切なスキルです。特に作業内容に関係なく，ロープワークは視界の悪い場所でも一定のレベルで実行できる必要があります。ロープ以外では，一般的に採取や調査を目的とした場合，使用する道具は，ロープ，メジャー，ネット，などの軽量なものと，採泥機，金属製工具，スコップや予備のエアータンクなどの，ある程度重さのある物に分けられます。
　軽量な器具で注意するべき事は，自分，またはバディー，グループ内のダイバーが，潮流などの影響で浮遊したロープの切れ端などにからまり，拘束される事と，器具そのものの浮力にダイバーが影響を受ける可能性があることです。ロープの場合は，その素材が水に対してプラスの浮力なのか，マイナスの浮力かによって，取回しが変化する可能性も考えられます。
　重量のある器具の取り扱いには，設置場所へ移動するための工夫や，設置の際に，重量物に手足を挟まれないよう，詳細な打ち合わせが必要になります。
　潜水作業の安全性を向上させる有効な方法は，使用する器具を，陸上で何度も使用し，完全に習熟することが重要です。水中作業の安全管理については，陸上でできない事は，決して水中でも実行できないと，認識する事から始まります。

まとめ　水中の活動は，使用する器材に多くを依存するため，精神的に集中することが難しく，ミスをおこなう可能性が高くなります。安全性を維持するためには，ミスをしないことが大切なのですが，実際問題としてヒューマンエラーは避けられないことと認識し，ミスをしにくい環境を整え，よい器材を選択し，バディーと協力しあい，トラブルに対処できるゆとりをもって，ダイビング活動をおこなう注意が必要です。

陸上で考えられる危険について
　最後に，ダイビングの実行について，水中ばかりではなく，陸上で危険となりえる要素を考えてみます。

1　**陸上で重量物を扱うことによって生じる怪我について。**
　潜水器材は，金属性タンク，鉛のウエイトなど重量物が多く，これによって発生する

怪我は，水中より陸上のほうが多いように思います。それでは，危険予知活動的に，考えられる項目をあげてみましょう。
　　・タンクのついたBCを装着するときに，腰を痛める。
　　・ウエイトの脱着時に，足の上に落とし，怪我をする。
　　・ボート上のタンクが，波の揺れによって転がり，人と接触する。
　　・足場の悪く，岩の多いエントリー場所で，滑って転び，足をくじく。

　少し考えただけで，これだけの危険性が予測できます。

2　高圧空気の取り扱いによって考えられる，危険について。

　スクーバタンクは，車のタイヤの100倍近い圧力を取り扱う危険が，常に考えられます。1と同じように項目をあげてみると，
　　・タンクバルブを開けた時に，残圧計が破裂し，目を負傷する。
　　・潜水前に器材のチェックをおこなったときに，レギュレータのホースからエアー漏れが発生し，漏れ出る空気の勢いで暖房器具が異常を起こし，火災が発生する。
　　・タンクに空気を充填中に，タンクが破裂し，怪我をする。

　これらは，実際に発生したこともある事故が含まれています。高圧空気は国の法律によって取り扱いが定められていますが，ダイビング器材にかけられる圧力に対する問題は，基準が定められているわけではないために，防ぐのがむずかしく，少しでも異常を感じたときは，速やかに点検整備を実施する必要があります。

終わりに

　ダイビングは正しく計画をもって実行できれば，不可避的に発生しうるリスクを，減少させることが可能です。自然に対する配慮を完全にすることは難しいのですが，知恵と技術の工夫によって危険を回避し，多大なる海洋環境から多くの恩恵を受けることができれば，すばらしい発展が待ち受けていることと思います。この文章を，全てのダイバーに奉げます。

12. 東京大学「安全の日」 安全シンポジウム 発表資料 2

平成18年7月4日（火）13:00〜17:30　東京大学弥生講堂
■「潜水事故事例紹介」著者講演資料抜粋

ダイビングは安全と主張する側の認識

「ダイビングの本質に危険性は深く関与している。一呼吸を間違えば パニックになって、その対処を誤れば生命の危機に直面する」

《『21世紀・日本のダイビング業界はどうあるべきか』スクーバダイビング事業協同組合　1999年から》

↓

つまり、ダイビングは「本質的に安全」なのではなく、「状況をコントロール（制御）して安全を確保する」必要があるのである。

事故のパターン　溺水

溺水の背景にはダイビング中のさまざまな理由がある。〈代表例〉

溺水
- エア切れ　　　残圧管理ミス・器材の故障・水中での強い潮の流れなどによる予想外の空気の消耗
- 減圧症　　　　減圧症の水中発症
- 心臓の異常　　心不全・心筋梗塞
- パニック　　　活動を伴うもの（暴れるなど）・外見的に見えないもの（思考停止など）
- 器材の操作ミス　レギュレーターの扱いミスによる海水などの誤飲
- 自然環境　　　水面移動時などの潮による水の誤飲
- 技量不足　　　狭義の技量不足と泳力不足
- 体力　　　　　疲労・長時間の漂流による疲労や脱水症状からくる体力低下
- 意識喪失　　　原因不明の突然の意識喪失・脳梗塞・錐体内出血など
- 笑い　　　　　水中で笑うことでの水の誤飲
- 怪我　　　　　さまざまな理由での怪我からの溺水

事故のパターン 怪我
怪我の背景にはダイビング中のさまざまな理由がある。(代表例)

怪我

- **波打ち際** エントリー時やエキジット時に波にさらわれて倒れる。
- **生物** 水中生物による攻撃や防御を受ける。ウニなどへの接触も。
- **潮や波** 水中で岩に打ち付けられたりテトラポッドに挟まれるなど。
- **器材の扱い** 指を挟まれる。切るなど。
- **器材の破裂** タンクの破裂。
- **水中工作物との接触** 船舶との接触・スクリュー(プロペラ)との接触。
- **沈没物体** 沈船などの錆びた金属や痛んだ木材などとの接触など。

事故のパターン 減圧症
減圧症罹患にはさまざまな理由がある。(代表例)

減圧症

- **急浮上** 水深が浅くても急に浮上することで発症
- **体質** 一般に正しく潜水していても発症
- **労働** 水中での過重な活動と、浮上直後の過重な活動・労働
- **繰り返し潜水** 1日何本もの潜水、数日間に渡っての潜水
- **大深度潜水** 減圧が必要となる潜水
- **ヨーヨー潜水** 技量不足や潜水目的による潜水と浮上の繰り返し
- **蓄積** 長年の(個人差はあるが)潜水による減圧症要因の蓄積からの発症

※減圧症の発症原因は医学的にはまだ完全には解明されていない

ハイリスク潜水

ダイビングには事故のリスクが高い潜水がある。（代表例）

水中洞窟 → これは安易に行うべきではなく、十分な訓練と周到な準備、そして現場を熟知した経験豊富なガイドの同行が十分な人数必要である。

- ○ **暗黒空間** — 単独あるいは取り残され、ライトが消えると暗黒の中で上下感覚もなくなる。ライトがあっても底の砂の巻き上げで視界が失われることも。
- ○ **閉所空間** — 陸上では問題なかったはずなのに、突然閉所恐怖症に襲われることがある。トラブル時、緊急浮上は非常に困難。
- ○ **対応の困難さ** — トラブル時、ガイドやバディが助けようとしても洞窟内では十分な活動はしにくい。

水中アーチ → 水中洞窟ほどではないが、状況はそれに準ずる。なお水中アーチには、そこを抜けると外洋に出るパターンの場所もあるが、外洋潜水の技術と経験のない者にとってはそれまたリスクとなる。

大深度潜水
※一般に水深30mを超える潜水
→ 大深度潜水は減圧を伴うことから、一般の調査潜水やレクリエーション潜水には適さない。これを行ったからといって優越感を持つ必要もない。なお大深度潜水は窒素酔いのリスクも高める。

沈没工作物 → 沈船ダイビングや沈没工作物（沈没航空機など）ダイビングは大深度ダイビングとなることも多く、また潜水器具が絡んだり、金属などに接触することによる怪我や感染症の危険もある。

汚染水域 → 汚染された河川や湾内などでの潜水には感染症の危険がある。また大雨などで汚染水が河川に流入し、それが流れ込んだ直後の湾内やビーチ潜水も同様の危険がある。致死性の感染症もあるので要注意。

---

2. 海外でエア切れ緊急浮上溺水

初心者ダイバーが訴えたエア切れの訴えを、ガイドと上級者のバディから無視され放置されたことでエア切れとなり、水深約20mから緊急浮上を行った。浮上途中に肺に海水を吸い込み溺水、入院。

■ショップがつけた上級者のバディが一方のバディを放置して単独ダイビングに専念。
→このダイバーはバディシステムの維持の重要性を習得できないまま「指導団体」からMSDダイバーと認定されていた。
■インストラクターが残圧管理の指示を出しながら、それを自らがおざなりにした。
→客の初心者ダイバーの残圧管理すら正しくできないままインストラクターと認定されていた。

3. バディシステム放棄による溺死

　水中の潮の流れが速くなり、そのショップのスタッフで客の初心者ダイバーのバディとしてついていたダイバーがその客を水中で放置してその元を離れた。
　その後、客のダイバーは海底で溺死体で発見された。このツアーは全国的に有名なスポーツクラブで募集されたが、このクラブではこの事実を一切伏せたままでダイビングの講習やツアーを募集し続けた。
　なおたまたまこの事実を知ったクラブの会員のダイバーから質問を受けたスタッフは、全員が「知らない」と答え、一切の情報を提供しなかった。

4. スクリュー接触による骨折

ガイドが浮上時に浮上を知らせるフロートを揚げずに客2人に浮上を指示。2人が浮上しようとしたところにボートが突入。一人は左腕二箇所骨折とスクリューで裂傷、もう一人は10針縫う傷害を負う。

　もしスクリューが頭部に接触していたら、事故者は死亡していた可能性が高い。

4-1(※2は省略)

スクリュー事故発生の背景

■債務不履行
これらのダイバーたちは、このガイドがプロレベルの上級資格を取ることを目的とした練習生と知らされないままその練習台にされていた。

■ダイビングビジネスの欠陥（不適格者の認定）
この練習生は、海面が危険な水域で浮上用のフロートを上げる準備すらもしていなかった。つまりこの程度の技量でもプロ直前レベルの資格を認定（販売）されていた。

5. 生存者の実態
重度の後遺障害を負ったダイバーへの無関心

■注意義務実行能力と意思の欠如
不安を訴えたため浮上させようとしていた目の前の客からガイドが目を離し、そのダイバーが危機的な状況（空気を吐き出さなくなった）になるまで気づかずに事態が重大化。後日植物状態となる。

■杜撰な潜水計画
■正しい潜水計画立案能力と注意義務履行能力のない者がプロ活動を行った結果の事故
　ガイドらは事故者のダイバーを港までボートで搬送した。しかしその間CPRは行うが、酸素を投与することはなかった。
　このダイバーはその後意識が回復せず、以後約3年間、意識不明のままである。

このような事故被害者は「生存者」と分類され、その窮状は社会に知られていない。

※CPR(cardiopulmonary resuscitation)心配蘇生法

6. 漂流による死（海外事例）

- 女性ダイバー最後のメモ（平成6年2月10日 朝日新聞）
  「7月午前11時15分 船も飛行機も見えた」
  ●●さん、48時間は生存
  捜索遅れ、無念の声

- 波に漂い「島が近い」（平成6年2月10日 毎日新聞）
  ●●さん遭難後3日のメモを残す

- 「セスナとーるが気がつかない」（平成6年2月10日 毎日新聞(夕刊)）
  ●●さんのメモ判明

- 「ダイバー遭難」（平成6年2月11日 毎日新聞）
  「ストロボたくが気づかない」
  ●●さんメモ 航空機や船、6回目撃

※講演で示す朝日新聞と毎日新聞から記事は使用許諾取得済み。

漂流事故では、「発見される」かどうかが生死を分ける

現在、漂流事故で発見されるための最も有効な方法の一つは、レーダーによる捜索と発見である。そのためレーダーに感知されるフロートの装備は不可欠である。

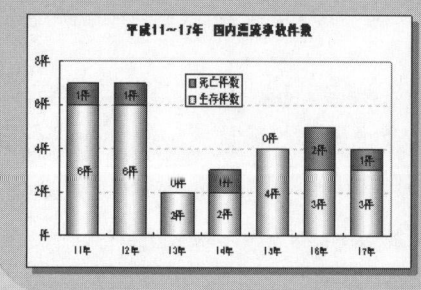

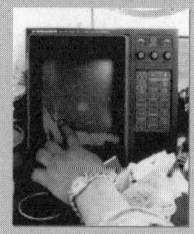

平成11～17年 国内漂流事故件数

漁船搭載レーダーにレーダー感応型フロートが感知された様子

7. 講習中の見失い死亡事故

■インストラクターAが3人を対象に講習を実施。Aは内1人を見失って溺死させた。発見時の事故者の残圧0。(業務上過失致死罪で有罪確定)

■事故の起きたポイントは、この年だけでも、この事故の前に救急車が出動するような事故が5件も発生し、内一件が死亡事故であった。さらにこの死亡事故の後、さらに死亡事故が一件、発生している。

■Aは、このポイントの事故の状況を全く調べていなかった。

■Aは常時監視義務を果たしていなかった。また講習生の残圧管理も十分に行っていなかった。

8. レギを外すパニックの一例と人数比の重要性

久しぶりのダイビングを行った事故者であるダイバーは、水中で突然残圧がないという感覚にとらわれた。
このダイバーによると、「残圧確認すると50を切っている。」と見え、「レギがスコンと抜けた」という感覚に陥ったということである。
このダイバーは潜水開始後20分に空気がなくなったと感じ、後方のガイドに対して手で首を切るしぐさをしてエア切れを合図した。そしてこのガイドに残圧計を見せて残圧がないことを示した。しかしこのときのガイドによると、そのとき実際の残圧は100以上あったということである。
そして事故者はまた「レギがスコンと抜けた」と感じ、レギを口から外した。ガイドは直ちに事故者にレギやオクトを咥えさせたが、それでも事故者は自らレギを外してパニックになり、溺水した。

■ガイドを行っていたインストラクターたちは、人数比2対2の体制をとり、前後に客を挟んで行動していたためにこの事態に即時対応できた。この適切な対応によって、ボートに上げた時点で意識不明となっていた事故者に実施したCPRで意識を回復させることができ、病院に搬送後、数日の入院で退院できた。

パニックの予見とそれに基づくパニックコントロールの準備の重要性

9. PTSD（心的外傷後ストレス障害）
post-traumatic stress disorder

ダイビングの事故現場のみで収束しない状況がある。

- 死亡事故で強い精神的ショックを受けた遺族が陥るPTSD
- 重度後遺障害受傷者とその家族が直面する、各自の人生設計が崩壊することによるPTSD
- 減圧症などで長期の治療が必要となり社会復帰ができなくなった事故被害者がPTSDとなって陥る引きこもり
- アットホーム的な友達感覚の講習やファンダイビングで事故に遭った者が直面することがある、事故後の業者による手のひらを返したような対応に起因する重度の人間不信から来るPTSD

潜水事故の主要要因とその背景

1. バディシステムの崩壊
単独ダイビングの危険の軽視

事故件数	内死亡・行方不明事件数
111件	89件

件数の%表示グラフ
平成11年から17年までの単独事故のリスク割合

2. 杜撰な潜水計画
事故情報への無関心から来る危険の予見能力と意思の欠如

3. インストラクターやガイドの能力の欠陥
最終認定システムを含む指導者養成システム自体の欠陥

4. 低レベルの指導による低い潜水技術
手抜き講習とその最終認定システムの問題

事故に至る人的要因

▶「正常化の偏見」
- 自分たちは大丈夫。
- 事故は運が悪いだけ。

※「正常化の偏見」とは、自分だけは大丈夫という思い込みによってリスクを真摯に考えないこと。

▶「正常化の偏見」の商業利用
- イメージコントロールによる安全管理経費の削減と安易な誘客

※ダイバーに一応の事故の知識は教えるが、実際のその可能性は低く、他人事と思わせること。
※リスクを実感として捉えない考え方を利用して楽しさと安易さを強調し、スタッフの能力が十分かどうかや事故予防の準備や事故発生時の準備について関心を持たせない。
※講習やガイド時のスタッフの人数を減らすことでの人件費を削減する。事故予防の対策や、事故時の対策用器材の準備をしないか後回しにすることでの設備経費の削減。

イメージコントロール
何がコントロールされているかを知ることが重要

価値感のコントロール
- 「ダイビングは安全である」(ダイビングが本質的に安全かのような表現)
- 「ガンガン潜る」や「大深度潜水」の優越感の助長
- 消費者だけが「自己責任」

情報のコントロール
- 「ダイビングはゲートボールより安全」
- 「ダイビングは泳げなくてもできる」(確かに可能ではあるがハイリスクである情報は出さない)
- 「事故は減っている」(一部のデータのみを取り上げて事実と異なる評価を示す)

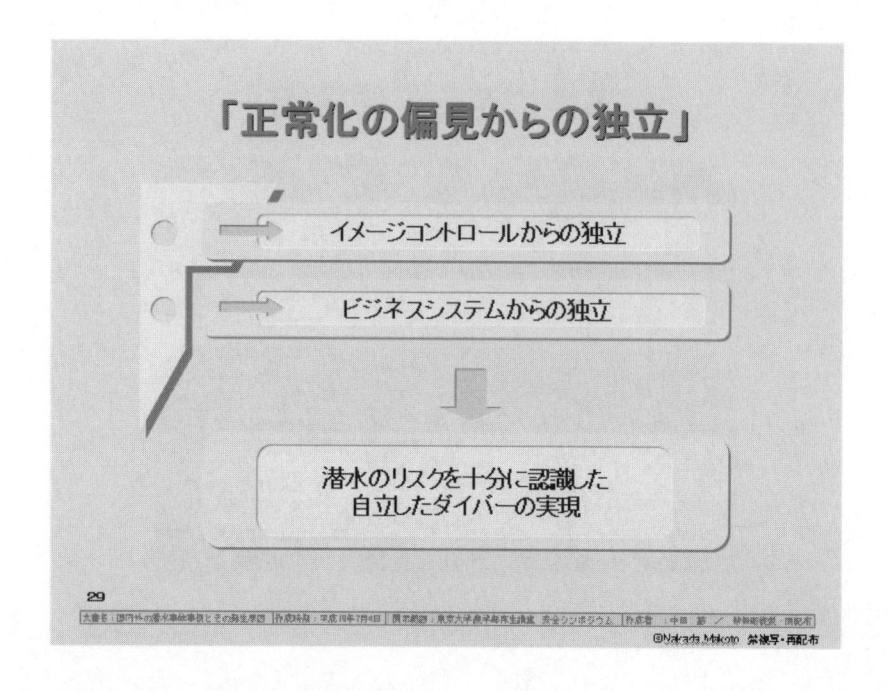

13.「商品スポーツを販売する旅行会社の説明責任」

※ 平成18年12月16日 日本スポーツ法学会第14回大会で筆者が発表した際に配布した資料（一部訂正）

1．消費者の安全と知る権利

　消費者がレジャーとしてスポーツを行う役務（サービス）商品，つまり商品スポーツ[1]には，旅行会社によって旅行先のオプショナルツアーなどとして販売されるものが少なくない。そこには旅行会社が直接企画・主催して販売をしたり，現地ショップと契約を結んでの紹介販売などの形態がある。役務商品として販売される，特に致死性を有する商品スポーツは，水域を役務実行の場とするものにはスクーバダイビング，スノーケリング，サーフィン，ボディボード，ラフティング，カヤックなど，空域ではパラグライダー，スカイダイビング，熱気球など，陸域では散策登山，スキー，スノーボードなどである。

　「消費者基本法」の第一章　第二条では，役務（サービス）商品（商品スポーツ）の消費者の5つの基本的権利が明記されている。

　「消費者の安全が確保され，商品及び役務について消費者の自主的かつ合理的な選択の機会が確保され，消費者に対し必要な情報及び教育の機会が提供され，消費者の意見が消費者政策に反映され，並びに消費者に被害が生じた場合には適切かつ迅速に救済されることが消費者の権利である」

　また同第五条では，事業者の4つの基本的責務（義務）が示されている。

「事業者は，第二条の消費者の権利の尊重及びその自立の支援その他の基本理念にかんがみ，その供給する商品及び役務について，次に掲げる責務を有する。
一　消費者の安全及び消費者との取引における公正を確保すること。
二　消費者に対し必要な情報を明確かつ平易に提供すること。
三　消費者との取引に際して，消費者の知識，経験及び財産の状況等に配慮すること。
四　消費者との間に生じた苦情を適切かつ迅速に処理するために必要な体制の整備等に努め，当該苦情を適切に処理すること。」

そして同第五条の2は次のように定めている。
「2　事業者は，その供給する商品及び役務に関し環境の保全に配慮するとともに，当該商品及び役務について品質等を向上させ，その事業活動に関し自らが遵守すべき基準を作成すること等により消費者の信頼を確保するよう努めなければならない。」

第一条ではこの法の目的を次のように示した。
「消費者と事業者との間の情報の質及び量並びに交渉力等の格差にかんがみ，消費者の利益の擁護及び増進に関し，消費者の権利の尊重及びその自立の支援その他の基本理念を定め，国，地方公共団体及び事業者の責務等を明らかにするとともに，その施策の基本となる事項を定めることにより，消費者の利益の擁護及び増進に関する総合的な施策の推進を図り，もつて国民の消費生活の安定及び向上を確保することを目的とする。」

その消費者の権利についての説明は第二条で次のように定めている。

「消費者の安全が確保され，商品及び役務について消費者の自主的かつ合理的な選択の機会が確保され，消費者に対し必要な情報及び教育の機会が提供され，消費者の意見が消費者政策に反映され，並びに消費者に被害が生じた場合には適切かつ迅速に救済されることが消費者の権利である」

なお第五条の　五　では次のように事業者に求めている。
「五　国又は地方公共団体が実施する消費者政策に協力すること。」

さらに国の責務（及びそれを実現するための地方自治体の責務）は次のように定めている。
「第二章　基本的施策
（安全の確保）
第十一条　国は，国民の消費生活における安全を確保するため，商品及び役務についての必要な基準の整備及び確保，安全を害するおそれがある商品の事業者による回収の促進，安全を害するおそれがある商品及び役務に関する情報の収集及び提供等必要な施策を講ずるものとする。
（消費者契約の適正化等）
第十二条　国は，消費者と事業者との間の適正な取引を確保するため，消費者との間の契約の締結に際しての事業者による情報提供及び勧誘の適正化，公正な契約条項の確保等必要な施策を講ずるものとする。」
今回の発表は，これを踏まえた上のものである。

2．旅行会社の注意義務と説明責任

旅行会社が販売する商品（役務・サービス）についての責任とは次のようなものであ

る。

　「旅行サービスの提供について手配をする地位にある被告は，信義則上，旅行契約が主催旅行契約であるか手配旅行契約であるかにかかわらず，安全な熱気球旅行会社を選定すべき注意義務を負うと解するのが相当である（したがって，被告の債務不履行責任の有無を判断するに当たって，本件旅行契約が主催旅行契約であったのかそれとも手配旅行契約であったのかは関係がないと解されるから，この点については判断しない）。」
　（ケニア熱気球転倒事件，大阪地判平成9年9月11日，平成4年(ワ)4344号（棄却），交通事故民事裁判例集30巻5号1384頁）

　海外のリゾート地のビーチで波にさらわれて死亡した事件の裁判で示された旅行会社の説明責任とは，
　「主催旅行契約を締結した旅行業者は，旅行サービスの提供について手配し，旅程を管理する義務を負うのみならず，信義則上これに付随して，一定の場合に，サービス提供機関や旅行目的地における様々な危険性について，これを調査し，予測される危険を回避ないし排除するための合理的措置をとるとともに，旅行者に対し危険性を告知すべき義務がある」（東京地判平成17年6月10日，平成15年(ワ)14514号（確定），判例集未掲載／ご遺族の了解の下に事件番号を記す）。

　以上から，販売したサービス（役務商品）で旅行者（消費者）が損害を被った場合，旅行会社が説明責任の瑕疵と消費者の損害との因果関係を否定するためには次の要件の証明が必要となる。

　(ア)　それまでその商品スポーツで重大な事故が事実上発生していないという事実。
　(イ)　そのため，商品スポーツを販売する側が，その商品の危険性を予見することが不可能。
　(ウ)　旅行者に対して，最新の調査と信頼できる根拠に基づく危険情報の事前説明（致死性がある場合には警告を周知徹底させる）を十分に行っていた。

3．いわゆる「ブリーフィング」の評価
　商品スポーツを行う前には，一般に「ブリーフィング」などと言われる，実行前の説明がある。しかしこれだけで業者側が，「旅行者に対し危険性を告知すべき義務」を果たしたとされるのか。この疑問についてスクーバダイビングの事故裁判では次のように示されている。業者が，
　「朝食後，Hが経営する民宿において，本件ツアーの参加者に対し，一般的な注意事項を伝達し，本件現場付近の状況，潜水時間，ダイバーのグループ分け，エントリー位置で浮上することなどが打ち合わされた。」という内容で説明を行ったが，「参加者に対して被告らが主張するような説明をしていたとしても，それだけで直ちに，被告らが，参加者に対する安全を確保する義務を免れるものとはいえず」（後略）
とされた。（東京地判平成16年11月24日，平成12年(ワ)21770号，判例検索システム）

　そして，事故者はダイビングの危険をそもそも知っていたはずだという被告の主張に対しては，
　「ダイビング自体が生命に対する危険を内包するスポーツであり，甲（事故者）及び原告がこれを承知していたと考えられることは前記のとおりである」（中略）「ダイビング自体が広く一般に受け入れられているスポーツであり，本件ツアーにおいて特別の危

険性が警告され留保されていたと認めうる証拠もないことに鑑みると、その点は、慰謝料の算定事由として斟酌することはともかくとして、被害者側の過失として、その生じた損害全体についての減額事由として考慮することは、相当ではない」

（東京地判平成16年7月30日、平成13年(ワ)17563号(確定)、判タ1198号193頁）

つまり、一般的に危険性があると認識されているようなスポーツであったとしても、それを商品として一般に販売する場合には、消費者に対して個別の商品ごとに具体的に予見される危険の情報、つまり、「特別の危険性」が、単なる注意の域にとどまらず、「警告」されて、それが受け手に確実に「留保」されるようにすることが必要なのである。

▶「サバチ洞窟」事件[※2]では、最高裁もダイビングの際の危険性[※3]の説明責任を支持している。

4．入り口情報と奥行き情報

一般に旅行会社のパンフレットでは、その中のどこかに小さな文字で一般的な危険について書いてある場合が多い。これを入り口情報（某大手旅行会社が被告となった裁判でも、この用語はこの問題を語る際に法廷で使用されている）と言う。そして「入り口」の奥にあるより重要な情報のことを「奥行き情報」と言う。

しかし現状は、重要な情報が、消費者が容易に得られるようなかたちで、かつ簡単に理解できる表現で開示・提供されているとは言い切れない。これは消費者の知る権利を阻害している。

「奥行き情報」とは、消費者基本法の定めるところからも、提供する商品スポーツの品質（現地サービスの品質など）について十分な最新の調査の結果と予見される具体的な危険とそのレベル評価の情報を、その商品に始めて接する者に容易に理解できるような用語を使用した上での開示・提供がなされねばならない。

日本でもこのような配慮は製造物、特に子供むけのおもちゃなどでは、対象年齢別に理解できるような用語で注意書きや警告がなされている。アメリカでは連邦法[※]によってこれを定めている。よって容易に理解できる表現手法をとることは何も特別なことではない。

※　Magnuson − Moss Warranty Act マグナソン・モス保証法（1975年制定）：Federal Trade Commission Improvement Act（連邦取引委員会改善法）の別称。消費者用製品に関する warranty（保証）条項は、その条項がはたらく条件のすべてを単純な理解しやすい文言でかつ際立って明瞭に書かねばならないことを定めた連邦制定法。（田中英夫『英米法辞典』1995年　東京大学出版会）→田中はこれを「マグナソン＝モス担保条項法」と訳している。

■事例1　商品ダイビングにかかわる危険情報提供義務無視と債務不履行がもたらした結果

平成18年の前半、旅行会社Aを通じて一般ダイバー甲乙が某県で行われるファンダイビング（商品ダイビング）の購入契約を行った。購入前に甲乙がAに対して申し入れた希望商品の内容は、水深の浅い（10m程度）、ある珊瑚礁で行われるファンダイビングであった。この商品ダイビングの販売のとき、AはBのビジネス品質についての特段の警告は行っていない。

甲乙が現地に着くと、移動の疲れがとれないうち（長時間の移動の当日は、ダイビングを行わないか、行っても10m未満程度のところで行うことが安全のためには当然のこと）にBによって実際に連れて行かれたポイントは、契約条件とは異なる、深度の深い、暗い場所（水中洞窟を含む）での大深度（甲のログによると最大で水深30mを超えていた）ダイビングであった。しかもサバチ洞窟事件で最高裁が示した安全対策は全く取ら

れない（稿末の注の※2を参照のこと）まま，その高い危険に関する警告もされずに，法によって定められた潜水士資格すら所持していないガイド丙ともう一人ガイドの引率によって行われた。

水中で丙は，甲が異常をきたしていることに気づかず，乙に知らされて初めてこれを認識した。甲は水中で重度の減圧症を発症していた。その後，長期の治療とリハビリの後に甲が高度の障害認定を受ける状況で症状が固定した。旅行会社やこのショップは甲へ医療費などを支払っていない。

事故後，乙が丙（Bで5年以上働いていたという）にこれまでの事故の有無を確認したところ，「なかった。」と返答され，後日ショップのオーナー丁も乙の同じ質問に対して同じ回答を行ったと言う。

実際には，このショップは平成15年に人数比3対15でファンダイビングを行ったときに50歳台前半の男性を見失って死亡させていた。また翌16年には，1人で14人の客を引率してスノーケリングツアーを行い，引率者が1人で船上で監視する体制をとっていたときに客の1人が流され，溺死している。両方の事故とも，より安全対策を取っていれば最悪の事態を避けられた可能性が高い。

旅行会社はこれら事実の説明をせずに甲乙に商品ダイビングを販売していた。

このような情報は，消費者がその商品ダイビングを購入するかどうかを慎重に判断する際に不可欠の情報である。

さらにこのショップが地元警察に業者登録をするときに提出した書類で，スタッフとして記載のあった丙が，法律上所持が不可欠な潜水士免許を持っていなかったことを指摘され，警察からこの者に決して講習やガイドなどの潜水業務をさせてはならないと指導されていた。ショップはこの指導を受け，誓約書まで提出している。しかしショップはその誓約を無視していた。

甲の事故後，現地区検は，丙を就業させていたショップとオーナー丁に，「労働安全衛生法に定める潜水士免許を受有していない」丙を「水中においてダイビング客を引率するダイビングガイドとして潜水業務に就かせた」ことを理由として，労働安全衛生法違反　同法第61条第1項，第119条第1号，第122条　でそれぞれ10万円の罰金刑を課した。丙は「潜水士免許を受有していないにも係わらず」「水中においてダイビング客を引率するダイビングガイドとしての潜水業務を行った」とされたが起訴猶予となっている。

これらの事実も甲乙に知らされていない。

よく知られたハインリッヒの法則（ヒヤリハットの法則）では，1件の重大災害の陰には，29件のかすり傷程度の軽災害があり，その陰には，300件の，怪我はないがヒヤリとした体験があるとされている。とすれば，このショップでは日常的に重大事故以前のヒヤリないしは軽度の事故が発生していた可能性が否定できない。これは，このショップの品質が商用レベルではなかった（事実上欠陥品）ことを示している。

甲乙は，こういった背景がある高い危険を引き受けるかどうかを慎重に考慮するための情報を与えられずに旅行会社から商品スポーツ（商品ダイビング）を販売され，しかも現地でより危険な商品に一方的に契約内容を変更をされ，最高裁が示した安全対策義務が取られていないこととその危険の警告もされずに引率され場所で事故に遭遇し，人生の変更が余儀なくされた。これは最初に旅行会社から十分な説明責任さえ果たされていれば避けられていた事態である。

■事例2　現在の旅行パンフレットで紹介されているリスクの高いショップ

ある有名な旅行会社が，平成18年12月時点で店頭で配布しているパンフレット（※学会発表時は実物を示す）では，某県のCというショップの商品ダイビングを紹介し，販

売している。

　このＣは，平成15年のダイビング中に50歳代後半の女性が意識不明となる事故が，平成17年には40歳台前半の男性がパニックとなる事故が発生し，平成18年には人数比１対８のダイビングで50歳台前半の女性が死亡し，さらに同年，50歳代後半の男性が漂流して死亡している。

　このように同じショップで連続する人身事故は，偶然と考えるには無理がある。つまり安全管理の不備ないしは無視が，継続する人身事故の原因となっていると考えるのが自然である。これはこのショップのリスクの度合いが異様に高い，つまり商用レベルに至っていない欠陥品であることを示している。このパンフレットには，Ｃにおいて直近の平成18年の危険情報すら掲載されていない。つまり消費者は，リスクの高い商品を，その情報を提供されないままに購入させられることになる。これは，消費者基本法に明らかに反する商行為である。

▶旅行会社がこれらの商品ダイビング（や商品スノーケリング）を販売する際に消費者に提供すべき最低限の情報・・・これらが消費者基本法に基づく説明責任の範囲
　(ｱ)　消費者が曝されるリスクレベルに直結する過去の事故情報
　(ｲ)　安全体制情報：人数比，ガイドなどの能力レベル，法的義務の履行状態・・・潜水士資格の有無や洞窟ダンビング時の安全配慮義務履行状況，事故時のフォロー体制など
　(ｳ)　現地の事故対応レベル・・・治療可能範囲と重度の事故時の治療体制
　(ｴ)　以上を踏まえた上での予見される損害の内容
　　※　重要な情報を「知らなかった」では免責とはならない。最近の最高裁の判断からも，事業者の事情（規模・立場など）に関わりなく入手可能な最高水準の知識によって対処しなかった場合には免責とはならない。
　　→　参考：最高裁第二小法廷判平成18年３月13日，平成17年(受)76号，判例検索システム

▶旅行会社がリスクを調査する際に必要なこと
　(ｱ)　人身事故が多く，かつ私的資格制度[※4]などの利権が確立している業界内の信用調査は，業界団体（公益法人や政府系団体も含む）や業界マスコミの情報や評価のみに頼ることは避ける。
　(ｲ)　地元の警察などや海保・消防・病院などに個別に確認をする。・・・たとえ地元で優良店とするような何らかの指定があっても，これだけに寄って他の確認を怠ってはならない。
　(ｳ)　業界に取り込まれていない専門家からアドバイスをもらい，また調査の依頼を行う。
　(ｴ)　業者との契約条項は，事情を良く知る外部の専門家からのチェックを求める。

　⇒　旅行業界の訴訟リスクが高まっているのは，これらを怠っているからと考えられる。

５．販売者の責任

　平成18年８月，マスコミでも大きく報道された販売責任を問う裁判の控訴審判決（上告）があった。

　原告は電気ストーブによって化学物質過敏症となったとして，それを販売した大手百貨小売業（スーパーマーケット）に損害賠償を求めた。この判決から販売者の責任について言及された部分を紹介する。

　判決では，「販売者である被控訴人においても，その安全性について一定の確認をす

べき義務はある」とし，それまであった顧客の苦情から，「化学物質が発生していることを予見し得た」とし，これを「予見すべき義務」と規定した。
　そして，「顧客の安全性を確保する見地から，直ちに，本件同型ストーブから発生する化学物質の種類，量，その人体への有害性について検査確認する義務があった」とした。
　またこれまで控訴人と同じ症状を呈した者が他にいなかったことについては，「結果的に，控訴人Ａと同様の症状の者が生じなかったとしても，上記予見可能性ないし予見義務が軽減されるものとは認められない。」とした。
　こうして裁判所は，「被控訴人には，このような予見義務及び検査確認義務を尽くし，その検査確認の結果に基づき，本件同型ストーブを購入する顧客にその使用によって健康被害が生じないように，その結果の発生を回避すべき義務があった」として「上記注意義務違反による過失が認められるから，不法行為が成立し，これにより生じた損害を賠償すべき義務がある」とした（東京高判平成18年8月31日，平成17年(ネ)2723号(上告)，平成18年9月時点で判例集未掲載）。

　先の事例で示したように商品ダイビングを経由して事故に遭遇した者や被害者の数は，平成時代だけの死亡・行方不明者だけで数百人に及び，重度から軽度の事故遭遇者も入れると推定されるだけで1000人を超える。したがってこの販売者である旅行会社は販売者として，「予見義務及び検査確認義務を尽くし，その結果の発生を回避すべき義務がある」ことをより自覚すべきである。

6．その他の，説明責任に通じる法的責任が問われた事例
①　旅客船ラ・トルチェ潜水者死亡事件（海難審判裁決）・・・スクーバダイビング
　一審裁決では，波浪注意報が発表されていた当時の海況から，ダイバーたちが荒れた波の中，揺れる船体に接触する事故の発生の恐れがあったことから，このときＡ受審人には「ダイビングツアーを中止すべき注意義務があった。」とした。
　そしてツアーの強行を，「同ツアーを中止しなかった職務上の過失」とした。そしてこれが「波浪の影響で激しく動揺しながら急接近する船体と接触の危険を感じた潜水者が，水中に避難しようと再潜水を始めたときに船体と接触し，右側頭部などに裂傷を負うとともにくも膜下出血を発症する事態を招き，多量の海水を吸い込んで溺死するに至った。」として，Ｄダイバーの死亡との因果関係を認めた。なお第二審裁決でも同様の裁決となった（門司地方海難審判庁那覇支部裁決平成16年8月31日，平成15年那審第50号，高等海難審判庁裁決平成17年12月2日，平成16年第二審第33号，海難審判庁HP）。

　　※　この場合における「中止」の義務とは，トラブルの結果を最低限で留めるために必要なバックアップ計画の準備とその実行であることを示している。

②　利根川「デスロック」衝突事件（刑事）…ラフティング
　平成12年8月12日，Ａが自社のガイドとともに，6人の乗客を（ゴム）ボートに乗せてラフティングを実施した。その最中，同ボートがデスロック（という岩）に衝突・転覆して乗客甲を溺死させた。
　判決では，Ａに「事故の発生を未然に防止すべき業務上の注意義務があったのにこれを怠り，自己の操船技術及び乗員の力量を過信するあまり，（中略）同ゴムボートをデスロックに衝突・転覆させ，（中略）上記甲を同ゴムボートから水中に転落させて，溺死させた。」とした。さらに「自らもラフティングを楽しみたいという思いにとらわれ，かつ自己の操船技術と乗員の力量を過信して，コマーシャル・ラフティング業者として第1に重視するべきであった乗客の安全の確保のための迂回措置を怠ったものであって，

その過失の程度は重大である。」とした。判決は，執行猶予つきの禁固刑（毎日　平成15年10月30日　他）となった。

③　ニセコ雪崩事件（刑事）…散策登山
　平成10年１月28日，２人のガイドに引率されたスノーシューイングツアー中に雪崩に遭い，２人の女性客のうち１人（20～24歳）が死亡し，１人（20～24歳）が６日間の入院となった。
　判決ではガイドの義務について，「ツアーの参加者を，ツアーに伴い予想される前記のような危険から保護すべく万全の備えをし，その生命身体に対する侵害を生じさせる事態を招かないよう細心の注意を払わねばならないのは当然である」「万が一にでも遭難事故に遭うことがないよう慎重に判断・行動することができなければ，到底その職務を全うできないことが明らかである」とした。
　雪崩のような自然現象の予見可能性については，「具体的な予見可能性は必ずしも発生メカニズムの学問的解明を前提とするものではない」として「雪崩発生の予見が十分可能であった」とした。そしてこれができなかったことを，「限られた情報・経験のみに頼った甚だ軽率な判断」と断じた。
　法廷はこの事故を，「結果回避可能性があったことは疑いの余地がない」とし，執行猶予つきの禁固刑を言渡した（札幌地裁小樽支部判平成12年３月21日，平成11年㈹29号，判時1727号172頁，『ダイビングの事故・法的責任と問題』102頁）。

④　空域での講習中の事故（民事）…パラグライダー
　これは，パラグライダースクールのフライト練習中に，参加者が墜落受傷した場合のインストラクターの法的責任について示された判決。
　この裁判は，直接事故被害者とインストラクター間での争いではなかったが，パラグライダースクールの講習中の責任が判決で具体的に示されている。
　判決では業者の注意義務と消費者の危険の引き受けについての両方が示された。
◆注意義務：「パラグライダーというスポーツの特殊性からして，インストラクターがその専門的な知識・経験によって参加者のフライト練習を安全に実施すべく周到な配慮をする」
◆危険の引き受け：「参加者も最終的には自分の安全は自分で守るほかないとの自覚をもって対処するであろうことは，特段の事情のない限り，一応信頼してよい」
　その上で，この事故の責任を，インストラクターらの「独立の不法行為に起因する」と認定した（※広島地判平成６年３月29日，平成４年㈦572号(控訴)，判時1506号133頁）。（これは後に，広島高裁平成８年２月29日(棄却)，平成６年㈱146号(確定)，判例集未掲載となっている）

⑤　空域での落下死亡事故…タンデムジャンプ（被疑者死亡のまま書類送検）
　平成16年１月11日埼玉県川島町の荒川河川敷上で，高度約3,800mの軽飛行機から体験者とインストラクターが「タンデムジャンプ」を行ったが，メインパラシュートのトラブルへの対応に失敗し，墜落，２人とも死亡した（読売電子版　平成16年８月13日より）。
　埼玉県警は，平成16年８月12日，容疑者のインストラクターを死亡のまま業務上過失致死容疑でさいたま地検川越支部に書類送検した（読売電子版　平成16年８月13日より）。
　さいたま地検は10月29日までにこれを不起訴処分とした（毎日　平成16年10月30日より）。

7．アメリカでの商品スポーツにおける裁判事例

　海外での日本人の商品スポーツの事故は多い。例えばダイビングだけでも，平成17年は8人が死亡・行方不明となっている。（1人は意識不明のまま国内搬送を行ったが，その状況から死亡者数に換算）

　アメリカでは，主要なダイビング事故判例として，

① 　クンツ対ウィンドジャマー事件（1983年）　Kuntz v. Windjmmer,573 F.Supp.1277（1983）

② 　タンクレディ対ダイブマカイ事件（1993年）　Tancredi v. Dive Makai, 823 F .Supp. 778（1993）

③ 　フィゲロア対ナウイ事件（1996年）　Figueroa v. NAUI, 928 F. Supp. 134（1996）

　　※ 　以上は拙著「ダイビング事故とリスクマネジメント」（大修館書店）を参照されたし。

があり，これらは講習中やファンダイビング中の事故によって起こされた訴訟であるが，判決では，いわゆる「指導団体」の連帯責任も含めて被告業者側の責任が認められている。

　その判決文を読むと，PL法の下と同様の法理で判断されていることに気づく。その法理が，アメリカの「第3次不法行為法リステイトメント　製造物責任法」の，特に第10条と11条に販売後の責任として示されているので紹介する。

■「第3次不法行為法リステイトメント：製造物責任法」（Restatement of the Law Third, Torts：Products Liability, 1998）

第10条　販売後の警告懈怠により惹起された被害に対する，製品の販売業者もしくは配給業者の責任

(a) 　製品の販売もしくは配給の業務に従事する者は，もし販売者の立場にある合理人であれば警告を施したであろう場合には，製品の販売もしくは配給後，販売者が警告を怠ったために惹起された人身もしくは財物上の損害対して，責任を負う。

(b) 　次のような場合，販売者の立場にある合理人は，販売後の警告を施すものとされる。

　(1) 　販売者が，その製品が人身もしくは財物上の重大な被害のリスクを与える危険性を知っていたか，あるいは合理的にこれを知っているべきであった場合であって，かつ，

　(2) 　警告を与えるべき相手を特定することができ，かつその人たちが被害のリスクを知らないことが合理的に推察できる場合であって，かつ，

　(3) 　警告を施すべき相手に対して，警告が有効に伝達され，かつその人たちがその警告に従って行動するであろうと思われる場合であって，かつ

　(4) 　警告を施すだけの負担を正当化するに十分なほど，被害のリスクが大きい場合

第11条　販売後の製品の回収懈怠によって惹起された被害に対する，販売業者もしくは配給業者の責任

　製品の販売もしくは配給の業務に従事する者は，次のような場合，製品の販売もしくは配給後に販売者がその製品の回収を懈怠したために惹起された人身もしくは財物上の被害に対して責任を負う。

(a) 　略（原文は示す）

(b) 　販売者もしくは配給者が製品の回収に当たって，合理人として行動しなかった場合（山口正久訳「米国第3次不法行為法リステイトメント（製造物責任法）」2001年，木鐸社，129頁，137頁）

▶原文 (AMERICAN LAW INSTITUTE PUBLISHERS 1998)

§ 10. Liability of Commercial Product Seller or Distributor for Harm Caused by Post-Sale Failure to Warn
  (a) One engaged in the business of selling or otherwise distributing products is subject to liability for harm to persons or property caused by the seller's failure to provide a warning after the time of sale or distribution of a product if a reasonable person in the seller's position would provide such a warning.
  (b) A reasonable person in the seller's position would provide a warning after the time of sale if :
    (1) the seller knows or reasonably should know that the product poses a substantial risk of harm to persons or property ; and
    (2) those to whom a warning might be provided can be identified and can reasonably be assumed to be unaware of the risk of harm ; and
    (3) a warning can be effectively communicated to and acted on by those to whom a warning might be provided ; and
    (4) the risk of harm is sufficiently great to justify the burden of providing a warning.

§ 11. Liability of Commercial Product Seller or Distributor for Harm Caused by Post-Sale Failure to Recall Product
  One engaged in the business of selling or otherwise distributing products is subject to liability for harm to Persons or property coursed by the seller's failure to recall a product after the time of sale or distribution if:
    (a)(1) a governmental directive issued pursuant to a statute or administrative regulation specifically requires the seller or distributor to recall the product ; or
    (2) the seller or distributor, in the absence of a recall requirement under Subsection (a)(1), undertakes to recall the product ; and
  (b) the seller or distributor fails to act as a reasonable person in recalling the product

8. 結論——旅行業者の説明責任と法的リスクマネジメント

　致死性を有する商品スポーツを販売する旅行会社には，良い品質の業者の選定のみならず，消費者に対して慎重な調査に基づく正確かつ十分な情報の提供を通じ，必要な場合には特段の警告を含む説明責任を果たすという行為を通じてその権利を保護する義務がある。そして商品に関して予見される危険の回避の準備が不可欠である。昨今は日本のみならず，他の国々においても消費者の安全確保に対する要求の度合いは高まっている。今後この傾向がなくなることは考えられない。

　したがって商品スポーツの事故に関しては，今後より一層旅行会社の訴訟リスクは増加してくると考えられる。また海外，特にアメリカの場合には，さらにこの傾向が進展することも考えられ，巨額の損賠賠償責任が問われる可能性も高い。

　※　筆者がハワイ州の複数の弁護士と面談したところ，実際に日本の旅行会社は何度も訴えられ，表面化しないが賠償金や和解金の支払が行われているという。彼らはすでに日本の旅行会社への訴訟と交渉のノウハウを手にしていた。

　以上から，旅行会社は訴訟リスクを回避するために，慎重な調査に基づく厳格な説明責任を果たす必要がある。そして厳格な説明責任を果たすことは法的リスクマネジメントともなる。

訴訟対応	当該商品スポーツを販売するに至った意思決定までの記録（商品の品質検査、契約条項など）や説明責任を果たして必要な警告を周知した事実の記録、つまり十分な対応を行ったという証拠の準備が必要。
内部統制	業務プロセスに逸脱（思い込み、業界利権への過剰な配慮、賄賂など）がないように、その「標準化」や「手順化」を通じて「透明性の確保」を実現することが必要。
法令順守	業界ローカルルールへの迎合より、消費者基本法、消費者契約法、労働安全衛生法を、経営者から従業員、代理人に順守させることを優先し、その順守を記録して証拠化することを欠かさないこと。これは「説明責任」を果たすという行為と密接に関係する。

　※　この他に旅行会社には，商品スポーツの資格販売を行っている業界に対して，能力的に未熟や

欠陥があり，あるいはプロとしての適性のない者を，役務商品の欠陥品として回収廃棄（資格取り消し）やリコール（要求品質に達するまで再訓練），また品質の経年劣化（技量レベルの低下や勉強不足など）に対応するよう，強く求める社会的責任がある。

■参考文献
・中田誠『ダイビングの事故・法的責任と問題』杏林書院，2001年
・同『ダイビング事故とリスクマネジメント』大修館書店，2002年
・東京大学農学部潜水作業事故全学調査委員会『東京大学における潜水作業中の死亡事故について事故原因究明及び再発防止のための報告書』東京大学，2006年…（以降，「東大報告書」と略す。）
・『平成17年度スクーバダイビング産業動向調査報告』社団法人レジャー・スポーツダイビング産業協会，2006年

■注の解説
※1　商品スポーツ（ダイビングの場合は商品ダイビングと言い，登山の場合は商品登山と言うなど。）
○「商品スポーツ」と「商業スポーツ」の違い
　消費者基本法でも，経済学的にも，役務（サービス）も製造物も等しく「商品」である。したがって消費者が自ら楽しむ（その場や楽しさを体験する。）ために行うために提供される役務の組み合わせ（場の提供やノウハウの提供など）の中心がスポーツである場合には，その役務全体（任意の各種認定や資格販売などの附属行為も含む）を「商品スポーツ」という。ここではプロの側（業者）が消費者への指導や案内（講習やガイド）という業務を通じて，あるいはスポーツを行う場の提供や情報の提供を行うことを業務として，相対しながら密接な関係を持つ。
　これに対して「商業スポーツ」とは，一般の消費者がいわゆる観客としてスポーツを見る側になる，つまりは興行として行われるスポーツであり，実際に商業スポーツに従事する者は選手として同じ立場に立つ。消費者はそのスポーツに行為者として直接参加しない。またここでスポーツを行う者（選手）は，個人事業主あるいは社員などという形態をとっても労働者※という立場になる。
　以上から，一般国民たる消費者は，「商品スポーツ」と「商業スポーツ」とでは立場がまるで異なる。この2つは厳格に区別しなければならない。これを区別せずに商品化されたスポーツの違いを理解することは困難である。

　　※プロ野球の選手などが労働者としてその立場を主張しているのは典型例である。

※2　サバチ洞窟事件
　これは水中洞窟で行われたファンダイビングで客のダイバー3人（うち2人は他県でプロ活動をしている）が死亡した事件で，最高裁は水中の洞窟でダイビング行う際に業者が取るべき義務について，そのガイドに対し，「参加したダイバーに洞窟の状況を適切な方法で周知し，洞窟の危険性を説明し，参加したダイバー全員を十分監視できるようなチームを編成し，緊急時に備えて予備タンクを設置し，ガイドラインを張った上で出口がわかるようなマーカーを設置するなど，事故の発生を未然に防止するための措置をとるべき業務上の注意義務を負う」とした。
（福岡高裁那覇支部判平成10年4月9日，平成9年(う)第21号／平成14年6月27日最高裁第2小法廷決定　上告棄却，平成10年(あ)第550号，判例集未掲載／拙著『ダイビングの事故・法的責任と問題』杏林書院，『ダイビング事故とリスクマネジメント』大修館書店にて紹介，解説を行っている。）

※3　スクーバダイビングの死亡・行方不明者数とダイバー数の増加推移から見る危険性の上昇傾向

国内の新規ダイバー数推移と死亡者数推移　　海外の死亡者数推移

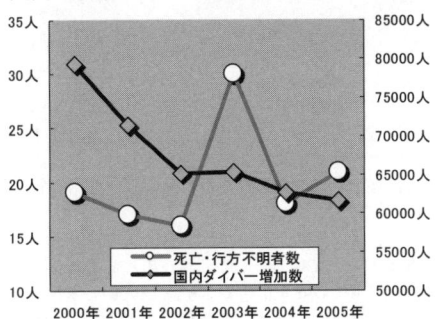

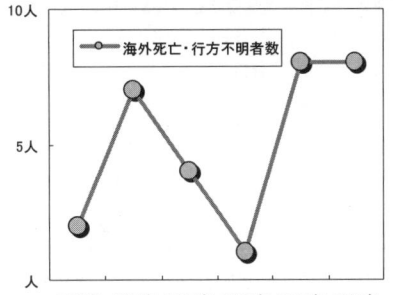

⇒国内は海上保安庁，各地の警察，消防などの協
力を得て記録を調べた。海外は在外公館に届けられた記録を調べた。また'04～'05年分の事故者数は
'06年に東京大学と共同調査を行ったデータから作成した。国内の新規ダイバー数推移は，「平成17年度
スクーバダイビング産業動向調査報告」（平成18年作成　社団法人レジャー・スポーツダイビング産
業協会）のエントリーレベルのCカード発行数の推移のデータから作成。（行方不明者も死亡者に編入。
海外では意識不明のまま国内に搬送した1人を参入）

□ダイビングは危険なのか

　上記グラフの推移を見ても，全体として国内での活動ダイバーが減っている（複数業者へのインタビュー及び上記報告書内の器材販売数と金額の推移から見ても確実と考えられる。）状況で，重大な事故者数が増加傾向にあるということは，ダイビングの危険性が増大している傾向を示している。これはプロアマ双方のダイバーの技量の低下が原因と考えられる。なおこの件は出版準備中の拙稿で詳しく解説している。

　平成11年に発生したエントリーレベルの講習中の事故発生数から，講習生数を50,000人という東京ドームの満員の観客数に置き換えて算出した結果，この場所では1～2時間の間に約3.9人が死亡するという確率になった（『ダイビングの事故・法的責任と問題』12頁）。この観客の死亡確率は社会的に許容されるレベルなのだろうか。

　社会が安全（safety = freedom from unacceptable risk 受け入れ不可能なリスクがないこと。）と見る数値について，日科技連　R-Map 実践研究会では，例えば家電において死亡という最悪の結果をもたらす確率で社会が受け入れ可能とする数字は，ヘアドライヤーで年間1億分の1の確率としている。ただしテレビなどの部品点数の多い商品では1千万分の1程度としている。

　ここから見ても，この講習中の死亡率は社会が受け入れがたい数値であることが分かる。このような状況で業者を免責する理由として，包括的な「消費者の自己責任」という主張を許してはならない。

　なお一般家庭製品とは危険効用基準（米国の欠陥判断基準では，Risk-utility test という。その製品に危険があっても，その効果を考えると一定の危険の引き受けは止むを得ないとう基準。）の下，医療機器（X線画像診断機器など）では年間で100万分の1の確率を受け入れ可能な数値としている。（『製品のリスクアセスメント』松本浩二，明治大学リバティ・アカデミー，平成18年度経済産業省委託事業「製品の安全学」2006年10月28日）

　リスク（risk）とは，combination of the probability of occurrence of harm and the severity of that harm（危害の発生確率及びその危害の重大さの組み合わせ），ハザード（hazard）は potential source of harm（危害の潜在的な源），危害（harm）は physical injury or damage to the health of people, or damage to property or the environment（人の受ける身体的障害若しくは健康障害，又は財産若しくは環境の受ける害）と定義されている。

　実際のダイビングの初級者講習での，死亡や行方不明となる重大事故発生比率は約12,500分の1の確率（この他に生存であっても重度から軽度の後遺障害を負う人々が発生している。）である。なお，ダイバー全体で概算を見ると，例えば年間40万人が年に1本以上ダイビングを行ったとすると，最近の平均値に近い年間20人の死亡（行方不明者を含む）数から，1人のダイバーが許容範囲外の重度の危険に遭遇する確率は2万分の1であり，講習中の確率よりは少ないが，それでも医療機器の場合の50倍となって

13.「商品スポーツを販売する旅行会社の説明責任」

いる。これは，ダイビングが明らかに高い危険性を有していることを示しており，これに関わるあらゆる情報の非開示は社会的許容の範囲には入らない。

※4　この私的資格制度をビジネスとして最も成功させている業界はダイビング業界である。彼らは欧米からこのビジネスシステムを導入して「指導団体」と称する組織を頂点とした階層的事業構造を確立した。現在これに対抗できるビジネスシステムは事実上消滅している。このシステムでは「指導団体」の定めた「基準」に沿ってその下にある事業者が指導され，会費や申請料などの送金をしている。この周辺にある業界マスコミや各種団体などは，退職した関係官庁の官僚や学者などを迎え入れて活動し，共に業界を構成している。

こうした複数（通常年で30団体程度）ある各「指導団体」は，それぞれのブランド（商標）でインストラクター（ガイド）から一般初級者ダイバーなどの資格を販売している。しかし現在のビジネスシステムでは，この，人命の安全に直結する資格の品質は高いレベルでの安定供給できず，しかも全体としてその品質の低下は著しい。この品質の低下は消費者にとって致死性の高いリスクをもたらす。これがこのビジネスの社会的側面である。

業界の外からは各ダイビングショップ，スクール，フリーのインストラクターなどが独自に講習を行って消費者に資格を認定しているかのように見えることもあるが，実際は「指導団体」が講習の最終認定権者として君臨し，活動者からの会費や消費者から徴収した申請料の送金を受けている。「東大報告書」でも，「指導団体」に認定ビジネスにおける最終責任があることを指摘している。

このシステムを熟知する，同じダイビング業者の団体である「沖縄県ダイビング安全対策協議会」は，そのホームページでその実態を語っている。このホームページの「ダイビング事業者の皆様へ」としたページでは，「今，国内のダイビング業界は最大の危機を迎えていると感じます。無責任かつ低レベルのインストラクターを量産する指導団体，無責任な情報を垂れ流すダイビング業界紙。」とその問題を指摘し，「指導団体」の資格制度の最終的な責任の所在と，それにつながる業界マスコミの弊害についての見解を公開している。

なおこのビジネスシステムには，その応用形として，1つのNPO法人をブランドと「基準」の管理者として，その下にフランチャイズのように複数の「指導団体」を置く，あるいは統一ブランドにその「指導団体」のブランドを付け加えて，彼らに認定行為と資格販売を行う業務を委託するという形態をとるところもある。これは同じ基本ブランドを用いる各「指導団体」を比較的独立した構成要素とした群体としての「指導団体」である。通常の「指導団体」はそれぞれ独立したピラミッド型の事業構造の頂点にあるが，この場合は個別性が強い共同体が連邦のような形態をとって，中央政府あるいは大統領としてのNPOを戴いていると言えるが，ビジネスの本質は単一の「指導団体」制と同じである。したがって個別の「指導団体」を代理人として認定業務の多くを委託しているこのNPOには，その代理人の活動の結果を含めて群体全体の認定・資格販売の最終段階にある者として最終責任があることは否めない。さらにNOPの代表となっている個人と同じ者が業務委託先の営利法人である「指導団体」の経営者となって，その両者で柔軟に活動しながら営利ビジネスを営むという形態も見られる。この場合，このNPOは実質的に営利目的の「指導団体」と一体となって，NPOが管理する統一した「基準」とブランドによって群体全体の事業の方向性や基幹部分をコントロールしていることになる。そして一体となった「指導団体」は自ら利益を得，さらに他の群体を構成する「指導団体」からNPOに対して会費などが送金されてくる体制を維持する。

また同じダイビングビジネスを展開するアメリカでは，カリフォルニア州で非営利団体として登録していた日本法人もある「指導団体」が，その階層的事業に属するインストラクターの起こした講習中の人身事故の連帯責任を問われている。これはインストラクターの活動から「指導団体」が申請料などの送金を受けたりグッズの販売窓口となっていたことから，その活動は「指導団体」の代理人としての活動であると認定されたからである。

ところで「指導団体」は任意に作った「基準」で講習プログラムを作成して階層的事業体に流通させて販売し，それを購入した消費者の能力を保証する（認定証＝Ｃカードの発行）事業で利益を得ている。この認定行為には，他の消費者に対してプロとして活動することができるとするインストラクター資格までも含む。このカードに発行「指導団体」名で記された認定の文言は，それを持つ特定の個人及び対外的に，その者の能力について明示と黙示の品質保証を成す。特にインストラクターの資格の場合には，それを得た本人のみならず，そのプロ活動の対象にまで品質保証の影響が及ぶ。それは消費者の安全を左右する。業界では，日本においても「指導団体」に対する訴訟が始まったことを知っていることから，このビジネスの結果の重大さは熟知している。それにもかかわらず，現状の認定事業（資格販売）の品

質は「沖縄県ダイビング安全対策協議会」が指摘しているレベルである。現在，有能な事業者はこのビジネスシステムから自動的に生まれるのではなく，もともと高いプロ意識を持つ個人がインストラクターとなってからのたゆまぬ自助努力を経てそのレベルに達しているに過ぎない。だからこそ旅行会社がこの業界と取引を行う場合には，より一層慎重な調査と選定が必要となるのである。

参 考 文 献

- 千葉正士『スポーツ法学序説』信山社，2001年
- 同 「スポーツ法学から応用法学へ－新世紀の法学のために－」東海法学第28号，2002年
- 千葉正士=斉藤勝=野間口英敏編著『スポーツ安全管理の要点・事故事例・判例』東海大学，1993年
- 中田誠『ダイビング事故とリスクマネジメント』大修館書店，2002年
- 同『ダイビングの事故・法的責任と問題』杏林書院，2001年
- 同『誰も教えてくれなかったダイビング安全マニュアル』太田出版，1995年
- 同『自分の命を自分で守るためのダイビング事故防止ファイル』大田出版，2000年
- 同『新版 誰も教えてくれなかったダイビング安全マニュアル』太田出版，2002年
- 同「レクリエーションスポーツに浸透する資格商法の弊害」日本スポーツ法学会年報第7号，早稲田大学出版部，2000年
- 同「スクーバダイビング事故の裁判における五秒テストの提案」日本スポーツ法学会年報第9号，（株）トスエンタープライズ，2002年
- 海上保安庁救難課監修，（財）日本海洋レジャー安全・振興協会編著『レジャー・スキューバ・ダイビング』成山堂，2004年
- 眞野善洋「減圧症治療に伴う治療費の国際比較」第6回安全潜水を考える会研究集会発表集，2004年
- スクーバダイビング事業協同組合『21世紀・日本のダイビング業界はどうあるべきか』スクーバダイビング事業協同組合，1999年
- 財団法人日本航空協会監修『スカイスポーツにチャレンジ！』イカロス出版，2005年
- パラワールド編集『パラグライダーにチャレンジ 2005-2006』イカロス出版，2005年
- （株）パディジャパン『Diving Paradise 2005』（株）パディジャパン，2004年
- 同『PJ REPORT 2004 summer no.3』（株）パディジャパン，2004年
- 同「PADI General Standards and Procedures, PADI 一般規準と手続きインストラクター・ガイド 改訂第4版」（株）パディジャパン，2004年
- 松田政行=早稲田裕美子訳『The Law and the Diving Professional』第四刷，PADIジャパン，1993年，※第7刷（1999年）も同じ内容
- 日本気球連盟『風船』113号，2004年
- 日本旅行医学会『日本旅行医学会学会誌』第2号，2004年
- 日本高気圧環境医学会関東地方会『第4回日本高気圧環境医学会関東地方会総会論文集』2005年
- 日本高気圧環境医学会『日本高気圧環境医学会雑誌』Vol.39, No.4，2004年
- 東京大学潜水作業事故全学調査委員会『東京大学における潜水作業中の死亡事故について 事故原因究明及び再発防止のための報告書』2006年

参考ホームページ（平成18年4月時点まで存在を確認）

- 「ダイビングで死なないためのホームページ」
　　http://www.hi-ho.ne.jp/nakadam/diving/index.htm
- 「興亜化工株式会社」 http://www.koa-kako.co.jp/
- 「NPO法人　沖縄県ダイビング安全対策協議会」 http://www.antaikyo.com/
- 「弁護士ネットウェブサイト」 http://www.bengoshi-net.co.jp/
- 「和泉恭子基金」 http://ikf.jp/
- 「消費者の窓」 http://www.consumer.go.jp/kankeihourei/kihon/
- パディジャパン http://www.padi.co.jp/
- Cカード協議会 http://c-card.org/index.html
- 「ダン・ジャパン」 http://www.danjapan.gr.jp/

本書刊行についてのあとがき

東京大学名誉教授　徳島文理大学　学長　桐野　豊

　私は平成17年4月から1年間東京大学理事・副学長を務め，また，環境安全本部長を兼任して，東京大学内の労働環境の改善・安全性の確保に責任を持つ立場にあった。それより1年前の平成16年4月に国立大学が一斉に法人化されたことに伴い，いずれの国立大学も様々な点で改革を行いつつあったが，特に，従業員（教職員）の安全管理の面に関して大きい改革（正常化）を実施していた。国立大学時代の職場環境は劣悪で，労働安全衛生法に違反する状態が事実上放置されていたが，法人化に伴い民間企業と同様に労働安全衛生法を遵守し，従業員の安全衛生管理を適正化するために，研究室の改造や産業医の配置等，物的及び人的な整備を行ってきた。

　東京大学では，平成17年4月より，安全衛生理念を策定して，安全管理に関する教職員の意識改革（法令違反の撲滅と法令遵守の意識の確立）を行うとともに，それまでの安全衛生管理室を環境安全本部に改組・格上げして，化学物質管理担当の専任教員の配置や安全衛生管理の専門家を特任教員として民間企業から採用する等の措置をとりつつあった。そのような最中，7月4日に，農学生命科学研究科・水圏天然物化学研究室の研究者4名が八丈島沖で研究材料としての海綿を採集するため潜水中にリサーチフェローが溺死するという，痛恨きわまりない事故が発生した＊。

　これに対し，東京大学総長は，東京大学潜水作業事故全学調査委員会を設置し，原因を究明し，再発防止策を確立することを指示した。調査委員会は6名の委員（学外者3名，学内者3名）から構成され，私は学内委員の一人であったが，学外委員に就任していただいたお一人が，ダイビング事故の研究者である中田　誠氏であった。私は，調査委員会における中田氏の専門家としての発言をお聞きし，また，中田氏の前著「ダイビング事故とリスクマネジメント」（大修館書店，2002年12月刊）を拝見して，初めて「スクーバダイビング」が極めて危険度の高いものであることを認識した。そして，私どもが，氏の言われる「正常化の偏見＊＊」に捕らわれていたことを思い知った次第である。

　スクーバダイビングに関して，「正常化の偏見」が一般社会に醸成されるのは，著名人等がスクーバダイビングを楽しむ姿を伝えるテレビや雑誌等にも「正常化の偏見」が蔓延していることの影響が大きいと考えられる。その遠因は，ダイビングスクール等の業界関係者により与えられる情報には，「楽しい」，「誰でもできる」，「泳げなくとも大丈夫」といったものがほとんどで，「ダイビングが極めて危険なスポーツである」というものはほとんど無いことにあると思われる。

　中田氏は，これまでに多数の著書とご自身の主宰されるホームページにおいて，「スクーバダイビング」で一般社会が想像しているよりもはるかに多数の事故が発生していること，そして，それらの事故により多数の死亡者，行方不明者，重篤な後遺症を伴う負傷者・障害者が生じていることを綿密な調査・研究に基づいて発表し，警鐘を鳴らし続けてきた。本書は，氏のこれまでの研究の集大成ともいうべき大作である。スクーバダイビングを中心とする「商品スポーツ」の実情とそのビジネスモデルの危うさを，詳細な事故調査に基づいて明らかにしている。そして，事故に関連する裁判の結果を，国内のみならず外国（主として米国）の例まで追跡調査している。

　本書のタイトルにもある「商品スポーツ」とは，余り聞き慣れない言葉であろう。著

者の定義によれば，「商品スポーツ」とは，水域・山域・空域を実行環境とし，一般市場において民間業者から販売されているレクリエーション（レジャー）スポーツである。本書では，スクーバダイビング，ラフティング，カヌー（水域），ガイド付き散策登山（陸域），パラグライダー，ハンググライダー，スカイダイビング，及び，熱気球（空域）などが取り上げられている。これらはいずれも極めて高い危険性を内包するスポーツであるが，それを体験してみたいと希望する人や継続的に愛好する人（商品スポーツの購入者，消費者）は，経済的に豊かな先進国には多数存在する。我が国において最も愛好者の多いのはスクーバダイビングで，活動的な愛好者は30～50万人（受講者累積100万人以上）と推定されている。

　スクーバダイビングを体験してみたい人のためには「体験プログラム」があり，継続的に愛好したい人のためには「技量講習プログラム」がある。そして，講習プログラムを完了した人には修了証（Cカード）が発行（販売）される。Cカード保持者はダイビングに際し，ダイビングショップで空気タンク等の装備を借りることができる。講習はプロのインストラクターによりなされる。また，講習を修了した人がダイビングを楽しむ（ファンダイビングと呼ぶ）際には，プロのガイドを雇うことが多い。インストラクターやガイドは，ダイビングショップの経営者やダイビングショップに雇用された従業員である。そして，ダイビングショップの経営者等を会員とする上部団体（「指導団体」と称する）があり，講習プログラムの提供やCカードの発行はこの「指導団体」により行われる。インストラクターやガイドになるための高度な講習プログラムもまた「指導団体」により提供されている。このようなビジネスの構造はアメリカで生まれ，日本に移植されたものである。

　「講習プログラム」はあたかも自動車教習学校の「教習プログラム」のように，Cカードはあたかも運転免許証のように受け取られがちであり，Cカードを免許とかライセンスなどと呼ぶ人たちもいるが，もちろん公的な免許ではなく，民間業者の講習プログラムの修了証である。

　Cカードやインストラクターの資格の認定等がきちんとその技量を保証するものとなっていることが安全性の確保の上から必須であるが，実際には手抜き講習が横行していて，それを防止する有効な手だてが無いのが現状である。

　本書は，事故に遭わないためにはどのような点に注意すべきか，単なる潜水のテクニックだけでなく，この業界の特質にまで踏み込んで，注意を払うべきポイントを述べている。従って，本書は，ダイビング等の「商品スポーツ」を楽しもうとする人たち（商品スポーツの購入者，消費者）が事故に遭わずにスポーツの楽しみを享受するための貴重なアドバイスに満ちていることから，そのような人たちにとって極めて有用な書であることは言うに及ばない。中でも，最後の「資料」編に有用なノウハウが述べられている。

　一方，商品スポーツの提供者（ダイビングショップやダイビングスクール，インストラクター，ガイド，「指導団体」，および商品スポーツ・ツアーを主催する旅行社など）にとって，いかにして事故を起こさないようにするかがこのビジネスを成功させるための必須の条件であることから，安全性を確保するための方策を具体的にかつ詳細に述べている本書は必読の書と言えよう。さらに，もしも事故が起こったときには，どのような責任を負うことになるのか，豊富な判例に基づいて示している。

　しかしながら，商品スポーツビジネスの現状からは，「業界が安全性を確保するための策を遵守することなく手抜きして，利益の増大を図ろうとする誘惑に勝てないと判断

せざるをえない。従って，もはや適切な立法措置をとるべきである」というのが著者の主張である。ぜひ，関連の法学者や行政関係者は本書を読んで，著者の主張に耳を傾けていただきたいものである。

----

* この事故については，東京大学のホームページに調査報告書が掲載・公表されている（http://www.u-tokyo.ac.jp/public/pdf/180330_06.pdf）。また，本書316ページにも紹介されている。その後，東京大学は，7月4日を「安全の日」と定めて，亡くなられたリサーチフェローを追悼し，事故の記憶を風化させることなく，教育研究活動における安全衛生の向上に努めている。

** 社会心理学の用語で，合理的な理由なしに事故の可能性を否定し，危険を無視する心理傾向をいう。

謝　辞

本書の刊行にあたって，各種商品スポーツの事故に遭われた皆様及びそのご遺族とご家族からいただいたご理解とご協力に，深くお礼を申し上げます。そして事故者ご自身とそのご家族，そしてご遺族の皆様の肉体的・精神的苦痛が一刻でも早く癒され，そして経済的苦境が速やかに改善されるよう，心から祈っております。

また各商品スポーツ産業に従事し，その中で見聞きした問題について，自らのリスクを省みず協力してくださった皆様に心から感謝するものであります。皆様がいつの日か，業界の主流になられることを信じ，また切に願っております。

私の研究を，ボランティアとして支えてくださったベテランダイバーのmarkさんとそのお仲間のダイバーの皆様に感謝いたします。そしてプロダイバーの鏡とも言うべき島田誠一さんとトモコさんに感謝いたします。また島田さんのお知り合いのダイバーの皆様のご好意から得られた実証実験データは，いつかきっとダイバーの命を救うことになると確信しております。

林克行様，泉恭子基金関係者の皆様，行政書士の高橋正利様，日本気球連盟の皆様，全国のプロダイバーの皆様と各地の水難救助隊や海難救助隊の皆様，本当にありがとうございました。

本調査と研究の重要性にご理解の上，ご協力くださった各組織とそれらに所属されている皆様に心から感謝いたします。次にその組織名を挙げさせていただくことによって，感謝の気持ちとと替えさせていただきます。

外務省，海上保安庁，全国の海上保安本部と保安部・保安署などの機関，全国の警察，全国の消防，裁判所，役所・役場などの皆様に心から感謝いたします。またデータをご提供下さった興亜化工株式会社様と株式会社商船三井様，調査の際にご協力をしてくださった日本旅行医学会とその事務局の皆様に感謝いたします。

本書という成果に結びつくまで，この研究の重要性を発見して下さり，10年以上に渡って常に暖かく見守ってくださっている，東京都立大学名誉教授の千葉正士先生に，深く感謝いたします。

そしてご多忙の中，本書の序文を書いてくださった藤田耕三先生，あとがきを書いて

くださった桐野豊先生，本書の出版にあたって格別のご高配をいただいた東京大学環境安全特任教員の小山富士雄先生，青山学院大学名誉教授で弁護士の清水英夫先生，ご多忙の中，貴重なお時間を割いてご協力下さった，医師の柿沼孝泰先生と，貴重なご教示を下された埼玉県央病院脳神経外科医師の二階堂洋史先生，そして全国の記者の皆様，またここに書ききれないほどのの多数の皆様に，深く感謝いたします。

　いつの日か，商品スポーツの事故で亡くなった，あるいは後遺障害や重傷を負われた方々，そしてPTSDなどで傷つき，苦しい人生を歩んでおられる皆様の苦悩に社会が気づき，その救済に立ち上がる日が来ることを，私は願っています。

　　　本書を，商品スポーツ事故のすべての犠牲者と，その苦しみを共にしているご家族に捧げます。また，事故防止のために懸命に努力し，高い安全性を提供している上質な商品スポーツ業界のプロの方々，及びこれまで私の研究を支えてくださった全ての皆様に深くお礼を申し上げます。最後に，私に本書を執筆できる人生を与えてくれた，父　國雄と，母　光江に心から感謝いたします。

平成20年4月4日

　　　　　　　　　　　　　　　　　　　　　　　　　　　　　　　　中田　誠

○**本書出版委員会**（あいうえお順。敬称略。兼助成者）
　今井　宏（潜水事故者遺族），宇佐見優（潜水事故受傷者），櫻井裕子（潜水事故者遺族），島田誠一（プロダイバー，ダイビングショップ経営），清水英夫（弁護士，青山学院大学名誉教授），中田　誠（※委員長代行，事務局），藤田耕三（弁護士，元広島高裁長官），向殿政男（明治大学理工学部長　教授），山下　力（プロダイバー，ダイビングショップ経営）

○**本書の出版のための助成者**（あいうえお順。敬称略。出版委員会の委員以外の皆様）
　淺田るみ，イズミカイ－2名，遠藤文枝，木村春版，木村真彦，桐野　豊，島田キヨ，島田智子，ソラノナカマ，高田健作，高橋　猛，高橋雅人，多田成宗，出川あずさ，冨田美紀子，中田國雄，中田光江，永田賢也，西嶋英樹，原田喜代子，原田幸正，廣瀬里織，堀田敏行，森本　剛，mark

本書の出版のために尽くしてくださった皆様に，心からの感謝を捧げます。

〈著者紹介〉

中田　誠（なかだ　まこと）

所属：総合スポーツ研究所（非常勤）
学会：日本スポーツ法学会会員　同事務局員，日本高気圧環境医学会会員，
　　　日本旅行医学会会員，日米ボランティア協会会員
著作
　専門書
　『ダイビングの事故・法的責任と問題』（杏林書院　2001年）
　『ダイビング事故とリスクマネジメント』（大修館書店　2002年）
　他に論文発表や学会での研究発表を行っている。

　一般書
　『誰も教えてくれなかったダイビング安全マニュアル』（太田出版　1995年）
　『ダイビング生き残りハンドブック』（太田出版　1999年）
　『ダイビング事故防止ファイル』（太田出版　2000年）
　『新版　ダイビング安全マニュアル』（太田出版　2002年）
　『忘れてはいけない ダイビングセーフティブック』（太田出版　2008年）

委員：東京大学農学部潜水作業事故全学調査委員会委員（2005年～2006年）

商品スポーツ事故の法的責任
―潜水事故と水域・陸域・空域事故の研究―

2008年4月30日　第1版第1刷発行

　　　　　　　　　　　　　著　者　　中　田　　　誠
　　　　　　　　　　　　　発行者　　今　井　　　貴
　　　　　　　　　　　　　発行所　　株式会社信山社
　　　　　　　　　　〒113-0033 東京都文京区本郷6-2-9-102
　　　　　　　　　　　　　　Tel　03-3818-1019
　　　　　　　　　　　　　　Fax　03-3818-0344
　　　　　　　　　　　　　info@shinzansha.co.jp
　　　Printed in Japan　　　　　製作　編集工房 INABA

　　　© NAKADA Makoto, 2008　　　　印刷／製本・松澤印刷・渋谷文泉閣
　　　　　　ISBN978-4-7972-8554-3 C3332
　　　　　　　　　　禁コピー　信山社　2008

ISBN978-4-7972-5608-6
初版日本図書館協会選定の好評書・最新版。

ポケットサイズの総合スポーツ法令集

スポーツ六法 2008年度版

ますます充実の改訂出来!!　　本体：3000円（税別）

★編集代表★
小笠原正（環太平洋大学教授）
塩野　宏（東京大学名誉教授）
松尾浩也（東京大学名誉教授）

編集委員
浦川道太郎（早稲田大学教授）
川井圭司（同志社大学准教授）
菅原哲朗（弁護士）
高橋雅夫（日本大学教授）
道垣内正人（早稲田大学教授・日本スポーツ仲裁機構長）
濱野吉生（早稲田大学名誉教授）
守能信次（中京大学教授）
森　浩寿（大東文化大学准教授）
吉田勝光（松本大学教授）

読んで納得。使って便利。好評のスポーツ百科最新版。

◇法学講義のための重要条文厳選六法◇

法学六法'08

並製箱入り四六携帯版　544頁　1,000円

【編集代表】
慶應義塾大学名誉教授　石川　明（民訴法）
慶應義塾大学教授　池田真朗（民法）
慶應義塾大学教授　宮島　司（商法・会社法）
慶應義塾大学教授　安冨　潔（刑訴法）
慶應義塾大学教授　三上威彦（倒産法）
慶應義塾大学教授　大森正仁（国際法）
慶應義塾大学教授　三木浩一（民訴法）
慶應義塾大学教授　小山　剛（憲法）

【編集協力委員】
慶應義塾大学教授　六車　明（環境法）
慶應義塾大学教授　犬伏由子（民法）
慶應義塾大学教授　山本爲三郎（商法・会社法）
慶應義塾大学教授　田村次朗（経済法）
岡山大学教授　大濱しのぶ（民訴法）
慶應義塾大学教授　渡井理佳子（行政法）
慶應義塾大学教授　北澤安紀（国際私法）
慶應義塾大学准教授　君嶋祐子（知財法）
東北学院大学准教授　新井　誠（憲法）